KB272237

리더십 연습

실리콘밸리 25년차 리더의 리더십 실천 노트

리더십 연습

한기용, 김지윤 지음

실리콘밸리 25년차 리더의
리더십 실천 노트

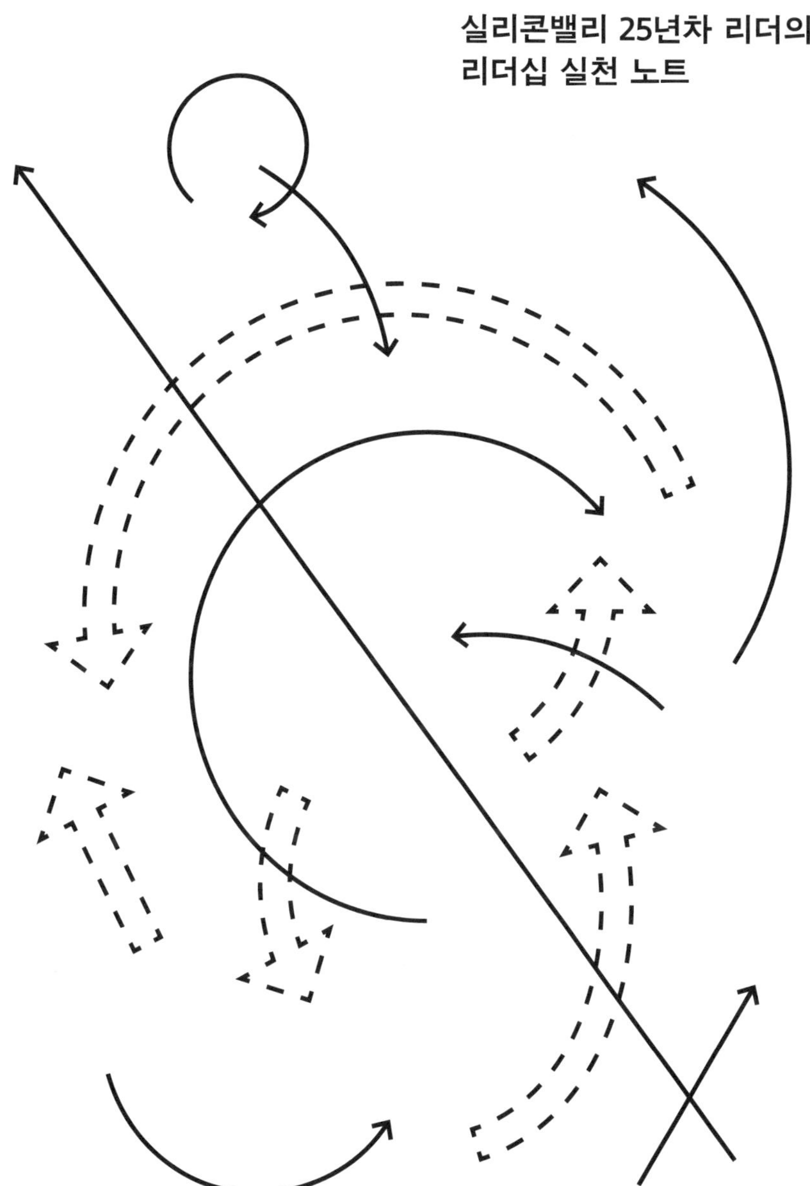

추천사

요즘 HR 현장에서 자주 들리는 화두가 있습니다. "언보싱(Unbossing)", 즉 리더가 되기를 원치 않는 현상입니다. 리더십의 난이도가 높아지고 책임과 부담이 커지면서 많은 구성원이 리더 역할을 회피하고 있습니다.

20여 년간 다양한 조직에서 리더로 일하면서 수많은 시행착오를 겪어온 저자는 단언합니다. 리더십은 타고난 재능이 아니라 학습할 수 있는, 발전시킬 수 있는 기술이라고. 리더가 되는 것은 또 하나의 엄청난 성장 기회이며, 처음부터 완벽할 수 없음을 인정하는 것에서 시작된다고.

이 책은 시행착오를 최소화하기 위한 인재 채용, 온보딩, 피드백, 미팅, 팀빌딩, 성과 관리 등 리더가 반드시 마주하는 장면별로 바로 적용할 수 있는 구체적인 실행 방안, 프로세스를 제시합니다. 좋은 팀은 우연이 아니라 설계에서 나온다는 사실을 실증적으로 보여줍니다.

인공지능 시대에도 변하지 않는 리더십의 본질뿐 아니라 구체적인 방안을 배우고 싶은 리더, 특히 초임 리더와 뜬구름 잡는 이론이 아닌 실제적 방안을 적용하고 싶은 리더에게 이 책은 현장에서 곧바로 사용할 수 있는 실전 지침서가 될 것입니다.

신수정

(『일의격』『거인의 리더십』 저자, 임팩트리더스아카데미 대표)

실리콘밸리의 현자로 불리는 한기용 님은 지난 30여 년간 기술과 조직의 변화를 가장 역동적인 현장에서 이끌어 온 리더입니다.

이 책에는 그가 오랜 시간 축적해 온 통찰, 즉 리더십은 개인의 성과를 더하는 것이 아니라 팀 전체의 역량을 '곱하기'로 만들어내는 일이라는 메시지가 깊이 담겨 있습니다. 또한 빠르게 변하는 시대일수록 용기 있게 질문하고, 지적인 정직함을 실천하며, 신뢰의 문화를 구축하는 것이 진정한 혁신의 출발점임을 다시 일깨워 줍니다.

개인적으로 오래 존경해 온 저자가 전하는 이 원칙들이, 큰 전환기를 맞고 있는 한국의 리더들에게 의미 있는 나침반이 되길 바랍니다.

황성현
(퀀텀인사이트 대표)

좋은 매니저가 되고 싶지만 어디서부터 시작해야 할지 막막한가요? 이 책은 매니저가 알아야 할 A부터 Z까지를 빠짐없이 짚어주는 완벽한 실무 가이드입니다. 실리콘밸리 현장에서 다져진 베테랑 저자의 경험이 녹아든 구체적인 조언과 워크시트가 가득합니다.

승진을 준비하는 예비 매니저에게는 확신을, 현직 매니저에게는 명쾌한 해답을, HR 담당에게는 훌륭한 교과서가 돼 줄 것입니다. 흔들리지 않는 단단한 리더십 지침서가 필요한 모든 분께 이 책 한 권을 강력히 권합니다.

김은주
(구글 딥마인드 수석 디자이너, 『생각이 너무 많은 서른 살에게』 저자)

리더십은 혼자 달리는 기술이 아니라
'함께 가는 길을 만드는' 일

지난 25년여 동안 개발 조직, 데이터팀, 비영리 단체의 리더로 일했습니다. 다양한 기업과 개인의 리더십 자문을 맡아오며 가장 많이 받은 질문이 하나 있습니다. 바로 "리더는 어떤 역할을 하는 사람인가요?"라는 질문입니다. 그래서 이번 책을 통해 "리더란 무슨 일을 하는 사람인가?"라는 질문에 대한 답을 정리해 보려 합니다.

조직의 단계나 리더의 레벨(직급)에 따라 그 역할은 달라지겠지만, 리더십의 본질은 명확합니다. 조직의 방향을 설정하고, 그 방향으로 함께 갈 사람들을 모아 팀을 구성하며, 필요한 자원을 연결해 성장을 이끄는 사람이죠. 개인기에 의존해 혼자 내달리는 것이 아니라, 나아갈 방향을 논의하는 과정에서 명확한 의사결정을 통해 사람을 채용하고, 온보딩 및 피드백, 방향 재설정까지 도맡는 역할입니다. '곱하기'로 결과를 만들어내는 게 리더의 몫이죠.

리더십의 큰 축에 해당하는 영향력 또한 타고난 재능이 아닌, 시간을 두고 쌓아갈 수 있는 역량입니다. 처음부터 완벽한 리더는 없습니다. 매니저 역할 역시 '연습'과 '실수'를 거치며 익힐 수 있습니다. 누구에게나 처음은 막막하기 마련입니다. 회고와 복기를 통해 리더십을 점진적으로 발전시키는 노고가 필요합니다.

요약하자면, 리더에게는 과거의 실수에 매몰되거나 아

직 능력이 부족하다고 섣불리 단정 짓지 않는, 포기하지 않는 태도가 필요합니다. 특히나 리더십은 의식적으로 자신의 '편안한 영역(Comfort Zone)'을 벗어나야만 익힐 수 있습니다. 이 여정을 단기전이 아닌 '긴 호흡의 과정'으로 바라보는 관점이 무엇보다 중요합니다.

이런 맥락에서 이 책을 통해 제가 리더로 일하며 겪은 다양한 불안과 답답함, 크고 작은 실수와 시행착오에 더해, 비슷한 경험을 안고 있는 초보 리더들의 곁에서 조언을 이어가면서 함께 배운 내용들을 체계적으로 공유하고자 합니다. 저라는 개인이 모든 문제를 겪어보고 해결책을 제시할 순 없겠지만, 제가 걸어온 길이 리더십 여정을 시작하는 여러분들에게 작게나마 도움이 되기를 바랍니다.

파트 1에서는 리더로서 가져야 하는 기본적인 마음가짐과 역할을 이야기합니다. 리더란 어떤 일을 하는 사람인지 제 생각을 공유합니다. 팀 내 신뢰를 만들어내는 연습과 함께 심리적 안전감이란 무엇인지, 이것이 신뢰와 어떻게 다른 개념인지 설명하면서 리더로서 가져야 하는 '지적인 정직함 혹은 솔직함(Intellectual Honesty)'을 강조합니다. 그것이 무엇이며 왜 중요한지 엔비디아의 창업자이자 CEO인 젠슨 황의 사례와 함께 다룹니다. 제 개인적인 리더십 여정도 함께 공유해 보도록 하겠습니다.

파트 2에서는 제가 매니저 혹은 리더 역할을 하면서 했던 실수와 깨달음을 10가지로 정리합니다. 기본적인 메시지는 "처음부터 잘하는 사람은 없으며, 리더십은 긴 호흡으로 꾸준히 연습하면서 만들어가는 것"이란 내용입니다.

개인기나 잔재주가 아니라 진정한 영향력을 추구하면서, 완벽한 결정을 내리려고 시간을 끌기보다는 명확한 결정을 적시에 해서 팀원들이 자기 생각을 편하게 이야기할 수 있는 환경("심리적 안전감"이 있는 환경)을 만드는 것이 중요하다고 본문에서 강조하고 있습니다.

파트 3에서는 팀을 만들고 조직을 개발하는 팀빌딩 관점에서 인재 채용 과정에 관해 설명합니다. 좋은 인재란 어떤 사람이며 그런 인재를 어떻게 찾을 수 있는지 이야기해 보고, 구조가 잘 짜인 면접 프로세스 경험을 공유합니다. 면접 프로세스란 조직에 어떤 사람이 필요한지 살펴 채용 공고를 작성하고, 좋은 인재를 채용하기 위해 면접관으로 활동할 사람들을 찾아 어떤 질문을 제시할지 정하며, 면접이 끝난 후 같이 모여 후보자를 평가하는 절차를 만드는 일인데요. 최종적으로는 마음에 드는 후보자에게 채용 제안(오퍼)을 주고 평판 조회(레퍼런스 체크) 작업도 해야 합니다.

파트 4에서는 신규 입사자가 회사에 잘 적응하도록 돕는 온보딩을 소개합니다. 인재 채용은 시작일 뿐, 끝이 아닙니다. 채용이 의미 있는 온보딩으로 이어졌을 때 인재가 가진 경험과 능력이 개인뿐만 아니라 조직을 위해 제대로 사용됩니다. 이때 좋은 온보딩이란 처음 90일 동안 삭은 싱공을 경험할 수 있도록 기인하면서 입사자로부터 이해하기 어려운, 아쉬운 부분이 보이면 빨리 피드백을 주어 도전을 이끌어 내는 일이라 생각합니다. 좋은 인재가 성공하도록 온보딩 과정을 디자인하되 조직과 안 맞는 사람과는 빨리 헤어지는 것이 온보딩의 목적입니다.

파트 5에서는 피드백을 건강하게 공유하는 방법을 다룹니다. 명확한 비전을 바탕으로 팀이 한 방향으로 뛰어간다고 해도 각자 의견이 항상 같을 수는 없습니다. 이때 다른 의견을 가진 사람을 속으로 욕하며 침묵하거나 상대방에게 공격적으로 반응하기보다는 '불편함'과 친해지는 연습을 해야 합니다. '호기심'을 갖는 것, 견해차를 줄이기 위해 빨리 이야기를 꺼내는 자세가 필요합니다. 간극을 방치했다간 팀 내에서 감정적인 충돌이 벌어질 테니까요.

리더로서 일하다 보면 여러 힘든 일을 겪습니다. 그중 하나는 '충돌 해결'입니다. 파트 6에서는 이 화두를 꺼냅니다. 팀원끼리 알아서 갈등을 해결하라고 리더 본인이 상황을 회피하거나 무시하기보다는 '내가 의사결정을 도맡아야 한다'고 바라보는 연습을 강조합니다. 문제 해결 원칙을 만들고, 건강한 의견 충돌이 자칫 감정적인 대립으로 번지지 않도록 조절하는 것이 리더의 책임입니다. 이 파트에서는 조직 내에 어떤 종류의 갈등과 충돌이 존재하는지 살펴보고 해결 방안을 알아보도록 하겠습니다.

파트 7은 효율적이면서도 효과적인 미팅이란 무엇인지 이어서 소개합니다. 모든 문제를 다 같이 만나서 해결하는 것은 (조직이 작을 때는 가능할지 몰라도) 지속할 순 없는 방식입니다. 반대로 조직이 커지면서 다양한 형태의 미팅 중 1대1 미팅이 중요해집니다. 이 장에서는 다채로운 미팅, 그중에서도 1대1 미팅의 목적은 무엇이며, 어떤 이야기를 주고받는 자리가 돼야 하는지 짚으며 제 경험도 공유합니다. 그와 동시에 '지적인 정직함'이 왜 이런 미팅에서 의미 있는 논의를 끌어내는 데 도움이 되는지, 조직 내 혁신을 만들어내는 데 필요한지 이야기하겠습니다.

파트 8에서는 '리더십의 본질'이라 할 수 있는 성과 관리를 다룹니다. 성과 관리는 단순히 평가나 보상 절차가 아니라, 개인과 팀의 성장을 조직의 목표와 연결하는 리더의 핵심 역할입니다. 비전, 전략, 채용 모두 결국 성과로 이어져야 의미 있습니다. 이 파트에서는 성과 관리를 바라보는 관점부터 목표 설정, 평가, 보상까지의 사이클을 살펴보며 리더가 어떻게 이 과정을 직접 리드해야 하는지 설명하겠습니다.

파트 9에서는 조직이 커지고 변화하는 과정에서 리더는 어떻게 변화해야 하는지 짚으면서 리더 자신의 성장에 관해 이야기합니다. 고인 물은 썩는다고 하죠. 주변 상황과 변화에 유연하게 대처하며 조직의 방향이나 구조를 바꾸는 한편 리더 본인도 변화할 줄 알아야 합니다. 물론 개인이건 조직이건 변화와 성장에는 시간이 필요하겠죠. 때로는 그 과정에서 크고 작은 실수와 실패를 동반하겠지만, 평정심을 바탕으로 꾸준함을 유지해야 합니다. 여기에는 리더의 정신 건강도 큰 비중을 차지합니다.

인공지능(AI) 시대에도 이 여정은 달라지지 않습니다. 기술이 급격히 발전하고 AI 도구와 에이전트가 우리의 일을 빠르고 정교하게 대신해 주지만, 여전히 그들에게 방향과 맥락을 제공하는 것, 기대치를 명확히 설명하는 일, 적절한 피드백을 주는 역할은 사람의 몫입니다. 다시 말해 AI와의 협업 역량 역시 '사람과 일할 때 필요한 소프트 스킬'과 본질적으로 다르지 않습니다. 그러므로 리더십은 오히려 더 중요해지고 있습니다. 이 책에서 다루는 원칙들은

AI 시대에도 변함없이 여러분의 지침이 될 것입니다.

리더십은 타고난 재능으로 결정되는 것이 아니라 긴 호흡 속에서 다져가는 연습의 결과물이라 믿습니다. 혼자서 '더하기'를 하는 것이 아니라, 나라는 존재를 통해 팀에 '곱하기'로 이바지하고, 불필요한 일을 과감히 없애는 '빼기'의 여정을 걸어가는 것입니다. 여러분의 리더십 여정에 행운이 함께하길 바라며, 제 경험이 작은 나침반이 돼 각자의 리더십 스타일을 찾아가는 데 도움이 되기를 기원합니다. 진심으로 응원합니다.

2026년 1월

한기용

목차

파트 1

리더가 됐다.
그다음은?

"리더로서 첫걸음을 내딛는 이에게 조언을 주신다면?"

"어떤 계기로 리더가 돼야겠다고 생각하셨나요?"

"좋은 리더란 어떤 사람일까요?"

"실리콘밸리의 '실패를 두려워하지 않는 정신'을
조직 운영에 반영하는 방법은 무엇일까요?"

리더로 처음 발을 내디딜 때 누구나 기대와 걱정을 동시에 안고 출발합니다. 그럴 수밖에 없죠. 리더십은 타고난 재능이 아니라 꾸준한 연습과 시행착오를 통해 배워가는 기술이니까요.

저 또한 25년이 넘는 시간 동안 매니저이자 리더로서 수많은 실수를 경험하며 여러 교훈을 배웠습니다. 이번 파트에서는 리더의 역할과 책임이 무엇인지 짚으며 '팀 내 신뢰'가 왜 중요한지, 이를 어떻게 만들어갈 수 있는지, 그리고 요즘 자주 거론되는 '조직의 심리적 안전감'과 팀 내 신뢰가 어떻게 다른지 이야기해 보고자 합니다.

1장
실리콘밸리에서 25년간 리더로 일했던 여정

본격적으로 리더십과 조직 운영에 관해 이야기 나누기 전에, 제 이야기부터 하는 게 어떨까 합니다. 지금 리더십과 조직 운영에 관한 책을 집필하고 있지만, 사실 처음부터 제가 이 화두에 관심이 있었던 건 아니었습니다. 당연히 처음부터 이 일을 잘했던 것도 아니었고요. 실무자로 시작해 초보 매니저가 되고, 여러 우여곡절을 겪으며 리더십과 조직 운영의 중요성을 피부로 느낀 후에 '더 나은 리더가 되고 싶다'는 마음으로 지금에 이르렀습니다.

제 이야기는 90년대로 거슬러 올라갑니다. 저는 한국에서 커리어를 시작해 대부분의 경험을 미국 실리콘밸리에서 얻었습니다. 서울대학교에서 컴퓨터공학을 전공한 뒤, 1995년 삼성전자에 입사해 5년간 개발자로 일했죠.

한국에서 일하던 사회 초년생 시절에는 같은 팀에서 같은 사람들과 계속 일했습니다. 작은 팀에서 주로 개인 단위로 실무를 맡았기 때문에 리더십에 딱히 관심이 없었습니다. 리더의 영향력보다는 기술적인 역량을 강화하는 데 몰두했죠. 당시엔 '개발을 잘하는 사람'이 되고 싶다는, 소위 기술적인 전문성에 대한 조바심이 더 컸습니다.

리더 역할을 처음 맡은 시점은 2000년 실리콘밸리의 웹 검색 스타트업 '와이즈넛(WiseNut)'에 다닐 때부터였습니다. 본의 아니게 엔지니어링 매니저 타이틀을 달았는데요. 미팅에 참여하며 팀원을 돕는 한편, 남는 시간에 코딩하느라 정신없는 초보 매니저였습니다. '리더로서 어떻게 일해야 하는가'에 대한 고민은 제대로 한 적이 없었고, 아직은 '개인 개발자'에 더 가까웠습니다.

그러다가 2002년, 스타트업 '인베리토(Inverito)'를 공동 창업하면서 처음으로 비전의 중요성을 절감했습니다. 최고기술책임자(CTO)로 기술과 팀을 책임지며 제가 책임져야 하는 범위가 엔지니어링 전반(웹서버, 백엔드, 데이터베이스, 검색 DB, 운영, 서비스 문제 해결 등)으로 확장됐는데요. 미국과 한국에 흩어져 있는, 개성 강한 팀원들을 이끌다 보니 "어떤 방향으로 가야 하는가"에 관한 질문이 절실하게 다가왔습니다. 창업은 실패로 끝났지만, 창업의 불확실성과 장기적인 관점의 중요성을 배울 수 있었죠. '힘든 일은 대체로 사람 때문'이라는 사실도 체감했고요.

2004년 2월, 야후의 검색엔진 팀에 시니어 소프트웨어 엔지니어로 입사하면서 커리어의 전환점을 맞이했습니다. 이때 만난 매니저는 제가 지금까지도 가장 존경하는 분입니다. 그분을 통해 "좋은 리더는 어떤 사람인가"에 관한 기준이 생겼습니다. 그전까지는 솔직히 매니저 역할을 소화하면서도 '정말 리더로 일하고 싶다'는 의욕은 덜했는데요. 이 무렵 좋은 리더상을 만나면서 '리더 역할에 제대로 도전해 봐야겠다'고 처음 결심했습니다.

야후 재직 시절 매니저로부터 배운 리더십은 2가지였습니다. 시기적절하게 명확한 의사결정을 내려야 한다는 것, 그리고 말을 걸기 편하면서도 피드백만큼은 분명하게 주는 리더가 돼야 한다는 점.

제가 지켜본 그 매니저는 미팅에서 누구나 자유롭게 의견을 말할 수 있는 분위기를 만들고, 그 의견들을 바탕으로 적시에 명확하게 결정을 내리는 사람이었습니다. 보통 처음 리더가 되면 모두를 만족시키는 결정을 내리느라 시간을 질질 끌기 일쑤인데, 미팅 때 모두 편하게 자기 의견을 나누면서도 최종적으로 명료하게 다음 스텝이 결정된다는 걸 느꼈습니다.

의사결정의 명확성뿐 아니라 말 걸기 편하면서도 필요한 순간엔 확실한 피드백을 주는 태도도 인상 깊었습니다. 전형적인 외유내강 스타일의 리더였죠. 덕분에 실리콘밸리에서는 외향적이고 주도적인 스타일의 리더가 돼야 하지 않을까 짐작했던 제 고정관념이 깨졌습니다. '저 사람처럼 돼야겠다'는 롤모델을 얻었죠. 이렇게 리더십에 관한 동기를 얻은 이후부터 기술적인 전문성보다는 리더로서 결과와 영향력에 집중하기 시작했습니다.

감사하게도 야후에 다니던 초기 4년간 매해 승진해 2008년 말에는 디렉터 포지션까지 올라갔습니다. 그 과정에서 책임의 범위가 커지고, 다양한 문제가 생기기 시작했습니다. 예를 들어, 사람과의 관계에서 적잖은 스트레스를 받았습니다. 상대방에게 '아쉬운 점'에 관해 피드백을 순 경험이 없다 보니 허둥댔고, '피드백을 잘 주는 사람은 따로 있을 것'이라 여기며 괴로워했습니다. 또한 레벨(직급)이 올라가면 나에 대한 주변의 기대가 달라진다는 걸 제대로 인지하지 못해 여러 실수를 저질렀습니다. 이때의 경험들이 이후 커리어 후반기에 큰 자산이 됐습니다.

40대 중반 이후, 커리어 후반기에는 글로벌 에듀테크 스타트업 유데미 등 스타트업 중심으로 커리어를 이어 나갔습니다. 리더십에서 시행착오를 거치며 저에게 맞는 환경을 찾아가는 결정이었습니다. 나중에 도움이 될 줄 몰랐던 커리어 전반기의 창업 실패, 야후에서 리더로 일할 당시 정신적으로 힘들었던 과정들이 이 시기에 진가를 발휘했습니다. 채용과 온보딩에 좀 더 신경 썼고, 불편할 수 있는 피드백이나 대화를 더욱 자연스럽게 하게 됐죠. '작은 실패'에 매몰돼 내 탓만 하기보다는 '다음에 더 잘하면 된다'는 정신승리, 유연하고 현실적인 태도를 기르며 덜 힘들게 일할 수 있었습니다.

이 시기에 가장 크게 배운 점은 이것입니다. '리더가 됐다고 해서 매니저 역할만 고집할 필요는 없다'는 것.

대부분 한 번 리더십 커리어에 발을 들이면 실무에서 멀어진다고 생각하기 쉬운데요. 그때그때 조직에 필요한 일을 하는 게 곧 영향력 있는 리더의 모습이라는 걸 나중에야 발견했습니다. 커리어 후반기에 거친 4개의 서로 다른 스타트업에서 처음에는 코딩도 직접 하며 혼자 팀을 꾸리다가, 팀 규모가 5명을 넘어갈 때는 팀빌딩과 방향성에 초점을 맞추는 식으로 성장하는 경험을 반복했거든요. 스타트업에서는 상황에 따라 실무자로도, 리더로도 유연하게 움직이며 비전과 방향에 따라 순간순간 필요한 역할을 수행해야 한다는 점을 실감했습니다. 리더십에 관한 이런 유연한 관점은 특히 AI 시대에 더욱 중요하다고 믿습니다. (AI 시대의 리더십은 책 뒷부분에 따로 다룹니다.)

실리콘밸리에서 25년가량 리더십을 경험하며 배웠습

니다. 진정한 리더는 순간마다 비전과 미션을 생각하며 조직의 파이를 키우는 형태로 일합니다. 연차나 직책이 높아질수록 개인기를 부려 성과를 내는 게 아니라 '내가 있어서 팀의 역량이 증폭되는, 곱하기가 적용되는 사람'으로 성장해야 한다는 점을 확실히 깨달았죠. 리더인 나로 인해 주변의 역량이 올라가는 방향으로 영향력을 추구해야 한다는 걸 40대 중반이 넘어 알았습니다.

돌이켜보니 이런 리더십은 천부적인 재능이라기보다는 시간을 들여 갈고닦는 기술이었습니다. 처음부터 완벽할 필요는 없습니다. 다만 중요한 것은 일단 시도해 보는 용기와 포기하지 않는 꾸준함입니다. 단기간에 모든 걸 잘하려 하거나, 살짝 시도해 보고서 '나는 역시 안 어울린다'고 단정 짓기보다는 긴 호흡으로 나만의 리더십 스타일을 연습하길 권합니다. 그게 제가 직접 겪고 배운, 가장 현실적인 리더십의 시작이었습니다.

리더십 전환점: 롤모델의 힘

▸ 개인 개발자로 커리어를 시작했던 저에게 '리더십'은 낯선 영역이었습니다. 하지만 야후에서 명확한 결단력과 따뜻한 피드백을 겸비한 롤모델을 만나며 생각이 바뀌었습니다. "나도 저런 리더가 되고 싶다"는 지향점이 생긴 순간부터, 리더십과 긍정적인 영향력을 깊이 고민하기 시작했습니다.

상황에 맞추는 실전 리더십

▸ 스타트업의 치열한 현장을 거치며 리더십은 고정된 '타이틀'이 아니라 그 순간 조직에 가장 필요한 일을 찾아 수행하는 유연함에서 나온다는 걸 알았습니다.

▸ 타이틀보다 중요한 것은 '함께 성장하는 영향력'입니다. 내가 있는 자리에서 팀의 방향성을 명확히 제시하고, '나의 존재로 인해 주변 동료들의 역량이 함께 높아지는 것'이 진짜 리더십이라 믿습니다.

리더의 역할과 책임은 어디까지일까?

리더의 자리에 처음 서는 사람이라면 누구나 막막함을 느낍니다. 그간 내게 주어진 일을 열심히 해 성과를 내본 적은 있어도 '리더'라는 일을 경험해 볼 기회는 흔치 않았으니까요. 그러다 보니 막상 연차가 차서, 혹은 조직 내에서 긍정적인 평가를 받아서 리더가 됐을 때 덜컥 겁이 납니다. 리더란 무엇인지, 리더가 하는 역할과 그 책임은 어디까지인지 누구라도 알려줬으면 하는 마음이 들 것입니다.

리더에게는 두 가지 중요한 역할이 있다고 생각합니다. 좋은 팀을 만들고, 그 팀이 하나의 방향으로 같이 뛰어가도록 이끄는 일. 이 2가지를 위해 리더는 다음과 같은 역할과 책임을 도맡습니다.

■ 함께 한 방향으로 나아갈 '좋은 팀'을 만드는 사람

리더는 함께하고 싶은, 이상적인 인재상을 정의하고 이를 조직의 기준으로 안착시켜야 합니다. 그러기 위해선 "사람은 고쳐 쓰는 게 아니다"라는 격언을 따라 채용 단계부터 조직의 방향성과 태도가 일치하는 사람을 찾아야 합니다. 더욱이 변화가 일상인 시대에는 긍정적인 사고와 유연한 태도를 지닌 인재가 필수입니다. 이런 인재를 곁에 두지 않는다면 팀은 사소한 변화에도 저항하며 막대한 소통 비용과 에너지를 소모하게 됩니다.

특히 AI 시대에는 소수 정예로도 높은 성과를 낼 수 있습니다. 그렇기 때문에 '변화를 수용하는 긍정적인 태도'를 지닌 인재의 가치가 더 커졌습니다. 그만큼 건강한 팀을 위해서는 반대 의견조차 건설적인 대안으로 제시할 줄 아는 인재를 모아야 하는, 새로운 도전이 리더들을 기다리고 있습니다. 면접 단계부터 기술적인 능력을 넘어, 변화를 대하는 태도와 관점을 세심하게 파악하는 안목이 요구되는 요즘입니다.

■ 방향을 설정하고, 성장을 위한 '원칙'을 세우는 사람

팀이 한 방향으로 나아갈 때 의견 충돌은 피할 수 없는 과정입니다. 리더는 갈등이 생겼을 때 불편함을 회피하거나 팀원의 실망스러운 행동에 침묵하기보다, 그 간극을 줄이기 위해 신속하고 적극적으로 행동해야 합니다. 누군가에게 미움을 살 수 있다는 사실을 의연하게 받아들이고, 늘 호기심 어린 태도로 조직과 개인의 성장을 돕는 명확한 원칙을 세우는 데 집중해야 합니다.

팀 내에서 의견이 엇갈리고 감정적인 충돌이 발생할 때, 리더는 우리가 '공동의 목표'를 제대로 공유하고 있는지 반드시 확인해야 합니다. 이는 조직의 비전과 미션을 다시 점검하는 일과 같습니다. 막연히 열심히 하는 것보다 중요한 것은 우리가 어디로 가고 있는지 지향점을 명확히 하는 것입니다. 우리가 함께 한 방향을 보고 달려간다는 맥락에서 일상적으로 비전과 미션을 살펴봐야 하는 이유입니다. 리더는 이러한 지향점이 있을 때 비로소 팀의 방향성도 단단해진다는 사실을 잊지 말아야 합니다.

마지막으로, 리더십의 동력은 언행일치와 솔선수범에 있습니다. 방향을 설정하고 원칙을 세운 리더가 정작 스스로 본보기가 되지 못한다면 팀의 신뢰는 금방 무너집니다. 자신의 부족함을 감추기 위한 불필요한 말이나 행동을 하기보다는 말과 행동이 일치하는 솔선수범의 자세로 리더 역할에 임해야 합니다. 그래야 팀원들이 리더를 믿고 같은 방향으로 나아갈 수 있습니다.

결국 리더는 개인의 역량으로 '더하기'에 매달리는 사람이 아니라, 팀의 역량을 '곱하기'로 증폭시키는 존재입니다. 올바른 방향 설정이라는 곱하기의 기술은 타고난 재능이 아니라, 크고 작은 실수를 복기하는 성실함을 통해 오랜 시간 축적되는 것입니다. 처음부터 완벽한 리더는 없기에 단기간에 실패 없는 리더가 되려 조급해하기보다는, 장기적으로 조금씩 더 나은 리더가 되겠다는 믿음으로 좋은 습관을 쌓아가는 것이 성장의 지름길입니다.

리더는 팀빌딩, 조직의 방향 설정을 도맡는다.

- ‣ 팀의 ‘인재 채용’부터 ‘공동의 목표 수립’까지, 리더가 결코 소홀히 할 수 없는 핵심 업무입니다.
- ‣ 특히 인재를 채용할 때 가장 중요하게 봐야 할 기본자세는 변화를 두려워하지 않고 수용하는 긍정적인 태도입니다.

리더십은 타고나는 재능이 아닌 스킬

- ‣ 갈등에서 오는 불편함과 친해지려 노력하면서, 호기심을 갖고 나와 다른 의견이나 생소한 관점을 바라보는 연습이 필요합니다.
- ‣ 초보 매니저가 가장 먼저 갖춰야 할 마인드셋은 바로 ‘리더십이 천부적인 자질, 재능의 영역이 아니라는 점’을 인식하는 것입니다.

리더십은 ‘말과 행동이 일치할 때’ 힘을 얻는다.

3장
팀 내 신뢰와 '심리적 안전감'

아무리 뛰어난 인재를 모아 훌륭한 팀을 꾸리고, 같은 방향으로 나아가려 하더라도 팀은 얼마든지 쉽게 무너질 수 있습니다. 이런 위기를 극복하는 '진짜 강한 팀'은 구성원들이 서로의 의견을 자유롭게 나누고, 실수나 반대를 두려워하지 않으며, 더 나은 해답을 위해 기꺼이 논쟁할 수 있는 팀입니다. 그 바탕이 되는 것이 바로 '신뢰'와 '심리적 안전감'입니다. 그래서 리더는 단지 방향을 제시하고 지시하는 사람이 아니라, 팀이 안심하고 소통할 수 있는 환경을 설계하는 사람부터 돼야 합니다.

■ '팀 내 신뢰'는 왜 필요한가?

조직 내 신뢰가 중요한 이유부터 짚어 보고자 합니다. 제가 야후에 입사하고 1년이 지났을 때 '리더십에 제대로 도전해 봐야겠다'는 마음으로 봤던 첫 책이 바로 『팀워크의 부활(Five Dysfunctions of a Team)』*이었습니다. 이 책은 가상의 회사를 기반으로 소설처럼 쓰인 책인데, "신뢰가

---

* 『팀워크의 부활』(서진영 옮김, 위즈덤하우스, 2021)은 경영 컨설턴트 패트릭 렌시오니(Patrick Lencioni)가 2002년에 출간한 책으로, 가상의 회사를 배경으로 소설 형식으로 쓰인 리더십 및 조직 운영서입니다. 저자는 팀이 실패하는 5가지 요인을 제시하며, 이를 극복하기 위해 리더가 어떻게 신뢰 구축과 건강한 토론을 촉진해야 하는지를 구체적으로 설명합니다.

없는 팀은 다섯 단계에 걸쳐 망해간다"는 걸 여실히 보여
주는 내용을 담았습니다.

1. **신뢰 부재**: 팀 내 신뢰가 없다면 약점을 드러내거
   나, 도움을 요청하거나, 본인의 의견을 솔직하게
   나누는 걸 망설이게 됩니다.
2. **충돌 부재**: 신뢰의 부재는 결국 토론의 부재로 이
   어집니다. 다양한 의견을 표출하는 건강한 토론
   문화가 사라지는 것이죠. 문제를 겉도는 의견만
   공유되거나 팀이 최종 의사결정권자의 말만 듣는
   형태로 상황이 악화합니다.
3. **헌신 부재**: 건강한 충돌이 사라지면 의사결정에 관
   한 공감대가 낮은 상태가 지속됩니다. 이는 팀원
   들이 몰입해서 일할 수 없는 상황으로 연결됩니
   다. 내 의견을 이야기할 수 없거나 의사결정에 관
   해 질문하기 어렵다 보니 조직의 방향은 고정되
   고, 그런 상황에서 "열심히 일하고 싶다"는 동기를
   얻기 어려우니까요.
4. **책임 회피**: 열심히 일할 마음이 들지 않는다면 일
   의 결과가 좋게 나올 가능성이 낮아집니다. 사람
   들은 본인 일을 '나와 관련 없는 일'이라 여기면서
   책임을 회피할 궁리를 하게 되죠.
5. **낮은 성과**: 구성원이 일을 책임질 생각이 없으니
   좋은 성과가 나올 리 만무합니다. 오히려 기회를
   잡아 다른 곳으로 이직하려는 직원들이 늘고, 팀
   분위기는 점점 나빠집니다.

조직 내에 신뢰가 있다면 상황은 반전됩니다. 본인의 의견을 덜 검열하며 터놓고 이야기할 테고, 설령 내 의견이 선택되지 않았더라도 내 의견을 이야기할 기회가 있었다는 점에 효능감을 느낍니다. '건강한 충돌'을 통해 의사결정이 내려질 때 팀원들은 최종 결정을 납득하면서 일에 헌신할 수 있습니다. 본인이 몰입하는 일에는 책임감이 따르고, 책임감은 좋은 성과로 이어질 확률이 높습니다.

보통 한국에서 생각하는 '실리콘밸리의 수평적인 일 문화' 또한 '수평적인 관계에서 토론하는 것'을 의미합니다. 25년간 제가 경험했던, 선호하는 팀워크 방식이기도 합니다. 이때 수평적인 관계에서 허심탄회하게 토론하는 문화를 만드는 데 신뢰가 꼭 필요합니다.

■ 어떻게 신뢰를 쌓을 수 있을까?

그렇다면 어떻게 신뢰를 쌓을 수 있을까요? 다소 의아하겠지만, 저는 "리더가 인간적인 모습을 보이는 게 좋다"고 조언하는 편입니다. 본인의 취약함을 드러내라는 것입니다. 예를 들어, 내가 리더로서 팀 미팅에서 내 의견을 너무 빨리 얘기하면 한국이나 미국이나 팀원들이 자기 의견을 편하게 이야기하는 걸 주저하는 상황이 생깁니다. 그렇기 때문에 가능한 한 리더는 의견을 나중에 개진하고, 빨리 의견을 냈나면 직접 본인의 의견을 반박하는 내용까지 덧붙이길 권합니다. 그래야 팀원들도 리더의 의견에 숨은 맹점, 불분명한 지점을 발견하고 그에 관한 질문을 하기 편해집니다.

완벽한 리더는 없습니다. 중요한 건, **잘못된 결정을 내**

렸다는 걸 인지했을 때 이를 빠르게 인정하고 유연하게 방향을 전환할 수 있는 태도입니다. 리더는 모든 것을 알고 있는 사람처럼 행동하기보다, 모르는 걸 "모른다"고 솔직히 말하면서 팀원들의 의견을 묻고 도움을 요청할 줄 알아야 합니다. 본인의 의견이 틀릴 수 있다는 여지를 미리 열어 두는 것도 리더의 역량입니다.

정직하고 열린 태도는 리더만의 덕목이 아닙니다. 팀원 모두가 모르는 것은 모른다고 말할 수 있고, 실수나 잘못된 판단을 숨기지 않고 드러내며, 대안을 찾거나 도움을 기꺼이 요청할 수 있는 문화가 만들어져야 합니다. 저는 이것이 바로 '지적인 정직함(Intellectual Honesty)'이라고 생각합니다.

지적인 정직함은 신뢰를 구축하는 핵심 기반입니다. 이것이 조직의 중요한 가치로 자리 잡기 위해선 리더가 모범을 보이면서 팀 전체가 동참하는 과정이 필요합니다. 시작은 리더부터입니다. 리더가 솔직함과 열린 태도를 보여 팀원들에게 본보기가 될 때, 그렇게 신뢰가 조직 안에 뿌리내리기 시작합니다.

■ '지적인 정직함'이 혁신에 필요한 이유는?

지적인 정직함은 신뢰를 구축하는 걸 넘어 혁신을 끌어냅니다. 개인적으로 2012년에 11개월 동안 안식년을 가졌던 적이 있었는데요. 이때 스탠퍼드 비즈니스 스쿨(경영대학원) 유튜브 채널을 많이 봤습니다. 가장 기억에 남았던 강연은 엔비디아 창업자 젠슨 황 CEO의 대담이었습니다.*

---

*   https://www.youtube.com/watch?v=Xn1EsFe7snQ

1993년 창업했던 계기부터 시작해 다양한 주제를 다뤘는데요. 현장에서 '어떻게 혁신할 수 있는지'에 관한 질문이 나왔습니다. 젠슨 황은 '지적인 정직함'의 맥락에서 다음과 같이 대답했습니다.

지적인 정직함에 관한 젠슨 황의 관점

1. "지금 우리 제품이 1등이라 해서 거기에 안주하면 안 된다. 결국 경쟁자가 나와서 언젠가는 내 1등 제품을 집어삼킬 것이다. 내 1등 제품은 우리의 신제품으로 잡아먹어야 한다."

    ▶ 여기서 "식인"이라는 의미의 "카니발리즘(Cannibalization)"이라는 표현을 사용했습니다. 내 1등 제품을 내 신제품으로 없애야 한다는 이야기는 참 신선한 관점이었습니다.

2. "이렇게 내 1등 제품을 '식인'하려면 혁신이 필요한데, 이를 위해선 실험(테스트)을 매우 많이 해야 한다. 그런데 수많은 실험은 당연히 대부분 실패한다. 그래서 실패를 용인하는 조직문화가 필요하다."

    ▶ 이는 (뒷부분에서 설명할) '심리적 안전감'과 연결됩니다. 실패가 교훈이 아닌 잘못으로 조직 내에 받아들여진다면 누구도 혁신을 위해 모험할 엄두를 내지 못합니다.

3. "물론 너무 오랜 시간과 비용을 들여 실패를 거듭 한다면 결국 회사는 망한다. 여기서 요점은 '실패 를 적은 비용으로 빨리 해야 한다'는 점이다."

   ▸ 이 부분이 개인적인 "아하 모멘트"였습니다. 요지 인즉슨, 모든 실패가 허용돼선 안 된다는 거죠. 어 떻게 하면 적은 비용으로 빠르게 실패할지, '잘 실 패할 방법'을 조직 내에서 의도적으로 학습해야 한다는 뜻입니다.

4. "적은 비용으로 빠르게 실패하는 방법은 서로에게 솔직해지는 것이다. 모르는 것을 모른다고 말하고, 도움이 필요하면 빨리 요청하고, 본인의 결정이 잘 못됐다고 판단하면 억지 부리지 말고 빨리 인정해 새로운 방향을 모색해야 한다. 이런 모습을 리더부 터 보여야 하며, 모든 팀원에게 동일한 행동을 요 구해야 한다."

   ▸ 젠슨 황의 이런 관점과 행동을 제가 앞서 '지적인 정직함'이라고 표현했습니다.

리더가 취약함을 내비친다는 것은 그냥 연약한 모습을 내 보이는 것이 아닙니다. 쉽게 말해, 서로 솔직해지자는 것 입니다. 그래야 수평적으로 다양한 논의가 오갈 수 있으 며, 최종 의사결정권자인 리더가 수직적으로 명확하게 의 사결정을 내릴 수 있습니다. 이는 팀이 신뢰를 다지는 데 도 중요할뿐더러, 팀이 지적인 정직함을 학습해 혁신에 혁신을 거듭하는 토양이 됩니다. 조직과 개인의 성장을 이끄는 리더십이라는 성과로 이어질 수 있죠.

■ '심리적 안전감'이란 무엇인가?

앞서 소개했던 '팀 내 신뢰'는 시간을 두고 쌓여가는 이자와 같습니다. 이것과 별개로 '심리적 안전감(Psychological Safety)'은 조직 차원에서 만들어 가야 하는 문화라고 생각하는데요. 심리적 안전감이란, 조직 내 누구나 편하게 자기 의견을 개진하고 새로운 시도를 할 수 있는 정서적 기반을 뜻합니다. 두 가지가 가능한 조직이라면 심리적 안전감이 있는 조직이라 볼 수 있습니다.

1. 온보딩 기간에 쉽게 질문할 수 있는가?

신규 입사자가 조직에 적응하는 온보딩 기간에 '질문을 쉽게 할 수 있는가'는 매우 중요한 척도입니다.

(온보딩 질문 자체에 관해서는 파트 4에서 더 자세히 다루겠지만) 제가 생각하는 온보딩의 핵심 목표는, 새로 합류한 팀원이 처음 90일 안에 작더라도 명확한 성공을 경험하게 하는 데 맞춰야 합니다. 그 과정에서 업무의 방향을 제대로 이해하지 못하거나, 사소한 이슈에 막혀 시간을 허비한다면, 어렵게 뽑은 인새가 소직에 제대로 적응하지 못하는 상황이 벌어질 수 있겠죠. 따라서 질문이 자연스럽고 적극적으로 오가는 환경, 질문을 장려하는 분위기를 만드는 것이 리더의 중요한 역할입니다.

구성원 각자도 본인의 성공을 위해 주도적으로 질문

하고, 업무의 맥락을 파악하려고 노력해야 합니다. 물론 발전 없이 항상 같은 질문만 반복해선 안 되겠죠. 본인이 이해한 바를 간단히 설명한 뒤 어디서 업무가 막혔는지 구체적으로 짚어가며 질문해 보길 추천합니다. 질문 자체는 결코 나쁜 게 아닙니다. 자기검열을 줄이고, '모른다'는 사실을 숨기지 않고 드러낼 수 있어야 온보딩이 제대로 작동합니다.

2. 배움이 있는 실수, 실패가 용인되는 환경인가?

앞서 젠슨 황의 이야기를 통해, 큰 비용과 긴 시간이 드는 실패보다는 작은 비용으로 빠르게 실패하는 것, 즉 '효율적인 실패'가 필요하다고 짚었습니다. 즉, 모든 실패가 무조건 긍정적인 건 아닙니다. 어떤 실패는 명백히 피해야 하고, 어떤 실패는 성장의 계기가 될 수 있습니다.

『두려움 없는 조직(The Fearless Organization)』[*]이라는 책에서는 실패를 세 가지 유형으로 나눕니다. 이 중에서 2번째, 3번째 유형의 실패를 학습의 기회로 바라볼 때 심리적 안전감이 깃든 조직이라 볼 수 있습니다. 일단 3가지 실패 유형은 아래와 같이 나눌 수 있습니다.

---

[*] 『두려움 없는 조직』(최윤영 옮김, 다산북스, 2019)은 하버드 경영대학원 교수인 에이미 에드먼슨이 쓴 책으로, 심리적 안전감이라는 개념을 대중적으로 알린 대표작입니다. 저자는 구글을 포함한 다양한 조직 사례를 바탕으로, 구성원이 실수나 의문을 드러내는 것을 두려워하지 않고 자유롭게 의견을 내놓을 수 있을 때 팀이 혁신과 성장을 이룰 수 있다고 설명합니다.

1. **예방할 수 있는 실패:** 이미 정해진 프로세스를 무시해서 발생하는 실수입니다. IT 회사를 예로 들자면, 규모 있는 서비스 개발팀에서 간단한 기능 변경을 가벼이 여겼다가 테스트 없이 코드를 배포해 장애가 생긴 경우가 이 유형에 해당합니다. 이런 실수는 반복돼선 안 되며, 조직 차원에서도 용인해서는 안 됩니다.

2. **'복잡함'에서 비롯된 실패:** 조직이 성장하거나 시스템이 복잡해지면서 기존 방식으로는 대응하기 어려워졌을 때 생기는 실패입니다. 빠르게 크는 조직은 1년 사이에 직원 수가 2~3배 성장하기도 합니다. 프로덕트 또한 기능이 늘어나면서 복잡도가 '어나더레벨'이 될 수 있습니다. 이때 전과 같이 일하다가 일정 체크나 의사소통에 구멍이 많이 생길 수밖에 없습니다. 이는 실무를 하는 개인이나 팀의 잘못이라기보다 일하는 방식을 바꿔야 한다는 신호로 봐야 합니다.

3. **통찰을 주는 실패:** 가설을 검증하는 과정에서 발생하는 실패입니다. 10개 가설을 세워서 그중 2~3개 테스트를 잘 마쳐도 아주 성공적인 결과입니다. 예컨대, A/B 테스트를 통해 새로운 기능의 효과를 검증하다 보면, 기대한 결과가 한 번에 나오지 않는 게 일반적입니다. 하지만 그 과정 자체가 통찰을 선사합니다. 앞서 겪었던 실패가, 실패가 아닌 학습의 과정인 셈이죠. 이때는 가설을 설정한 이유와 기대하는 성과, 지

표 측정의 기준을 명확히 잡고 '빠르게 실패하는' 지적인 정직함을 유념해야 합니다. 그래야 실패를 통해 조직이 개선되고, 혁신에 이를 수 있습니다.

용어 설명: A/B 테스트란?

A/B 테스트는 사용자를 무작위로 두 그룹으로 나눠 기존 기능(A)과 새로운 기능(B)을 보여준 뒤 전환율, 클릭률, 인당 매출 금액 같은 지표를 비교해 효과를 확인하는 실험입니다. 예를 들어 버튼 문구("무료 체험 시작하기" vs. "7일간 무료 이용해 보기"), 버튼 색상(파란색 vs. 초록색), 결제 단계(3단계 vs. 4단계) 등을 실험할 수 있습니다.

이 방식의 장점은 주관적인 주장보다 객관적인 데이터를 근거로 빠르게, 적은 비용으로 의사결정을 내릴 수 있다는 점입니다. 다만 실험 설계를 잘못하면 잘못된 결론을 얻을 수 있고, 모든 상황에 적용할 수 있는 만능열쇠는 아닙니다. 전략적으로 활용해야 하는 방법론입니다.

즉, A/B 테스트는 "누가 옳으냐"가 아니라 "어떤 안이 데이터로 증명되느냐"로 논의를 전환하는 강력한 도구지만, 표본 수와 맥락을 고려해 올바르게 설계할 때만 의미가 있습니다. 문맥을 고려하지 않은, 맹목적인 A/B 테스트는 오히려 더 위험할 수 있습니다.

심리적 안전감이 부족한 조직에서는 일을 맡은 팀원 개인이나 팀이 2번, 3번 유형의 실패에도 위축되거나, 너무 자책하며 상황을 숨기려 들기 쉽습니다. 반면 심리적 안전감이 있는 조직은 '일을 더 잘하는 방법을 배워가는 과정'으로 실패를 이해하게 됩니다.

우리 조직에 심리적 안전감이 존재하는지 확인하고 싶다면, 가장 최근에 있었던 실수나 실패를 떠올려 보세요. 그 경험이 2번이나 3번 유형에 해당하는지 점검해 보세요. 그렇다면, 같은 실수를 반복하지 않고 개선하면 됩니다. 면피하기 위해 명확한 시행착오를 성공으로 포장하지 말고, 실패의 비용을 줄이는 방향으로 생각해야 실패의 경험이 조직의 성장 자산으로 남습니다.

앞서 살펴봤듯, 심리적 안전감이 있는 조직은 단순히 모두가 "나이스"하고 어떤 실수든 괜찮다고 여기는 곳이 아닙니다. 오히려 조직 내에 신뢰가 충분히 쌓이기 전 단계에 해당하는 온보딩 초기부터 질문이 가능하고, 배움이 있는 실수가 허용되는 환경을 말합니다. **실수를 학습의 기회로 받아들이며, 문제 해결을 위한 논쟁이 가능해야 진정한 심리적 안전감이 존재한다고 볼 수 있습니다.**

물론 이런 환경을 만드는 데 리더의 역할이 매우 중요합니다. 그러나 모든 책임이 리더에게만 있는 것은 아닙니다. 심리적 안전감은 구성원들의 적극적인 참여 없이는 유지될 수 없습니다. 우리는 흔히 리더십만 강조하지만, 건강한 조직은 리더십과 '팔로워십(Followership)'이 함께 작동할 때 만들어집니다.

이때 팔로워십은 '복종'을 의미하지 않습니다. 내 의견이 채택되지 않았더라도 함께 결정한 방향에 책임감을 느끼며 움직이는 태도("Disagree and commit")*, 그리고 2번과 3번에 해당하는 실패가 나왔을 때 다른 사람을 손가락질하기보다 문제 해결에 집중하는 태도가 바로 팔로워십의 본질입니다. 이러한 리더십과 팔로워십이 균형을 이루며 공존할 때, 조직은 더 안전하고 더 강하게 한 방향으로 나아갈 수 있습니다.

---

* "Disagree and commit". 직역하면 "동의하지 않더라도 결정에 따르고 책임진다"는 뜻입니다. 글로벌 이커머스 기업 아마존의 창업자 제프 베이조스가 자주 강조했던 원칙 중 하나로, 의사결정 과정에서 반대 의견을 낼 수 있지만, 일단 최종 결정이 내려지면 공동의 목표 달성을 위해 끝까지 책임을 다하는 태도를 의미합니다.

이것만은 기억하자!

신뢰의 중요성

- ▸ 책 『팀워크의 부활』에서 짚은 것처럼, 성과를 내려면 팀 내 신뢰가 있어야 합니다.
- ▸ 팀 내 신뢰를 만드는 가장 좋은 방법은 리더가 지적인 정직함을 실천하는 것입니다.

신뢰와 '심리적 안전감'의 차이점

- ▸ 신뢰가 시간을 두고 만들어지는 기반이라면 심리적 안전감은 온보딩 중에 질문하기가 쉽고 배움이 있는 실패는 인정하는 조직문화라고 볼 수 있습니다.

리더의 길은 누구에게나 처음에는 낯설고 두렵게 다가옵니다. 그래서 더더욱 완벽하게 준비된 상태에서 시작하기보다는, 작은 발걸음을 내디디며 연습하고 성장하는 과정이 필요합니다. 저 역시 실리콘밸리에서 수많은 시행착오를 겪었고, 그 경험 하나하나가 저를 지금의 자리까지 이끌었습니다.

저도 여전히 배우는 중입니다. 다만 분명한 것은, 예전보다 훨씬 더 나은 리더가 돼 가고 있다는 사실입니다. 여러분 또한 지금의 불안과 시행착오를 밑거름 삼아 시간이 지날수록 더 안정적인, 성숙한 리더로 변화할 것입니다.

특히 처음 리더가 되신 분들께 전하고 싶은 말은, 지금의 부족함을 두려워하지 말라는 것입니다. 좋은 리더는 타고난 재능의 결과가 아니라 꾸준한 학습과 실천, 그리고 작은 실패에서 배운 교훈이 쌓여 만들어집니다. 오늘의 불안과 시행착오가 내일의 자신감을 만들어줄 것입니다.

결국 리더십은 혼자 잘하는 능력이 아니라, 함께하는 사람들의 힘을 키워 주는 과정에서 빛을 발합니다. 한 걸음을 내딛는 순간부터 배움이 시작되고, 그 과정에서 점차 리더로 성장할 수 있습니다. 그 여정에 제가 겪은 경험들이 작은 이정표가 돼, 여러분께 도움이 되기를 진심으로 바랍니다.

누구나 인생에 한 번쯤 리더의 자리에 섭니다. 초등학교 반장 선거에 나갈 수도 있고, 팀플 과제를 이끄는 조장 역할을 떠맡으면서 본의 아니게 리더십을 마주하고 경험하는 식이죠. 꼭 공식적인 '감투'가 아니라도 결국 내 인생을 이끄는 장본인으로서 우리는 리더로 살아갑니다. 부모님 슬하에서 벗어나 성인이 된 후에, 혹은 성인이 되길 준비하는 과정에서 우리는 삶의 리더십을 고민하고, 때로는 별다른 준비 없이 덜컥 리더의 자격을 논하게 됩니다.

그래서일까요? "리더십은 타고난 재능이 아니라 연습이 필요한 기술"이라고 강조하는 저자의 말이 왠지 모를 위로로 다가왔습니다. 리더십이 처음인 초보 리더도, 리더십을 이어가는 시니어에게도 리더십은 쉽지 않은데, 앞서 이 길을 걸어온 선배가 "실패는 나침반이 될 수 있다"고 말해주고 있으니까요. 명확하게 결정하는, 따뜻하지만 단호한 피드백을 주는 롤모델을 만나 리더십의 전환점을 맞이하면서 20년 넘게 시행착오를 이어왔다는 저자의 경험담도 읽는 이에게 용기를 줍니다.

저자의 글을 읽으며 저는 영화 〈이상한 나라의 수학자〉의 한 장면이 떠올랐습니다. 작중에서 '수학을 잘하려면 제일 중요한 것이 무엇인가?'라는 질문이 등장하는데요. '머리가 좋아야겠죠.'라는 학생의 볼멘

대답과 달리 탈북민이자 천재 수학자인 학교 경비원
은 이렇게 말합니다.

"문제가 안 풀릴 때는 화를 내거나 포기하는 대신에,
'야, 문제가 참 어렵구나. 내일 아침에 다시 한번 풀어
봐야겠네' 하는 여유로운 마음. 그것이 수학적 용기다.
그렇게 담담하게 꿋꿋하게 하는 사람이 결국 수학을
잘할 수 있게 된다."

저자가 말하는 리더십도 마찬가지라고 생각합니
다. 좋은 팀을 꾸려 방향을 제시하려는 용기, 만약 자
기 생각이 틀렸다면 먼저 이를 인정하고 '다시 풀어
봐야겠다'고 말하는 여유, 상대방에게도 수학적 용기
가 필요하다는 걸 이해하는 마음이 결국 팀에 신뢰
를 쌓고 '지적인 정직함'을 다지는 리더십으로 연결
될 테니까요. 배울 점 있는 실패를 기꺼이 받아들이
는 조직문화와 누구나 질문하기 쉬운 분위기는 리더
십이 추구하는 '수학적 용기'의 출발점이자 결과라고
볼 수 있습니다.

특히 리더는 개인을 넘어 팀의 '수학적 용기'를 고
민해야 합니다. 저자가 중요하게 보는 핵심인데요.
리더야말로 나 혼자가 아니라 '우리'를 통해 일하는
자리기 때문입니다. "나의 존재로 인해 팀의 더 좋은
결과를 지속 가능한 형태로 만들어가는가?" 자문해
야 하죠. 연차가 올라갈수록 "개인기보다는 타인을
성장시키는 능력이 리더에게 더 중요하다"는 저자의

조언에서 우리는 문제가 안 풀릴 때 화를 내거나 포기하는 대신에 기다릴 줄 아는 리더십이 필요하다는 걸 체감합니다.

이렇게 수학적 용기로 똘똘 뭉친 조직은 어떤 역경에도 담담하게, 꿋꿋하게 문제를 풀어갈 수 있습니다. 문제 앞에서 빨리 실패해 보고 다시 도전하길 반복하면서(Rapid Experimentation) 팀은 혁신에 한 걸음 다가갈 수 있죠. 리더는 그 과정에서 팀원들이 솔직하게 의견을 나누고, 건강한 논쟁을 마다하지 않으며 책임감을 바탕으로 실행력을 보이는 환경을 만듭니다. 이를 위해 비전, 목표, 원칙을 명확하게 제시해 탁월한 인재들이 같은 방향으로 움직이도록 이끕니다.

여러분은 '수학적 용기'를 발휘하고 있나요? 또한 같이 일하는 동료들이 '수학적 용기'를 발휘할 수 있도록 서포트하고 있나요? 당장 풀기 어려운 문제더라도 '내일 다시 풀어보자'는 마음가짐을 잃지 않는다면, 그런 사람들이 모여 한 팀을 이룬다면 풀리지 않을 것 같던 문제에서도 실마리를 찾을 수 있을 것입니다. 그 시작점을 여는 것이 리더의 역할일 테고요. 오늘 우리 조직, 나아가 각자 삶에서 더 많은 문제가 풀 수 있는 힘. 리더십의 정의를 '용기'에서 찾게 되는 이유입니다.

김지윤

Q. 과거부터 지금까지, 리더가 된 경로를 글로 정리해 보세요. 그 과정에서 겪은 시행착오나 얻은 깨달음을 가감 없이 적어보세요.

Q. 리더의 역할이 무엇이라고 생각하시나요? 리더의 역할에 관한 의견을 적어보세요.

Q. 팀 내 신뢰와 심리적 안전감을 쌓기 위해 노력했던 경험이 있나요? 혹은 주변에서 그런 사례를 봤나요? 관련 내용을 적어보세요.

파트 2

초보 리더들이 저지르는 10가지 실수

"리더로 처음 역할을 맡았는데, 완벽하지 않은 내 모습이
팀원들에게 드러날까 두렵습니다.
이 문제에 어떻게 접근해야 할까요?"

"팀원의 행동 중 마음에 들지 않는 행동이 있는데,
직접 꼬집어 말하기가 불편합니다.
어떻게 대화를 시작해야 할까요?"

"성과가 좋은 팀원과 그렇지 않은 팀원 중
누구에게 더 시간을 써야 하는지 고민됩니다."

"의사결정을 내릴 때 틀릴까 봐 자꾸 미루게 됩니다.
어떻게 하면 더 명확히 결정할 수 있을까요?"

"팀원에게 일을 맡기면 제가 직접 하는 것보다
시간이 오래 걸립니다. 그래도 위임을 계속해야 할까요?"

앞서 파트 1에서는 리더의 역할과 탁월한 조직의 조건에 대해 다양한 이야기를 나누며 제 개인적인 리더십 경험도 곁들여 보았습니다. 이번 파트에서 25년간의 리더십 경험을 되짚어 볼 때 초보 매니저로서 처음에 많이 했던 실수를 10가지로 정리하려 합니다. 뒤 파트에서 본격적으로 전할 이야기들을 먼저 간단히 살펴보겠습니다.

1장
처음부터 완벽한 리더는 없다

매니저로 처음 일했던 1년은 제 커리어에서 가장 힘든 시간이었습니다. 개발자로 일할 때는 코드와 개발 시스템에만 집중하면 그만이었지만, 매니저가 되고 나니 전혀 다른 과제가 쏟아졌습니다. 채용, 피드백, 평가, 의사결정 등 무엇 하나 익숙한 것이 없었습니다. 사람들과의 의견 충돌은 끊이지 않았습니다. 그때는 차라리 다시 개발자로 돌아가고 싶다는 생각을 수없이 했습니다.

하지만 시간이 지나며 깨달았습니다. '처음부터 잘하는 리더는 없구나.' 리더십은 타고난 재능이라기보다, 작은 실수와 시행착오를 겪으면서 차근차근 경험치를 쌓아가는 연습에 가까웠습니다.

이 과정에서 도움이 됐던 태도가 하나 있습니다. 바로 꾸준함입니다. 잘하든 못하든 흔들리지 않고 계속 연습을 이어가는 것. 그렇게 시간이 쌓이면 어느 순간, 성장해 있는 자신을 발견할 수 있습니다.

꾸준함을 유지하게 도와준 도구는 '회고'였습니다, 단순히 부족한 점만 되짚는 것이 아니라, 내가 잘한 점도 함께 기록하는 습관입니다. 그래야 회고를 지속할 수 있습니다. 그렇지 않으면 자존감만 깎이며 결국 포기하게 됩니다. 즉 리더가 되는 데 시간이 걸린다는 점을 인정하고 리더십을 긴 호흡으로 바라봐야 한다는 걸 배웠습니다.

또한 상황이 달라질 때마다 내 강점이 여전히 강점으로 적용되는지 점검하는 것도 중요합니다. 실무자로서는 장점이었던 내 역량이, 매니저가 되면 오히려 단점으로 작용하기도 합니다. 저는 이걸 '성공 방정식 트랩'이라 부릅니다. 과거의 성공 공식을 고집하는 순간, 변화하는 환경에서 발목을 잡힙니다. 이를 피하기 위해서라도 주기적인 회고가 필요합니다.

처음부터 완벽한 리더는 없습니다. 실수를 두려워하지 않고, 꾸준히 내 리더십을 회고한다면 끊임없이 더 나은 리더로 성장할 수 있습니다. (리더의 개인적인 성장에 관해서는 파트 9에서 다뤄보겠습니다.)

이것만은 기억하자!

처음부터 완벽한 리더는 없습니다. 리더십 여정은 복리 활동에 가깝거든요. 당장의 성과보다는 꾸준함이 필요합니다. 작은 실수에 낙담하지 말고, 꾸준히 내 리더십을 회고하며 개선해 나가는 자세가 필수입니다. 제가 자주 강조하는 말마따나 "실수는 나침반"입니다. 처음의 어려움도 (상처로 남지만 않는다면) 모두 배움의 기회로 삼을 수 있습니다.

리더십은 인기를 끌기 위한 것이 아니다

야후에서 처음 매니저가 됐을 때의 일입니다. 그전에는 동료로서 친하게 지내던 사람들이 제가 매니저가 된 이후 점심시간이나 쉬는 시간 때 나와 약간 거리를 두는 것이 느껴졌습니다. 솔직히 충격이었습니다. 이전과는 달라진 관계를 인정할 수밖에 없었습니다. 머리로는 이해했지만, 마음으로 받아들이는 데는 시간이 걸렸습니다.

회의 중에도 어려움이 따랐습니다. 다양한 의견 속에서 결정을 내려야 할 때, 누군가의 의견을 선택하면 다른 사람들이 실망하지 않을까 걱정하며 과거의 저는 애매한 결정을 내리곤 했습니다. 또한 팀원이 아쉬운 행동이나 태도를 보였을 때도 관계가 틀어질까 두려워 정작 필요한 말을 하지 못하고 속으로만 불만을 삼킨 적도 많았습니다. 하지만 그렇게 불편함, 충돌을 피하며 모두 만족시키려 할수록 저의 정신 건강은 나빠졌습니다. 결국 모든 사람이 만족하지 못하는 상황으로 치달았습니다.

이 경험을 통해 깨달은 것은 명확합니다. **좋은 리더기 되려면 불편함과 친해져야 합니다.** 모든 사람을 만족시키려 하기보다는 원칙을 가진 사람이 돼야 합니다. 원칙이 없다면 상황에 따라, 사람에 따라 다르게 행동하는 일이 벌어지면서 일관성이 무너질 우려가 있습니다. 리더의 원칙은 불편함이나 충돌을 피하는 것이 아니라, 그것을 감수하더라도 전체의 이익을 키우는 방향으로 가는 것입니다. (충돌 해결에 관한 이야기는 파트 6에서 더 해보겠습니다.)

리더십은 인기를 얻기 위한 것이 아닙니다. 모든 사람을 만족시키려는 순간, 오히려 모두를 만족시키지 못하는 상황이 생깁니다. 원칙을 세우고 불편함과 친해져야 합니다.

3장

불편한 대화를 피하지 말아야 한다

야후에서 처음 매니저를 맡았을 때를 돌아보면, 마음에 들지 않는 팀원들 때문에 잠 못 이루는 날들이 많았습니다. 아쉬운 점을 빨리 이야기하지 못하고 속으로만 불만을 쌓다 보니, 미움의 강도는 매일 커져만 갔습니다.

사실 그때 빨리 대화를 시작했더라면 저 역시 덜 힘들었을 것입니다. 팀원들도 매니저와 본인의 생각 사이에 시각차가 있다는 사실을 일찍 인지했을 테고요. 하지만 초보 매니저로서 불편함을 회피하며, 정작 내가 옳다는 증거를 찾으려 애썼습니다. 아쉬움을 나누는 대화를 피하다가 시간이 지나 안 좋게 끝을 맺은 팀원들이 더러 생겼습니다.

그 아픈 경험이 팀원에게 아쉬움을 빨리 표현하는 기술을 배워야겠다는 동기부여로 이어졌습니다. 시간이 걸리긴 했지만, 그 뒤로는 전보다 불편한 대화를 더 잘하는 사람이 됐습니다. 이 기술을 연마하는 데『결정적 순간의 대화(Crucial Conversations)』*란 책이 구세주 같았습니다

내 팀원이 내가 바라는 대로만 행동한다면 좋겠지만, 사람은 누구나 자기 생각과 경험을 바탕으로 움직입니다.

---

* 조셉 그레니 외, 『결정적 순간의 대화』, 김경섭 박우정 옮김, 김영사, 2023.09.01.

따라서 누군가 나와 다른 생각이나 행동을 보였을 때, 성급하게 "이상한 사람"이라고 단정 짓기보다 "왜 저렇게 행동할까?"라는 궁금해해야 합니다. 잘못 단정하는 순간 대화는 끊기고, 그때부터 상대를 '나쁜 사람'으로 만들게 됩니다. 결국 언젠가는 큰 갈등이 터질 수밖에 없습니다.

따라서 시각차가 더 커지기 전에 대화하는 것이 핵심입니다. 이때 중요한 감정이 바로 호기심입니다. 사람에 관한 호기심이 있으면, 상대가 아쉬운 행동을 했을 때도 "내가 모르는 이유가 있겠지. 나는 그걸 알고 싶다"는 관점에서 접근할 수 있습니다. 너무 빨리 상대방의 생각을 단정하면 대화 자체가 막힙니다. 가장 위험한 신호입니다.

신뢰가 밑바탕에 있는 관계에서는 대화를 꺼내는 일이 훨씬 쉬워집니다. 단, 이야기를 시작하기 전에 꼭 점검해야 할 것이 있습니다. "**내가 지금 선의를 갖고 있는가? 내가 하는 이야기가 나만을 위한 것이 아니라, 우리 모두의 공동 목표를 위한 것인가?**" 이 질문에 답할 수 있다면 대화는 훨씬 건설적으로 이어질 수 있습니다.

기억해야 할 포인트는 단 하나입니다. 불편함을 피하지 말고 간극이 커지기 전에, 호기심을 바탕으로 빨리 대화하기 시작할 것. (파트 5에서 구체적으로 불편한 대화 방법에 대해 이야기하겠습니다.)

불편한 대화는 타고난 재능이 아니라 연습, 기술의 영역입니다. 불편한 상황에서 침묵하며 시간을 끌거나 공격적으로 대응하지 말고, 호기심을 바탕으로 상대방에게 접근해야 합니다. 상대방과의 신뢰, 선의를 바탕으로 빠르게 피드백을 주고받아 시각차를 줄이는 것이 중요합니다.

4장
일 잘하는 팀원과 더 시간을 보내자

제가 한때 잘못 생각했던 지점이 있습니다. 성과가 잘 나오지 않는 팀원들에게 더 많은 시간을 투자하면 그 사람들의 성과가 향상돼 결과적으로 조직 전체의 역량이 높아지리라 믿었던 것입니다. 그래서 일을 잘하는 팀원들은 알아서 잘할 것이라 짐작하고, 상대적으로 성과가 부족한 사람들을 집중적으로 챙겼습니다. 하지만 실제로는 예상과 정반대의 결과가 나타났습니다.

일을 잘하는 팀원들도 결국은 사람입니다. 매니저가 본인과 시간을 덜 보내는 걸 느끼면 소외감이 들고, 문맥이나 업무 방향을 충분히 공유받지 못하면 엉뚱한 일에 매몰되기도 했습니다. 또한, 성과가 부족한 팀원 옆에 앉아 돕다 보니 어느 순간 그 팀원 일을 제가 대신하고 있었습니다. 근본적으로 문제가 해결되진 않았던 것입니다.

그러니 일을 못하는 팀원에게는 시간을 '다르게' 써야 합니다. 이때 어떤 사람이 '일을 못하는 사람'일까요? 같은 문제를 반복하거나, 계속 동일한 질문을 하는 사람입니다. "문제의 근본적인 이유가 무엇일까?"를 파악하고 그 문제를 해결하려고 노력해야 하는데, 거기에 소홀한 거죠. 이렇게 헤매고 있는 팀원에게는 내가 그 팀원에게 기대하는 바를 명확히 전달해야 합니다. 예를 들어, 이렇게 말하는 것입니다.

"이번에는 내가 방법을 보여주지만, 다음에는 당신이 직접 시도하기를 기대합니다. 만일 또 같은 도움을 요청한다면 이전보다는 발전된 형태의 질문이나 모습을 보고 싶습니다."

이런 메시지를 분명히 하지 않으면, 많은 사람은 "문제가 생기면 매니저에게 말하면 대신 해결해 준다"고 학습합니다. 같은 문제를 반복하는 팀원에게는 매니저로서 집요하게 되물어 근본적인 원인을 찾고, 상황을 개선하도록 요구해야 한다는 것을 나중에야 깨달았습니다. 적절한 위임이 리더가 꼭 배워야 하는 '기술'이라는 것도 뒤늦게 알게 됐고요.

저는 기본적으로 모든 팀원과 매주 1대1 미팅을 진행합니다. 하지만 위 교훈을 얻은 다음부터는 일을 잘하는 팀원들과는 일주일에 두 번 만나곤 합니다. 이들에게 좀 더 관심을 기울이며 새로운 도전 과제를 줍니다. 그렇게 해야 업무 성과가 더 잘 나옵니다. 반대로 아쉬움이 남는 팀원들에게는 일을 대신 해 주기보다는 문제의 근본적인 원인을 파악하고, 내가 기대하는 바를 명확히 전달하는 것이 훨씬 더 효과적이라는 걸 확인할 수 있었습니다.

물론, 이 모든 시작은 좋은 인재를 채용하는 데서 출발한다는 걸 잊지 말기 바랍니다. (파트 3에서 인재 채용에 관해 이야기하고, 파트 7에서 1대1 미팅에 대해 다루며, 파트 9에서는 위임에 대해 설명합니다.)

팀원 중 누구와 시간을 보낼지 현명하게 결정해야 합니다. 일을 잘하는 사람과 더 많은 시간을 보내면서 이들을 발전시켜야 합니다. 일을 못 하는 팀원에게 시간을 지나치게 할애하면 결국 리더 본인이 대신 일하게 됩니다. 정작 그 팀원은 성장하지 않는 악순환이 이어지죠. 근본적인 문제를 찾고 매니저의 기대치를 명확히 전달해야 합니다.

리더란 명확하게 결정을 내리는 사람이다

리더의 중요한 역할 중의 하나는 '결정을 내리는 것'입니다. 결정을 내려야 일이 시작되고 다음 단계로 넘어갈 수 있으니까요.

제가 초보 매니저 시절 자주 했던 실수는 이렇습니다. 여러 의견이 있을 때 분명 더 나은 선택지가 눈에 보이더라도, 누군가 실망하지 않을까 하는 걱정과 "내 생각이 맞을까?"라는 의심 때문에 결정을 주저했습니다. 그 결과 가장 소중한 자원인 시간을 낭비했습니다.

의사결정에서 가장 나쁜 형태는 '아무 결정도 내리지 않는 것'입니다. 데이터 부족이나 불확실성을 핑계로 결정을 미루면 결국 아무 일도 진전되지 않습니다. 또 다른 나쁜 형태는 모두를 만족시키려는 결정입니다. 최종 의사결정이 애매해지면서, 각자 지침을 다르게 해석해 팀이 서로 다른 방향으로 움직이게 됩니다.

따라서 다양한 의견을 충분히 듣되, 틀리더라도 시기적절하게 명확히 결정하는 방식이 낫습니다. 빠르게 변하는 요즘 같은 세상에는 더욱 그렇습니다. 내가 왜 그렇게 결정했는지 설명할 수 있으면 그걸로 충분합니다. 설령 잘못된 판단임이 드러나더라도 즉시 인정하고 수정하는 정직함이 뒷받침된다면 완벽한 결정보다 더 나은 결과를 만들 수 있습니다.

누구를 승진시킬지, 누구의 보상을 높일지 등 사람에 관한 결정도 리더의 몫입니다. 업무에 관련된 판단과 달리 본질적으로 더 주관적일 수밖에 없는 의사결정인데요. 그래서 더더욱 이런 결정을 내릴 땐 팀원의 동의를 일일이 얻는 방식을 지양해야 합니다. 완벽해 보이는 결정을 찾느라 시간을 끄는 게 아니라, 시기적절하게 **명확한 결정**을 내리는 리더십을 지향하길 바랍니다.

숫자 뒤에 숨지 않기: 끝없는 지표 찾기 함정

여러 리더로부터 "어떻게 의사결정을 객관적으로 할 수 있을까요?", "팀원을 어떻게 객관적으로 평가할 수 있을까요?"라는 질문을 자주 받습니다. 제 대답은 꽤 한결같습니다. 숫자와 지표에 의존하고 싶겠지만, 팀 규모가 크지 않다면 리더는 팀원을 주관적으로라도 평가할 수 있어야 합니다.

수치화에는 언제나 왜곡과 조작의 여지가 있습니다. 지표가 곧 객관성을 담보하지도 않는다는 뜻입니다. 오히려 숫자가 필요하다는 핑계로 결정을 미루고 불편한 대화를 피할 위험이 도사립니다. 대표적인 예시로, 주요 지표를 자꾸 만들어 내는 리더들이 있습니다. 지표 하나만으로 결정을 내리려니 불안하고, 그래서 매번 새로운 지표나 데이터를 요구하면서 의사결정이 뒤로 밀리는 식입니다. 저는 이를 "끝없는 지표 찾기 함정(Next Metrics Fallacy)"이라 부릅니다. "이 지표만 나오면 제대로 결정할 수 있을 것"이라는 착각이자 우유부단함이죠. 하지만 진짜 문제는 새로운 지표의 부재가 아니라, 리더가 불확실성과 불편함 속에서 결정을 미루는 태도에 있습니다.

리더는 결정을 내리는 사람입니다. 사람이든 방향이든, 불확실성과 불편함 때문에 결정을 미루는 것은 최악의 선택입니다. 숫자는 참고자료일 뿐, 책임을 대신해 주지는 않습니다.

이것만은 기억하자!

리더의 역할은 명확한 결정을 내리는 것입니다. 의사결정이 틀렸다면 빠르게 인정하고 수정하면 됩니다. 모든 결정을 완벽하게 객관적으로 내릴 수는 없으며, 특히 사람과 관련된 결정은 주관적일 수밖에 없습니다. 결정을 미루는 것보다는 시기적절하게 명확히 내리는 것이 더 중요합니다.

6장
충돌 해결은 의사결정의 영역이다

리더로 일하면서 가장 힘든 것이 무엇이냐고 묻는다면 저는 항상 '개인 간 혹은 팀 간 갈등, 충돌 해결'이라고 답합니다. 앞서 리더의 책임 중의 하나는 명확한 결정을 하는 것이라고 했는데, 돌이켜보면 충돌 해결이야말로 가장 어려운 형태의 의사결정이었습니다.

두 팀원이 하나의 의제를 놓고 다른 의견을 가졌을 때, 초보 매니저 시절 제 첫 반응은 그 상황을 피하는 것이었습니다. 서로 알아서 해결하기를 바라며 갈등이 벌어진 상황에 적극적으로 개입하지 않았던 것입니다. 그러나 시간이 흐르면서 단순했던 의견 차이는 감정적인 대립으로 번졌고, 결국 관계 갈등으로 바뀌면서 팀원들이 서로 미워하기 시작했습니다.

제가 겪었던 최악의 경험은, 이렇게 대립하던 두 팀원이 결국 서로 보기 싫다며 2주 간격으로 연달아 퇴사해 버린 일이었습니다. 당시 이들을 관리할 중간 매니저가 공석이었고, 저는 "곧 새 매니저가 들어오면 이 갈등을 해결하겠지"라며 애매모호하게 대응하고 있었는데요. 그사이에 둘의 갈등은 걷잡을 수 없이 커졌고, 결국 둘 다 회사를 떠나는 아찔한 상황이 벌어졌습니다.

이 경험에서 얻은 교훈은 분명했습니다. 내 관점에서 둘 중 더 나은 의견이 보인다면 내 나름의 이유와 함께 리더의 입장을 명확히 밝혀야 한다는 것입니다. 최소한 그렇게 하면 두 명이 다 떠나는 일은 막을 수 있고, 적어도 한 명은 남을 수도 있습니다. 현실적인 의사결정을 적시에 해야 한다는 뜻입니다.

물론 모든 충돌에 매니저가 개입한다면 매니저가 병목이 됩니다. 그렇기 때문에 충돌을 해결하는 원칙 혹은 의사결정 원칙을 만들어 나가는 것이 필요합니다. 예를 들어, 아래와 같은 원칙을 만들어 볼 수 있습니다.

- 어느 쪽 의견이 데이터를 근거로 삼고 있는가?
- 어느 쪽 의견이 우리 비전과 목표에 더 가깝게 다가가는가?
- 어느 쪽 의견을 검증하기 쉬운가? 보다 간단한가?
- …

리더가 이러한 원칙에 따라 결정하는 모습을 보이면 팀원들 스스로 갈등을 해결하는 힘을 기를 수 있습니다.

충돌 해결은 의사결정의 영역입니다. 매니저의 책임이란 점을 꼭 기억해야 합니다. 동시에 매니저가 직접 개입하지 않아도 문제 상황이 해결될 수 있도록 원칙을 만들어가는 작업이 뒷받침돼야 합니다. (파트 6에서 충돌 해결에 관한 이야기를 더 해보겠습니다.)

충돌 해결은 의사결정의 과정입니다. 팀원 간 의견 차이를 방치하면 건강한 토론이 감정적인 대립으로 변질됩니다. 리더는 분명한 원칙을 세우고, 필요할 때 명확히 관여해 문제를 건설적으로 풀어내야 하며, 같은 태도를 팀원들에게도 요구해야 합니다.

7장
나 없이도 돌아가는 팀을 만들자

리더로 일하며 "내가 없어도 잘 돌아가는 팀"을 만드는 것이 매우 중요하다고 체감합니다. 후계자를 키우는 일은 단순히 리더 개인의 여유를 위한 것이 아니라, 팀의 안정성과 확장성을 확보하기 위한 필수 조건이자 리더의 핵심 책임이기 때문입니다. 든든한 후계자가 있다면 리더가 자리를 비운 상황에도 팀은 흔들림 없이 운영될 수 있고, 동시에 팀원들에게는 새로운 성장의 기회가 열립니다.

실제로 애플에서는 매니저들이 연말 평가 시 '후계자 후보'를 명시하도록 시스템화하고 있습니다. 이 제도가 유의미한 이유는 단순한 피드백을 넘어, "이 동료가 내 역할을 대신할 수 있을까?"라는 시선으로 팀원을 바라보게 하기 때문입니다. 이러한 시선으로 팀원을 지켜보다 보면, 자연스레 강점과 약점이 선명히 드러나며 상대방의 부족한 부분을 어떻게 채워줄지 구체적인 고민을 이어갈 수 있습니다.

무엇보다 "나 없이도 돌아가는 팀"은 리더가 조직의 병목이 되는 상황을 막아줍니다. 팀을 오래 이끌다 보면 리더 개인에게만 머무는 정보나 판단 기준이 쌓이기 마련입니다. 문서로 기록되지 않은 채 내 머릿속에만 있는 관행, 판단 기준, 의사결정 근거 등이 여기에 해당합니다. 사실 이런 것이야말로 리더가 자리를 옮길 때 팀에 가장 큰 걸

림돌이 됩니다.

따라서 후계자에 관해 고민하는 작업은 사람을 키우는 일을 넘어, 내가 없어도 팀이 안정적으로 운영될 수 있도록 정보를 공유하고 구조를 정비하는 계기가 됩니다. 물론 정답을 바로 찾기 어렵겠지만, 스스로 다음과 같은 질문을 던지는 것만으로도 변화는 이미 시작됩니다.

- "내가 없으면 이 팀은 어느 지점에서 멈출까?"
- "나만 아는 정보나 나만 할 수 있는 일 중 정말 중요한 것은 무엇이고, 그걸 어떻게 위임할 수 있을까?"

마지막으로, 후계자로 생각하는 사람에게 "너는 내 후계자야!"라고 말하면 안 된다는 점을 주의해야 합니다. 너무 명시해서 말하는 순간, 불필요한 기대와 부담감이 뒤따릅니다. 혹시나 나중에 더 적합한 인재가 나타나거나 예기치 못한 문제가 생기면 앞서 내뱉은 약속을 지키기 어려워질 우려도 있습니다.

저 역시 과거에 후계자를 내정한 채 퇴사했지만, 회사는 전혀 다른 판단을 내려 다른 사람을 제 후계자로 지목했습니다. 결국 아무 권한 없는 퇴사자는 어떤 약속도 지킬 수 없다는 사실을 뼈저리게 깨달았던 기억이 납니다. 약속은 지켜도 본전이지만, 깨지면 리더로서 신뢰를 잃게 된다는 점을 유념해야 합니다.

리더는 스스로 '필요 없는 존재'를 지향해야 합니다. 즉, 후계자를 키워 내가 없어도 조직이 안정적으로 돌아가도록 해야 합니다. 그렇게 해서 조직의 효율성이 높아지고 팀원에게는 성장의 기회를 줄 수 있습니다. 이는 훌륭한 인재 채용과 팀원의 성장을 전제로 하며, 후계자가 있을 때 리더 자신도 새로운 일을 맡으며 크게 성장할 수 있습니다.

8장
효율적으로 업무를 위임하자

리더 역할을 처음 맡은 사람들이 가장 어려워하는 부분 중 하나가 '업무 위임'입니다. 예를 들어 개발자 출신 매니저라면 본인이 직접 하던 개발 업무를 내려놓아야 하는 상황이 불안하게 느껴질 수 있습니다. "전문성을 잃는 건 아닐까?", "매니저라는 직무는 대체 가능성이 높은데 괜찮을까?" 하는 생각이 머릿속을 맴돌죠. 그러다 보면 새로운 팀원에게 업무를 넘기는 것보다 그냥 내가 해버리는 게 편하다는 판단에 빠지기 쉽고, 위임은 계속 뒤로 미뤄지면서 리더의 업무가 과중해지는 악순환이 생깁니다. 저 또한 초보 매니저 시절, 이 악순환을 경험하며 고생했습니다.

하지만 리더는 결국 **팀을 통해 더 큰 문제를 풀어내는 사**람이 돼야 합니다. 팀원 중 충분히 역할을 위임받을 수 있는 사람이 있는데도 내가 계속 실무를 붙잡고 있다면, 그 이유를 명확히 짚어야 합니다. 그 사람이 너무 바빠서인지, 내가 손을 놓기 싫은 건지, 혹은 그 사람을 가르치며 관련 내용을 설명하는 것이 귀찮은 건지 돌아봐야 합니다. 대부분 리더 본인의 두려움, 미련, 귀찮음이 위임을 막고 있습니다. 팀 내 인재 밀도가 낮아 맡길 사람이 없는 경우도 흔한데, 그래서 인재 채용이 곧 팀빌딩의 선결 조건으로 강조됩니다. (채용에 대해서는 파트 3에서 더 이야기하겠습니다.)

효율적인 위임을 위해서는 단계별로 신뢰와 책임을 넘겨주는 방식이 효과적입니다. 처음에는 리더가 계획을 세우고 실행은 팀원에게 맡기되, 최종적으로는 팀원이 전 과정을 독립적으로 운영하고 문제가 생겼을 때만 리더가 개입하는 형태로 업무 구조를 발전시켜야 합니다.

물론 모든 일을 무조건 위임할 수는 없습니다. 어떤 업무를 맡기고 무엇을 직접 책임질지 결정하는 판단력이야말로 리더의 고유한 역할입니다. 하지만 신뢰할 수 있는 팀원이 있다면 과감히 믿고 맡겨보세요. 그것이 조직 전체의 생산성을 높이는 가장 빠른 길입니다. 나아가 이러한 위임의 문화를 팀 전체에 전파함으로써, 리더 한 사람에게 의존하는 팀이 아닌 '시스템으로서 리더십'이 작동하는 팀을 만들어가야 합니다.

결국 리더는 모든 짐을 혼자 짊어지는 존재가 아니라, 팀이라는 지렛대를 통해 더 큰 문제를 해결하고 구성원의 성장을 돕는 사람이라는 점을 잊지 말아야 합니다. (이에 대해서는 파트 9에서 더욱 자세히 다루겠습니다.)

효과적인 위임은 리더의 핵심 역량입니다. 개인기를 부리며 모든 일을 직접 처리하기보다 팀을 통해 성과를 내야 하며, 이를 위해 단계별로 책임과 권한을 팀원에게 위임하고 성장시키는 과정이 필요합니다. 그 과정은 팀원의 성장과 동시에 리더에게는 더 큰 문제를 다룰 수 있는 여유를 줍니다.

9장

모든 문제를 내가 다 해결할 수는 없다

리더로 오래 일하다 보면 스트레스는 피할 수 없는 동반자라는 사실을 깨닫게 됩니다. 야후에서 책임의 범위가 늘고 다양한 문제에 직면했을 때, 처음에는 막연히 이렇게 생각했습니다.

"지금 나를 괴롭히는 문제들만 해결되면 행복해질 거야."

하지만 현실은 달랐습니다. 문제 하나를 해결하면 새로운 문제 두세 개가 꼬리를 물고 나타났습니다. 끝이 없다는 사실을 뒤늦게 깨달았던 것입니다. 그 과정에서 정신 건강은 점점 나빠졌고, 집에서도 인상을 쓰고 있는 저 자신을 발견했습니다. 소중한 결혼기념일 저녁 식사 자리에서도, 아이 생일 파티에서도 말없이 혼자 생각에 잠겨 있던 모습이 아직도 기억납니다.

그때를 기점으로 관점을 바꾸려 노력했습니다. 모든 문제를 완벽하게 해결하려 애쓰지 말고, 내가 통제할 수 있는 핵심적인 문제에 집중하자. 이는 곧, 내가 통제할 수 없는 문제나 아주 자잘한 문제들과는 어느 정도 슬기롭게, 심지어 '행복하게' 공존할 줄도 알아야 한다는 뜻이기도 합니다. 물론, 그렇게 마음먹는 것과 실제 행동을 바꾸는 것은 전혀 다른 이야기였습니다. 저 역시 이 태도를 온전히 체화하는 데 꽤 오랜 시간이 걸렸습니다. 조금 발전하는 듯하다가 한순간 마음가짐이 무너져 스스로에게 실망한 적도 많았습니다.

이런 훈련은 하루아침에 완성되지 않습니다. 이제는 비교적 자연스럽게 현재에 집중하며 다양한 문제들과 평화롭게 공존합니다. 덕분에 커리어 후반기에 고속 성장하는 스타트업에서 일할 때도 평정심을 유지할 수 있었고, 감정적으로 휘둘리지 않으며 리더로서 중심을 잡을 수 있었습니다.

결국 리더에게 가장 중요한 마인드셋은, "모든 문제가 사라져야 행복할 것"이라는 환상을 버리는 것입니다. 리더는 수많은 문제 사이에서도 나만의 중심을 지키며, 그 문제들과 슬기롭게 공존하는 법을 의식적으로 찾아야 합니다.

이것만은 기억하자!

문제는 항상 존재하며 모든 문제를 완벽히 해결할 수는 없습니다. 리더는 자신이 통제할 수 있는 중요한 문제에 집중하고, 나머지 문제들은 중요도에 따라 해결할 수 있는 다른 사람에게 맡겨야 합니다. 그 외의 문제들과 슬기롭게 공존하는 법을 배우는 것이 정신 건강에 좋고, 그래야 리더 역할을 제대로 할 수 있습니다.

10장
항상 놀랄 준비를 해서 평정심을 갖자

마지막 10번째 주제는 꼭 리더십에 국한된 내용이 아닙니다. 커리어를 통틀어 제가 가장 깊이 느꼈던 한 가지에 관한 이야기입니다. 바로 '평정심'입니다.

과거의 저는 평정심을 '완벽한 준비를 통해 어떤 일에도 흔들리지 않고 놀라지 않는 상태'라고만 생각했습니다. 그러나 삶의 궤적이 길어질수록 진짜 평정심이란 "항상 놀랄 준비가 돼 있는 상태"라고 실감합니다. 예상치 못한 일, 기대와 다른 반응, 의도하지 않은 결과는 언제든 일어날 수 있습니다. 이때 상황을 있는 그대로 받아들이는 마음가짐이 곧 평정심입니다. 이렇게 평정심이 유지될 때 당혹감을 털어내고 다음 대책을 차분히 세울 수 있습니다.

물론 누구나 본인이 공들인 일이 성공적으로 마무리되길 바랍니다. 다만 기대가 너무 크면 실망의 파고도 높을 수밖에 없습니다. 그러니 언제나 잘되기를 바라며 최선을 다하되, 원하지 않는 결과가 나올 수도 있다는 사실을 인지하고 받아들일 마음의 준비를 마쳐야 합니다.

간절히 잘하고 싶은 일이 있을 때, 강한 동기에만 의존해 단기간에 성과가 나오리라 기대했다가 오히려 쉽게 좌절하며 포기할 수 있습니다. 따라서 "어떻게 하면 이 일을 오래, 꾸준히 이어갈 수 있을까?"를 고민하는 것이 더 건강한 방향입니다.

만약 50대가 된 제가 20대 후반의 저에게 돌아가 딱 한 마디를 해줄 수 있다면 주저 없이 이렇게 말하고 싶습니다.

"잘하고 싶은 게 있다면, 어떻게 하면 오래 할 수 있을지 먼저 고민해라."

그 시절의 저는 오직 "어떻게 하면 빨리 잘할 수 있을까"에만 몰두했습니다. 그래서 뜻대로 상황이 안 풀리면 쉬이 실망했고, 그 실망을 '재능이 부족한' 탓으로 돌리곤 했습니다. 지금 돌아보니 그것은 잘못된 기대의 문제였습니다. 커리어를 쌓는다는 것, 혹은 리더로서 성장한다는 것은 속도를 겨루는 경주가 아니라 방향을 잃지 않고 나아가는 과정입니다. 그리고 그 중심에는 늘 평정심이 자리하고 있습니다.

결국 리더십이란 타고난 천재성이 아니라, 평정심을 유지하며 오랜 시간 의식적으로 쌓아 올린 연습의 결실임을 다시 한번 강조하고 싶습니다.

이것만은 기억하자!

마지막으로, 항상 '놀랄 준비'를 하십시오. 모든 것을 완벽하게 준비해서 성공한다는 기대는 비현실적입니다. 기대가 클수록 실망도 큽니다. 평정심을 유지하고 꾸준함을 추구할 때, 긴 시간을 두고 놀라운 성장을 이룰 수 있습니다.

25년 넘게 리더로 일하며 성취의 순간도 많았지만, 그만큼 수많은 실수와 시행착오를 겪었습니다. 이번 파트에서 돌아본 10가지 교훈은 결국 그 모든 경험 속에서 얻은 배움입니다. 젊은 시절의 저에게 해주고 싶은 이야기이자, 지금의 저를 만든 토대이기도 합니다.

리더십은 혼자 잘해서 빛나는 개인기가 아닙니다. 주변 사람들에게 긍정적인 영향을 주고, 함께 성장하며 조직의 가능성을 넓혀가는 과정입니다. 그래서 리더에게 중요한 것은 끝없는 연습과 학습과 복기, 사람들과의 신뢰, 그리고 때로는 불편함을 감수하면서도 명확한 결정을 내리는 용기입니다.

이제 이후 파트에서는 원칙과 태도를 넘어, 리더십을 구체적으로 실행하는 방법을 이야기하려 합니다. 그 첫걸음은 팀 빌딩입니다. 누구를 뽑고, 어떻게 온보딩하느냐가 리더십의 성패를 좌우하기 때문입니다. 파트 3부터 이 이야기들을 꺼내 보려 합니다.

'처음부터 완벽한 리더는 없습니다.'

저자의 이 한 문장에서는 저는 곧바로 이런 문장이 떠올랐습니다. '처음부터 완벽한 부모는 없습니다.' 2025년 7월 아기를 낳은 후, 사실 그 전부터 수도 없이 제 마음에 되뇌었던 문장을 저자의 리더십 책에서 발견한 듯해 신기했는데요. "당장의 성과보다는 꾸준함으로, 작은 실수에 낙담하지 말고, 회고하며 개선해 나가는 자세가 필수"라는 저자의 충고는 초보 엄마인 저에게 너무나 와닿았습니다. 태어날 때부터 '부모다운' 부모는 없을 테니까요.

부모가 되는 일은 참으로 오묘합니다. 각오를 단단히 하고 그 역할을 맡았음에도 (특히나 첫 아이를 낳은) 부모는 허둥지둥, 얼렁뚱땅, 우왕좌왕 하루를 살아갑니다. 마치 초보 리더들이 리더십의 여정에서 갈팡질팡하는 것처럼 초짜 부모에게 매일이 시험의 연속입니다. 아기를 어떻게 대해야 할지 모르고, 아이의 잘못을 어떻게 타이르며 꾸중할지 고민하고, 설령 자식이 당장은 마음 아파하더라도 때로는 쓴소리하며 기꺼이 불편한 대화를 하는 모든 과정이 쉽지 않을 따름입니다.

신기하게도 이런 '서툶'이 초보 리더를 향한 저자의 조언과 절묘하게 들어맞습니다. '리더십은 인기를 얻기 위한 것이 아니다'라는 이야기는 '부모는 인기를 얻기 위한 일이 아니다'로 읽힙니다. 원칙을 세우고 올바른 방향으로 나아가고자 해야지, 마냥 아이 입에 달콤한 사탕만 물릴 순 없겠죠. 그 과정에서 불편한 대화도 해야 하는데, 처음부터 이를 잘할 리 만무합니다. 그래도 양육자는 아이에게 귀를 기울이는 한편, 신뢰와 선의를 바탕으로 빠르게 피드백해 문제를 조기에 잡아야 합니다.

또한 제때 명확하게 의사결정을 하는 것도 리더, 그리고 부모의 역할입니다. 설령 결정이 틀려서 결과를 받아들이고 방향을 조정하는 한이 있더라도 아이와 한 팀이 된 이상, 그 팀의 리더가 된 이상 부모는 의사결정권자의 자리에 서게 됩니다. 아이를 어떻게 놀아줘야 할지, 스마트폰을 보여줘도 될지, 이유식을 언제 어떻게 시작할지 등 정답 없는 문제 앞에 설 때마다 차일피일 결정을 미룰 순 없어요. 100% 완벽할 순 없더라도 시의적절하게 결정을 행동으로 옮겨야 합니다.

당연히 온갖 변수가 등장합니다. 분명 육아 책에서는 A라고 알려줬는데 우리 아이에겐 전혀 들어맞지 않을 때 초보 엄마는 당황할 수밖에 없죠. 설령 오늘 밤 아기가 백색소음을 들으며 무사히 잠들었다 해도 다음 날 같은 솔루션이 통하리라는 법은 없습니다. 이렇게 예상을 매번 빗나가는 육아의 전쟁터에서 부모에게 필요한 마인드셋은 '내려놓음'과 '놀랄 준비'입니다. 내가 모든 걸 예비해 컨트롤할 수 없다는 것,

문제는 해결되지 않은 상태라는 걸 받아들인 채 꾸준함을 유지해야 합니다.

끝내 아이는 자라 어른이 됩니다. 언젠가 자기 팀을 꾸려 리더로 성장하겠죠. 그렇기 때문에 부모는 (저자의 말마따나) "본인을 필요 없는 존재로 만드는 리더"가 돼야 합니다. 내가 없어도 자식이 자기 인생을, 자기 팀을 잘 굴릴 수 있도록 후계자로 양성해야죠. 이를 위해선 아이가 성장하는 단계마다 점차 아기 스스로 문제에 부딪치고, 좌절하고, 다시 도전해 헤쳐나가도록 도우며 기다리는 인내가 필요합니다. 리더가 팀원에게 성장 기회를 제공하듯 부모는 아이에게 리더십을 위임합니다.

처음부터 완벽한 리더는 없습니다. 때로는 '일못러' 팀원을 붙잡고 있다가 '일잘러' 팀원을 놓치기도 하고, 팀원 사이에 생긴 갈등을 방치했다가 감정의 골만 깊어지는 불상사가 벌어지기도 합니다. 이러한 상황에서 슬기롭게 결정하고 대처하며 해결하려는 (그러나 자주 실패하는) 리더의 자리. 그럼에도 물러서지 않고 팀을 이끄는 리더십에서 '부모됨'을 볼 수 있습니다. 언젠가 내 품을 떠나가도록, 아기를 리더로 길러야 한다는 점까지도. 완벽한 부모가 없을 뿐, 노력하는 부모는 가치 있습니다.

김지윤

파트 2 체크리스트를 살펴보고, 지금 나의 리더십을 점검해 보세요. 내가 잘한 지점, 아쉬움이 남는 경험을 적어보세요.

☐ 처음부터 완벽한 리더는 없습니다

☐ 리더십은 인기를 얻기 위한 것이 아닙니다.

☐ 불편한 대화는 타고난 재능이 아니라 기술입니다.

☐ 팀원 중 누구와 시간을 보내야 할지 현명하게 결정해야 합니다.

☐ 명확한 결정을 내려야 하는 것이 리더의 역할입니다.

☐ 충돌 해결은 곧 의사결정입니다.

☐ 리더는 본인을 필요 없는 존재로 만드는 사람입니다.

☐ 효과적인 위임은 리더의 필수 스킬입니다.

☐ 모든 문제를 완벽히 해결할 수는 없습니다.

☐ 항상 놀랄 준비를 하십시오.

파트 3

인재 채용,
어떻게 할까?

"기대가 컸던 채용에 실패했습니다.
자신감이 떨어져 채용이 두렵습니다."

"조직이 커지면서 여러 분야에 걸쳐 지식과 경험을 두루
갖춘 제너럴리스트만 뽑다가 전문성 있는 스페셜리스트를
뽑아야 할 시점이 된 듯한데, 스페셜리스트를 채용할 때
주의할 점이 무엇일까요?"

"면접관으로 시니어나 매니저급을 채용할 때
어떤 질문을 해야 하나요?"

"이전에 해보지 않았던 새로운 영역의 채용이 필요합니다.
그런데 경험이 없다 보니 어떻게 후보자를 평가해야 할지
잘 모르겠습니다."

앞서 파트들에서 살펴본 리더십의 기본 마인드셋과 10가지 교훈들은 "팀 내 어떤 인재가 있느냐"에 따라 그 효과가 크게 달라집니다. 결국 매니저의 역할은 사람을 어떻게 뽑고, 그들을 어떻게 잘 적응(온보딩)시키느냐에 귀결됩니다.

이번 파트에서는 채용 프로세스 전반을 다루고, 다음 파트에서는 온보딩 전략을 살펴보겠습니다. 먼저, 좋은 인재의 기준과 그들을 찾는 방법을 짚은 뒤, 채용 공고 작성부터 최종 레퍼런스 체크에 이르는 구조화된 면접 프로세스에 대한 경험을 공유하겠습니다.

중요한 점은, 좋은 인재의 채용은 끝이 아니라 시작이라는 사실입니다. 좋은 인재의 잠재력이 조직을 위해 제대로 발휘되려면, 채용이 의미 있는 온보딩으로 이어져야 합니다. 온보딩이 뒷받침될 때 비로소 개인의 역량이 팀과 조직의 성과로 연결될 수 있습니다.

1장
어떤 과정을 거쳐 채용이 이뤄지나

매니저에게 "누구를 뽑을 것인가?"는 가장 중요한 결정입니다. 제 경험상 채용은 단순히 한 명의 직원을 충원하는 일을 넘어 팀 전체의 역량과 문화에 지대한 영향을 미치기 때문이죠. 특히 '팀의 인재 밀도'가 높을수록 구성원 간 상호작용에서 더 큰 시너지와 성과가 창출됩니다. 반대로 잘못 뽑은 한 사람이 팀 전체 생산성을 떨어뜨리거나 사기를 저하합니다. 자칫 잘못된 채용이 다른 팀원의 퇴사로까지 이어질 수 있습니다. 이러한 채용 실패는 나중에 바로잡기 매우 어렵습니다.

■ 채용, 왜 중요한지 한 번 더 짚어봅니다

일은 많은데 사람이 부족한 상황. '한 명이라도 들어오면 좋겠다'는 유혹에 빠지기 쉽습니다. 또, 화려한 경험과 기술을 가진 후보자가 나타나면, 비전에 대한 공감이나 태도를 충분히 확인하지 않고서 서둘러 채용을 결정하기도 합니다. 하지만 사람이 늘어나면 의사소통 비용이라는, 가장 무서운 비용이 커집니다. 부정적이거나 변화에 적응하지 못하는 사람이 들어오면 팀의 속도는 더욱 느려집니다.

머신러닝(기계학습)에서 훈련 데이터의 중요성을 이야기하는 표현으로 "Garbage In, Garbage Out"이란 말이 있습니다. 쉽게 말해, 인공지능에 쓰레기를 입력시키면 쓰레기가 산출된다는 것입니다. 데이터가 잘못되면 어떤 모델링 기술을 써도 좋은 결과가 나오지 않습니다. 팀빌딩도 마찬가지입니다. 부적합한 인재를 들이면 제대로 성과를 낼 수 없습니다.

결국 뛰어난 인재 한 명이 팀 전체를 끌어올릴 수 있고, 부적합한 인재 한 명이 팀을 무너뜨릴 수도 있습니다. 그래서 매니저는 **처음부터 최고의 적임자를 찾는 데 집중하고, 채용 과정을 팀을 위한 가장 중요한 투자 중 하나로 다뤄야** 합니다.

다만 채용은 결코, 항상 완벽할 수 없습니다. 누구나 실수를 하고, 누구나 잘못된 채용을 겪습니다. 중요한 것은 그 순간 낙담하지 않는 마음가짐입니다. 채용 실패는 매니저로서 성장하는 과정의 일부이며, 오히려 그 과정을 통해 채용의 중요성을 깊이 깨닫게 됩니다. 되돌아보고 배우면 다음에는 분명 더 나아질 수 있습니다. 한두 번의 실패가 나를 흔들어놓을 수는 있어도, 그것이 내 리더십을 정의할 수는 없습니다.

실수를 자산으로 삼아 다시 시도한다면, 훌륭한 인재를 뽑아 팀이 성장하는 경험을 하는 순간이 반드시 옵니다. 면접을 통해 처음 만난 사람을 완벽하게 평가하는 것은 흡사 신의 영역이라 봅니다. 그러니 우리가 할 수 있는 일은 채용에 관한 기대치를 관리하고, 성공 확률을 높이는 행동을 이어가며, 빠르게 상황에 대처하는 것입니다.

공동 창업, 양날의 검

공동 창업자를 찾는 일은 스타트업에 가장 중요한 채용이라 할 수 있습니다. 창업은 혼자 감당하기 힘든, 외로운 여정입니다. 서로 보완할 수 있는 능력과 경험이 있는 공동 창업자가 있다면 더 큰 힘이 됩니다. 또한 공동 창업자를 설득할 수 있다는 사실 자체가 리더에게 역량이 있다는 증거이기도 합니다. 잘 맞는 파트너를 만날 수 있다면 창업의 과정을 오래 버티는 데 도움이 되고, 버티는 시간만큼 기회와 운이 따라 성공 확률이 올라갑니다.

하지만 아무리 직장에서 오래 함께 일했던 동료이거나 오랜 친구라 하더라도, 공동 창업은 마치 결혼 생활처럼 상상치 못한 어려움으로 가득합니다. 의견 차이가 전혀 없다면 그것도 이상한 일입니다. 싸움을 피하기보다는 신뢰를 바탕으로 건강하게 논쟁하고, 각자의 역할에 따라 결정을 내리는 관계를 만드는 게 중요합니다. '비 온 뒤에 땅이 굳는다'는 말처럼 충돌을 통해 관계가 단단해지는 경우도 많습니다.

공동 창업자끼리 상호 보완이 된다면 큰 도움이 되지만, 그렇지 않다면 오히려 배로 힘들어집니다. 실제로 스타트업 실패의 큰 이유 중 하나는 공동 창업자 간의 다툼입니다. 성공한 회사들조차 초기에 갈등이나 이별을 겪지 않은 경우는 드뭅니다. 여기에 주식 행사 계약까지 잘못 작성하면 분란이 커지고, 나중에 투자 유치에도 큰 걸림돌이 됩니다.

그러니 좋은 공동 창업자를 만나야겠죠. 공동 창업자를 얻어 함께 건강하게 성장하려면, 다음의 원칙을 고려해 보길 바랍니다.

1. '올인'할 각오가 돼 있는가: 공동 창업자는 반드시 풀타임으로 참여해야 합니다. 한쪽은 전력투구하고, 다른 쪽은 사이드 프로젝트처럼 임한다면 나중에 큰 문제가 됩니다.

2. 역할과 보상이 명확한가: 역할 분담은 분명해야 하며, 공동대표 체제의 지속 가능성도 신중히 따져야 합니다. 또한 '주식 베스팅 제도(Vesting)'*를 도입해 각자 기여한 만큼 보상 받을 수 있어야 합니다.

3. 끊임없이 소통하고 있는가: 이슈가 생길 때만 만나는 것이 아니라, 주기적으로 얼굴을 보고 대화해야 합니다. 의외로 자주 만나지 않는 공동 창업자들이 많으며, 이는 굉장히 커다란 잠재적인 위험 요소입니다.

---

* 스톡옵션이나 지분을 한 번에 모두 행사할 수 있는 것이 아니라, 일정 기간 근속하거나 성과를 달성할 때마다 나누어 행사할 수 있도록 하는 제도. 예를 들어 4년 베스팅에 1년 최소 근속 요건(클리프, Cliff)를 두는 경우, 4년 동안 주식의 행사 권리를 주되 1년 근속 기간을 채워야 첫 25%의 지분을 행사할 수 있으며, 이후 매달 혹은 분기별로 나머지가 차등적으로 행사됩니다. 이 방식은 창업 멤버나 임직원이 회사에 장기적으로 기여하도록 유도하는 장치입니다. 보통 한국에서는 2년의 근속 기간을 채우면 50%의 지분을 행사할 수 있도록 설정합니다.

효과적인 채용 과정은 채용의 필요성을 정당화하는 단계에서 시작해 최종 온보딩까지 이어집니다. 제가 주로 따르는 핵심 단계는 다음과 같습니다. 조직 규모와 상황에 따라 처음에는 단순하게 시작해도 괜찮습니다. 완벽한 프로세스를 처음부터 갖추려 하기보다, 작더라도 체계적으로 시작하는 것이 중요합니다.

1. **채용 필요성 정당화**: 새로운 포지션이 왜 필요한지 근거를 명확히 세웁니다. 단순히 "사람이 부족하다"는 감정적인 이유가 아니라, 그 역할이 수행해야 할 구체적인 업무와 목표를 근거로 제시해야 합니다.

2. **채용 공고 작성**: 채용 필요성에 맞춰 채용 공고를 작성합니다. 어떤 업무를 할 것인지, 필요한 스킬과 경력이 무엇인지 정의합니다. 처음 90일 온보딩 기간에 수행할 업무까지 함께 구체화하면 더 효과적입니다.

3. **채용팀 구성**: 채용 과정을 함께 할 팀을 꾸립니다. 면접관으로 활동할 (직무 관련) 팀원들뿐 아니라 인사 담당자나 리크루터까지 참여시켜, 어떤 사람을 어떤 직무로 뽑는지 초기부터 팀 전체가 같은 방향을 공유할 수 있도록 합니다.

4. **면접 질문 설계**: 지원자의 역량과 적합도를 평가할 수 있는 질문을 미리 준비합니다. 기술에 관한 질문과 행동 양식에 관한 질문을 구분해 준비합니다. 이를 통해 면접관과 리쿠르터가 후보자를 바

라보는 공통된 기준을 세울 수 있습니다.

5. **면접 및 디브리프(Debrief)**: 실무 면접이 끝나면 면접관들이 함께 모여 지원자에 대한 평가를 공유하고 논의합니다. 이 과정을 저는 "면접 디브리프(면접 평가 회의)"라 부르며, 책 전반에서는 줄여서 디브리프라고 하겠습니다. 실무 면접은 면접관마다 제각각 진행하기보다, 표준화된 포맷을 사용하는 것이 바람직합니다. 면접이 끝난 뒤에는 면접관별로 차례차례 의견을 나누고, 최종 결정은 채용을 맡은 매니저가 내리는 방식이 좋습니다.

6. **오퍼 및 평판 조회(Reference Check)**: 최종 후보에게 구두로 오퍼(제안)를 먼저 전달하고, 필요하다면 이전 직장 동료나 상사로부터 평판을 확인합니다. 오퍼 협상 단계에서도 후보자가 팀에 잘 적응할 수 있도록 기대치를 조율하는 것이 중요합니다.

7. **온보딩(Onboarding)**: 채용이 확정되면, 새로 합류하는 멤버가 빠르게 적응하도록 온보딩 계획을 수립하고 실행합니다. 처음 90일간 무엇을 배우고, 누가 사수가 되며, 어떤 목표를 성취해야 하는지 명확히 합니다. 특히 한국처럼 수습 기간이 있는 경우, 정규직 전환 여부를 평가하는 기준으로 삼아야 합니다. (온보딩은 다음 파트에서 상세히 다룹니다.)

이 모든 단계에서 협업과 소통이 핵심입니다. 특히 '채용 팀 구성' 단계에서는 저는 리크루터를 단순한 지원 인력이 아니라 핵심 팀원으로 봅니다. 리크루터를 우리 팀의 일원처럼 대하며, 면접 질문 설계부터 디브리프까지 전 과정에 참여시키는 것이 중요합니다. 이렇게 하면 리크루터는 팀의 기술 스택과 문화, 필요 역량을 깊이 이해하게 되고, 훨씬 더 적합한 후보자를 찾아올 가능성이 높아집니다. 반대로 충분한 대화 없이 "좋은 인재를 알아서 데려와 주길" 기대하는 것은 현실적으로 어렵습니다. 결국 리크루터와 한 팀으로 긴밀히 소통할 때 비로소 우리에게 꼭 맞는 인재를 찾을 가능성이 올라갑니다.

■ '인재 밀도'를 높이는 채용

팀의 인재 밀도는 팀의 평균적인 역량 수준과 문화를 의미합니다. 따라서 채용할 때마다 "이 선택이 우리 팀의 인재 밀도를 높일 수 있는가?"를 스스로 물어보는 것이 좋습니다.

여기서 가장 중요한 기준은 '태도'입니다. 우리가 뽑으려는 인재가 변화를 두려워하지 않는가? 긍정적인 태도를 보이는가? 짧은 면접 시간에 이를 파악하기는 쉽지 않지만, 이에 관해 가늠할 수 있는 질문들을 반드시 미리 준비해야 합니다. 특히 시니어(경력직) 채용에서는 이후 진행되는 평판 조회 과정에서 과거 일할 때 보였던 태도를 반드시 확인해 봐야 합니다.

예전에, 매우 뛰어난 경력을 가진 시니어 후보자를 면접한 적이 있습니다. 우리 팀에 필요한, 탁월한 기술 전문성과 역량을 갖춘 듯 보였지만, 디브리프 과정에서 문제점이 드러났습니다. 커리어를 시작한 지 얼마 안 된 주니어 면접관 앞에서 이 후보자가 거만한 태도를 보였던 것입니다. 아무리 능력이 뛰어나도 협업과 존중의 문화를 해치는 사람이라면 팀의 인재 밀도를 높이기는커녕 오히려 해가 될 수 있다고 판단했고, 아쉬웠지만 최종적으로 이 후보자는 탈락시켰습니다.

태도 다음으로 중요한 기준은 '우리에게 꼭 필요한 역량을 갖췄는지'입니다. 역량이 부족한 사람을 충원하면 다른 팀원들이 그 공백을 메우기 위해 추가로 노력해야 하고, 팀 전체의 효율이 떨어집니다. 다만 역량 이전에 태도를 먼저 봐야 한다고 강조하고 싶습니다. 역량은 가르칠 수 있어도 태도는 가르치기 어려운 영역이기 때문에 태도가 역량보다 우선시돼야 합니다.

◆ **레벨과 무관하게 반복되는 채용의 함정**

채용과 관련해 자주 반복되는 문제 중 하나는, 레벨(직급)과 무관하게 채용 기준을 너무 빨리 낮추는 것입니다. 일이 몰리기 시작하면 "일단 사람부터 뽑자"는 압박에 흔들리기 쉽습니다. 하지만 이런 선택은 단기적으로는 숨통을 틔워주는 것처럼 보여도, 장기적으로는 팀의 인재 밀도를 떨어뜨리고 더 큰 문제를 낳습니다.

또 다른 주의할 점은 회사의 구색을 맞추려 불필요하게 사람을 더 뽑으려는 유혹입니다. 예를 들어 팀원들의 역할 분담을 명확히 해서 충돌의 소지를 줄이려 역할을 지나치게 세분화해 충원하는 경우가 있습니다. 겉으로 보기에는 전문성을 살려주는 선택처럼 보일 수 있지만, 실제로는 "나는 이 일만 한다"는 인식이 강한 사람들을 팀에 모으게 돼 협업이 어려워질 여지가 큽니다. 게다가 회사의 방향이 바뀌었을 때 더 큰 문제가 찾아옵니다. 역할이 지나치게 고정된 인력은 새로운 과제를 맡기기 어려워지고, 조직의 유연성이 급격히 떨어집니다.

◆ 신입, 주니어 채용을 밀도 있게 하려면

시니어 채용과는 달리 신입/주니어의 채용은 현재 역량보다 성장 가능성을 기준으로 평가해야 합니다.

가장 효과적인 주니어 채용 방법은 인턴십을 거쳐 정규직으로 전환하는 것입니다. 예를 들어 인턴을 여러 명 채용했다면, 첫날과 마지막 날을 비교했을 때 가장 크게 성장한 사람을 정규직으로 뽑는 방식을 택할 수 있습니다. 단순히 처음부터 많이 아는 사람보다, 빠르게 배우고 적응하며 팀에 기여하는 사람을 선택하는 것이 인재 밀도를 높이는 길입니다.

AI가 빠르게 발전하면서 많은 조직이 주니어 채용을 줄이고 있지만, 저는 오히려 똘똘한 주니어라면 기존 방식과 루틴에 안주하는 시니어보다 더 빠르게 AI를 활용해 성과를 낼 수 있다고 믿습니다. 상대적으로 낮은 비용으로 더 큰 가치를 창출할 수 있다는 의미입니다. 그렇기에 기업 또한 AI 시대에 주니어 채용을 중단하기보다는 인턴십 제도 등을 통해 선별적으로 주니어 채용은 지속하는 것을 권합니다.

◆ 시니어 채용을 밀도 있게 하려면

시니어 채용은 단순히 숙련된 실무자를 추가하는 문제가 아니라, 조직의 일하는 방식과 의사결정 구조를 바꾸는 선택입니다. 시니어 한 명의 판단과 태도가 팀 전체에 빠르게 전파되기 때문입니다. 그러므로 시니어를 채용할 땐 "일을 얼마나 잘하느냐"보다 "조직에 어떤 영향을 미치느냐"를 먼저 따져봐야 한다는 걸 다시금 강조합니다.

또한 많은 초보 리더가 시니어 채용 시 매니저 본인보다 똑똑한 사람을 채용하기를 주저하곤 합니다. 자주 빠지는 함정 중 하나입니다. 분명 매니저로서 내 책임이 커지다 보면 어느 순간에는 내가 잘 모르는 영역을 대신해줄 사람을 반드시 채용해야 합니다. 하지만 많은 매니저가 '내가 모르는 영역을 어떻게 관리하지?'라는 두려움에 빠져, 오히려 스스로 그 분야의 전문가가 되려고 공부를 시작하곤 합니다. 내가 채용한 사람보다 내가 더 많이 알아야 한다는 착각에 빠지는 격입니다.

물론 기본적인 이해를 갖추면 좋겠지만, **리더는 전문가가 아니라 방향을 제시하는 사람임을 잊지 말아야 합니다.** 리더의 역할은 비전과 미션을 정하고, 그 방향으로 팀 전체를 이끄는 것입니다. 나보다 똑똑한 사람을 뽑는 것을 주저한다면 결국 내가 병목이 되고, 번아웃에 빠질 가능성도 커집니다. 팀에서 내가 가장 똑똑한 사람이 되는 것은 축복이 아니라 오히려 저주에 가깝습니다.

◆ 리더급 인재 채용을 밀도 있게 하려면

리더를 채용할 때는 기술적인 전문성보다 더 중요한, "팀빌딩"이라는 전문성을 따져봐야 합니다. 개인으로 성과를 인정받아 매니저가 된 순간부터는 '인정 게임'의 규칙이 달라집니다. 이제는 개인기가 아니라 팀 전체의 성과로 인정받아야 하며, 이는 눈에 잘 보이지 않는 "리더십"이라는 전문성을 요구합니다.

따라서 리더급 인재를 채용할 때는 "이 사람이 얼마나 똑똑한가?", 그뿐만 아니라 "이 사람이 팀을 어떻게 성장시켜 왔는가?"를 물어야 합니다. 예를 들어 면접에서는 다음과 같은 질문을 해볼 수 있습니다.

- 본인이 갖고 있는 채용 전략은 무엇인가?
- 과거 잘해냈던 채용과 실패했던 채용 경험에 관해 이야기해달라.

이런 질문들을 통해, 후보자가 스페셜리스트를 넘어 리더로서 얼마나 준비돼 있는지 확인할 수 있습니다.

"한 사람이라도 빨리 채용하면 성과가 나겠지"라는 조급함은 오히려 잘못된 채용으로 이어져 더 큰 손해를 초래합니다. 애초에 기준에 미치지 않는 사람을 데려와 성장시키려 하기보다는, 시간이 걸리더라도 처음부터 우리 팀에 꼭 맞는 수준의 인재를 채용하는 것이 훨씬 중요합니다. 특히나 AI 시대에는 소수의 인원으로 빠르게 변화를 따라잡아야 하기 때문에 모든 직급에서 적극성, 주인 의식, 의사소통 능력이 어느 때보다 중요해집니다 이런 가치를 채용 기준에 잘 녹여 내야 합니다.

경험상 높은 기준을 고수하면 결국 더 뛰어난 인재를 얻을 가능성이 높아집니다. 이렇게 합류한 인재 한 명 한 명이 팀 전체의 수준을 끌어올리는 효과를 만들어냅니다. 이 과정은 일회성 활동이 아니라 복리를 쌓듯 꾸준히 수행하는 여정이기에, 좋은 인재를 소개받고 지속해서 대화를 이어가며 긴 호흡으로 적합한 사람을 찾는 노력을 멈추지 않아야 합니다. 이는 조직 전체의 과제이지만, 특히 리더의 지속적인 관심과 노력이 핵심입니다.

이것만은 기억하자!

채용은 리더가 내리는, 가장 중요한 결정

- ▸ 한 명을 잘못 채용했다가 팀 전체의 사기를 떨어뜨리고 성과를 무너뜨릴 수 있습니다. 채용에 관해 높은 기준을 고수하고, 팀의 '인재 밀도'를 높이는 방향으로 접근해야 합니다.
- ▸ 인재의 기본 태도는 긍정적이며 변화를 두려워하지 않는 것입니다.

채용은 곧 프로세스

- ▸ '채용 필요성 정당화 → 채용 공고 → 면접 팀 구성 → 면접 질문 설계 → 면접 및 후보자 평가 회의 → 오퍼 및 평판 조회 → 온보딩'까지 이어지는 전 과정을 설계하고 실행해야 합니다.
- ▸ 처음부터 완벽한 프로세스에 집착하기보다는 간단하게 시작해서 점진적으로 절차를 개선하겠다는 마인드가 더 이롭습니다.

매니저의 역할은 '개인 플레이어'에서 '팀빌더'로 확장
된다.

> 내가 알지 못하는 분야에서 뛰어난 인재를 채용
> 하고, 그들과 함께 일하며 팀을 성장시키는 것이
> 리더의 전문성입니다. 좋은 사람 한 명이 팀 전체
> 를 끌어올릴 수 있지만, 반대로 한 사람이 팀 분
> 위기를 망칠 수 있습니다.

채용 실패는 과정의 일부

> 모든 채용이 결코 완벽할 수 없습니다. 누구나 실
> 수를 하고, 누구나 잘못된 채용을 겪습니다. 중요
> 한 것은 그때 낙담하지 않고 배우려는 자세입니
> 다. 채용 실패를 통해 비로소 그 무게를 실감하
> 고, 과정을 복기하며 개선점을 찾아낼 때 비로소
> 매니저로서 한 단계 성장합니다.

2장

채용 공고, 필요성부터 설득하자

"왜 사람을 새로 뽑아야 하는가?" 이 질문에 명확히 답하고 채용의 당위성을 정당화할 수 있을 때, 성공적인 채용의 첫 단추를 맞출 수 있습니다. 저도 과거에는 "사람이 부족하니 뽑아야 한다"는, 막연하면서 조금은 감정적인 주장부터 하곤 했는데요. 이제는 감정적인 호소 대신 구체적인 역할 정의부터 고려합니다. 해당 포지션이 입사 후 맡을 주요 과업과 책임을 명문화해야 매니저 자신도 납득할 수 있고, 다른 의사결정권자들을 설득할 수 있습니다. 특히 AI의 발전으로 소수정예로 생산성을 높일 수 있게 된 지금, 채용 필요성을 정당화하는 단계는 그 어느 때보다 더 중요해졌습니다.[*]

■ '첫 90일 계획'으로 필요성 설득하기

채용의 필요성을 피력하는 방법의 하나로, '첫 90일 계획'을 만들어볼 것을 권합니다. 예를 들어 신규 개발자를 충원할 때 "신규 입사자가 첫 90일 동안 해결해야 할 과제"를 미리 제시하는 것입니다. "신제품 기능 A의 프로토타입 개발 완료"와 같은 단기 목표를 설정하고, 이를 달성하

---

[*] Lauren Forristal, 「Shopify CEO tells teams to consider using AI before growing headcount」, TechCrunch, 2025. 04. 07

는 데 필요한 기술 스킬과 경력 요건을 정리하면 경영진에게 채용의 긴급성과 타당성을 훨씬 설득력 있게 전달할 수 있습니다. 이 과정을 통해 채용을 맡은 매니저도 어떤 역량을 가진 사람을 찾아야 할지 확실하게 정의할 수 있으며, 리크루터에게도 큰 도움이 됩니다.

이 과정을 거치다 보면, '반드시 채용이 필요하지 않다'는 결론에 이르기도 합니다. 첫 90일 동안 해결해야 할 과제를 구체화해 보니, 신규 채용이 아니라 내부 인력의 재배치나 우선순위 조정만으로도 충분히 상황을 해결할 수 있는 경우도 있기 때문입니다. (이에 관해서는 다음 장에 이어지는 〈정규직 채용만이 답은 아닙니다〉 박스를 참고하세요.) 이런 점에서 '첫 90일 계획'은 채용을 밀어붙이기 위한 명분이라기보다, 신규 채용이 정말 최선인지 검증하는 여과 장치에 가깝습니다.

또한 채용을 결정할 때 첫 90일만을 기준으로 사람을 뽑는 것은 바람직하지 않습니다. 90일 계획은 어디까지나 단기 관점에서의 기대치를 정리하는 도구이며, 동시에 중장기적으로 어떤 문제까지 함께 풀어갈 사람인지 함께 고민해야 합니다. 단기적으로는 당장 해결해야 할 과제가 무엇인지, 중기적으로는 입사자의 역할과 책임이 어떻게 확장될지, 장기적으로는 팀과 조직에 어떤 자산이 남을지 그려 봐야겠습니다.

이렇게 단기, 중기, 장기적인 관점을 함께 정리하면, 채용을 맡은 매니저는 어떤 역량을 가진 사람을 찾아야 할지 더 명확하게 정의할 수 있고, 리크루터에게도 훨씬 분명한 기준을 전달할 수 있습니다. 결국 '첫 90일 계획'은 사람을 빨리 쓰기 위한 수단이 아니라, 사람을 잘 쓰면서 뛰어난 인재와 오래 함께하기 위한 출발점이 돼야 합니다.

정규직 채용만이 답은 아닙니다

포지션을 열기 전에 정규직 채용이 최선인지 반드시 검토해야 합니다. 때에 따라 계약직이나 외주로 문제를 해결할 수도 있고, 내부 인력을 재배치해 신규 충원 없이도 문제를 풀 수 있습니다. 또 적합한 AI 툴(도구)이 있다면 기존 인력의 업무 우선순위를 조정하고, 관련 교육을 병행해 가며 AI를 사용해 문제를 해결할 수 있습니다. 즉, 정규직을 뽑아야 한다는 생각 이전에 다양한 옵션을 떠올리는 습관을 들이는 것이 필요합니다.

예를 들어볼까요. 저는 급하게 디자이너가 필요해서 신규 채용을 검토했던 적이 있습니다. 3개월짜리 한시적인 업무라는 점을 고려해 우선 사내 다른 팀의 디자이너를 일정 기간 파견받는 방식으로 상황을 해결했습니다. 이러한 판단은 조직 입장에서 비용을 절감하고 불필요한 채용을 피할 수 있게 해줍니다.

사람을 많이 뽑으면 단순히 인건비만 늘어나는 것이 아닙니다. 더 무서운 비용은 바로 '의사소통 비용'입니다. 인원이 늘어나면 조율과 협업에 드는 시간이 기하급수적으로 커지고, 회사의 방향이 바뀔 때마다 정규직 구성원들에게 일을 '만들어 주기' 위해 불필요한 고민을 해야 하는 상황도 생깁니다. 채용의 필요성을 제대로 정당화할 때, 이후 채용 과정 전체가 더 명확한 방향 아래 진행될 수 있습니다.

■ 간단명료한 채용 공고 만들기

신규 채용을 진행하기로 했다면, 어떤 역할을 누구로 채울지 구체적으로 정의해야 합니다. 그 출발점은 바로 '채용 공고(Job Description, JD)' 작성입니다.

JD를 쓸 때 불필요하게, 장황하게 자격 요건을 나열하는 것만은 피해야 합니다. 입사 후 처음 90일 동안 수행할 업무를 기준으로 간결하게 작성하는 것을 추천합니다. 예컨대 "고객 데이터 대시보드 개선 프로젝트"와 같이, 입사 후 곧바로 맡게 될 구체적인 과제를 중심으로 역할을 설명하는 식입니다. 이렇게 하면 지원자는 자신이 실제로 어떤 일을 하게 될지 명확히 알 수 있고, 매니저 역시 신규 입사자에게 정말 필요한 역량이 무엇인지 다시 점검할 수 있습니다.

자격 요건은 필수 조건과 우대 조건(보너스), 두 가지로 나눠 작성합니다. 당장 필요한 경험과 기술은 필수 요구조건에 적고, 당장 필요하지 않지만 향후 도움이 될 겸험과 역량은 최소한으로만 추려서 보너스 요구조건에 기재하는 식입니다. 두 가지 조건 모두 간결하게, 최소한으로 포함하도록 신경 써야 합니다. 실제로 JD 초안을 작성한 뒤 팀원들과 검토하면서 "필수 요건"이라 적었던 몇 가지 기술이 사실은 당장 필요하지 않다는 걸 깨달은 적도 있었습니다.

불필요하게 조건이 많아질수록 지원자들은 스스로 부담을 느끼고 지원을 포기합니다. 그 때문에 애플은 채용 매니저들에게 최소 요건만으로 간단한 채용 공고를 작성하라고 교육합니다. 필요 이상으로 요구 사항이 많으면 뛰어난 인재라도 자기검열에 빠져 지원을 포기하기 때문입니다. 실제로 복잡한 채용 공고를 보고서 지원을 포기한 후, 부족한 기술을 공부하는 데 매몰되는 지원자들을 수없이 봤습니다. 결국 리더로서 새 인재에게 꼭 필요한 기술과 경험이 무엇인지 깊이 고민하고, 간단하고 명료한 채용 공고를 만드는 데 집중해야 합니다.

채용 공고와 오컴의 면도날

'오컴의 면도날(Occam's Razor)'은 여러 설명이 가능할 때 불필요한 가정을 덜어내고 가장 단순한 설명을 선택하는 원리입니다. 14세기 철학자 윌리엄 오컴의 이름에서 유래했으며, 이후 과학과 철학에서 본질만 남기고 복잡함을 줄이는 사고법으로 자리 잡았습니다. 오늘날에도 학문, 경영, 글쓰기 등 다양한 영역에서 "핵심에 집중하라"는 태도를 상징합니다.

이 원리는 채용 공고 작성에도 그대로 적용할 수 있습니다. 채용 공고를 불필요하게 복잡하게 쓰거나 실제로는 사용하지 않을 기술과 경험을 나열하는 순간 문제가 생깁니다. 지원자는 채용 요건에 비해 자신이 부족하다고 느껴 이것저것 배우는 데 매달리고, 괜한 조건 때문에 기업의 채용 속도는 늦어집니다.

채용 공고는 지원자를 겁주는 문서가 아니라, 함께 일할 사람을 찾는 문서여야 합니다. 채용하는 입장이라면 필요 없는 기술이나 경험을 '필수 조건'에 적는 우를 범하지 말아야 합니다. 채용 공고를 작성할 때는 온보딩 기간에 실제로 해야 할 업무를 떠올리며 단순명료하게 쓰는 것이 가장 현명한 방법입니다.

◆ 주니어 vs. 시니어 채용

채용 공고를 쓸 때는 '어떤 경력과 역량을 가진 사람을 원하는가'를 구체적으로 표현해야 합니다. 팀에 경험 많은 시니어가 부족할 때는 연차가 높은 베테랑을 모셔 오는 것이 우선입니다. 주니어끼리 헤매는 상황에서 주니어 한 명을 더 뽑아 봐야 큰 도움이 되지 않습니다. 반대로 팀이 시니어 중심으로 안정화돼 있다면, 성장 가능성이 풍부한 주니어를 수혈해 조직에 새로운 활력과 시각을 불어넣는 전략이 유효합니다.

◆ 제너럴리스트 vs. 스페셜리스트 채용

일반적으로 작은 조직에서는 다양한 분야를 두루 다룰 의향이 있는 제너럴리스트가 필요합니다. 반대로 팀에 이미 제너럴리스트는 충분한데 특정 영역의 전문성이 부족하다면, 그 부분을 책임질 스페셜리스트(전문가)를 영입해야 합니다. 단, 전문성을 가진 사람을 뽑을 때 주의할 점이 있습니다. 전문성에 매몰돼 자기 영역 밖의 일은 거들떠보지 않는 사람은 빠르게 변화하는 환경에서 경계를 긋고 내 일과 남의 일을 나누며 문제를 일으킬 수 있습니다. 부족한 영역을 채워줄 전문성을 갖추되, 필요할 때 기꺼이 영역 밖의 일도 맡을 수 있는 태도를 가진 스페셜리스트를 채용하는 게 바람직합니다.

◆ **잘 모르는 분야에서 처음 채용할 때**

또 한 가지 어려운 상황은 매니저인 내가 경험해 보지 못한 영역의 인재를 채용해야 할 때입니다. 특히 창업자들이 이 문제를 자주 겪습니다. 개발자 출신 창업자는 영업이나 마케팅 직군 채용에서, 비기술 출신 창업자는 개발자 채용에서 어려움을 겪으며, 해당 분야를 잘 모르다 보니 채용 기준을 낮췄다가 잘못된 채용을 겪기도 합니다.

이럴 때 제가 드리는 조언은 단순합니다. 그 역할에서 뛰어나다고 소문난 사람을 소개받아 직접 이야기를 들어보라는 것입니다. 그러면 어떤 사람을 뽑아야 하는지 인재상이 머릿속에 구체적으로 그려지고, 채용 과정이 훨씬 수월해집니다. 특히 잘 모르는 영역의 시니어/리더급 인재를 뽑을 때는 주변에서 후보자를 추천받아 인재상을 먼저 그려보는 과정을 반드시 거치길 권합니다.

마지막으로 강조하고 싶은 것은, 이러한 채용 결정에서 **리더로서 일관된 원칙과 통찰을 유지하는** 일입니다. 채용 공고 한 줄 작성하는 것부터 최종 오퍼를 건네는 순간까지 "누구를 팀에 들일 것인가"에 대한 고민은 팀의 미래와 직결되기 때문에, 매니저는 눈앞의 급한 불에 끌려가기보다는 장기적으로 팀을 성장시키는 관점에서 신중하게 결정해야 합니다.

다음 두 장에서는 채용 프로세스 중에서도 면접 팀 구성과 면접 질문 설계를 다루겠습니다. 이 과정에서 행동 면접 기법, 주니어/시니어/매니저별로 채용 시 유의점도 살펴보겠습니다.

이것만은 기억하자!

"왜 지금 사람을 뽑아야 하는가?"에 답할 수 있어야 한다.

- ‣ 감정적인 호소가 아닌, 입사 후 90일간 수행할 구체적인 과업과 이후 기대 성과를 기준으로 채용 공고를 정당화해야 합니다. 필요하다면 계약직, 외주, 내부 이동, 툴 도입 등 다양한 대안도 고려해야 합니다.

채용 공고는 간결하고 명확하게

- ‣ JD는 초기 90일 과제를 중심으로 필수 역량과 우대 조건만 최소화해 작성합니다. 장황한 요건은 우수 지원자가 지원을 포기하는 불상사로 이어질 수 있습니다.

적절한 수준과 성향의 인재를 전략적으로 판단하자.

- ‣ 주니어/시니어, 제너럴리스트/스페셜리스트 채용 여부는 팀 상황에 따라 조율해야 합니다. 특히 잘 모르는 영역을 채용할 때는 그 영역 전문가들과 대화해 '인재상'을 먼저 그려보는 과정이 필요합니다.

3장
면접 팀 구성하기

앞 장에서는 채용 프로세스의 전체 흐름과 첫 단계(채용 필요성 정당화, 채용 공고 내용)에 관해 살펴보았습니다. 이번 장에서는 그다음 단계인 면접 팀 구성을 이야기합니다. 제가 시행착오를 통해 배운 점을 공유하고자 합니다. 지원자를 제대로 평가하기 위해서는 면접관으로 참여할 사람을 정하고, 어떤 질문을 던질지 준비하는 것이 중요합니다. 면접 질문을 설계하는 방법은 4장에서 살펴봅니다.

■ 면접 '팀' 설계하기

면접은 개인이 단독으로 진행하는 작업이 아닙니다. 특히 처음으로 채용하는 포지션의 경우, 팀원들과 함께 어떤 질문을 던질지 사전에 논의하는 과정이 필요합니다. 이를 통해 후보자가 맡을 업무와 필요 역량에 대한 공감대를 팀 차원에서 먼저 형성할 수 있습니다.

면접에 들어오는 내부 인원은 최소 3명에서 최대 5명 정도로 구성하는 것이 이상적이며, 종료 후에는 반드시 '디브리프'를 거쳐 각자의 의견을 입체적으로 공유해야 합니다. 보통 면접관으로는 신규 입사자와 함께 일할 동료들과 채용을 책임지는 매니저가 포함되며, 매니저를 뽑을 때는 그 밑에서 일할 팀원이나 동료 매니저들이 면접관이 되는 것이 바람직합니다.

◆ 리크루터를 핵심 팀원으로

앞서 언급했던 것처럼 리크루터는 단순한 지원 인력이 아니라 채용을 함께 이끄는 핵심 구성원이어야 합니다. 저는 리크루터를 팀원처럼 대하며, 매주 1대1 미팅을 통해 채용 공고별 이력서가 어떻게 확보되는지 파이프라인 상황을 논의했습니다. 특히 면접이 예정된 후보자나 채용 오퍼(제안) 단계에 있는 후보자를 주제로 긴밀히 논의했는데, 이 과정에서 리크루터가 면접관과는 다른 각도에서 후보자의 커뮤니케이션 스타일이나 상황에 대해 피드백을 제공해 큰 도움을 받곤 했습니다.

◆ 입사자의 태도를 검증하는 주니어 면접관

시니어 혹은 매니저급 후보자를 면접할 때 신뢰할 만한 주니어 면접관을 의도적으로 배치하는 것도 좋은 방법입니다. 후보자가 면접관의 위치나 연차에 따라 앞뒤가 다른 태도를 보이는지 확인할 수 있기 때문입니다. 이런 방식은 단지 역량 평가로는 알 수 없는 협업 태도와 조직문화 적합성을 검증하는 데 유용합니다. 이에 대해서는 앞 장에서 한가지 사례를 언급한 바 있습니다.

◆ '바 레이저' 제도 활용하기

면접관 중에 면접 경험이 많은 사람이 없으며 팀 구성이 주로 주니어라면 채용 기준이 하향 평준화할 우려가 있습니다. 글로벌 이커머스 기업 아마존은 이를 방지하기 위해 '바 레이저(Bar Raiser)' 제도를 운영합니다. 회사 내 다른 팀의 시니어 인원이 면접에 투입돼 객관적인 평가를 담당하고, 채용 기준이 떨어지지 않도록 하는 역할을 소화하는 제도입니다.

채용을 서두르다가 인재 밀도가 낮아지는 징후가 보이는 팀이라면, 이와 같은 제도를 선제적으로 도입해 팀의 인재 밀도를 사수해야 합니다. 내부에 적절한 인력이 없다면, 외부 인재를 자문(어드바이저) 형태로 초청해 '바 레이저' 역할을 맡기는 것도 방법입니다. 이때 일회성 면접관으로 협업을 끝내지 말고, 앞으로 함께 일하고 싶은 외부 인재와 장기적인 관계를 시작하는 기회로 바 레이저 제도를 활용한다면 더 이상적입니다.

■ 구조가 잘 잡힌 면접의 중요성

지원자가 면접에서 좋은 인상을 받는다면, 이후 채용 오퍼를 받았을 때 이를 수락할 확률이 높아집니다. 설령 최종적으로 채용이 성사되지 않더라도 좋은 경험을 얻은 지원자는 우리 회사에 관한 긍정적인 이미지를 가지고, 주변에 좋은 이야기를 전할 가능성이 큽니다. 따라서 모든 면접관이 일관된 포맷으로 프로페셔널하게 면접을 진행할 수 있도록 면접관 훈련을 하는 것이 중요합니다.

제가 선호하는, 구조가 잘 잡힌 면접 방식은 다음과 같습니다.

1. 면접 시작과 동시에 면접관이 자기소개와 팀 소개를 합니다. (약 5분)

2. 지원자에게 자기소개를 요청합니다. (약 5분)

3. 본격적인 면접 시작 전에 지원자에게 질문할 기회
를 제공합니다.

4. 미리 준비해 둔, 업무 역량 및 기술 전문성에 관한
질문을 던집니다.

5. 행동 양식에 관한 질문도 진행합니다. (행동 양식
질문이 무엇인지는 뒤에서 자세히 소개합니다.)

6. 면접 마무리 전, 지원자에게 다시 질문할 기회를
줍니다.

7. 최종적으로 회사와 팀을 다시 소개하며 조직의 매
력을 지원자에게 전달합니다.

특히 7번에 해당하는 마지막 단계가 매우 중요합니다. 우수한 지원자일수록 여러 선택지를 두고 고민하기 마련인데, 이때 면접관이 보여주는 진정성이 최종 합류 여부를 결정짓는 결정타가 되기 때문입니다.

구조가 잘 잡힌 면접은 흐름이 자연스럽고 일관됩니다. 지원자가 편안함을 느끼도록 돕습니다. 단순히 질문할 기회를 주는 것에 그치지 않고, 면접 분위기를 부드럽게 끌고 가서 지원자가 자신의 능력을 최대한 발휘할 수 있는 환경을 만들어주는 것도 면접 구조화의 주목적입니다.

또한 체계가 잘 잡힌 프로세스는 초보 면접관이 제 역할에 빠르게 적응할 수 있도록 합니다. 일반적으로 면접관은 팀 내 시니어급이 맡는 경우가 많은데요. 이미 바쁜데 채용 업무까지 더해지면 일이 과중할 수 있습니다. 그러니 질문 리스트를 미리 준비하고(4장), 면접 후 함께 모

여 후보자를 평가하는 절차(5장)를 갖추면 면접 부담이
줄고, 새로운 면접관을 양성하기도 훨씬 쉬워집니다.

■ 채용 면접을 몇 번 거쳐야 할까?

포지션에 따라 다르겠지만, 면접 팀을 구성하면서 이력서
가 통과된 후 몇 번 면접을 진행할지 미리 정해둬야 합니
다. IT 회사에서는 보통은 아래와 같은 3단계 면접 프로세
스를 진행합니다. 물론 회사의 규모와 단계에 따라 다를
수 있으니 아래 내용은 참고용입니다. 5장에서 자세한 설
명을 이어가겠습니다.

1. 스크리닝 면접: 기본적인 경력과 핵심 스킬, 문화 적
   합도를 확인합니다.
2. 실무 면접: 면접 팀이 준비한 질문을 바탕으로 기
   술 역량, 협업 능력, 문화 적합도를 심층적으로 파
   악합니다.
3. 최종 면접(창업자/CEO/리더 면접): 회사의 비전과
   인재상에 부합하는지 최종적으로 확인합니다.

이것만은 기억하자!

면접 팀은 '평가자'가 아니라 '협업 파트너'

- ▸ 면접 팀은 단순히 점수를 매기는 집단이 아니라,
  함께 일할 동료를 찾는 협업 파트너입니다.
- ▸ 팀 차원에서 채용 대상에 대한 동일한 기대와 평

가 기준을 먼저 맞춰야 하며, 리크루터를 핵심 구
성원으로 포함하는 것도 중요합니다.

▸ 또한 주니어 면접관을 배치해 후보자의 태도를
검증하는 방법도 효과적입니다.

▸ 필요하다면 '바 레이저' 역할을 할 외부 인력을
투입해 채용 기준을 유지하는 것도 좋은 방법입
니다.

면접은 구조적으로 이뤄져야 한다.

▸ 면접은 일관된 흐름(상호 소개 → 질의응답 → 마
무리)을 갖추어야 합니다. 이는 후보자가 긴장을
풀고 자신의 역량을 온전히 보여줄 수 있도록 돕
고, 동시에 경험이 적은 면접관이 빠르게 면접에
적응하도록 돕습니다.

▸ 질문 리스트와 평가 프로세스를 사전에 정리해
두면 면접의 퀄리티가 안정적으로 유지됩니다.

면접은 최소 3단계로 설계하라.

▸ 회사의 성격이나 성장 단계에 따라 다를 수 있지
만, 일반적으로 '스크리닝 → 실무 면접 → 최종
면접'의 3단계 구조가 효과적입니다.

▸ 단계마다 다른 역량과 적합성을 확인하고, 이후
디브리프를 통해 함께 의견을 공유하며 채용 기
준을 정렬해야 합니다. 이렇게 해야 공정하고 일
관되게 채용을 결정할 수 있습니다.

4장
면접 질문 설계하기

면접 팀이 구성됐다면, 다음 단계는 지원자를 평가할 질문을 준비하는 것입니다. 질문의 주제는 크게 기술 역량과 '행동 양식(Behavioral Questions)'으로 나눌 수 있습니다. 기술 역량은 분야(도메인)에 따라 달라지므로 여기서는 구체적으로 다루지 않겠습니다. 다만, 주니어라면 기본기를 확인하는 질문이, 시니어라면 문제 해결 능력을 검증하는 질문이, 매니저라면 팀빌딩 역량을 평가하는 질문이 적합합니다.

기술 역량, 조직문화와의 적합성을 보는 행동 양식 질문 등에 관한 '질문 은행'을 만들어두고 면접 전 미리 면접관들과 어떤 질문을 할지 논의하면 훨씬 효율적으로 면접을 진행할 수 있습니다. 단, 질문 은행의 질문은 주기적으로 업데이트해야겠습니다.

> **채용 대상자별 면접 질문**
>
> 주니어 채용: 잠재력을 확인하는 것이 핵심입니다.
> - ▶ 학습 방식과 최근 배운 기술을 물어, "빠르게 배우고 적응하려는 의지가 있는가?"를 봅니다.

- 개발자라면 코딩 테스트와 과제물 등을 통해 면접을 진행할 때 의도적으로 모호한 질문을 포함해 보세요. 부족한 정보를 채우기 위해 추가 질문을 하는지 살펴보며 의사소통 능력을 확인할 수 있습니다.
- (앞서 언급했던 것처럼) 가능하면 인턴십을 거쳐 가장 빠르게 성장한 사람을 정규직으로 전환하는 방식이 가장 효과적입니다.

경력자 채용: 우리 조직에 필요한 경험과 역량을 갖추었는지 확인해야 합니다.

- 과거 프로젝트의 성과나 실패 경험을 묻고, 그 과정에서 어떤 결과를 냈고 어떤 교훈을 얻었는지 살펴봅니다.
- 현재 우리 팀이 겪고 있는 문제를 제시하고 해결책을 제안하도록 질문합니다.
- 경력자에게는 특히 행동 양식 질문을 적절히 건네는 게 중요합니다. (뒤에서 더 다루겠습니다.)

매니저 채용: 팀빌딩과 리더십 역량을 확인해야 합니다.

- 팀빌딩 전략, 팀원과 나눠야 하는 어려운 대화를 풀어가는 방법을 물어보는 것이 효과적입니다
- 만약 기술적 전문성도 중요한 역할이라면, 경력자 대상 질문을 함께 포함하는 것이 바람직합니다.
- 매니저를 대상으로 한 행동 질문은 뒤에서 구체적인 사례와 함께 다뤄보겠습니다.

■ 행동 양식 질문이란?

기술적인 역량만큼 중요한 것은 후보자가 우리 조직의 인재상에 부합하는지 평가하는 것입니다. 이때 가상의 상황을 던지고 상상에 가까운 답변을 듣는 대신, 실제 과거 경험을 기반으로 한 질문을 통해 그 사람의 문제 해결 방식, 협업 스타일, 학습 역량 등을 확인하는 방법을 택해야 합니다. 이를 '행동 양식 기반 질문'이라고 부릅니다.

행동 양식 질문의 핵심 전제는 "과거의 행동 패턴이 미래의 성과를 예측하는 가장 유력한 단서"라는 점입니다. 따라서 실제 사례를 파고들어 질문함으로써 지원자가 우리에게 적합한 인재인지 평가해야 합니다.

행동 양식 질문은 크게 4가지 카테고리로 나눠볼 수 있습니다.

1. 협업(Collaboration)
   ▸ "다른 팀과 협업했던 프로젝트가 있다면 말씀해 주세요. 어떤 점이 어려웠나요?"
   ▸ "지금까지 함께 일하기 가장 힘들었던 사람은 누구였고, 왜 그랬나요?"

2. 주도성(Ownership)
   ▸ "문제가 발생했을 때 스스로 해결을 주도한 경험이 있나요?"
   ▸ "프로젝트를 처음부터 끝까지 책임지고 수행한 사례를 들려주세요."

3. 임팩트(Impact)
   ▸ "커리어에서 가장 임팩트 있었다고 생각하는 프

로젝트는 무엇인가요?"

4. 장인 정신(Craftsmanship)

　▸"맡은 일을 더 잘하기 위해 특별히 노력했던 경
　험이 있나요?"

실제 경험에서 비롯된 답변은 자연스럽게 일관성과 깊이를 가지며, 그렇지 않다면 면접 질문이 이어질수록 모순이 드러납니다. 따라서 이런 질문을 시작하기 전에 채용 후보자에게 사실대로 답해 달라고 부탁하는 것이 좋습니다. 또한 이 과정은 단순히 경험을 확인하는 절차를 넘어, 지원자의 의사소통 능력까지 함께 평가할 수 있는 자리로 활용할 수 있습니다.

◆ 행동 양식 질문: 2가지 사례

제가 개인적으로 가장 선호하는 질문은 "지금까지 커리어에서 가장 임팩트 있었던 프로젝트는 무엇인가요?"입니다. 이 질문은 지원자의 경험과 사고방식을 드러내기에 매우 효과적입니다. 다만 답변이 지나치게 짧거나 장황하다면, STAR 기법을 활용해 구체적인 이야기를 끌어낼 수 있습니다.

- Situation(상황): "당시 어떤 회사에서 어떤 프로젝트를 수행하고 있었나요?"
- Task(담당 업무): "당시 맡으셨던 역할이나 과제는 무엇이었나요?"
- Action(상대방이 취한 행동): "그 과제를 해결하기 위

해 구체적으로 어떤 행동을 취하셨나요?"

- Result(최종 결과): "결과는 어땠고, 그 과정을 통해 무엇을 배웠나요?"

이 과정을 통해 후보자의 단답형, 추상적인 답변을 넘어 실제로 어떤 행동을 했는지 구체적으로 파악할 수 있습니다. (구직자 입장이라면, 본인의 경험을 STAR 기법으로 준비해 설명하는 것을 추천합니다.)

후보자의 답변이 나온 뒤에는 꼬리 질문으로 더 깊이 들어가는 방법도 효과적입니다. 예를 들어 아래와 같은 추가 질문을 던질 수 있습니다.

- "임팩트의 정의가 무엇인가요?"
  - 경력이 많을수록 임팩트는 개인적인 성취가 아니라 비즈니스 가치와 연결돼야 합니다. 매출 기여, 비용 절감, 사용자 수 증가 등 구체적 지표로 설명할 수 있어야 합니다. 경력 10년 차인데 가장 임팩트 있었다는 프로젝트가 혼자 했던 토이 프로젝트*라면, 우리가 원하는 수준의 후보자가 아닐 가능성이 큽니다.
- "프로젝트 과정에서 내렸던 중요한 의사결정은 무엇이었나요?"
- "이 프로젝트를 통해 배운 점은 무엇인가요? 좋았

---

* 개인적인 역량 강화, 새로운 기술 학습, 아이디어 개발 등을 위해 남는 시간에 진행하는 프로젝트를 가리킨 용어입니다.

던 점 하나와 아쉬웠던 점 하나를 말씀해 주세요."
- "오늘 다시 처음부터 한다면 무엇을 바꾸고 싶으신 가요?"
  - ▸ 후보자의 회고 습관과 학습하려는 태도를 확인할 수 있습니다.

이처럼 'STAR 기법 + 꼬리 질문'을 활용하면 지원자가 경험을 나열하는 데 그치지 않고, 실제로 어떤 의사결정과 실행, 학습의 과정을 거쳤는지 입체적으로 드러낼 수 있습니다.

제가 다음으로 좋아하는 질문은 협업과 관련된 질문입니다. 특히 "같이 일했던 동료 중 가장 힘들었던 사람은 누구였고, 왜 힘들었나요?"를 자주 물어보는 편입니다.

이 질문을 통해 확인하고 싶은 것은 지원자가 완벽한 사람인지가 아닙니다. 오히려 얼마나 솔직한지, 그리고 어려운 동료와 함께 일한 경험을 통해 무엇을 배웠고, 이후 어떤 변화를 시도했는지 알고 싶은 것입니다. 위 질문을 통해 자신의 취약한 점을 인정하고 솔직하게 이야기할 수 있는 사람인지, 본인의 경험을 복기하며 성장하려는 태도를 가진 사람인지를 살펴볼 수 있습니다.

물론 실제 면접에서는 솔직하지 않거나 피상적인 답변을 하는 지원자들도 있습니다. 하지만 구직자로서도 과거의 실수까지 포함해 솔직하게 이야기하되, 그 경험을 통해 어떻게 발전했는지를 함께 보여주는 것이 면접을 잘하는 방법의 하나라고 강조하고 싶습니다.

■ 매니저를 채용할 때 어떤 질문이 필요할까?

매니저급 채용에는 일반 직원과 달리 조직 내 갈등을 조정했던 경험, 피드백 전략, 채용 실패 경험과 배운 점 등을 확인하는 질문이 필요합니다. 특히 작은 조직에서는 매니저가 직접 채용 전략을 세워야 하므로, 과거 어떤 기준과 방식으로 인재를 선발하고 팀을 성장시켰는지에 대한 통찰이 중요합니다. 예시 질문은 다음과 같습니다.

- "본인만의 채용 전략이나 철학이 있다면 무엇인가요?"
- "만약 합류 직후 즉시 채용해야 하는 포지션이 생긴다면, 어떻게 접근하시겠습니까?"
- "가장 성공적인 채용은 어떤 사례였나요?"
- "가장 실패했던 채용은 어떤 사례였나요?"
- "팀원들과 갈등을 겪었던 적이 있다면, 구체적으로 어떻게 해결했는지 설명해 주세요."

채용 전략에 관한 답변에서는, 평판이 좋은 매니저라면 "내 네트워크 안에서 좋은 사람을 데려올 수 있다"는 자신감을 보여줄 수도 있습니다. 반대로 그간 채용을 리크루터에게만 맡긴 채 책임을 회피하는 태도를 보였는지 두 면접 과정에서 주의 깊게 살펴야 합니다.

위 질문들은 시작일 뿐입니다. 면접에서는 꼬리 질문이 항상 중요합니다. 성공적인 채용이라고 답했다면 어떤 점에서 성공이라고 보는지, 그 경험에서 무엇을 배웠는지, 그 배움을 다음 채용에 어떻게 적용했는지를 물어야 합니다. 실패하거나 후회한 채용이라면 어떤 부분이 잘못이었다고 생각하는지, 그때 어떤 조치를 했는지, 다음 채용에서는 어떻게 개선했는지를 확인해야 합니다.

특히 후회가 남았던 채용 경험에 관해서는, 후보자가 매니저로서 채용 과정에서 평판 조회를 철저히 했는지 물어봐야 합니다. 경력이 많은 시니어일수록 세밀한 평판 조회가 필수이며, 이를 통해 문제 소지가 있는 후보자를 걸러내거나, 완벽하진 않더라도 어떤 부분에서 지원이 필요한지 알 수 있습니다. (구체적인 평판 조회 방법은 6장에서 다룹니다.)

결국 핵심은, 좋은 채용이든 후회로 남은 채용이든 결과를 복기했는지입니다. 개인의 역량이나 태도만이 아니라, 온보딩 과정이 성패에 어떤 영향을 미쳤는지까지 돌아보아야 합니다. 후보자가 핵심을 잘 유지하면서 아쉬웠던 점을 개선하려는 태도를 보인다면, 채용 과정에서 충분히 합격점을 줄 수 있습니다.

■ 모든 후보자에게 해야 하는 면접 질문

채용 면접에서 제가 모든 지원자에게 반드시 묻는 말이 몇 가지 있습니다.

- "현재 회사를 그만두려는 이유가 무엇인가요?"

대부분 후보자는 이 질문에 비교적 정제된 답변을 내놓습니다. 그러나 간혹 이전 직장에 대한 원망이나 억울함을 여과 없이 쏟아내는 지원자들이 있습니다. 이런 후보자는 실력이 아무리 뛰어나도 채용하지 않는다는 원칙을 지킵니다.

그 이유는 명확합니다. 면접은 자신의 장점을 보여주기 위한 자리입니다. 그 자리에서도 감정을 조절하지 못한다면, 그 부정적인 감정이 깊게 뿌리내려 있다는 뜻입니다. 경험상, 이런 분들은 그 감정을 고스란히 다음 직장으로 가져옵니다. 정제되지 않은 부정적인 감정은 팀 내에 빠르게 전염되고, 심지어 조직 전체의 심리적 안전감을 무너뜨리는 일도 있습니다.

한 가지 사례가 있습니다. 과거 한 시니어 지원자는 "왜 퇴사하셨나요?"라는 질문에 격앙된 어조로 답변을 꺼냈습니다. 본인의 성과에 비해 부당한 평가를 받았으며, 마땅히 승진해야 했지만 그렇지 못했다며 이전 회사를 강하게 비난했습니다. 당시 저는 채용 경험이 많지 않아 "이 정도 감정 표현은 있을 수 있지" 생각하고 그를 채용하기로 했습니다. 하지만 이는 큰 실수였습니다.

채용 제안을 주고 협상하면서 문제가 드러났습니다. 가장 큰 문제는 후보자가 기대하는 직무 수준과 우리가 제안한 직무 수준 사이의 간극이었습니다. 그는 스스로 시니어 이상의 역할을 기대했지만, 면접 후 디브리프에서는 한 단계 낮은 직급으로 평가가 이뤄졌습니다. 사람이 급히 필요했던 상황이라 일단 낮은 직급을 제시하고 "다음 평가 시즌에 다시 논의하자"는 애매한 약속을 덧붙였는데, 이 불분명한 합의는 첫날부터 갈등을 불러왔습니다. 첫 1대1 미팅부터 그는 "승진하려면 무엇을 해야 하느냐"고 공격적으로 물었고, 이후에도 지속해서 불만을 표출했습니다.

이 경험에서 얻은 교훈은 두 가지입니다.

1. 면접에서 감정적으로 반응하는 지원자는 대개 과거의 상처를 치유하지 못했으며, 그 부정적인 감정은 새로운 조직에도 옮겨온다.
2. 채용 조건은 처음부터 명확히 제시해야 하며, 그 기준에 동의하지 않는다면 채용을 진행하지 말아야 한다. 100% 지킬 수 없는 약속은 절대 하지 않는 것이 옳다.

물론, 실력이 아까운 후보자도 분명 있습니다. 그럴 때, 공식 면접에서는 채용하지 않더라도 따로 커피챗을 제안해 선의의 피드백을 전하곤 합니다. 그러나 한 가지 원칙만은 분명합니다. 공식 면접 자리에서 부정적인 감정을 통제하지 못하는 모습은 반드시 경계해야 할 신호이며, 리더는 그 순간 신중히 판단해야 합니다.

- "새 역할에서 가장 큰 기회와 위험은 무엇이라고 생각하나요?"

위 질문은 후보자의 메타인지(자기 인식 수준)를 확인하기 위한 것입니다. 시니어급 인재를 채용할 때 특히 중요합니다. 일부 후보자들은 지나치게 장밋빛 기대만을 갖거나, 본인의 경험을 일방적으로 적용하려는 경향이 있습니다. 메타인지에 관한 질문을 통해 후보자의 자기 인식 수준을 파악하고, 본인의 강점과 새로운 환경의 리스크를 얼마나 객관적으로 조망하는지 확인할 수 있습니다.

예컨대, 대기업 위주의 경력을 가진 시니어가 작은 스타트업에 합류할 경우, "나는 이미 많은 걸 알고 있으니 지식을 공유하고 빠르게 임팩트를 내면 된다"는 식으로 단순하게 생각하는 케이스가 있습니다. 그러나 제가 기대하는 시니어 인재상은 다릅니다. 풍부한 경험을 바탕으로 하되, 조직의 비전과 미션을 이해하고, 현재 맥락에서 어떤 프로젝트를 어떻게 추진해야 할지 고민하는 사람입니다. 과거의 방식을 그대로 들여오는 사람은 오히려 조직에 혼란을 줍니다. 실제로 경험 많은 시니어가 조직에 합류했음에도 불구하고, 팀 전체가 함께 헤매는 사례를 여러 차례 보았습니다.

결국 중요한 것은 문맥 파악과 의사소통입니다. 메타인지가 높은 사람은 새로운 환경에서 충분히 질문하며 기회와 위험을 파악하려 합니다. 채용하는 매니저도 과도한 기대를 걸기보다는 새로 합류하는 시니어와 꾸준히 대화를 이어가야 하며, 후보자 역시 과거 경험을 일방적으로 적용하기보다 새로운 맥락에서 어떻게 적응할지 고민해야 합니다.

- "지난 6개월간 새로 배운 것으로는 어떤 것들이 있나요?"
- "일할 때 사용하는 AI 툴로 어떤 것이 있나요?"

위 두 질문은 서로 연결돼 있습니다. 하나는 꾸준히 학습하는 사람인지를 확인하기 위한 것이고, 다른 하나는 AI 가 빠르게 발전하는 시대에 얼마나 실질적으로 기술을 활용하고 있는지 보는 질문입니다. 이때 중요한 것은 일회성 질문으로 끝내지 않고, 답변을 바탕으로 대화를 이어가는 것입니다. 예를 들어 다음과 같이 꼬리 질문을 던질 수 있습니다.

- "새로 배운 것을 실제 업무에 어떻게 활용했나요?"
- "본인만의 학습 방법은 무엇인가요?"
- "AI 툴을 구체적으로 어떤 업무에 사용했나요?"

이처럼 꼬리 질문을 통해 깊이 들어가면, 배우려는 습관과 실제로 배운 내용을 활용하는 능력을 더 정확히 파악할 수 있습니다.

- "다른 회사에서 오퍼를 받았는지 등 채용 담당 매니저로서 알아야 할 것들이 있나요?"

면접이 끝날 때, 채용 매니저가 반드시 확인해야 할 것이 있습니다. 바로 "지금 내가 알아야 할 또 다른 정보가 있는가?"입니다. 이런 질문을 통해 채용 속도를 어떻게 가져갈지 판단할 수 있고, 후속 대응을 조율하는 데 필요한 실질적인 정보를 얻을 수 있습니다.

단계(레벨, 직급)에 따라 질문 전략이 달라야 한다.

- ▸ 주니어: 성장 가능성, 학습 방식, 의사소통 능력을 중심으로 질문합니다. 가능하다면 인턴십을 통해 평가하고서 정규직 전환을 고려하는 것이 가장 바람직합니다.
- ▸ 시니어: 과거 프로젝트 사례를 중심으로 질문해, 실제 문제 해결 능력과 행동 양식을 검증합니다.
- ▸ 매니저: 팀빌딩 전략, 갈등 해결, 채용 경험을 중심으로 질문하며, 채용 철학과 리더십 통찰을 함께 확인해야 합니다.

행동 양식 기반 질문을 활용하자.

- ▸ 지원자의 과거 경험을 토대로 협업, 주도성, 임팩트, 장인정신을 평가합니다. 특히 STAR 프레임워크(Situation, Task, Action, Result)를 활용하면 답변의 깊이와 일관성을 검증할 수 있습니다.

중요한 행동 양식 질문 예시

- ▸ "가장 임팩트 있었던 프로젝트는 무엇인가요?"
- ▸ "함께 일하기 가장 힘들었던 동료는 누구였고, 어떻게 극복했나요?"
- ▸ "최근 6개월간 새로 배운 것은 무엇인가요?"
- ▸ "업무에 활용하는 AI 툴은 무엇이며, 어떻게 사용했나요?"

면접 막바지에 반드시 확인할 질문들

- ▸"현재 회사를 그만두려는 이유는 무엇인가요?"

  → 상처 존재 여부와 감정 조절 능력 확인

- ▸"이 역할에서 가장 큰 기회와 위험은 무엇인가요?"

  → 메타인지 및 기대 수준 확인

- ▸"현재 다른 회사에서 오퍼를 받은 상태인가요?"

  → 채용 전략 및 속도 조절을 위한 정보 확보

"현재 회사를 그만두려는 이유는 무엇인가요?"

→ 상처 존재 여부와 감정 조절 능력 확인

"이 역할에서 가장 큰 기회와 위험은 무엇인가요?"

→ 메타인지 및 기대 수준 확인

"현재 다른 회사에서 오퍼를 받은 상태인가요?"

→ 채용 전략 및 속도 조절을 위한 정보 확보

5장

면접을 마친 후 '디브리프'를 하자

채용 공고가 올라가면 이력서가 들어오기 시작하면서 이력서 검토 작업에 들어갑니다. 이 단계에서는 리크루터나 채용 매니저가 이력서를 확인하고, 다음 채용 단계를 진행할지 결정합니다. 리크루터가 이력서 검토를 전담한다면, 초기에 채용 매니저와 이력서를 함께 리뷰하면서 동일한 평가 기준을 세우는 과정을 먼저 거쳐야 합니다.

실리콘밸리에서는 이미 시작된 'AI 이력서 리뷰'

실리콘밸리의 많은 기업에서 이력서 검토 단계에 이미 '지원자 추적 시스템(ATS, Applicant Tracking System)'과 AI 기반 도구를 적극적으로 활용하고 있습니다. 수백, 수천 장의 이력서를 사람이 처음부터 일일이 읽기보다는, AI가 1차로 후보 풀을 정리하고 사람이 이후 의사결정에 집중하는 방식입니다

이 단계에서 AI가 하는 일은 비교적 명확합니다. 직무 기술서와 이력서를 비교해 필수 요건 충족 여부를 정리해 주는 역할이죠. 덕분에 리크루터와 채용 매니저는 한번 걸러진 이력서들에 시간과 에너지를 쓸 수 있습니다.

다만 실리콘밸리에서도 AI에게 채용 결정을 전부 맡기는 경우는 거의 없습니다. AI는 어디까지나 이력서 선별과 방향성 정렬의 도구이고, 최종 판단은 반드시 사람이 합니다.

요약하자면, AI는 이력서를 '평가'하는 존재가 아니라, 리더와 리크루터가 더 나은 평가를 할 수 있도록 초기 부담을 덜어주는 조력자에 가깝습니다.

이후 이력서 리뷰를 통과한 지원자를 대상으로 본격적인 면접이 진행됩니다. 면접 라운드는 회사 상황에 따라 달라지지만, 3장에서 잠깐 언급했듯이 보통 3단계 구조가 일반적입니다.

1. **스크리닝 면접**: 전화나 화상으로 30분~1시간 진행하며 기본 경력, 핵심 스킬을 확인합니다. 주로 면접 팀 내 한 명이 담당하며, 개발자 채용의 경우 간단한 코딩 테스트를 포함하기도 합니다. 이 과정을 통해 지원자를 1차로 걸러냅니다.

2. **실무 면접**: 스크리닝을 통과한 지원자는 실무 면접으로 넘어갑니다. 회사에 따라 다르지만 보통 3~5명의 면접관이 각 45분 혹은 1시간씩 심층 질문을 진행합니다. 다수의 면접관 일정을 맞추는 데 시간이 걸리지만, 면접관 풀이 충분하다면 빠르게 일정을 잡을 수 있습니다. 이는 경쟁사가 동시에 채용을 진행할 때 속도 경쟁의 우위로 작용할 수

있습니다.

3. **조직문화 적합도 면접**: 실무 면접과 디브리프를 거친 뒤, 보통 최종 단계에서는 창업자, CEO, 리더가 직접 참여해 후보자가 회사의 비전과 인재상에 부합하는지, 그리고 조직문화와 잘 맞는지를 확인합니다. 여기서 긍정적인 평가를 받으면 오퍼와 평판 조회 단계로 이어집니다. (이 주제는 6장에서 다룹니다.)

실무 면접 직후, 모든 면접관이 함께 모여 의견을 공유하고 논의하는 디브리프(면접 평가 회의)가 필요합니다. 디브리프는 단순한 합의 절차가 아니라, 각기 다른 면접관의 관점을 한 방향으로 맞추고 조직의 채용 기준을 일관되게 수호하는 핵심 과정입니다. 이러한 과정이 없다면 동전을 던져 채용 여부를 결정하는 것만큼 리스크가 커집니다.

■ 왜 '면접 평가 회의'가 필요할까?

"바쁜 와중에 굳이 모여서 면접 평가에 관해 이야기해야 할까?"라는 의문이 들 수 있습니다. 그러나 실제로 후보자에 대해 따로 논의하지 않는다면, 아무리 앞단에서 면접 팀을 만들고 질문을 준비했다고 하더라도 면접 팀이 같은 관점에서 후보자를 바라보기 어렵습니다. 기대 수준이 제각각일 가능성이 높습니다.

특히 조직이 아직 작고 바빠서 면접 팀을 구성하거나 질문을 표준화하지 못했다면, 디브리프는 반드시 해야 합니다. 이 과정 없이는 면접관 간의 눈높이가 맞지 않을 수밖에 없습니다.

예를 들어봅시다. 면접관 A는 기술 중심으로 질문하고, 면접관 B는 과거 프로젝트와 행동양식에 집중했다면 각자 다른 관점에서 장단점을 보게 됩니다. 이때 디브리프를 통해 의견을 교차해서 공유하면, "기술 역량은 뛰어난데 태도 면에서는 우려가 있구나" 같이 채용 대상자에 관한 다면적인 평가가 가능해집니다.

또한 디브리프는 개인의 무의식적인 편견을 찾아내 정화하는 기회가 되기도 합니다. 면접 경험이 부족한 면접관일수록 상대방의 이력서나 첫인상에 쉽게 영향받는데요. 예를 들어 젊은 남성들로만 구성된 팀에서 나이가 있거나 여성 후보자가 들어왔을 때, 막연히 거부감을 느끼고 면접에 임하는 경우가 더러 있습니다. 그러나 함께 모여 이야기하다 보면 이러한 편견을 발견할 수 있고, 적절한 피드백을 통해 면접관이 더 나은 방식으로 성장할 수 있습니다. (구체적인 피드백 사례는 파트 5의 5장에서 다루겠습니다.)

마지막으로, 디브리프를 정례화하면 잠재력 있는 주니어들에게 면접을 관찰하고 배우는 기회를 줄 수 있습니다. 이를 통해 새로운 면접관을 양성하고, 면접 역량을 조직 내에서 자연스럽게 확산시킬 수 있습니다. 이 부분은 뒤에서 '더 많은 면접관 만들기' 섹션을 통해 다시 이야기하겠습니다.

■ 면접 디브리프, 이렇게 진행한다

그렇다면 면접 평가 회의는 어떤 순서로 진행하는 것이 좋을까요? 아래는 제가 주로 사용하는 방식을 정리한 것입니다.

1. 디브리프 회의 준비

면접 평가 회의에는 최소 30분 이상 시간을 확보하고 리크루터와 모든 면접관이 참석하는 걸 권장합니다. 면접관들은 반드시 사전에 (면접에 관한) 본인의 평가 결과, 의견을 제출해야 합니다. 그래야 다른 사람의 의견에 휘둘리지 않고 독립적으로 판단할 수 있습니다. 사람인, 그린하우스 같은 시스템을 활용하는 회사라면 해당 시스템을 통해 내용을 제출하고, 그렇지 않다면 채용 매니저에게 이메일이나 슬랙으로 의견을 전달하면 됩니다.

채용 매니저는 면접관들에게 눈치 보지 말고 솔직하게 의견을 말해 달라고 반드시 강조해야 합니다. 여러 명이 참여하는 이유는 다양한 관점을 얻기 위함이지, 모두 같은 의견을 내게 하려는 것이 아니기 때문입니다.

2. 평가 등급과 의견 제출 원칙

평가 결과는 단순히 합격, 의견 없음, 불합격으로 나누기보다는 "적극 추천(Strong Yes)", "약간 추천(Weak Yes)", "약간 반대(Weak No)", "비추천(Strong No)"의 네 가지로 구분하는 것이 좋습니다. "의견 없음"은 허용하지 않습니다. "의견 없음"이 선택지로 있다면 면접관이 면접을 소홀히 하고서 "의견 없음"을 본인 의견이 선택하는 경우가 생길 수 있기 때문입니다. 최대한 결과뿐 아니라, 면접 중 관찰한 사실과 그 이유까지 기록해 두면 디브리프에서 훨씬 풍부한 논의를 할 수 있습니다.

3. 디브리프 회의 진행

디브리프는 보통 면접을 진행한 순서대로 면접관이 돌아가면서 본인의 평가 결과와 이유를 설명하는 방식으로 진행합니다. 이때 단순히 "좋다, 나쁘다" 수준이 아니라, 실제 면접 중에 발견한 후보자의 장점과 아쉬운 점을 구체적으로 언급하는 것이 바람직합니다. 모든 면접관이 의견을 공유한 뒤에는 서로 질문을 주고받으며 후보자의 특징을 다면적으로 따져봅니다.

4. 최종 채용 결정

최종 결정은 채용 매니저가 내리는 것이 원칙입니다. 팀마다 다수결이나 만장일치 방식을 쓰기도 하지만, 저는 매니저가 최종 재량권을 갖는 방식을 선호합니다. 다만 매니저가 팀의 다수 의견과 다른 결정을 하려 할 경우에는 그 이유를 명확히 설명하고 함께 논의하는 절차가 필요합니다.

5. 디브리프 기록과 아카이브 활용

채용 매니저는 회의에서 나온 주요 의견과 관찰 결과를 반드시 기록해 두어야 합니다. 이후 후보자가 채용돼 온보딩을 진행할 때 이 기록을 다시 참고하면 여러모로 도움이 됩니다. 면접관들이 공통으로 지적한 문제점은 실제로 큰 문제로 발전할 확률이 높으며, 공통으로 언급한 장점은 실제 강점일 확률이 높기 때문입니다. 이러한 정보를 바탕으로 일을 배분하면 신규 입사자가 조직에 더 잘 적응할 수 있습니다.

6. 후보자 통보

면접이 끝나고 합격 또는 불합격이 결정되면, 채용 결과는 될 수 있는 대로 빠르게 통보하는 것이 좋습니다. 통보가 늦어지면 후보자가 다른 회사로 가버리거나 회사에 대한 인상이 나빠질 수 있습니다.

합격 통보는 물론 불합격 통보도 반드시 정중히 해야 합니다. 가능하다면 아쉬운 점을 간략하게라도 피드백하는 것이 인재풀 관리에 도움이 됩니다. 뛰어난 후보자였으나 시기만 맞지 않았다면, 나중에 다시 채용에 관해 연락하거나 주변 인재를 추천받을 수도 있으니까요.

효과적인 디브리프는 단순한 절차가 아니라, 채용의 질을 결정하는 핵심 과정이란 점 기억하세요. 만일 디브리프를 하고 있지 않다면 시험 삼아 도입해 보길 추천합니다.

■ 사내 면접관 양성하기

앞서 면접관이 될 수 있는 팀원이 늘어날 때 생기는 이점에 대해 따로 짚었습니다. 채용 건수가 늘면 소수의 면접관에게 채용 업무가 집중돼 번아웃이 생기기 쉽습니다. 반대로 면접관 풀이 넓으면 좋은 후보자가 나타났을 때 경쟁사보다 더 빠르게 실무 면접을 진행하고, 신속히 오퍼를 제안할 수 있습니다.

그렇다면 어떻게 면접관을 양성할 수 있을까요? 먼저 면접관 활동은 시니어 멤버의 책임이라는 점을 분명히 해야 합니다. 동시에 주니어 멤버들에게는 면접관 경험이 본인의 영향력을 넓히는 중요한 기회라는 점을 짚어줘야 합니다.

아직 면접관 역할을 맡아본 적은 없지만 성과를 내고 있는 주니어, 혹은 면접관 활동을 기피하는 시니어를 대상으로 면접에 참여하도록 적극 권유하는 것이 좋습니다. 관심 있는 사람이 생기면 먼저 '새도잉(Shadowing)'을 시작합니다. 새도잉은 신입 면접관이 기존 면접관을 따라 들어가 어떤 질문을 던지고 어떻게 대화를 이끄는지 관찰하게 하는 방식입니다. 이를 2~3회쯤 반복한 뒤, 면접 평가 회의에도 함께 들어가 면접 결과가 어떻게 해석되고 채용 결정으로 이어지는지 배우게 합니다.

다음 단계는 '역 새도잉(Reverse Shadowing)'입니다. 이번에는 반대로 신입 면접관이 직접 면접을 주도하고, 기존 면접관이 동석해 그 과정을 지켜보며 필요시 피드백을 제공합니다. 역시 2~3회 정도 반복하고서 실전 투입이 적합하다고 판단되면 대상자를 정식 면접관으로 배치합니다.

이 모든 과정에 앞서 채용 후보자에게 이러한 밑작업을 사전에 알려야 한다는 점 잊지 맙시다. 면접관 훈련 목적으로 또 다른 사람이 배석한다면, 면접 시작 전에 이를 명확히 알리고 양해를 구해야 합니다. 이는 후보자 경험을 존중하는 기본적인 예의입니다.

이것만은 기억하자!

실무 면접 뒤에는 디브리프를 꼭 진행하자!

- 보통 면접은 3단계 '스크리닝 → 실무 → 조직문화 적합도' 순으로 진행됩니다.
- 실무 면접 직후에는 반드시 디브리프를 통해 면접관들의 의견을 교차 검토해야 합니다.

디브리프의 의미

- 디브리프는 단순한 합의가 아니라 면접관들의 시각을 맞추고, 무의식적인 편견을 교정하며, 후보자를 다면적으로 평가하기 위한 핵심 과정입니다.
- 디브리프를 정례화하면 그 과정이 주니어가 배우고 성장할 기회가 되기도 합니다.

평가 회의를 구조화해야 한다.

- '사전 평가 제출(Strong/Weak Yes·No 4단계, 의견 없음 금지) → 면접관별 공유 → 교차 토론 → 매니저 최종 결정 → 토론 내용 기록 후 활용 → 빠르고 정중한 후보자 통보'의 순서로 진행됩니다.

면접관은 양성해야 한다.

- 면접관 풀이 넓을수록 기존 면접관의 번아웃을 막고 채용 속도를 확보할 수 있습니다. 시니어는

책임감을 가지고 참여해야 하며, 주니어는 영향력을 키우는 기회로 삼을 수 있습니다.

▸ '섀도잉 → 역 섀도잉 → 정식 면접관'으로 이어지는 단계별 훈련이 효과적입니다.

책임감을 가지고 참여해야 하며, 주니어는 영향력을 키우는 기회로 삼을 수 있습니다.

▸ '섀도잉 → 역 섀도잉 → 정식 면접관'으로 이어지는 단계별 훈련이 효과적입니다.

6장

오퍼와 평판 조회: 채용의 마지막 관문

앞 장에서 면접 진행과 채용 여부를 결정하는 과정을 살펴보았습니다. 이제 '오퍼(Offer)'와 '평판 조회(Reference Check, 레퍼런스 체크)'라는 마지막 관문을 넘어야 합니다. 채용은 면접에서 끝나지 않습니다. 최종적으로 어떤 후보자를 팀에 합류시킬지 확정하는 과정은 오퍼, 협상, 평판 조회, 입사 일정 조율, 온보딩 준비로 연결됩니다.

■ 채용 오퍼와 협상 전략

채용 면접을 통해 긍정적인 평가를 받은 후보자에게는 이제 정식으로 "우리 팀의 일원으로 함께하자"는 뜻을 전해야 합니다. 오퍼에는 연봉과 복리후생(휴가, 보험 등), 회사 정책에 따른 직급(레벨), '스톡옵션(Stock Option)'*, 보너스 등의 내용이 포함됩니다.

미국 보상 시스템이 한국과 다른 이유

실리콘밸리 IT 기업은 보통 'TC(Total Compensa-

---

* 임직원이 일정한 가격에 회사 주식을 살 수 있는 권리. 회사가 성장해 주가가 오르면 임직원은 그 차익을 보상으로 얻을 수 있습니다. 스타트업에서는 핵심 인재를 유치하고 장기적으로 동기를 부여하는 데 쓰입니다.

tion)'라는 보상 개념을 활용합니다. 연봉, 보너스, 스톡옵션을 합한 금액을 의미합니다.

미국의 노동법은 한국과 달라 정규직으로 일하는 관리자, 전문직, 사무직 근로자는 '면제 근로자(Exempt)'로 분류돼 초과근무 수당 대상에서 제외됩니다. 따라서 저녁이나 주말에 일해도 별도의 수당이 지급되지 않습니다. 반대로 파트타임 근로자나 공장 노동자는 주로 '비면제 근로자(Non-Exempt)'로 분류돼 초과근무 수당을 받습니다.

또한 미국에는 한국과 같은 퇴직금 제도가 없습니다. 국민연금과 유사한 제도로 사회보장연금(Social Security)이 존재하지만, 수령액이 낮아 노후를 충분히 보장하기에는 부족합니다. 그래서 대부분의 근로자가 401(k)나 IRA(Individual Retirement Arrangement) 같은 개인 퇴직연금 제도를 스스로 준비하는 것이 일반적입니다.

규모가 큰 회사는 연봉 테이블과 직급 기준이 체계적으로 마련돼 있는 경우가 많지만, 스타트업은 직급 자체가 없는 경우도 흔합니다. 초기에는 그 유연함이 장점일 수 있으나, 어느 시점에는 직급 체계를 마련하고 이에 맞춰 평가와 보상을 일관되게 운영하는 것이 필요합니다. (직급 체계에 대한 자세한 논의는 파트 9에서 따로 다룹니다.)

경력이 많은 시니어라 하더라도, 저는 반드시 수습 기간을 두는 것을 권장합니다. 설령 이미 함께 일한 경험이 있는 사이라 하더라도 마지막 안전장치가 필요하기 때문입니다. 후보자가 수습 기간 자체를 받아들이지 못한다면, 오히려 장기적으로 함께하기 어렵다는 신호일 수도 있습니다.

또한 우수한 후보자일수록 복수의 오퍼를 받기 때문에 역제안을 건넬 가능성이 높습니다. 때로는 단 한 번의 조정으로 끝나지만, 어떤 때는 여러 차례 협상안이 오가며 신뢰가 흔들리고 피로도가 높아지기도 합니다. 그래서 저는 원칙적으로 "오퍼 조정은 한 번까지 가능하다. 그 이상은 어렵다"는 기준을 세우고 대응합니다.

결국 오퍼와 협상은 전략보다는 **태도의 문제**입니다. 명확한 기준과 원칙을 바탕으로 깔끔하게 대응하는 것이 중요합니다. 그래야 형평성 차원에서 기존 팀원들도 이해할 만하고, 후보자에게도 장기적으로 좋은 인상을 남길 수 있습니다.

■ 평판 조회, 누구에게 어떻게 요청할까?

시니어급 및 매니저급 인재 채용을 할 때는 일반적으로 구두로 제안한 후에 긍정적인 반응을 확보하고, 이어서 평판 조회를 거쳐 최종 계약으로 이어갑니다. 이 과정에서 후보자에게 다음과 같이 요청할 수 있습니다.

"이 조건으로 함께하고 싶습니다. 다만 평판 조회에서 특별한 문제가 없어야 합니다. 지난 5년 이내에 함께 밀접하게 일했던 매니저나 동료 두세 분의 연락처를 부탁드립니다.”

왜 '5년 이내'라는 조건을 걸까요? 사람은 시간이 지나면서 성장하고 변화하기 때문에, 오래전에 함께 일한 사람보다는 최근에 함께한 사람이 더 정확한 정보를 줄 수 있습니다. 따라서 최근 5년 이내의 레퍼런스가 바람직합니다. 만약 후보자가 레퍼런스 체크를 위한 연락처를 제시하는 데 시간이 오래 걸리거나, 아주 오래전 동료만을 레퍼런스 창구로 제공한다면 이는 잠재적으로 문제가 있다는 신호로 받아들일 수 있습니다.

또한 보통 후보자가 다니는 회사의 상사나 동료를 직접 레퍼런스로 제공하기는 어렵다는 점도 고려해야 합니다. 동일 회사에서 5년 이상 근무했다면, 그 회사에서 이미 퇴사한 전 매니저나 동료를 통해 레퍼런스를 확보할 수 있습니다.

법적으로는 후보자가 제공한 레퍼런스 창구로만 이야기하는 것이 원칙입니다. 그러나 업계에서는 후보자와 공통으로 지인이 있고, 그 지인을 정말로 신뢰할 수 있다면 비공식적으로 추가 레퍼런스 체크를 하는 사례도 적지 않습니다. 다만 이 경우에도 어디까지나 신뢰할 수 있는 관계에 기초해서 기존 평판 조회를 보완하는 선에서 진행하는 것이 바람직합니다.

이력서와 면접만으로 후보자에 대해 알 수 없는 부분이 있습니다. 특히 시니어급 후보자가 정말로 본인이 면접에서 언급한 그 역할을 수행했는지, 팀워크와 협업 태도는 어땠는지를 과거 동료나 상사를 통해 확인하는 과정이 필요합니다. 저 역시 평판 조회를 통해 "면접에서는 훌륭해 보였지만 이전 직장에서 조직 차원의 문제를 일으켰던 사람"을 여러 차례 걸러낸 경험이 있습니다. 그만큼 평판 조회는 신뢰성과 문화 적합성을 검증하는 중요한 절차이기에, "어차피 좋은 말만 들을 텐데 왜 필요하지?"라고 단정하지 않으셨으면 합니다.

되도록 이 과정은 HR 담당자 한 사람에게만 맡기지 말고, 채용 매니저가 직접 진행하는 것을 권장합니다. 이메일보다는 직접 만나거나 화상 미팅, 최소한 전화 통화를 추천합니다. 실시간 대화를 통해야 미묘한 뉘앙스를 포착하고, 추가 질문도 할 수 있기 때문입니다. 저는 다음과 같은 순서로 진행합니다.

1. **자기소개**: 먼저 서로 간단히 자기소개를 합니다. 만약 공통으로 지인이나 겹치는 회사 경험이 있다면 스몰톡(가벼운 대화)을 나누는 것도 좋습니다. 이렇게 작은 친분을 쌓아두면 이후 대화를 좀 더 편하고 솔직하게 이어갈 수 있습니다.

2. **후보자와의 관계 확인**: 어떤 회사에서 어떤 관계로 어떤 프로젝트를 함께했는지 물어보고, 그 내용이 후보자가 제공한 정보와 일치하는지 확인합니다.

3. **후보자가 맡을 일 소개**: 후보자가 우리 회사에 합류하면 맡게 될 업무를 설명합니다. 이렇게 문맥을 제공하면 이후 질문이 더 구체적이고 의미 있게 이어질 수 있습니다. 또한 이 포지션이 중요한 자리임을 자연스럽게 강조할 수 있습니다.

4. **강점과 협업 스타일 파악**: 앞서 설명한 역할을 전제로 했을 때, 후보자의 강점과 협업 스타일이 무엇인지 묻습니다. 이 단계에서 나오는 답변은 반드시 기록해 두어야 합니다. 실제 온보딩이나 협업 과정에서 큰 도움이 되기 때문입니다.

5. **지원과 적응 포인트 확인**: 마지막으로는 후보자의 단점을 직접적으로 묻는 대신, "매니저로서 무엇을 도와주면 이 사람이 더 잘 적응하고 성과를 낼 수 있을까요?"라고 질문합니다. 단점을 캐내려 하기보다 '매니저로서 어떻게 서포트해야 이 사람이 최고의 성과를 낼 수 있을지' 묻는 조력자의 관점을 취해 보십시오. 훨씬 솔직하고 구체적인 답변을 얻을 수 있습니다. 이 답변 역시 온보딩과 이후 업무 배치에서 중요한 참고자료가 됩니다.

이렇게 만난 사람들을 통해 예상치 못했던 기회들이 생기기도 합니다. 평판 조회가 끝난 뒤에는, 레퍼런스를 제공해 준 사람과 링크드인 같은 소셜미디어로 인연을 이어가는 것이 좋습니다. 이후 가볍게 우리 회사에 관심이 있는지, 혹은 적합한 인재를 소개해 줄 만한 사람이 있는지 물어볼 수도 있습니다. 실제로 이런 대화를 통해 좋은 인재를 쉽게 채용하거나, 향후 또 다른 기회를 만들었던 적도 있었습니다.

또 한 가지 기억해야 할 점은, 레퍼런스를 제공한 사람이 간혹 후보자에 대해 부정적인 이야기를 할 때가 있다는 사실입니다. 이런 경우 불필요한 오해가 아니라면, 오히려 실제로 문제 있는 후보자를 걸러낼 중요한 기회가 됩니다. 저는 이 가능성 하나만으로도 평판 조회는 반드시 거쳐야 하는 절차라고 믿습니다.

평판 조회가 별다른 문제 없이 마무리되고 연봉 등 조건이 정리되면, 이제 공식 오퍼 레터를 보냅니다. 작은 회사라 하더라도 근로계약서나 오퍼 레터는 반드시 포맷을 갖추어 정리해 두는 것이 좋습니다. 이는 후보자 입장에서 "준비된 회사"라는 인상을 주고, 다른 옵션들이 있는 상황에서도 우리 회사를 선택할 가능성을 높여줍니다.

오퍼 과정에서 중요한 것은 '메시지'를 드러내는 것입니다. "우리는 당신과 일하고 싶다"는 분위기를 전달하는 것이 핵심입니다. 이렇게 진심 어린 환영의 신호를 주면, 후보자 스스로 더 확신을 가질 뿐 아니라 때로는 주변의 뛰어난 지인들을 추천해 주는 등 새로운 기회가 열리기도 합니다.

■ 좋은 인재는 어디서 오는가?

좋은 인재를 얻는 가장 유력한 경로는 무엇일까요? 제 경험상 가장 만족도가 높았던 채용은 내부 직원의 지인 추천이나 개인 네트워크를 통한 채용이었습니다. 팀원이 추천하는 지인이나 과거 직장 동료 중 함께 일하며 신뢰가 쌓였던 사람들이 가장 좋은 인재로 이어지는 경우가 많습니다. 아무래도 "나랑 같이 일할 사람"으로 아무나 추천하지 않기 때문입니다.

따라서 필요할 때 갑자기 후보자를 찾기보다는, 평소에 좋은 사람들과 꾸준히 만나고 소식을 주고받는 모습을 보여야 좋은 인재를 찾기 수월해집니다. 채용과 영업의 기본은 결국 인간관계니까요. 급하게 사람을 찾으면 서두를 수밖에 없고, 상대도 그 기운을 느낍니다. **단기적인 목적이 아닌 장기적인 관점에서 네트워킹은 복리처럼 쌓여 언젠가 큰 힘이 될 것입니다.**

또 하나의 좋은 경로는 평판이 좋은 매니저나 시니어 인재를 채용하는 것입니다. 이들을 중심으로 네트워크가 확장되기 때문입니다. 소규모 조직일수록 비슷한 배경의 인재들이 몰려 인적 네트워크가 금방 소진되는 경우가 많습니다. 따라서 조직이 일정 규모 이상으로 성장했다면, 다양한 배경을 가진 인재를 채용해 지인 추천 풀을 확장하는 전략이 필요합니다. 특히 평판 좋은 시니어나 매니저급은 네트워크 효과가 훨씬 크기 때문에, 그러한 후보자를 찾아 채용 면접을 진행할 시 앞서 4장에서 언급했듯이 "본인의 채용 전략은 무엇인지", "합류 직후 어떤 포지션을 어떻게 채울지" 등을 물어보는 것이 중요합니다.

■ 채용 성공도를 측정하는 지표

오퍼가 수락되면 채용은 일단 마무리됩니다. 이때 매니저로서 온보딩 전에 우리가 채용을 잘하고 있는지 객관적으로 살펴보기 위해 지표를 정하고 추적하는 걸 잊지 말아야 합니다. 이를 통해 현재 채용 상황을 파악하고 개선점을 찾을 수 있습니다. 대표적으로 활용하기 쉬운 지표는 아래 세 가지입니다. 단일 수치에 집착하기보다는 시간에 따른 변화, 즉 트렌드를 보시길 바랍니다.

1. 오퍼 수락률(Offer Acceptance Rate): 전체 오퍼 중 실제 오퍼가 수락된 비율입니다. 회사의 매력도와 면접 과정에서 받은 인상이 함께 반영됩니다. 오퍼 수락률이 하락세라면 그 원인을 냉정하게 분석해야 합니다. 시장 평균 처우*와 비교했을 때 우리가 건 제안의 경쟁력이 부족한지, 혹은 채용 과정에서 후보자의 면접 경험에 아쉬움이 있는지 다각도로 점검해야 합니다.

2. 평균 채용 소요 기간(Time-to-Hire): 채용 공고가 올라간 시점부터 최종 오퍼 수락까지 걸린 시간을 의미합니다. 이 지표는 채용 프로세스의 효율성을 보여줍니다. 시간이 지나치게 길어지면 좋은 후보자를 경쟁사에 빼앗길 가능성이 높아집니다. 반대로 너무 짧다면 프로세스가 허술해질 수 있으므로, 적정한 속도와 퀄리티의 균형을 맞추는 것이 중요합니다.

---

* 미국에서는 라드포드(Radford), 머서(Mercer)와 같은 전문 업체들이 연봉 데이터를 지역, 도메인, 회사 규모, 직군, 레벨별로 정리해 유료 서비스에서 정보로 제공합니다. 이런 서비스를 활용할 수 없다면, 비슷한 회사의 유사 직군 채용 공고를 참고하거나 오퍼를 거절한 후보자들의 피드백을 체계적으로 수집해 비교 및 분석하는 것도 좋은 방법입니다.

3. 후보자 NPS(Candidate Net Promoter Score): 최종 합격에 이르지 못했더라도, 면접 경험이 긍정적이었다면 회사에 대한 인상은 좋게 남습니다. 후보자 NPS를 추적하면 우리 채용 과정이 후보자에게 어떤 경험으로 남는지를 알 수 있고, 오퍼 수락률과의 상관관계를 함께 보면 우리 회사의 채용 브랜드 강점과 약점을 더 선명히 파악할 수 있습니다.

용어 설명: NPS란 무엇인가?

'NPS(Net Promoter Score)'는 고객이 특정 제품이나 서비스를 다른 사람에게 추천할 의향이 있는지를 통해 충성도와 경험의 질을 가늠하는 지표입니다. 단순 만족도가 아니라, "이 경험을 남에게 권할 만큼 좋았는가"를 묻는다는 점이 특징입니다. 일반적으로 NPS는 다음과 같은 방식으로 측정합니다.

1. "이 제품(또는 서비스)을 친구나 동료에게 추천할 가능성이 얼마나 됩니까?"라는 질문을 던집니다.
2. 0점부터 10점까지의 척도로 응답을 수집합니다.
3. 0~6점은 비추천(Detractors), 7~8점은 중립(Passives), 9~10점은 추천(Promoters)으로 분류합니다.

NPS는 전체 응답자 중 추천 비율에서 비추천 비율을 뺀 값으로 계산하며, 보통 30 이상이면 양호한 수준으로 해석합니다.

이 개념은 채용 과정에도 그대로 적용할 수 있습니다. "다른 지인에게 이 회사와 면접을 해보라고 추천하시겠습니까?"로 질문을 바꾸면, 이를 '후보자 NPS(Candidate NPS)'로 활용할 수 있습니다.

후보자 NPS를 꾸준히 추적하면, 합격 여부와 무관하게 채용 과정 자체가 후보자에게 어떤 경험으로 남고 있는지 객관적으로 파악할 수 있습니다. 이는 단기 채용 성과보다, 장기적인 채용 브랜드와 인재 풀 형성에 더 큰 영향을 미칩니다.

이렇게 오퍼와 평판 조회 과정을 거쳐 시니어든 주니어든 좋은 인재를 확정했다면, 채용 프로세스는 사실상 마무리됩니다. 이제 다음 단계는 온보딩입니다. 첫 90일 동안 새 인재가 팀에 빠르게 적응하고 성과를 낼 수 있도록 돕는 과정이 이어져야 합니다. 채용은 끝이 아니라, 시작을 준비하는 과정입니다.

이것만은 기억하자!

오퍼와 협상의 원칙을 만들어 간다.

- ▸ 후보자와의 협상은 내부 기준을 바탕으로 진행해야 팀 내 형평성과 신뢰를 유지할 수 있습니다.
- ▸ 후보자의 역제안은 1회까지만 허용하는 원칙을 세워 피로도가 커지고 신뢰가 훼손되는 상황을 방지합니다.
- ▸ 시니어급이라도 수습 기간은 기본입니다. 이를 거부하는 후보자라면 채용을 재검토해야 합니다.

평판 조회를 건너뛰지 말자.

- ▸ 이력서와 면접으로 파악하기 힘든 협업 태도, 조직 내 영향 등을 검증하기 위한 필수 절차입니다.
- ▸ 채용 매니저가 레퍼런스 체크를 해줄 사람을 찾아 직접 전화, 화상 미팅 등을 거칩니다. 실시간 대화로 미묘한 뉘앙스를 파악하고 후보자의 장점과 도움이 필요한 지점을 파악합니다.

좋은 인재는 어디서 오는가?

- ▸ 내부 추천이나 개인 네트워크를 통한 채용이 가장 성공적입니다.
- ▸ 좋은 평판을 가진 시니어를 채용하는 게 새로운 인재 풀을 만드는 좋은 방법입니다.
- ▸ 급할 때 사람을 찾기보다 꾸준히 사람을 만나고 관계를 쌓는 태도가 채용에 힘을 보탭니다.

채용은 단순히 한 사람을 뽑는 절차가 아니라, 우리 팀의 미래를 함께 설계하는 과정입니다. 그러므로 면접에서 오퍼, 레퍼런스 체크, 온보딩에 이르기까지 모든 접점마다 진정성을 담아내는 것이 중요합니다. 지원자가 우리를 평가하듯, 우리 역시 채용 과정을 통해 조직의 품격을 보여주고 있다는 사실을 늘 기억해야 합니다. 특히 작은 조직이라면 처음부터 완벽한 프로세스를 갖추려 하기보다, 상황에 맞게 작게 시작해 점진적으로 개선해 나가는 방식을 추천해 드립니다.

다음 파트에서는 입사 준비와 온보딩에 초점을 맞추어, 어렵게 영입한 인재가 어떻게 빠르게 팀에 정착하고 '초기 성취 경험(Early Win)'을 거둘 수 있게 도울지 구체적으로 살펴보겠습니다.

자부심이 '인재 밀도'를 높인다

채용을 까다롭게 하는 기업을 두고 누군가는 "유난 스럽다"고 꼬집을지도 모릅니다. 물론 채용은 중요 하지만, 그걸 위해 이렇게까지 사전 준비를 하고, 면 접 팀을 따로 구성해 질문을 설계하고, 디브리프까지 거치는 과정이 번거로워 보인다는 뜻이겠죠. 좋은 인 재를 구하려고 주기적으로 네트워크를 형성하는 것, 오퍼 수락률부터 후보자 NPS, 평균 채용 소요 기간 등을 측정하는 것도 유난이라고 여길 수 있겠습니다.

하지만 인재 밀도가 높은 팀, 탁월한 인재들이 모 여있는 조직은 채용을 "시작이 반"이라는 관점에서 바라봅니다. 뛰어난 한 사람이 팀을 고양해 생산성을 끌어올리지만, 반대로 한 사람의 '폭탄'이 팀 전체를 흐트러트려 망가뜨릴 수도 있으니까요. 저자는 이를 두고 "쓰레기를 넣으면 쓰레기가 나온다"고 단호하 게 말합니다. 채용 실패를 수습하긴 쉽지 않으니 처 음부터 높은 기준을 유지하라고요. 채용에 투자하는 만큼 좋은 팀을 구축할 수 있다는 의미입니다.

채용 기준을 높게 유지하는 것. 이를 위해 저자는 채용 구조를 잡고 태도가 좋은 인재를 채용해야 한다 고 조언합니다. 왜 채용해야 하는지, 첫 90일간 어떤 과제를 줄지 설명하면서 필요성을 피력하고서 간결 하고 구체적인 채용 공고를 작성하는 것부터 첫 단추 를 끼울 수 있는데요. 이후 채용 기준을 높게 유지하는 바 레이저, 면접자의 태도를 알 수 있는 주니어 면접자 등 다양한 구성으로 면접 팀을 꾸려 질문을 사전에 준비, 조율해야겠습니다.

면접자에게 과거 경험을 질문하면서 협업, 주도성, 임팩트, 장인정신 등을 알 수 있다면 이후 면접자들이 모여 디브리프 회의를 거쳐야 합니다. 한 사람이 팀에 미치는 영향을 지대할 수 있기 때문에 한 명의 면접자가 아니라 여러 면접자가 모여 '이 사람을 어떻게 바라볼지' 의견을 공유하고 심사숙고하는 것이죠. 그만큼 한 사람이 조직에 들어오고 나가는 일은 '큰 일'입니다. 팀의 성패를 좌우한다는 시각으로, 후보자의 협업 태도와 적응력 등을 살펴보게 됩니다.

이렇게 손이 많이 가는 채용 프로세스는 어쩌면 '자부심'에서 비롯된다고 생각합니다. 자신이 속한 팀, 조직, 회사에 관한 자부심이 있기 때문에 유난스러울 만큼 철저하게 좋은 인재를 뽑으려 하고, 채용 기준을 높게 잡는 것이죠. 자부심의 한자어 뜻을 풀이하면 '스스로 짊어지는 마음'이라는데*, 말 그대로 내가 자부하는 팀과 회사를 지켜내기 위해 수고스럽더라도 유난한 채용 기준을 고수하는 것이라 해석할 수 있겠네요. 여러분도 내 일과 팀, 회사에 자부심을 느끼며 채용에 임해보시길 권합니다.

김지윤

---

* 「자부심, 스스로 짊어지는 마음」, DBR, 정현천, 2013. 01.

Q. 인재 밀도를 높이기 위한 나만의 혹은 우리 회사 내의
기준은 무엇인가요? 구체적으로 적어보세요.

Q. 지금 채용 공고를 준비해야 하나요? 혹은 이전에 쓴
채용 공고가 있나요? 만약 채용 공고를 써야 한다면 실
제로 어떻게 쓸지, 혹은 과거 채용 공고를 지금 간단하게
라도 수정해 다시 작성해 보세요.

Q. 면접관으로, 혹은 참관인으로 면접에 참여한 경험이 있나요? 그 경험이 어땠고, 앞으로 면접관이 된다면 어떤 질문을 던질지 자유롭게 적어보세요.

Q. 채용 면접 후보자였을 때 어떤 질문을 받았나요? 반대로 내가 면접관이었다면 나에게 어떤 질문을 던졌을지 적어보세요.

Q. 회사에서 디브리프를 진행한 적이 있나요? 그렇다면 그 경험이 어땠고, 어떻게 개선할지 적어보세요. 아직 해보지 않았다면 가까운 시일에 디브리프를 진행해 보세요!

Q. 좋은 인재와 연결되기 위해 평소에 어떤 액션을 취하고 있나요? 본문에서 언급한 네트워킹을 어떻게 실천하고 있는지 적어보세요.

파트 4

채용의 클라이맥스, 온보딩

"인턴 생활 한 달이 지나고서야 제가
엉뚱한 일을 했다는 걸 깨달았습니다.
상황을 바로잡기 너무 늦지 않았나 하는 조바심이 듭니다.
제 인턴십은 망한 걸까요?"

"어렵게 채용한 인재가 온보딩 중에 회사를 떠났습니다.
문제는 채용이었을까요, 온보딩이었을까요?"

"복기해 보니 채용 자체의 문제는 아닌 것 같습니다.
입사자가 조직에 융합하는 과정에 문제가 있었던 것
같습니다. 온보딩의 진짜 목표는 무엇일까요?"

채용의 마지막 단계는 오퍼를 제안하고 후보자가
입사하는 순간이 아닙니다. 실제로 함께 일하며 서로
맞춰가는 과정, 즉 온보딩이야말로 채용의 진정한
마무리입니다.

수많은 매니저가 사람을 뽑는 데는 많은 시간과
에너지를 쓰지만, 정작 뽑은 사람이 기대에 부응하도록
돕는 온보딩 과정에 상대적으로 소홀한 경우가 많습니다.
그 결과 좋은 인재가 합류했음에도 팀에 제대로 섞이지
못하거나, 방향을 잘못 이해한 채 열심히 일하다가
결과적으로 성과를 내는 데 실패하는 일이 생깁니다. 이런
경우 채용은 사실상 실패한 것이나 다름없습니다.

또한 온보딩의 목적은 단순히 새로운 구성원이
적응하도록 돕는 것에 그치지 않습니다. 잘 맞지 않는
사람과는 아름답게 이별하는 과정 역시 온보딩의 중요한
역할입니다.

1장
온보딩이란 무엇인가?

온보딩은 새로 합류한 인재가 조직에서 첫 90일 동안 "성공의 경험"을 하도록 만드는 장치입니다. 이를 위해서는 단순히 업무에 관해 지원해 주는 것뿐 아니라 적절한 도전 과제를 주는 것도 중요합니다.

특히 시니어, 매니저급 인재는 본인이 익숙했던 방식, 과거의 성공 방정식을 그대로 업무에 적용하곤 합니다. 그 방향성이 조직과 맞지 않으면 실력을 발휘하지 못한 채 겉돌겠죠. 반대로 주니어 인재는 자기 검열로 인해 질문하기를 주저하고, 그러다 혼자 열심히 엉뚱한 일을 하는 경우가 많습니다. 결국 인재의 레벨에 따라 다른 형태의 온보딩 지원이 필요합니다.

- **시니어/매니저**: 조직 방향성을 담은 비전과 미션을 반복해서 전달해야 합니다. 또한 때에 따라 신규 입사자가 (흔히 "고인 물"이라 부르는) 기존 인력 때문에 방해받을 수도 있습니다. 이때는 장애물을 제거해 작은 성공을 경험하도록 도와야 합니다. 만약 신규 입사자가 별다른 의사소통 없이 엉뚱한 방향으로 일하고 있다면 적절한 질문과 피드백을 통해 지향점을 다시 맞춰 줘야 합니다.
- **주니어**: 경험이 적으므로 기대치를 명확히 설정해

주는 게 효과적입니다. 어떤 결과를 원하는지, 어디까지 스스로 판단해도 되는지 분명히 알려줘야 합니다. 혼자 끙끙대며 시간을 허비하기보다는 언제든 자율적으로 쉽게 질문할 수 있는 환경을 조성해야 하고요. 또한 빠르게 실무를 경험할 수 있는 환경을 마련하는 온보딩이 시니어 신규 입사자 온보딩 때보다 더 높은 우선순위에 해당합니다.

결국 누구든지 초기에는 활발한 의사소통을 통해 도움을 받아야 합니다. 그래서 질문을 장려하는 환경이 온보딩의 핵심입니다. 아직 신뢰가 충분히 쌓이지 않은 상황에서 질문을 자유롭게 할 수 있는 분위기 자체가 심리적 안전감의 기반이 됩니다. 더불어, 신규 입사자가 아쉬운 모습이 보일 때 속으로 "사람 잘못 뽑았다"고 단정 짓기보다, 불편함을 견디며 호기심을 갖고 대화를 여는 것이 필요합니다. 불편한 대화(피드백)에 대해서는 다음 파트에서 더 다루겠습니다.

■ 온보딩의 본질: 적응을 넘어 정착하기

온보딩의 목적은 단지 '빨리 적응시키는 것'이 아니라, 지속해서 성과를 낼 수 있게 첫 단추를 잘 끼우는 것입니다. 새로 합류한 구성원이 "이 회사에서도 내가 잘할 수 있겠구나"라는 확신을 가져야 합니다. 그 확신은 곧 "초기 성공 경험(Early Win)"으로 연결되며, 신규 입사자가 자신감을 형성하고 팀 내 신뢰를 구축하는 밑바탕이 됩니다.

일부는 "처음 6개월은 신혼 같은 시기이니 천천히 적

응해도 된다"고 말하기도 합니다. 하지만 실제로는 처음 90일 동안 자신감을 느끼고 좋은 첫인상을 남기는 것이 이후 조직 내 성공과 직결됩니다. 그래서 조직과 개인 모두 이 시기에 좋은 경험을 하도록 노력해야 합니다. 이는 무조건적인 지원만을 의미하지 않습니다. 입사자의 행동이 기대와 다를 때는 호기심을 바탕으로 즉시 대화를 시작해야 합니다.

온보딩이 허술하면 유능한 인재조차 자기 효능감을 잃고 조직을 떠날 수 있습니다. 저 역시 면접에서 인상 깊었던 후보자가 입사 후 몇 주 만에 무기력해지고 협업 과정에서 어려움을 겪는 모습을 본 적이 있습니다. 아무도 업무에 관해 제대로 설명해 주지 않은 채 입사자가 무언의 기대 속에 방치됐거나, 반대로 새로 합류한 사람이 메타인지가 부족해 모든 걸 이미 안다고 착각하거나, 자기 검열로 인해 소극적으로 일하다가 질문과 소통 없이 잘못된 방향으로 나가면서 기대를 저버린 경우였습니다.

즉, 온보딩은 "좋은 인재가 작은 성공을 경험하도록 돕는 과정"이자 "맞지 않는 사람을 가려내는 과정"입니다. 특히 수습 기간이 존재한다면 더욱 그렇습니다. 입사 후 60일째에는 반드시 "이 사람이 팀에 적합한가?"에 관한 평가가 오고 가야 합니다. 특히 이 시점에는 정규직 전환 여부도 명확한 피드백으로 제공해야 합니다. 만약 수습 기간을 통과하지 못한다면, 마지막 날 갑작스럽게 통보하는 것만은 피해야 합니다. 시간을 애매하게 끌며 "조금 더 두면 잘하겠지"라는 생각으로 상황을 외면하지 말고, 선의와 호기심을 기반으로 기대와 현실 사이의 차이를 빨리 이야기해야 합니다.

결국 온보딩도 원칙이 있는 프로세스로 자리매김해야 합니다. 불편하더라도 앞단에서 미리 이야기하는 것이, 이후 더 큰 문제로 번지는 것을 막는 가장 확실한 방법입니다.

이것만은 기억하자!

온보딩의 목적

▸ 새로 합류한 인재가 첫 90일 동안 "성공 경험(Early Win)"을 얻도록 돕는 과정입니다.

시니어/매니저 온보딩

▸ 비전과 미션을 반복해서 전달해야 합니다.
▸ 기존 인력에 의한 방해 요소를 제거해 작은 성공을 경험하도록 이끕니다.
▸ 의사소통 없이 잘못된 방향으로 간다면 적절히 개입해야 합니다.

주니어 온보딩

▸ 기대치를 명확히 하고, 쉽게 질문할 수 있는 환경을 만들어야 합니다.
▸ 빠르게 실무를 경험할 수 있도록 지원하는 것이 핵심입니다.

온보딩 공통 원칙

▸ 초기에는 적극적인 의사소통과 질문 장려하기가 필수입니다.

▸ 상대방에게 아쉬운 모습이 보여도 속으로 판단하기보다, 리더로서 불편함을 감수하며 호기심 어린 대화를 먼저 시작합니다.

▸ 60일 차에는 정규직 전환 여부 등에 관해 명확한 피드백을 제공합니다.

2장
새로운 역할의 성패는
처음 90일이 결정한다

새로운 인재가 조직에 합류했을 때뿐 아니라, 기존 구성원이 승진하거나 새로운 역할을 맡을 때도 첫 90일은 결정적인 시기입니다. 단순히 업무를 익히는 기간을 넘어, 장기적인 성과와 조직 적응 여부를 가르는 분수령이 되기 때문입니다.

실리콘밸리에서도 온보딩 기간은 보통 90일로 설정돼 있습니다. 이는 한국 노동법에서 규정한 수습 기간과도 일치합니다. 중요한 것은 "신규 입사자냐 기존 구성원이냐"가 아니라, 새로운 역할을 시작한 후 첫 90일이야말로 가장 중요하다는 사실입니다.

이 기간 회사는 "이 사람이 이 역할에 적합한가?"를 살피고, 구성원은 "이 역할과 이 팀이 나에게 맞는가?"를 시험합니다. 처음 90일 동안 뚜렷한 성과가 없다면, 이후 더 나은 성과를 기대하기는 어렵습니다. 새로운 자리에 선 사람이 성공하기를 원한다면, 혹은 잘못된 배치를 빨리 파악하고 싶다면 반드시 이 기간을 적극적으로 활용해야 합니다.

승진이나 매니저 변경 시에도 원리는 동일합니다. 신규 채용처럼 공식적으로 90일의 수습 절차를 밟는 건 아니지만, 팀원과의 대화를 통해 새로운 기대치를 명확히 전달해야 합니다. 적응하는 것을 지원하되 이전과는 다른 차원의 공헌을 논의하고 요구해야 한다는 의미입니다.

주니어와 시니어에게 기대하는 바가 같을 수는 없습니다. 그러나 사람들은 종종 본인의 레벨이 올라감에 따라 주변의 기대 수준도 함께 높아진다는 사실을 명확히 인식하지 못하곤 합니다. 따라서 새로운 역할을 시작하는 모든 사람에게 첫 90일은 적응과 정착을 위해 가장 중요한 시기라 할 수 있습니다.

현실적으로 일이 많고 모두가 바쁘다 보니 제대로 된 온보딩을 제공하는 것이 이상적으로 들릴 수 있습니다. 그러나 온보딩에 관심을 가지고 점진적으로 그 과정을 개선해 체계화해야 합니다. 리더와 조직의 태도, 헌신과 의지가 필요한 대목입니다.

첫 90일의 성공 경험이 미래를 결정한다면

마이클 왓킨스의 『The First 90 Days(90일 안에 장악하라)』*라는 책을 처음 읽었을 때는 야후에서 매니지먼트 과정으로 가야겠다고 마음먹고 1년쯤 지난 다음이었습니다. 경험적으로 누구에게나 처음 90일

---

* 하버드 경영대학원의 리더십 전문가 마이클 왓킨스의 저서 『90일 안에 장악하라(The First 90 Days)』(박상준 옮김, 동녘사이언스, 2018)는 빠른 성과보다 초기 90일을 전략적으로 설계하는 능력이 새로운 리더에게 가장 중요하다고 말합니다. 성급한 실행은 실패로 이어질 수 있으며, 먼저 상황을 진단하고 조직 내 관계와 신뢰를 구축한 뒤 초기 성과를 만들어야 한다는 것입니다. 이때 초반 90일은 실행 기간이 아니라 학습과 정렬의 전환기에 해당합니다.

이 참 중요하다고 느끼고 있었는데, 이 책을 보고 '그게 나만의 생각이 아니었구나!' 깨달았습니다.

책은 새로운 조직에 들어가거나 역할을 맡은 이가 처음 90일 동안 겪는 경험이 향후 성공 여부를 결정 짓는다고 강조합니다. 몇 가지 기억나는 포인트들은 다음과 같습니다.

- 새로운 마음가짐으로 시작해라. 이전의 성공 경험이 새로운 환경에서도 성공을 보장하지 않는다.
- 내 매니저의 스타일을 이해하고 방향을 맞춰라.
- 매니저와 이야기한 방향으로 작은 성공을 거두어라. 그러면 자신감이 붙고 주변에서 나를 좋게 바라본다. 이를 통해 선순환 구조를 만들어라.

이 책은 새 직장, 승진, 매니저 역할 변경 등 새로운 환경에 들어선 개인에게 주는 조언들로 구성돼 있지만, 반대편에서 온보딩을 설계하고 진행해야 하는 사람에게도 큰 도움이 되는 조언들로 가득합니다.

처음 90일은 새로운 환경에 적응한다는 맥락에서 항상 중요한 시간입니다. 한국 노동법에서 정한 수습 기간이 90일이기도 하거니와, 이 기간은 신규 입사자뿐만 아니라 상황이 바뀐 모든 개인에게 중요한 타이밍이죠. 팀원이 승진할 때도 승진 후 처음 90일 동안 어떤 경험을 하느냐가 그 레벨에서의 성공을 결정합니다. 즉, 신규 입사자의 온보딩과는 또 다른 온보딩이 필요하다는 의미입니다.

온보딩 설계: 첫 90일 마일스톤 세우기

온보딩이 첫 출근 날부터 시작되는 건 아닙니다. 이미 오퍼를 수락한 순간부터 온보딩은 시작돼야 합니다. 온보딩에는 크게 세 가지 유형이 있습니다. 이 장에서는 특히 개인 업무 온보딩에 초점을 맞추겠습니다.

- **회사 레벨**: 비전, 조직 구조, 핵심 지표 등 소개하기
- **팀 레벨**: 팀의 역할과 목표 설명하기
- **개인 업무 레벨**: 구체적인 업무와 책임과 기대치 명확히 정의하기

앞서 채용 필요성을 정당화할 때 언급했던 것처럼, 온보딩 기간에 입사자에게 어떤 업무를 맡길지 미리 정의해 두고 차차 역할을 구체화해야 합니다. 누가 사수가 될지 정하고, 이메일이나 메신저 등 시스템 접근 권한을 부여하며, 입사자가 어떤 미팅에 참여할지도 결정해야 합니다. 때에 따라 매니저 본인이 직접 사수가 될 수도 있습니다.

다른 팀원이 사수를 맡는다면 사전에 충분히 협업에 관해 합의하고, 어떤 업무를 어떻게 지원할지 기대치를 맞춰야 합니다. 이미 바쁜 사람에게 사수 역할을 맡기는 경우가 많으므로, 그 역할이 갖는 의미와 영향력을 사수에게 명확히 설명해 일할 동기를 부여해야 합니다. 또한 홀

류히 사수 역할을 해낸 구성원은 반드시 인정해 주어야 합니다. 평가와 보상이 따라야 하죠. 이러한 준비 과정을 흔히 '사전 온보딩(Pre-boarding)'이라고 부릅니다.

작은 스타트업이라도 회사의 비전, 조직문화와 핵심 가치, 조직도, 업무 환경 설정, 메신저 채널 구조, 유용한 정보 링크 등 핵심 정보를 간단한 문서로 정리해 두는 것이 좋습니다. 특히 메신저에 "무엇이든 물어볼 수 있는 채널"을 만들면, 새로 합류한 사람이 '궁금한 사항을 어디에 물어봐야 할지 몰라 헤매는 시간'을 크게 줄일 수 있습니다.

제가 개인적으로 선호하는 온보딩 방식은 처음 90일을 네 개의 마일스톤으로 나누는 것입니다.

- **첫날**: 업무 환경 세팅, 관계 형성, 기대치 공유
- **30일**: 업무 이해도와 초기 성과 점검
- **60일**: 성과와 태도에 관해 피드백 제공 (핵심)
- **90일**: 정규직 전환 여부 및 향후 성장 방향 논의

이 중에서 가장 중요한 시점은 60일째입니다. 이때 입사자와 1대1로 만나 잘한 점과 아쉬운 점을 구체적으로 피드백해야 합니다. 만약 이대로 함께하기 어렵다고 판단한다면, 그 부분을 분명히 전달해야 합니다. 최악의 결과로 입사자와 헤어지게 되더라도, 미리 신호를 받은 사람이 당황하는 불상사를 막을 수 있습니다. 피드백을 통해 실제로 입사자의 행동에 변화를 끌어낸 경우도 적잖습니다.

좋은 리더가 되고 싶다면 결국 불편함과 친해져야 합니다. 불편한 대화를 피하지 않고 정면으로 다룰 때, 온보딩

은 비로소 조직과 개인 모두에게 성공적인 과정이 될 수 있습니다.

아래 4개의 마일스톤은 제가 실무에서 적용해 온 방식을 바탕으로 재구성한 가이드라인입니다. 온보딩 기간이 90일이라는 전제하에 작성했습니다. 앞서 소개한 채용 프로세스처럼 처음부터 완벽하게 세팅하기보다는 작게 시작해 신규 입사자를 받으면서 점진적으로 체계를 잡아가는 걸 추천합니다.

■ Day 1: 신규 입사자 환영과 문맥 소개

첫날, Day 1의 목표는 "신규 입사자 환영과 문맥 소개"입니다. 보통 회사 계정, 노트북 등 기본 인프라가 미리 준비돼 있어야 합니다. 환영 메시지와 팀 소개를 통해 소속감을 심어주고, 앞으로 입사자가 들어갈 미팅과 메신저 채널 등을 소개합니다.

또한 회사와 팀의 비전, 핵심 가치, 문화 등을 설명하는 시간을 갖습니다. 시니어 구성원에게는 합류 전에 비전과 방향성을 충분히 공유하는 것이 중요합니다. '무엇을 왜 하는가?'에 대한 공감 없이 조직에 들어오면 입사자가 기존 방식대로 일하다가 팀과 충돌할 수 있기 때문입니다. (이 부분은 뒤 5장에서 회사, 팀 레벨 온보딩을 다룰 때 더 설명하겠습니다.)

90일 온보딩 여정에 대한 안내도 필요합니다. 앞으로 Day 30/60/90의 목표를 소개하고 질의응답 시간을 가집니다. 90일 동안 입사자가 수행할 업무를 개괄적으로 설명하되, Day 30의 목표와 기대치를 좀 더 구체적으로 알려주고 질의응답을 진행합니다. 업무 수행 과정에서 만나야 할 주요 인물들을 정하고, 그들과의 미팅 일정도 미리 잡습니다.

온보딩 일지를 기록하는 장치가 있다면 유용하게 쓸 수 있습니다. 예를 들어 슬랙 같은 사내 메신저에 신규 입사자를 위한 온보딩 채널을 만들어, 매일 본인이 무엇을 했고 어떤 어려움이 있었는지를 짧게 기록하도록 안내합니다. 이는 입사자 본인에게는 회고의 기회가 되고, 팀에게는 입사자에게 도움을 줘야 하는 지점을 빠르게 확인하는 창구가 됩니다. (구체적인 사례는 뒤 6장에서 소개하겠습니다.)

무엇보다 새로 합류하는 팀원에게 작은 성취 경험을 제공하는 것도 중요합니다. 모든 업무 환경이 준비됐는지 점검할 수 있게 간단한 '할 일'을 부여한다면 금상첨화입니다. 예컨대 아주 작은 코드 변경을 사수와 함께 수행해 보는 식입니다. 이렇게 입사 당일 즉시 업무에 투입될 수 있도록 노트북을 포함한 업무 기자재, 각종 서비스 접근 권한은 입사 전에 모두 세팅돼 있어야 합니다.

결국, 좋은 온보딩은 입사 당일이 아니라 입사 이전부터 시작됩니다. 첫날의 모든 활동이 자연스럽게 진행되려면 사전 준비가 필수적입니다.

■ Day 30: 업무 맥락 파악과 방향성 정렬

30일 차, Day 30의 목표는 "업무 맥락 파악과 방향성 정렬"입니다. 첫 한 달 동안 신규 입사자는 팀의 미션과 본인의 주요 업무를 이해하고, 동료들과의 소개 미팅을 통해 시스템과 문화에 적응하는 데 집중해야 합니다. 이 시점에 맡기는 초기 업무는 규모가 작더라도 명확한 목표와 기한이 있어야 하며, 이를 통해 입사자가 주변 환경과 앞으로 맡을 업무 특성을 자연스럽게 익히도록 지원해야 합니다.

30일째 되는 날에는 반드시 함께 모여 첫 30일을 되짚어보는 자리를 마련합니다. 이때 단방향 피드백이 아니라 양방향 대화를 나눠야 합니다. 좋았던 점과 아쉬웠던 점을 서로 이야기하고, 특히 온보딩 과정에서 개선할 부분을 신입 팀원으로부터 직접 들어보세요. 예를 들어, "업무 중 가장 막히는 지점이 무엇이었는가?", "입사 후 깨달은 좋은 점과 아쉬운 점은 무엇이었는가?"와 같은 질문이 도움이 됩니다. 조직에 오래 있던 구성원들이 당연하게 여겨 지나치는 부분을, 새로 합류한 사람의 시각으로 새롭게 배울 좋은 기회가 될 것입니다.

마지막으로, 30일쯤에 온보딩 기간의 핵심 마일스톤인 60일(Day 60) 목표와 기대치를 미리 설명하며 다음 단계에 대한 준비를 돕습니다.

■ Day 60: 책임 범위 확대와 조직 적응도 점검

60일, Day 60의 목표는 "책임 범위 확대와 조직 적응도 점검"입니다. 이 시점은 온보딩 전체에서 가장 중요한 마일스톤으로, 앞으로 계속 함께할 수 있는지에 관한 첫 번째 의사결정이 이뤄집니다.

두 번째 달의 목표는 Day 30과 비교했을 때 조금 더 큰 책임을 입사자에게 부여하고, 협업 능력을 확인하며 성취감을 높이는 것입니다. 여전히 명확한 목표를 설정하되, Day 30보다 한 단계 확장된 과제를 맡겨 작은 성공을 다시 한번 경험하게 하는 것이 중요합니다. 빠르게 변화하는 환경에서 온보딩도 속도감 있게 진행돼야 합니다.

레벨별로 살펴보면, 시니어는 주도적으로 일을 이끌 수 있는지, 주니어 입사자는 코칭을 통해 성장할 수 있는지에 초점을 둡니다. 여기서 의미하는 '코칭 수용력'이란 리더의 피드백을 팀원이 수용해 똑같은 실수를 반복하지 않고 성장하는 능력을 뜻합니다. 결국 어느 레벨에서든 가장 중요한 평가 요소는 태도입니다. 입사자가 긍정적인지, 변화를 두려워하지 않는지가 관건입니다. 아무리 역량이 뛰어나도 태도가 나쁘다면 주변에 부정적인 분위기를 퍼뜨리고, 의사소통 비용을 크게 높입니다.

60일째에는 Day 30과 마찬가지로 함께 만나 지난 한 달을 되짚어 보며 양방향 피드백을 나눕니다. 60일간 리더가 관찰한 바를 바탕으로, 입사자에 관한 아쉬움이 커서 더는 함께하기 어렵다고 판단된다면 이 시점에 명확히 털어놔야 합니다. 간극을 솔직하게 전달하면 변화할 사람은 실제로 변합니다.

매니저로서 의사결정을 내리기 어렵다면 스스로 다음과 같이 물어야 합니다.

- "이미 답을 알고 있으면서 불편함을 피하고 있는 건 아닌가?"
- "너무 바빠서 온보딩에 충분히 신경 쓰지 못해, 판단할 만큼 관찰하지 못한 건 아닌가?"

결정을 미루는 것 자체가 매니저로서 좋은 모습이 아닙니다. 리더로서 불편함과 친숙해져야 합니다. 선의에 기반한 호기심을 갖고, 입사자의 현재 역량과 조직의 기대치 사이의 시각차를 좁히기 위해 집요하게 노력하길 바랍니다. 그러면 서로 헤어지는 상황이 오더라도 생각보다 덜 힘들다는 것을 깨닫게 될 것입니다.

마지막으로, 온보딩의 최종 마일스톤인 90일(Day 90) 목표와 기대치를 미리 공유하며 다음 단계로 나아갈 준비를 돕습니다.

■ Day 90: 정규 멤버로 전환하기

90일, Day 90은 온보딩을 마무리하는 시점이자 신규 입사자가 정규 구성원으로 전환할지 최종 결정을 내리는 단계입니다. 수습 기간이 있다면 이때 공식적으로 정규직 전환 여부를 확정합니다. 만약 이별해야 한다면, 앞서 Day 60에서 선의에 기반한 명확한 피드백을 줬을 때 헤어지는 과정이 수월해집니다. 초기의 불편한 대화가 이후 더 큰 어려움을 예방한다는 점을 반드시 기억해야 합니다.

이별할 정도는 아니더라도 현재 레벨이나 보상 수준에서 채용하기엔 미흡하다면, 조건을 조정해 기대치를 낮추고 팀과 입사자가 함께 가는 방법도 있습니다. 다만 팀원이 이를 "손해 본다"는 느낌으로 받아들인다면 좋은 해결책이 되기는 어렵습니다.

입사자와 계속 함께하기로 했다면, 이제는 장기적인 목표를 이야기해야 합니다. 지난 90일을 함께 회고해 보세요. 온보딩 결과를 면접 평가 회의(디브리프)와 평판 조회

당시 메모와 비교해 보면, 그때 거론됐던 강점과 우려가 실제 결과와 일치하는 경우가 많습니다. 이런 복기를 통해 다음 채용 프로세스를 개선하는 데 필요한 인사이트를 얻을 수 있습니다. 온보딩 체계를 고도화하기 위해 신입 구성원에게서 들은 의견까지 잘 기록한 후 다음 채용과 온보딩 프로세스에 반영해 보시길 권합니다.

조직의 크기와 상관없이, 일이 바쁘면 현실적으로 좋은 인재를 뽑고도 제대로 된 온보딩을 제공하기 어렵습니다. 그러니 처음부터 온보딩을 완벽하게 잘하려 하기보다, 점차 프로세스를 발전시키려는 태도가 필요합니다. 어떤 조직에서는 신규 입사자를 돕기보다 오히려 견제하거나, "얼마나 잘하나 보자"는 식으로 방치하는 경우도 있습니다. 이는 조직이 성장하는 데 독이 됩니다. 적어도 새로 들어온 사람을 적극적으로 도와주려는 자세가 중요합니다. 다음 장에서는 레벨에 따라 달라지는 온보딩에 대해 살펴보겠습니다.

온보딩은 오퍼 수락 직후부터 시작된다.

▸ 회사 레벨(비전/조직/문화), 팀 레벨(역할/목표), 개인 레벨(업무/책임)로 나눠 준비합니다.

▸ 특히 개인 레벨 온보딩에는 '사전 준비(Pre-boarding)'가 필수입니다.

▸ 사수 지정, 시스템 접근 권한 부여, 초기 업무 정의, "무엇이든 물어볼 수 있는 채널" 마련 등이 필요합니다.

Day 1: 신규 입사자 환영과 문맥 소개

▸ 업무 계정과 노트북을 사전에 준비해 첫날부터 바로 일할 수 있게 준비하고, 팀과 회사의 비전, 현재 상황을 간단히 공유합니다.

▸ 90일 온보딩 계획을 소개하고 Day 30까지 달성해야 할 기대치를 구체적으로 설명합니다.

▸ 초기 성취감을 느낄 수 있도록 규모가 작은 업무를 하나 지정합니다.

Day 30: 업무 맥락 파악과 방향성 정렬

▸ 팀의 미션과 본인의 역할을 이해하고 실제 업무를 수행하는 데 중점을 둡니다.

▸ 30일 회고를 통해 양방향 피드백을 주고받고 개선점을 확인합니다.

▸ Day 60에 기대하는 목표와 역할을 공유합니다.

Day 60: 책임 범위 확대와 적합성 점검 (핵심)

- 더 큰 책임과 명확한 목표를 부여하고, 협업 능력과 업무 태도를 본격적으로 점검합니다.
- 시니어는 주도성과 문제 해결 방식을 평가하고, 주니어는 코칭을 통해 성장 가능성을 중점적으로 봅니다.
- 계속 함께할지에 대한 첫 결정을 내리고 피드백을 공유합니다.

Day 90: 정규 멤버 전환 여부 확정

- 수습의 정규직 전환 여부를 최종적으로 결정합니다.
- 계속 함께한다면 장기 목표를 설정하고 온보딩 프로세스 개선점에 관한 의견을 받아 반영합니다.
- 온보딩 결과를 면접과 평판 조회 시점의 기록과 비교해 다음 채용 개선에 활용합니다.

4장

시니어 vs. 주니어: 서로 다른 기대치와 온보딩 설계

온보딩은 구성원의 경험 수준에 따라 다르게 설계돼야 합니다. 주니어와 시니어에게 똑같은 방식으로 조직에 적응하도록 한다면 온보딩 효과를 기대하기 어렵습니다. 각각 차이를 분명히 이해하고 온보딩 체계를 잡아야 합니다.

■ 시니어 온보딩

시니어는 주니어보다 (긍정적이든 부정적이든) 주변에 훨씬 큰 영향력을 끼칩니다. 따라서 온보딩에서 시니어 입사자에게 방향성과 비전을 공유하는 데 더 많은 시간을 투자해야 합니다. 이를 소홀히 하면 시니어가 가진 역량을 엉뚱한 방향에 쏟아붓거나, 본인의 기존 방식을 고수하다가 조직과 충돌할 수 있습니다.

시니어 입사자에게 새로운 환경에 적응할 의지가 보이지 않는다면, 그가 새로운 마음가짐을 가질 수 있도록 피드백을 제공해야 합니다. 시니어와는 업무의 맥락(Why)과 목표(What)에 대해 충분히 논의하되, 구체적인 실행 방식(How)에 대해서는 본인이 스스로 설계할 수 있도록 자율성을 부여해야 효과적입니다.

또한 성공을 거둘 수 있도록 지원하기 위해, 필요하다면 기존 팀원과의 충돌 요소를 미리 조정해 주는 것이 중요합니다. 새로운 입사한 시니어가 스스로 모든 갈등을 풀어내고 성과를 내는 것은 쉽지 않기 때문에 리더가 잠재적인 갈등 요소를 선제적으로 조정해 주는 세심한 배려가 필요합니다.

마지막으로, 협업해야 하는 다른 시니어들과의 정기적인 1대1 미팅이나 점심 자리를 마련해 주는 것도 시니어 입사자가 조직에 적응하고 관계를 형성하는 데 큰 도움이 됩니다.

■ 주니어 온보딩

주니어는 또 다른 이유로 어려움을 겪습니다. 선뜻 질문하지 못한 채 본인 업무를 어떻게 할지, 어느 선에서 정리해야 할지 혼자 판단하며 소통하지 않는 경우가 많습니다. 자기검열로 인해 "민폐일까 봐" 혹은 "무식해 보일까 봐" 질문을 주저하다가, 엉뚱한 방향으로 열심히 달리는 일이 흔히 발생합니다.

따라서 주니어에게는 질문을 장려하는 환경이 온보딩 핵심입니다. 짧게라도 일일 스탠드업 미팅(매일 이뤄지는 짧은 회의)을 하거나, 질의응답 채널을 메신저에 만들어 언제든 빠르게 질문하고 소통하도록 도와야 합니다.

물론 시니어에게도 질문을 장려해야 하지만, 시니어에겐 방향성과 업무 문맥 위주의 질문을 강조해야 합니다. 만약 신규 입사자가 동일한 질문을 반복한다면 단순히 그에 관한 답변을 되풀이하기보다 '왜 같은 질문을 반복하는지' 근본적인 이유를 파악하는 대화를 해야 합니다.

주니어 온보딩의 또 다른 초점은 '소규모 과제를 통한 관찰'입니다. 부담스럽지 않은 업무를 맡겨서 주니어 입사자의 협업 태도, 문제 해결력, 성장 가능성을 확인해야 합니다. 단기간에 달성할 수 있는 과제를 부여하는 게 효과적입니다.

마지막으로, 조직 내에서 관계를 형성하도록 돕는 장치도 필요합니다. 업무 외적으로 팀원들과 점심을 함께하거나, 함께 업무를 하면서 주니어 입사자가 자연스럽게 팀에 녹아들 수 있도록 도와야 합니다.

시니어와 주니어의 온보딩은 목표와 설계도 모두 다를 수밖에 없습니다. 시니어는 방향성과 책임감을 부여해 영향력을 올바른 곳에 집중하도록 돕는 것이 핵심이고, 주니어는 당사자가 질문할 수 있는 환경과 작은 성공 경험을 통해 성장의 기반을 마련하는 것이 관건입니다.

(다시금 강조하지만) 결국 온보딩은 구성원의 경험치에 맞게 기대치를 조율하고, 팀 안에서 스스로 자리 잡을 수 있도록 서포트하는 일입니다. 이 디테일을 이해하고 실천하는 리더만이 새로운 인재를 조직의 장기적인 성과로 연결할 수 있습니다.

이것만은 기억하자!

시니어 온보딩

▸ 방향성 정렬과 영향력 확대에 초점을 맞춥니다.

▸ 비전과 목표를 충분히 공유해 기존 역량이 엉뚱한 곳에 쓰이지 않도록 합니다.

▸ 변화에 소극적인 모습이 보이면 호기심을 바탕으로 피드백을 제공해야 합니다. 필요하다면 기존 팀원과의 갈등 요인을 미리 조정해 주는 것도 중요합니다.

주니어 온보딩

▸ 실무 환경을 세팅하면서 질문을 유도해 성장 가능성을 확인하는 데 초점을 맞춥니다.

▸ 자기검열 때문에 질문을 회피하는 경우가 많으므로 질문을 장려해야 합니다.

▸ 소규모 과제를 통해 성취감을 주며 코칭이 가능한 사람인지, 같은 실수를 반복하지 않는지 살펴야 합니다.

5장

회사 레벨 온보딩, 팀 레벨 온보딩

앞 장까지는 개인의 업무 레벨 온보딩에 집중했습니다. 이번 장에서는 그보다 높은 차원에 해당하는 회사 레벨, 팀 레벨 온보딩을 살펴보겠습니다.

사실 작은 팀이라면 개인 온보딩 과정 안에서 팀 온보딩의 많은 요소가 자연스럽게 포함되기도 합니다. 그러나 회사와 팀의 관점에서 온보딩을 각각 구분해 체계적으로 내용을 전달하는 것이 바람직합니다. 이상적으로는, 회사 레벨 온보딩이 끝난 뒤 팀 레벨 온보딩이 이어지는 것이 좋습니다. 물론 절차를 기다리느라 온보딩이 늦어지는 것보다는 첫 주 안에 빠르게 온보딩을 진행하는 것을 추천합니다.

■ 회사 레벨 온보딩

회사의 비전과 맥락을 이해하지 못하면 구성원이 업무를 단편적으로만 받아들이기 쉽습니다. 따라서 큰 그림을 공유하는 '회사 차원의 온보딩'이 필요합니다. 보통 HR팀이 담당하지만, 작은 조직이라면 대표나 창업자가 직접 진행하기도 합니다. 주요 내용은 다음과 같습니다.

- 회사 비전/미션 소개: 우리가 왜 존재하는지, 무엇을 이루려 하는지를 설명합니다.

- **조직 구조 소개**: 조직도를 직관적으로 설명할 수 없다면, 그 자체가 조직 구조를 개선해야 한다는 신호일 수 있습니다.

- **서비스와 수익 모델 소개**: 회사가 어떤 제품, 서비스를 제공하며 어떻게 매출을 내는지 공유합니다.

- **핵심 지표와 목표**: 올해나 이번 분기 목표, 주요 지표, 관련 대시보드가 있다면 간단히 소개합니다.

- **정기 미팅 안내**: 타운홀과 같은 회사 차원의 주요 미팅이 언제, 어떤 방식으로 열리는지 알려주고 초대합니다.

- **메신저와 채널 소개**: 슬랙 같은 메신저를 사용할 시 반드시 채널 구조와 사용 가이드를 설명해야 합니다. 신규 입사자가 소통 채널을 쓸 줄 모른다면 정보 비대칭이 심해지기 때문입니다. (재택근무에 필요한 항목들은 6장에서 다루겠습니다.)

- **프로세스와 베네핏(혜택)**: 평가, 보상, 휴가 제도, 의료보험 등 구성원이 알아야 할 정책과 혜택을 설명합니다.

■ 팀 레벨 온보딩

팀 레벨 온보딩의 목적은 개인의 업무를 넘어 팀 차원에서 협업과 목표의 방향을 정렬하는 것입니다. 규모가 작은 팀에서는 개인 온보딩 안에 이 내용이 포함되기도 하지만, 최소한 다음 항목은 분리해서 다루는 것이 좋습니다.

- **팀 미션/역할 소개**: 팀이 회사 안에서 어떤 책임을

맡고 있는지 설명합니다.

- **팀 구성원 소개**: 동료들과 1대1로 대화할 시간을 마련하면 초기 신뢰 관계를 형성해 입사자가 조직에 연착륙하는 데 큰 도움이 됩니다.

- **사수 및 소통 방식 소개**: 사수를 정하고, 어떻게 소통할지 명확히 합니다. 질문을 적극 장려하고, 짧게라도 매일 15분 정도 '체크인 미팅'을 하는 것을 추천합니다. 줌 미팅 같은 온라인 환경만으로도 충분합니다.

- **팀 지표와 목표 공유**: 팀 전체가 바라보는 주요 지표와 이번 분기 목표, 현재 진행 중인 프로젝트를 소개합니다.

- **팀 내 정기 미팅 안내**: 팀에서 어떤 미팅을 진행하고, 그것들이 언제 열리는지 알려줍니다. 필요하다면 입사자를 바로 초대합니다.

- **팀 메신저 채널 소개**: 팀 차원의 소통 채널 구조를 알려주고, 사수가 항상 즉각 답변할 수 없으니 따로 질문할 수 있는 채널을 안내합니다. 앞서 언급한 (메신저 채널을 통한) '온보딩 일지'를 작성한다면 어디에 기록할 수 있는지도 안내합니다.

- **문서 및 가이드 공유**: 팀 또는 회사의 업무 가이드 문서를 제공합니다. 입사자는 실제로 해당 가이드를 따라 업무를 수행해 보면서 잘못된 부분이나 누락된 부분을 발견하면 직접 보완하도록 권장합니다. 이러한 참여 과정을 통해 문서의 완성도를 높이고 동시에 업무 적응 속도도 빨라집니다. 또한 용어 사

전이나 FAQ 같은 자료가 있으면 적응 속도를 크게 높일 수 있습니다.

미국 빅테크 기업의 흥미로운 온보딩 시스템

실리콘밸리의 주요 IT 기업들은 신입 구성원이 조직에 빠르게 적응하고 성과를 낼 수 있도록 각기 다른 온보딩 시스템을 운영합니다. 방식은 제각각이지만, 조직문화 이해와 실질적인 업무 몰입을 동시에 추구한다는 공통점이 있습니다.

페이스북(현 메타): 6~8주 동안 여러 팀을 직접 경험한 뒤 원하는 팀을 선택할 수 있는 '부트캠프'라는 온보딩 제도를 2023년까지 운영했습니다. 이 제도는 신규 입사자에게 단순히 자리를 배정하는 대신 스스로 팀을 고르는 권한을 주어 주인의식을 높인다는 장점이 있었습니다. 그러나 메타가 2022년부터 대규모 해고를 단행하고 효율성을 강조하면서 (공식적인 발표는 없었지만) 2023년을 기점으로 이 제도는 사실상 중단됐습니다.

구글: 입사 초기에 일주일 집중 교육 후 지속해서 교육을 진행하는 체계를 갖춘 것이 가장 큰 특징입니다. 전담 교육 조직인 'EngEDU(구글 사내 교육 시스템)'가 운영되며, 규모 있게 지식을 전수하면서

"구글러"로서의 공통된 언어와 사고방식을 빠르게 심어줍니다.

스트라이프(Stripe): 4~6주간 신입을 '스타트 팀 (Start Team)'에 배치한 후 실제 팀으로 이동시키는 과정을 거칩니다. 신입이 사내 툴 제작, API 문서 보강, 버그 수정 같은 소규모 과제를 통해 주인의식과 성과를 경험하도록 온보딩이 설계돼 있습니다. 이를 뒷받침하기 위해 전담 온보딩 팀이 존재하는 것도 특징입니다.

아마존: 별도의 온보딩 기간 없이 곧바로 팀에 합류합니다. 대신 아마존의 핵심 가치인 '리더십 원칙 (Leadership Principles)'을 팀 나름의 방식으로 학습하는 데 초점을 맞춥니다. 즉, 초기 업무 경험 자체가 곧 온보딩 과정이 됩니다. (아마존의 리더십 원칙에 관해서는 파트 9에서 한 번 더 다룹니다.)

팔란티어: 가장 가벼운 형태로 온보딩을 진행합니다. 입사 즉시 고객이 있는 프로젝트에 투입되며, 멘토와 함께 직접 경험을 쌓아갑니다. 신규 입사자에게 빠른 몰입과 고객 중심 경험을 제공하는 것이 목적입니다.

이처럼 회사마다 온보딩의 기간은 며칠에서 몇 주까지 다르고, 방식도 "집중 교육"에서 "즉시 실무 투입"

온보딩은 개인 차원의 과제만이 아니라 회사의 맥락을 이해하고 팀의 일원으로 자리 잡는 과정입니다. 회사 차원에서는 큰 방향성과 제도를 설명해 구성원이 "왜 이 일을 하는가?"를 알 수 있게 하고, 팀 차원에서는 구체적인 협업 방식과 목표를 통해 "어떻게 함께 일할 것인가?"를 명확히 해야 합니다. 작은 조직이라도 이 두 단계를 의식적으로 분리해 진행하면, 신입 구성원은 훨씬 빠르게 적응하고 조직은 더 건강하게 성장할 수 있습니다.

이것만은 기억하자!

회사 레벨 온보딩: 큰 그림을 이해하게 한다.

- ▸ 비전 및 미션, 조직 구조, 서비스와 수익 모델, 핵심 지표와 목표에 관해 설명합니다.
- ▸ 타운홀과 같은 주요 정기 미팅과 메신저 채널 등 협업과 관련된 항목을 이야기합니다.
- ▸ 평가 방식과 각종 베네핏(평가, 보상, 휴가, 보험 등)을 소개합니다.
- ▸ 보통 대표와 HR 담당자가 같이 진행하는 것이 좋습니다.

팀 레벨 온보딩: 협업 방식과 목표를 정렬한다.

- ▸ 팀 미션 및 역할, 팀 지표와 목표, 팀 정기 미팅과 메신저 채널을 소개합니다.
- ▸ 팀 구성원을 소개하고 동료들과는 1대1 대화 시간을 마련합니다.
- ▸ 사수를 지정하고, 사수와 소통 방식을 논의하며 입사자가 질문하도록 장려합니다.
- ▸ 업무에 관한 가이드 문서가 있다면 제공하고, 수정이나 보완 작업을 권장합니다.
- ▸ 매니저와 사수가 함께 진행하는 것이 좋습니다.

6장

재택근무 온보딩, 이렇게 해보자

재택근무 환경에서는 물리적 공간 대신 디지털 공간이 온보딩의 무대가 됩니다. 물론 아무리 온라인에서 자주 소통해도 오프라인 만남을 완전히 대체할 수는 없습니다. 따라서 재택근무가 주를 이루더라도 매니저는 첫 주 안에 입사자와 직접 만나 보는 게 좋습니다. 밀접하게 협업할 동료들과의 오프라인 만남도 가능한 한 빨리 준비해야 효과적입니다.

비대면 소통에서 특히 중요한 태도는 '선의의 해석'입니다. 메신저로 소통할 때 상대의 의도를 부정적으로 받아들이기보다 "선의를 갖고 있다"는 전제를 두는 습관이 필요합니다. 오해의 소지가 있다면 바로 화상 미팅으로 얼굴을 보며 대화하는 것이 좋습니다. 대면 소통의 경험이 쌓일수록 텍스트 너머의 맥락을 오해할 여지는 현저히 줄어들기 때문입니다.

■ 메신저 기반 업무 가이드 만들기

재택근무 시 메신저 의존도가 크게 높아지므로 의사소통 원칙을 미리 정해둬야 합니다. 몇 가지 핵심 원칙은 다음과 같습니다.

- 메시지는 완결형(두괄식)으로 작성하고, 관련 맥락

까지 포함해 누구나 이해할 수 있게 씁니다. 한 주
제에 대해 여러 메시지를 나누어 보낸다면 메시지
의 목적을 이해하는 데 시간을 낭비하게 됩니다.

- 메신저 내 '스레드 기능'을 활용해 주제를 분리하
고, 미팅 전용 스레드에는 미팅 맥락, 자료, 노트를
남겨 참석하지 못한 사람도 확인할 수 있게 합니다.

- 이모지를 적극 활용합니다. 👀(확인 중), ✅(처리 완
료) 등을 사용해 중복 작업을 방지합니다.

- 업무 대화는 개인에게 직접 메시지(보통 DM, 'Direct
Message'라고 부릅니다)를 보내는 것이 아니라 공개
채널에서 진행합니다. 정보가 한쪽에 쏠리거나 불투
명성이 높아지는 걸 막는 핵심 원칙입니다.

- 즉시 답변하기 어려울 때, 상태 메시지를 통해 본인
의 상황(예: 미팅 중, 휴가 중, 외출 중)을 표시하고
공유합니다.

- 중요한 메시지는 반복해 공유합니다. 의사결정은
가급적 화상 미팅에서 내리고, 그 결과를 메신저에
요약해 기록합니다.

- 기존 멤버끼리 온라인에서 과도한 친밀감을 드러
내면 신규 입사자가 소외감을 느낄 수 있습니다. 메
신저는 친목을 위한 공간이 아니라 협업을 위한 도
구임을 항상 기억해야 합니다. 이 관점에서 불필요
한 비공개 그룹 채널을 최소화해야 합니다. 이런 채
널은 부정적인 의견이나 루머가 퍼지는 통로가 되
기 쉽고, 특히 재택근무 환경에서는 그 부작용이 더
크게 나타납니다.

이 가이드는 온보딩 첫날 바로 공유하고, 원칙을 지키지 못한 사례가 보이면 부드럽게 원칙을 상기시켜야 합니다. 특히 가장 흔한 위반 사례는 업무 질문을 DM으로 보내는 것입니다. 신규 입사자가 공개 채널에서 질문하기를 부담스러워할 수 있으니, 반드시 공개 채널에서 질문하도록 지속해서 안내해야 합니다.

■ 온보딩 일기, 이렇게 활용하자

앞서 신규 입사자가 매일 업무를 마친 뒤 지정된 채널에 온보딩 일기를 작성하는 방법을 언급했습니다. 메신저 환경에서 채널 하나를 만들어, 신규 입사자가 온보딩 동안 업무 경험과 느낀 점을 기록하는 식입니다. 기본적으로 이 채널에는 같은 팀원들이 참여합니다. 혼잣말처럼 감정을 적어도 괜찮고, 솔직한 기록일수록 의미가 큽니다.

메신저 기반 업무 가이드와 함께 온보딩 일기는 재택근무를 하지 않는 환경에서도 충분히 유효한 온보딩 활동입니다. 메신저를 주요 협업 도구로 사용하는 조직이라면 그대로 적용해 보길 권합니다. 아래는 데이터 분석가를 기준으로 한 온보딩 일기 예시입니다.

2026.1.14 (일)

지난해 12월 마케팅 성과 분석 리포트 작성을 완료했다! 일주일이 걸렸는데, 시간이 많이 소모된 부분을 되짚어봤다.

- SQL 쿼리 작성 (기술적 측면): 너무 늦게 질문했다. 자동화를 시도하느라 더 오래 걸렸지만, 다음 달에는 훨씬 빨라질 것 같다.
- 효과적인 문서 작성 (스토리텔링): 혼자 고민만 하다가 시간 낭비. 팀원 한 명에게 먼저 감수받았더라면 훨씬 효율적이었을 것 같다.
- 개인적인 깨달음: 업무와 직접적인 관련은 없지만, 꾸준한 운동의 중요성을 절감 중이다.

이와 같은 일기는 입사자 본인에게는 스스로 돌아보는 회고 일지가 되고, 팀원들에게는 "어떤 부분을 도와주면 좋을지" 아이디어를 주는 자료가 됩니다. 또한 이후 입사자들에게 이 내용을 공유하면 "혼자 고민하기보다 빨리 질문하는 것이 좋다"는 교훈을 전달할 수 있어, 반복되는 실수를 예방하는 효과도 있습니다.

재택근무 환경이라도 입사 첫 주에는 오프라인으로

- ‣ 함께 일할 팀원들과 직접 얼굴을 보는 시간을 마련하는 것이 온보딩의 질을 좌우합니다.

메신저 업무에 필요한 의사소통 원칙

- ‣ 디지털 커뮤니케이션은 '선의의 해석'을 기본으로 해야 하며, 오해의 소지가 생길 시 줌이나 구글밋 등 화상 미팅으로 소통 방식을 전환합니다.
- ‣ 업무 대화는 반드시 공개 채널에서 이뤄지도록 가이드라인을 만들고, 이를 정착시켜야 합니다.

온보딩 일기 활용하기

- ‣ 전용 채널에 신규 인원이 일일 온보딩 일기를 작성하게 해, 입사자의 학습 과정과 감정을 기록으로 남깁니다.
- ‣ 이는 입사자 본인뿐만 아니라 팀 전체와 이후 입사자들에게도 유용한 참고자료가 됩니다.

7장
온보딩을 바라보는 리더의 관점

온보딩이 성공적으로 마무리됐다면, 이제는 팀의 정규 인원으로서 본격적으로 협업의 여정이 시작됩니다. 수습 기간이 있다면 이 시점에서 정규직 전환 절차를 밟고, 축하 인사를 전하며, 온보딩 성과 리뷰와 향후 목표를 설정하는 단계로 자연스럽게 이어갑니다.

다시 한번 강조하지만, 온보딩은 단순한 시작이 아니라 성공적인 채용의 마지막 정점입니다. 좋은 온보딩은 한 사람이 조직에 적응하는 데 그치지 않고, 팀 전체에 새로운 에너지를 불어넣습니다. 동시에 팀 문화와 성숙도를 드러내는 리트머스 시험지 역할을 합니다. 그러므로 리더라면 온보딩의 효율을 높이는 데 꾸준히 관심을 기울여야 하고, 팀원들에게도 같은 마인드셋을 공유해야 합니다.

온보딩이 성공적이었다면 신규 입사자는 아래 질문에 모두 긍정적으로 "예"라고 답할 수 있어야 합니다.

- 내가 이 팀에 환영받고 있는가?
- 내게 무엇을 기대하는지 명확히 알고 있는가?
- 내가 실패하거나 질문해도 괜찮은 환경인가?

조직은 결국 사람이 만듭니다. 온보딩은 그 사람이 조직의 일원이 되는 첫 번째 다리이며, 이 다리를 튼튼히 놓아

주는 것이 리더의 중요한 책무 중 하나입니다.

물론 온보딩이 항상 완벽할 수는 없습니다. 그렇기에 온보딩이 마무리되는 시점에는 반드시 프로세스 전반을 되짚어보는 회고 과정이 수반돼야 합니다. 잘된 온보딩은 왜 잘됐는지 분석해 반복하고, 실패한 온보딩은 어디서 문제가 있었는지 파악해 개선점을 찾아야 합니다. 리더라면 아쉬운 온보딩 결과에 매몰되기보다, 그 경험을 자산으로 삼아 다음 온보딩을 고도화하려는 태도를 연습해야 합니다.

온보딩 경험은 충분히 나아질 수 있습니다. 완벽하게, 단번에 체계를 갖추려 하기보다는 끊임없이 실행하고 수정하며 온보딩 완성도를 높여야 합니다. 매니저와 팀이 이런 마음가짐을 가질 때, 채용과 온보딩은 절차를 넘어 팀과 조직을 한 단계 성숙시키는 성장의 계기가 됩니다.

온보딩은 채용의 마지막 정점입니다. 단순한 적응 과정이 아니라 팀 문화와 성숙도를 드러내는 리트머스 시험지죠. 그러니 성공적인 온보딩의 기준을 충분히 고민하고 정의해야 합니다. 이때 신규 입사자가 환영받고, 기대치가 명확하며, 심리적 안전감을 느껴야 한다는 점을 기억합시다. 당연히 처음부터 온보딩을 완벽하게 할 순 없습니다. 회고와 개선을 통해 점차 성숙한 온보딩 체계를 구축하길 바랍니다.

상사의 기대 관리, 매니지업(Manage Up)

리더로서의 여정이 길어질수록 그 중요성을 더욱 깊이 체감하는 영역이 있습니다. 바로 상사와의 관계를 전략적으로 관리하는 것, 이른바 "매니지업(Manage Up)"입니다. 이것은 단순히 상사에게 잘 보이려는 태도가 아닙니다. 오히려 상사의 기대치를 이해하고 그 기대에 맞게 대응하는, 리더십의 핵심 역량 중 하나입니다.

모든 매니저가 나와 잘 맞을 수는 없습니다. 설령 성향이 잘 맞더라도 모든 지점에서 완벽히 일치하기란 불가능에 가깝습니다. 저 역시 커리어를 쌓으며 잘 맞지 않는 상사와 함께 일할 때, 자꾸 그 사람의 단점에만 집착했던 적이 있습니다. 그러다 보니 장점은 보이지 않았고, 관계는 더 어려워졌습니다. 이러한 시행착오 끝에 중요한 걸 배웠습니다. 상사와 잘 지내려면, 먼저 그 사람의 강점과 약점을 균형 있게 파악해야 한다는 것, 그리고 완벽한 사람은 존재하지 않는다는 점을 유념해야 한다는 점입니다.

중요한 요청이 있거나 무언가 설득해야 할 때는 상사의 강점에 맞춰 말하는 것이 훨씬 효과적입니다. 예를 들어, 정성적으로 공감하는 것보다 정량적인 지표를 선호하는 상사에게 "우리 팀이 요즘 힘들다"는 호소는 잘 통하지 않습니다. 대신 "한 명을 충원하면 생산성이 이만큼 개선된다"며 데이터를 제시할 때 훨씬 설득하기 수월해집니다.

또 하나 크게 느낀 점은, 내 레벨이 올라갈수록 조직이 나에게 거는 기대도 달라진다는 사실입니다. 더 높은 직급의 리더가 되면 조직에서는 예전처럼 개인의 실무 성과에 집중하는 것이 아니라, 팀의 성과를 '곱하기'로 확장할 수 있는 사람이 되기를 기대합니다. 리더로 성장할수록 전술적 실행을 넘어 전략적 방향을 치열하게 고민하는 사람으로 자신을 재정의해야 한다는 뜻이죠. 하지만 우리는 종종 매너리즘에 빠져, 과거의 성공 방식을 고집하려는 경향이 있습니다. 이런 함정에 빠지지 않도록 "내 방식이 여전히 유효한가?", "내 성공 방정식을 바꿀 때는 아닌가?" 같은 질문을 끊임없이 던져야 합니다.

실제로 커리어 코칭을 하며 30대 중반을 넘긴 분들과 대화할 때 가장 자주 나오는 주제도 "제 매니저와 관계를 어떻게 해야 할까요?"입니다. 결국 커리어가 쌓일수록 중요한 것은 상사의 기대를 읽고, 그것을 전략적으로 관리하는 능력입니다. 이는 단순한 처세가 아니라, 조직 내에서 더 넓은 영향력을 발휘하게 돕는 중요한 리더십 도구입니다.

반대로 내가 조직 내 최상위 리더라면, 구성원인 리더들에게 명확한 비전과 기대치를 끊임없이 공유해야 합니다. 상황에 따라 바뀌는 요구사항을 숨기지 않고 분명히 이야기해 줄 때, 조직 전체가 같은 방향으로 나아갈 수 있습니다.

커리어가 쌓일수록 상사와의 관계를 잘 관리하는 "매니지업"은 더욱 중요해집니다. 이는 단순히 상사에게 잘 보이려는 것이 아니라, 상사의 강점과 약점을 파악해 그 강점에 맞춰 소통하며 기대치를 이해하고 전략적으로 대응하는 능력입니다. 매니저의 약점에만 집중하면 장점이 보이지 않게 됩니다. 또한 레벨이 올라갈수록 조직이 내게 기대하는 바도 달라집니다. 개인 성과에 머무르지 않고 팀의 성과를 확장하며, 전술적인 실행에서 전략적인 사고로 전환하는 연습이 필요합니다.

온보딩은 새로운 인재가 조직에 뿌리를 내리고 작은 성공을 경험할 수 있도록 돕는 과정입니다. 여기서 중요한 것은 환영(심리적 안전감), 명확성(역할과 목표), 피드백(성장의 방향 제시) 3가지입니다. 온보딩이 끝난 뒤에도 팀의 성숙도와 리더십은 이 세 가지를 얼마나 잘 지켜내는지로 드러납니다.

다음 파트에서는 온보딩 과정에서 특히 중요한 피드백에 관해 다루겠습니다. 신규 입사자의 태도나 결과물이 기대에 못 미칠 때, 매니저로서 침묵하거나 공격적으로 반응하는 것 모두 잘못된 접근법입니다. 건강한 피드백 방식을 적용한다면, 불편한 대화조차 성장의 기회가 될 수 있습니다.

감정 기억, 스토리텔링, 그리고 온보딩

여러분이 기억하는, 최초의 '성공 경험'은 무엇인가요? 두발자전거를 처음 탔을 때, 첫 등굣길, 처음 내가 목표한 성적을 이뤘을 때 등등 저마다 떠오르는 성공 경험은 다를 것입니다. 그래도 상관없어요. 그 경험의 크기와 무관하게 처음 맛본 성공의 맛은 유독 또렷하게 기억에 남으니까요. 신기한 일입니다. 무언가 해낸 후 맛보는 성취감, 뿌듯함, 기분 좋은 공기는 시간이 지난 후에도 잊히지 않는다는 게. 나이가 든 후에도 "왕년에 내가 그랬다"고 말할 정도로 생생하다는 게.

인간은 '감정'으로 기억을 남긴다고 합니다. 『느낌의 진화』라는 책에서는 우리 마음을 통과하는 대부분의 이미지가 '느낌'을 동반한다고 설명하는데요. 우리가 살아가며 겪는 순간순간들이 우리 마음속에 남기 위해 "매우 절실하게" 감정을 수반한다는 것입니다.* 감정이 남지 않은 경험은 기억으로 새겨지기 어렵다는 뜻이기도 하죠. 그래서인지 우리가 기억하는 최초의 성공 경험은 그때 얻은 감정, 느낌 덕분에 더욱 선명하게 우리 안에 남는 듯합니다. 그렇게 우리는 동력을 얻게 되고요.

---

* 안토니오 다마지오, 『느낌의 진화』, 임지원 고현석 옮김, 아르테, 2019. 05. 20.

저자가 온보딩의 목표로 '첫 90일'을 강조하는 맥락
도 마찬가지라고 생각합니다. 온보딩은 결국 입사자
가 처음 조직에서 마주하는 경험을 통해 어떻게 그가
조직에 빠르게 적응할지 고민하고 실천하는 일인데
요. 아무리 사소하더라도 명료한 '성공 경험'을 줘야
애써 채용한 입사자가 이탈하지 않고 조직에 무사히
뿌리내릴 수 있다는 게 파트 4의 강조점이었습니다.
성공 경험, 거기서 비롯된 감정이 잘 자리 잡도록 1일
차, 30일 차, 60일 차, 90일 차마다 목표를 세우고 계
획을 세우는 셈입니다.

신규 입사자에게 동기를 부여하기 위해서는 온보
딩 과정을 세밀하게 운영해야 합니다. 처음 이 조직
에 들어온 사람들이 환영받는 경험, 업무의 맥락과
환경을 충분히 제공받는 경험, 작지만 명확한 업무를
수행하고 시의적절하게 피드백도 받는 경험을 통해
안정감과 자신감을 받아야 합니다. 시니어 입사자에
게는 비전과 방향성을, 주니어 입사자에게는 질문할
수 있는 문화를 제시해 온보딩 경험을 살려야 합니
다. 이런 경험이 원만할 수 있도록 걸림돌을 미리 제
거하는 것도 중요하겠습니다.

이렇게 조직에 들어와 처음 성공을 경험한 사람들
은 이 조직에 남아야 할, 이 회사에 다녀야 할 동기를
얻게 됩니다. 온보딩 경험이 긍정적인 감정과 연결되
며 이후 든 순간마다 버틸 수 있는 근간이 돼 주는 것
입니다. 이는 비단 입사자에게만 해당하지 않습니다.
승진, 규모 있는 프로젝트, 상사(매니저)가 바뀐 상황

등 모든 '첫 90일'에서 긍정적인 온보딩 경험은 긍정
적인 감정으로, 나아가 성공했던 또렷한 기억으로 각
인됩니다. 이들의 '처음'에 작더라도 좋은 경험을 주
고자 신경 써야 하는 이유입니다.

감정 기억들이야말로 우리가 살아가는 이야기의
이음새 역할을 합니다. 그리고 이야기는 내가 나에
게 들려줄, 동기의 틀을 선사하죠. 심리학자들은 이
야기가 없다면 인생은 '아무런 연관성 없는 사건의
연속'일 뿐이라고 말하는데요.* 그만큼 이야기를 부
여하는 감정 기억, 특히나 성공적인 온보딩 경험은
'이전까지 나와 상관없던 팀과 조직'을 위해 내 시간
을 쏟는 계기를 열어줍니다. 그러니 성의껏 채용한
만큼 정성껏 온보딩 체계에 투자해 보면 어떨까요?
사람들의 성공 경험이 쌓여 성공적인 조직으로 이어
질 테니까요.

김지윤

---

* 정재승, 「뇌는 스토리텔링에 민감하다」, DBR, 2009. 07.

Q. 온보딩을 맡아 진행해 본 경험이 있나요? 혹은 온보딩을 받은 입사 경험이 있나요? 기억에 남는 경험을 자유롭게 적어주세요.

Q. 만약 내가 진행했던 온보딩, 혹은 내가 받았던 온보딩 프로세스를 개선할 수 있다면 어떻게 할까요? 첫날, 30일, 60일, 90일 타임라인을 기준으로 아이디어를 적어 보세요.

Q. 시니어와 주니어 온보딩은 어떻게 달라야 할까요? 본문에 나온 내용 말고도 추가할 내용을 적어주세요.

Q. 회사, 팀 레벨 온보딩을 어떻게 효과적으로 할 수 있을까요? 바로 실천할 수 있는 액션을 리스트로 작성해 보세요.

Q. 재택근무 온보딩에서 특히 중요한 지점은 무엇일까
요? 추가 의견을 적어 보세요.

Q. 온보딩에 필요한 '실패에서 배우는 마인드셋'을 어떻
게 조직, 팀 내에 전파할 수 있을까요? 구체적인 방법을
생각해 보아요.

Q. 회사생활을 하며 상사의 기대치를 맞추고 관리하기
위해 어떤 액션을 했나요? 혹은 앞으로 어떤 액션을 취
하면 좋을까요?

불편한 대화,
반드시
해야 한다

"미팅에 자꾸 늦는 팀원이 있습니다. 너무 기본적인
태도인데 이걸 굳이 제가 짚어야 할까요?"

"개인적으로 잘 안 맞을 것으로 생각이 드는 팀원이
있으면, 가능한 접점을 만들지 않으려고 하는 편입니다.
이런 행동 방식이 회사 차원에서는
문제가 될 수도 있을까요?"

"팀원과 이야기하다가 제 생각과는 다르게 본인이 현재
일을 아주 잘하고 있으며 곧 승진하거나 보상이 커질
거라고 기대하는 걸 알게 됐습니다. 어떻게 해야 할까요?"

"리더로서 제 모습을 돌아보니 칭찬을 잘하지 않았다는
걸 깨달았습니다. 마음속으로는 늘 상대방이 대단하다고
생각했지만, 입 밖으로 꺼내는 데는 서툴렀던 것 같습니다.
어떻게 하면 잘 칭찬할 수 있을까요?"

이번 파트에서는 아쉬움에 관한 피드백을 건강하게
나누는 방법과 의견 충돌을 건설적으로 해결하는 방법을
다룹니다. 아무리 명확한 비전을 공유하고 좋은 인재를
채용하더라도, 온보딩 과정에서부터 의견이 항상 같을
수는 없습니다. 이때 무조건 조화를 이루라고 강요하는
것이 아니라, 서로 다른 의견을 편하게 이야기할 수 있는
신뢰 기반의 환경을 만들어야 합니다.

문제는 보통 침묵, 공격적인 태도에서 비롯됩니다.
불편한 의견을 속으로만 삼키고 의사소통을 단절하거나,
지나치게 감정적으로 반응하면 갈등은 점점 커질 수밖에
없습니다. 하지만 리더는 불편함과 친해져야 합니다.
호기심 어린 태도로 견해차를 좁히기 위해 대화를 빨리
시작하는 용기를 가져야 합니다. 그렇지 않으면 사소한
불일치가 시간이 지나 감정적인 충돌로 번집니다. 간극을
조기에 좁히려는 노력이 무엇보다 중요합니다.

그렇다면 불편한 대화를 건강하게 나누는 방법이란
무엇일까요? 불편한 주제를 피하는 것이 아니라, 신뢰와
심리적 안전감을 바탕으로 솔직하게 의견을 주고받고,
그 과정에서 서로의 차이를 존중하는 것입니다. 좋은
리더는 팀원들이 위축되지 않고 의견을 표현할 수 있는
환경을 만들고, 충분히 대화가 오간 뒤에는 본인이
책임을 지고 명확한 결정을 내립니다. 반대로 팀원의
책임은 자신의 의견이 받아들여지지 않더라도 "동의하지
않지만 따르는(Disagree and Commit)" 태도를 보이는
것입니다. 이것이 리더십과 팔로워십이 균형을 이루는
건강한 조직의 모습이며, 불편한 대화를 성장의 기회로
바꾸는 연습입니다.

1장
피드백이 왜 필요한가?

이번 파트에서는 좋은 피드백이란 무엇이며, 어떤 종류가 있고, 어떻게 전달해야 하는지에 대해 이야기하려 합니다. 본론에 들어가기 전에, 먼저 피드백이 왜 필요한지 이번 장에서 살펴보겠습니다.

가장 먼저 마음에 새겨야 하는 문장이 있습니다. 바로 '100% 완벽한 사람은 없다'는 것입니다. 모든 사람에게는 강점과 약점이 있습니다. 그래서 강점을 살리고 약점을 보완하는 피드백이 필요합니다. 피드백은 크게 두 가지 방향으로 나눌 수 있습니다.

- **긍정적인 피드백**: 본인도 잘 인지하지 못한 장점과 강점을 짚어주어 자신감을 북돋고, 더 발전하도록 돕습니다. 특히 자신감이 부족한 사람에게는 일종의 강화 학습이 됩니다.
- **건설적인 피드백**: 상대방이 스스로 인지하지 못하는 아쉬운 지점을 알려주어 그 사람의 성장을 촉진합니다.

즉, 피드백은 "단점을 지적하는 것"만이 아니라, "강점을 강화하고 약점을 성장의 계기로 바꾸는 것"입니다.

피드백은 다양한 방향으로, 어느 관계에나 필요합니다.

보통 피드백은 매니저가 팀원에게 하향식으로 주는 경우가 많습니다. 그러나 심리적 안전감이 깃든 조직이라면 동료 간의 피드백, 나아가 팀원이 매니저에게 상향 피드백을 주는 것도 가능합니다. 물론 쉽지는 않습니다. 그럼에도 표현의 기술과 조직 내 신뢰가 뒷받침된다면 충분히 시도할 수 있습니다.

무엇보다 조직 내에서 작은 오해가 눈덩이처럼 불어나기 전에 조기에 해소하는 장치로 피드백을 요긴하게 쓸 수 있습니다.

누군가 마음에 들지 않는 행동이나 태도를 보였을 때, 리더가 침묵하거나 상황을 방치하면 감정이 쌓여 결국 폭발합니다. 자칫 뒷담화로 번질 수 있습니다. 피드백은 이런 잠재적인 갈등을 예방하는 첫 번째 단계입니다. 리더로서 피드백의 역할을 인지하고서 "불편함을 피하지 않고, 상황이 악화하기 전에 이야기한다"는 마음가짐을 다져야 합니다. 구체적인 대화법은 5장에서 설명하겠지만, 불편함과 마주하려는 태도 자체를 강조합니다.

마지막으로, "칭찬은 고래도 춤추게 한다"는 걸 기억합시다. 긍정적인 피드백, 즉 칭찬은 절대 과소평가할 수 없습니다. 칭찬을 남발할 필요는 없지만, 분명히 발전하고 있거나 긍정적인 행동을 이어가는 팀원이 있다면 반드시 표현해야 합니다. 예를 들어 다음과 같은 상황에 "잘하고 있구나"라고 속으로만 생각하지 말고, 구체적인 말로 표현해야 합니다.

- 질문하지 않던 팀원이 질문을 시작했을 때

- 본인 일만 고수하던 사람이 팀을 위해 추가 업무를 맡았을 때

특히 자기 검열이 심하거나 자신감이 떨어진 팀원에게는 강점과 장점을 주기적으로 짚어주는 게 효과적입니다. 대부분 사람은 자신의 단점은 과하게 의식하면서도, 강점은 잘 인지하지 못한다는 걸 기억합시다. 칭찬도 기술입니다. 진정성과 구체적인 이유가 담겨야 하며, 연습을 통해 더 잘할 수 있습니다. 칭찬을 잘 활용한다면 상대방을 성장시키는 강력한 동력을 얻을 수 있습니다.

피드백은 선택이 아니라 필수입니다. 아무리 뛰어난 인재라 해도 스스로 보지 못하는 사각지대가 있고, 작은 오해와 아쉬움은 시간이 지나면 큰 갈등으로 번집니다. 피드백은 이 간극을 줄이고 개인과 조직의 성장을 촉진하는 가장 확실한 방법입니다. 그렇기에 리더와 팀원 모두, 피드백을 주고받는 문화 없이는 결코 건강한 팀을 만들 수 없습니다.

이것만은 기억하자!

모든 사람은 불완전하다.

‣ 피드백은 강점을 강화하고, 약점을 성장의 기회로 바꾸는 촉매제입니다.

피드백은 양방향으로

‣ 하향 피드백뿐 아니라 동료 간, 상향 피드백도 가능해야 합니다.

‣ 심리적 안전감이 있는 조직일수록 다양한 방향의 피드백이 오갑니다.

작은 아쉬움은 담아두지 말고, 빨리 꺼낸다.

‣ 침묵은 갈등을 키우고, 자칫 뒷담화로 상황이 번질 수 있습니다.

‣ 불편함과 마주하며 조기에 대화를 시작하는 태도가 핵심입니다.

칭찬은 구체적이고 진정성 있게 한다.

‣ 발전하는 모습이나 행동을 구체적으로 짚어주며 표현해야 합니다.

‣ 진정성 있는 칭찬은 강력한 성장 동력이 됩니다.

좋은 피드백이란 무엇인가?

실제 일하는 과정에서는 불편한 대화를 피할 수 없습니다. 팀 성과가 떨어지는 이유를 짚거나, 태도와 협업 방식의 문제를 지적해야 할 때가 그렇습니다. 이런 대화는 누구나 피하고 싶지만, 피드백을 미루고 쌓아두면 결국 더 큰 문제가 터집니다. 이번 장에서는 좋은 피드백이란 무엇인지, 어떤 조건과 태도를 갖춰야 하는지 살펴보고, 이어서 잘못된 피드백 방식에 관해 이야기하겠습니다.

■ '아쉬운 대화'의 전제 조건

좋은 피드백이 효과적으로 전달되려면 세 가지 전제가 필요합니다.

1. **신뢰**: 두 사람 간에 신뢰가 있다면 상대의 의도를 의심하기보다는 피드백이 선의에서 나온 말이라고 받아들이게 되고, 그 내용이 훨씬 잘 전달됩니다. 물론 신뢰는 하루아침에 생기지 않고 시간이 필요합니다. 이에 대해서는 파트 9에서 더 깊이 다루겠습니다.

2. **호기심**: "저 사람은 왜 저렇게 행동했을까?"라는 관점으로 접근하는 것입니다. "내가 옳고 상대가 틀렸다"라는 태도 대신, "내가 모르는 이유나 맥락

이 있지 않을까?"라는 호기심을 보이면 대화의 톤이 비난에서 이해로 바뀝니다. 이런 접근이라야 상대방도 방어적으로 반응하지 않고, 대화가 한 단계 더 깊어집니다. 이는 아직 신뢰가 쌓이지 않은 관계에서 특히 중요합니다.

3. **공동의 목표**: 좋은 피드백은 단순히 개인의 잘잘못을 따지는 게 아니라, 결국 팀이 더 잘되기 위한 과정에 주목합니다. "우리가 같은 목표를 향해 가고 있다"는 공감대가 있어야 피드백이 충돌이 아닌 협력의 과정으로 받아들여집니다. 즉, 피드백의 목적이 상대를 이기는 것이 아니라 함께 목표를 달성하기 위함임을 분명히 해야 합니다.

■ 직접 관찰해서 내 의견을 근거로 들자

가장 의미 있는 피드백은 내가 직접 관찰한 사실과 내 생각에 기반한 것입니다. 하지만 바쁜 일상에서 팀원과 함께 보내는 시간이 부족하다 보면, 관찰하지 않은 채 남의 이야기에 기대어 팀원에게 피드백을 주는 경우가 더러 생깁니다. 더 나쁜 유형은, 내 생각을 직접 말하지 못한 채 "다른 사람들이 이렇게 말하더라"라는 식으로 책임을 회피하는 것입니다. 이런 방식은 비겁할뿐더러 효과도 없습니다. 리더라면 최대한 팀원과 직접 일하며 관찰한 사실에 근거해 자신의 의견을 전달해야 합니다.

■ 어려운 이야기를 호기심 어린, 자연스러운 대화로

저 역시 처음 리더 역할을 맡았을 때, 아쉬운 점을 어떻게 표현해야 할지 몰라 어려움을 겪었습니다. 그래서 피드백을 피했고, 문제가 더 커지고 나서야 (파트 2에서 말했듯) 리더십은 모두에게 사랑받는 게 아니라 불편함과 친해지고 원칙을 세워가는 과정이라는 걸 깨달았습니다. 피드백도 마찬가지입니다. 타고난 재능이 아니라 연습을 통해 쌓아가는 스킬입니다.

과거의 잘못을 증거로 제시하며 상대를 취조하듯 다그치는 것이 아니라, 상호 간의 견해차를 좁히기 위해 호기심 어린 대화를 시도해야 때 좋은 피드백이 가능합니다. 빠르고 자연스럽게, 불편함을 견디며 시작하는 대화가 결국 가장 효과적인 피드백으로 이어집니다.

■ '간접적인 비난'은 안 좋은 피드백

앞에서는 좋은 피드백의 특징을 살펴보았습니다. 이번에는 반대로 나쁜 피드백의 전형적인 패턴을 정리해 보겠습니다. 공통으로 드러나는 특징은, 직접적으로 아쉬움을 말하지 않고 돌려 말하거나 간접적으로 불만을 표출한다는 것입니다. 대표적인 세 가지 경우를 보겠습니다.

1. 샌드위치 기법의 함정

리더가 불편함을 줄이고자 '좋은 점 ➜ 아쉬운 점 ➜ 좋은 점' 순서로 말하는 소위 샌드위치 기법을 사용하기도 합니다. 그러나 실제로는 좋은 점은 길고 장황하게, 아쉬운 점은 짧고 두리뭉실하게 전달되는 경우가 많습니다. 이

렇게 되면 상대는 리더에게 불만이 있다는 걸 느끼면서
도 정확히 무엇이 문제인지 알지 못해 혼란만 커집니다.
아쉬운 점을 좋은 점으로 포장하는 대신, "안전함으로 둘
러싼 샌드위치"가 더 효과적입니다. 예를 들어 아래 예시
처럼 대화의 목적이 선의임을 표현하며 이야기를 꺼내고
마무리하는 것을 권합니다.

- "이 얘기를 꺼내는 이유는 당신이 우리 팀에 꼭 필
  요한 사람이라고 믿기 때문이에요."
- "우리가 함께 더 잘하고 싶어서 이야기하는 것입니
  다."

2. 남의 의견 뒤에 숨는 피드백

리더들이 보이는 또 다른 흔한 실수는, "누가 그러더라"라
는 식으로 다른 사람의 말을 빌려 아쉬움을 전달하는 경
우입니다. 팀 규모가 커지면 모든 상황을 직접 관찰하기
어려워 다른 사람의 의견을 전달할 수밖에 없는 때도 있
습니다. 하지만 이 경우에도 반드시 내 의견을 포함해야
하며, 애매할 때는 삼자대면이 가장 바람직합니다. 내 생
각을 숨긴 채 남의 말만 전하는 피드백은, 상대방 입장에
서 추가 질문도 할 수 없어 불필요한 답답함만 남깁니다.

3. '바디랭귀지'로 불만을 표현하는 경우

가장 바람직하지 않은 방식은, 말이나 글로 대화하지 않
고 비언어적 행동으로만 불만을 드러내는 것입니다. 얼
굴을 찡그리거나, 한숨을 크게 쉬거나, 비웃는 태도가 대

표적입니다. 상대방은 감정적으로 상처받을 뿐만 아니라, 무엇이 문제인지 구체적으로 알 수 없어 더 큰 혼란을 겪습니다.

결국 좋은 피드백은 불편함을 피하지 않고 신뢰, 호기심, 공동의 목표라는 기반 위에서 솔직하게 대화하는 것입니다. 반대로 나쁜 피드백은 문제를 직접 다루지 않고 돌려 말하거나 남의 말에 숨거나 비언어적 신호로 불만을 드러내는 방식입니다. 리더라면 어떤 방식이 팀의 성장을 돕는지 분명히 구분해야 합니다. 피드백은 갈등을 키우는 무기가 아니라, 함께 더 나아가기 위한 다리 역할을 한다는 점을 항상 기억해야 합니다.

신뢰를 바탕으로 피드백을 전한다.
- 두 사람 간 신뢰가 있으면 피드백을 방어적으로 받지 않고 선의로 이해합니다.
- 신뢰는 하루아침에 쌓이지 않으며, 리더는 시간을 두고 관계를 만들어야 합니다.

호기심을 전제로 깐다.
- "왜 저런 행동을 했을까?"라는 태도로 접근해야 대화의 결이 비난이 아닌 이해로 바뀝니다.
- "내가 옳고 상대가 틀렸다"가 아니라, "내가 모르

는 맥락이 있을 수 있다"라는 관점이 필요합니다.

직접 관찰과 내 의견에 기반을 둔다.

‣ "누가 그러더라"가 아니라, 내가 직접 본 사실과 내 생각을 바탕으로 이야기해야 합니다.

‣ 남의 의견 뒤에 숨는 피드백은 상대방에게 답답함만 남깁니다.

어려운 얘기도 자연스럽게 꺼낸다.

‣ 피드백은 재능이 아니라 연습으로 쌓이는 스킬입니다.

‣ 증거를 들이밀며 몰아붙이는 게 아니라, 호기심 어린 대화를 통해 재빠르게 틈을 줄이는 것이 좋은 피드백입니다.

간접적인 비난은 피한다.

‣ 샌드위치 기법처럼 좋은 말로 아쉬운 부분에 관한 피드백을 포장하거나, 바디랭귀지로만 불만을 표현하는 것은 효과적이지 않습니다.

‣ 안전함을 전제로 "함께 더 나은 결과를 만들고 싶다"는 메시지를 분명히 하고, 명확하고 구체적으로 말해야 합니다.

3장

다양한 피드백, 이렇게 구분하자

앞 장에서 '좋은 피드백이란 무엇인가'를 살펴보았다면, 이번 장에서는 피드백을 유형별로 나눠 보겠습니다. 피드백은 크게 긍정적인 피드백과 건설적인 피드백으로 구분할 수 있습니다. 둘 다 구체적일수록, 기억이 생생할 때 전달해야 피드백 수용도가 극대화합니다. 여기에 더해, 피드백이 기술적인 영역을 다루는지, 아니면 행동 양식을 다루는지로 구분해 보는 것도 유용합니다.

■ 기술적인 피드백 vs. 행동 양식 피드백

기술적인 피드백은 상대적으로 객관성이 높습니다. 예를 들면 개발자에게는 코드 품질, 디자이너에게는 디자인 완성도, 누구에게나 적용할 수 있는 문서화 수준이나 프로젝트 마감 기한 등등에 관해 아래와 같이 피드백하는 것입니다.

- "작성한 코드의 테스트가 충분하지 않았습니다."
- "디자인 가이드라인을 따르지 않아 마감이 지연됐습니다."

기술적인 피드백은 특히 주니어가 성장하는 데 강력한 촉매제가 됩니다. '잘했다', '부족했다'는 단순한 말보다도 어떤 기준에서 좋았는지, 무엇을 개선해야 하는지 함께 제시하기 때문입니다. 다만 주의할 점은, 기술적인 피드백이 반복되다 보면 결과물이 아닌 사람 자체에 대한 평가로 흐를 수 있다는 것입니다. 피드백이 일에 대한 평가이지, 사람에 대한 공격이 아님을 분명히 해야 합니다.

기술적인 피드백에 비해 행동 양식 피드백은 주는 게 훨씬 더 복잡합니다. 예를 들자면 매니저로서 팀원이 협업 과정에서 보인 행동이나 태도에 관해 아래와 같이 의견을 주는 식입니다.

- "팀 미팅에서 다른 사람 말을 자주 끊는 것 같습니다."
- "의견 충돌을 회피하려는 경향이 있습니다."

이런 피드백은 상대방의 성격, 자존감, 과거 경험과 맞닿아 있어 피드백을 받는 팀원이 민감하게 받아들이기 쉽습니다. 그렇다고 불편한 대화를 피할 수는 없습니다. 팀 규모가 커질수록 어떻게 일하느냐가 성과에 더 큰 영향을 미치기 때문입니다. 특히 시니어일수록 개인 기량보다도 조직에 긍정적인 영향을 주는 방식으로 행동 양식을 전환해야 합니다. 이 과정을 스스로 깨닫기는 어렵습니다. 꾸준한 메타인지와 외부 피드백으로만 가능합니다. 그래서 선의를 바탕으로 행동 양식에 관한 피드백을 주는 것이 매우 중요합니다.

■ 긍정적인 피드백 vs. 건설적인 피드백

장점과 강점을 살리는 긍정적인 피드백은 종종 "잘했어!", "수고했어!" 같은 피상적인 표현으로 끝나는 경우가 많습니다. 하지만 이런 표현이 오히려 리더의 의도를 왜곡하거나 실질적인 도움이 되지 못할 수도 있습니다. 효과적으로 긍정적인 피드백을 주기 위해선 진정성이 있어야 하고, 칭찬의 내용이 구체적이어야 합니다. 필요하다면 공개적으로 다른 사람들과 이를 공유하는 걸 고려해야 합니다. 아래와 같이 예시를 들 수 있겠습니다.

"이번 발표에서 데이터를 근거로 청중을 설득한 부분이 좋았고, 특히 시각화 덕분에 모두가 내용을 이해하기 쉬웠습니다."

이런 피드백은 팀원의 자신감을 강화하고, 긍정적인 행동을 반복하게 하는 강력한 동력이 됩니다. 나아가 다른 팀원들 앞에서 긍정적인 피드백을 공유하면 피드백을 받는 팀원의 자기 효능감은 커지고, 다른 팀원들에게도 좋은 배움의 기회가 됩니다.

반대로, 아쉬운 점을 짚는 건설적인 피드백은 리더들이 가장 어려워하는 영역입니다. 진입장벽을 극복하려면 건설적인 피드백이 비판이나 비난이 아니라 다시 한번 기대치와 실제 사이의 간극을 좁히는 대화라는 걸 기억해야 합니다. 핵심은 "내가 기대한 것 vs. 내가 관찰한 것"을 명확히 상대방에게 설명하는 것입니다. 출발점은 늘 호기심입니다. "왜 그렇게 했을까?"라는 질문을 품고 대화에 임

하면, 피드백은 충돌이 아니라 더 나은 대화를 여는 시작
이 될 수 있습니다.

■ 행동 양식에 관한 건설적인 피드백 주기

앞서 이야기한 긍정적인 피드백과 건설적인 피드백, 기
술적인(스킬셋) 피드백과 행동 양식에 관한 피드백의 조
합을 생각해 보면 크게 4가지 형태의 피드백이 있습니다.

기술적인 역량은 시간이 지나면서 자연스럽게 쌓이지
만, 협업 방식이나 태도, 의사소통과 습관의 부족한 부분
은 스스로 깨닫기 어렵고 고치기도 쉽지 않습니다. 그래
서 행동 양식에 관한 건설적인 피드백이 가장 중요합니
다. 특히 시니어일수록 자신의 성공 방정식을 벗어나 사
각지대를 직면하는 행동 양식 피드백을 통해 성장을 지속
하는 강력한 동력을 얻을 수 있습니다. 리더는 이런 피드
백을 주저하지 말아야 합니다. 이는 개인의 성장뿐 아니
라 팀의 건강한 문화 형성에도 직결됩니다.

기술적인 피드백

- ▸ 객관성이 높아 상대적으로 쉬운 편입니다.
- ▸ 코드 품질, 디자인 완성도, 프로젝트 기한 준수 등은 측정하기 수월합니다.
- ▸ 이러한 피드백은 주니어의 성장을 빠르게 돕는 촉매제가 됩니다.

행동 양식 피드백

- ▸ 좀 더 난이도가 높습니다.
- ▸ 의사소통, 협업 태도, 갈등 대처 방식 등은 개인의 정체성과 연결됩니다.
- ▸ 잘못 전달하면 '나에 대한 공격'으로 받아들일 수 있어 주의가 필요합니다.

긍정적인 피드백

- ▸ "잘했어" 대신 무엇이 좋았는지 명확히 짚어야 강점이 강화합니다.
- ▸ 공개적으로 긍정적 피드백을 주면 팀 사기를 높이는 효과가 있습니다.

건설적인 피드백

- 간극을 줄이려는 대화여야 합니다.

- 기대와 실제 행동 사이의 차이를 설명하고, "왜 그런 행동을 했을까?"라는 호기심으로 접근해야 합니다.

가장 중요한 피드백: 건설적인 행동 양식 피드백

- 레벨이 올라갈수록 개인의 '성공 방정식 함정'에 빠지기 쉬우므로 행동 양식을 전환하는 피드백이 필요합니다.

4장

건설적인 피드백, 언제 어떻게 줘야 할까?

"피드백을 줄지 말지, 어떤 논리로 판단해야 할까요?" 리더십 코칭 때 자주 받는 질문입니다. 여기서는 긍정적인 피드백이 아니라 건설적인 피드백에 초점을 맞추겠습니다. 시행착오 끝에 제가 정리한 방식은 아래 3단계를 따라 하나씩 생각하는 것입니다. 이 세 가지를 동시에 고민했다가 머릿속이 복잡해져서 결과적으로 이도 저도 못한 채 낭패를 봤던 적이 있기 때문에 '하나씩'을 강조합니다.

1. 상대방에 대한 아쉬움의 핵심은 무엇인가?

먼저, 리더인 내가 상대방에게 갖고 있는 '아쉬움'의 핵심이 무엇인지 짚어야 합니다. 한 가지 방법으로, 상대에 대한 아쉬움을 글로 적어 점검할 수 있습니다. 불만이 많다면 가장 근본적인 것 하나만 남기고 나머지는 덜어냅니다. 이때 아쉬움은 '증거 수집'보다는 구체적인 사안에 관한 나의 기대치와 관찰 결과로 표현해야 합니다. 때에 따라 개별 사안이 아니 문제가 되풀이되는 패턴을 싶어야 할 때도 있습니다.

2. 지금 피드백을 주는 것이 맞을까?

팀원에 관한 아쉬움이 명확해졌다면, 지금 이걸 피드백으로 말할지 혹은 조금 더 지켜볼지 판단합니다. 단순 일회성 실수나 사소한 사안이라면, 매번 피드백을 주기보다 너그럽게 지켜보는 유연함도 필요합니다.

예를 들어보죠. 팀원이 중요한 미팅에 한 번 5분 늦었다면 그 자체로 피드백 사안은 아닐 수 있습니다. 다만 그 미팅이 해당 팀원 없이는 시작조차 어려웠던 자리였다면, 사정을 참작하되 "다음에는 늦을 것 같으면 미리 알려 달라"고 요청해야 합니다. 리더가 말을 꺼내지 않은 채 상대를 '나쁜 사람' 혹은 '믿을 수 없는 사람'으로 단정하고 성급하게 낙인찍는 오류를 범해서는 안 됩니다.

건설적인 피드백을 주는 타이밍에 관해 제가 쓰는 판단 기준은 두 가지입니다.

① 상대에 관해 부정적인 감정이 쌓이고 있는가?

예: 데드라인이 임박했는데 팀원이 해야 할 일을 미루는 상황. 말을 꺼내지 않는다면 나는 속으로 점점 더 상대방을 미워하게 되고, 정작 상대는 내가 모르는 척하고 있으니 이 문제를 인식하지 못한 채 여전히 '나는 잘하고 있다'고 믿기 쉽습니다.

② 상대의 기대치가 이해할 수 없는 수준으로 커질 것 같은가?

예: 나는 그 팀원이 평균적인 성과를 내는 사람이라고 보지만, 상대는 스스로 매우 뛰어나다고 착각하고 있다는 걸 알게 됐습니다. 이 상황을 그냥 넘기면 팀원의 기대감은 점점 더 커집니다.

두 기준은 나와 상대 사이의 '시각차'가 커지는지 살펴본다는 점에서 일맥상통합니다. 견해차가 커질 조짐이 보이면 바로 이야기해야 합니다. 사소한 것까지 모두 말할 필요는 없겠지만, 간극이 커져 큰 문제가 되기 전에 빨리 화두를 꺼내는 것이 건설적인 피드백의 핵심입니다. 일찍 이야기해야 상대도 간극의 존재를 처음으로 분명하게 인지합니다. 건설적인 피드백을 유연하게 잘 전달한다면 금상첨화겠지만, 분명 연습이 필요합니다. 피드백도 스킬이니까요. 불편함을 견디고 호기심을 보이며 먼저 말을 꺼내는 태도가 효과적이고도 건설적인 피드백의 출발점이라는 걸 꼭 기억해야겠습니다.

3. 피드백을 주기로 했다면 어떻게 전달할까?

이렇게 피드백의 방향성과 시점을 고려했다면 이후 어떻게 의견을 전달해야 할까요? 2단계에서 지금 아쉬운 점에 관한 피드백을 주기로 결정했다면, 더 이상 망설이지 말고 상황을 정면으로 마주하기로 마음을 굳혀야 합니다. 구체적인 전달 방법은 뒤 5장에서 예시와 함께 자세히 다루겠습니다만, 기본적으로 특정 행동이나 결과를 바탕으로 '기대 → 관찰 → 간극'의 순서로 이야기합니다.

　여기서 한 번 더 강조할 지점은 '시의성'입니다. 해당 사안에 대한 기억이 서로 생생할 때 말하는 것이 좋습니다. 뒤로 미루지 말고, 적시에 의견을 꺼내야 합니다. 가장 큰 실수는 위 세 가지를 동시에 고민하다가 타이밍을 놓치는 것입니다. 하나씩 순서대로 생각하고, 피드백을 전달하기로 했다면 도망치지 말 것. 이것이 건설적인 피드백의 기본기입니다.

아쉬움의 핵심을 먼저 글로 정리한다.

‣ 여러 불만이 있어도 가장 중요한 한 가지를 압축해야 합니다.

지금 시점에 말하는 것이 맞는지 판단한다.

‣ 사소한 일회성 문제라면 굳이 피드백하지 않아도 됩니다.

‣ 하지만 간극이 커질 조짐이 보이면 즉시 대화해야 합니다. 기준은 두 가지입니다.

 − “내가 점점 상대를 미워하게 될 것 같다.”

 − “상대가 비현실적인 기대감을 키울 것 같다.”

피드백을 주려면 '방법'에 집중한다.

‣ 기억이 생생할 때 시의성을 살려 빠르게 전달해야 합니다.

‣ 불편함을 피하지 않고, 호기심을 기반으로 대화해야 합니다.

‣ '기대 → 관찰 → 간극'의 구조로 이야기하는 게 효과적입니다.

5장

건설적인 피드백의 기본: 기대, 관찰, 간극

건설적인 피드백을 주는 구체적인 전달 방식을 이야기하기 전에, 피드백을 나누는 환경을 먼저 점검해 보길 바랍니다.

먼저 둘만의 공간에서 피드백을 전해야 합니다. 다른 사람이 있으면 피드백을 받는 상대가 피드백에 관해 방어적으로 바뀌거나 공격적으로 반응할 수 있어 대화를 이어가기 어려워집니다.

다음으로는 심리적 안전감을 강조해야 합니다. "상대방이 잘못했다"며 잘못을 추궁하는 게 아니라, 견해차가 커질 조짐이 보일 때 신속히 대화를 시작하면서 건설적인 피드백을 전달하는 것이 가장 이상적입니다. 따라서 이 시점에는 굳이 무겁게 대화를 시작할 필요는 없습니다. "궁금한 점이 있다"는 가벼운 톤으로 말문을 여는 것도 좋은 방법입니다.

또한 평소에 1대1 미팅을 주기적으로 하고 있다면, 굳이 갑자기 별도 미팅을 잡지 않고도 자연스럽게 다음 1대1 미팅에서 건설적인 피드백을 꺼내면 됩니다. 다만 1대1 미팅 주기가 너무 길다면, 따로 시간을 마련해야겠습니다.

마지막으로, 내가 전하려는 피드백이 공동의 목적, 목표와 연결되는지 반드시 체크해야 합니다. 만약 피드백의 근거가 리더 개인의 편의나 주관적인 감정에 치우쳐 있다면 상대방을 설득하거나 행동의 변화를 끌어내기 어렵습니다. 또한 피드백 전달 방식은 어디까지나 사람이 아니라 일에 관한 것이어야 하며, 최소한의 예의를 지키며 상대방을 존중해야 한다는 걸 잊지 맙시다.

■ 건설적인 피드백 방식: 기대 → 관찰 → 간극

앞서 이야기한 포인트들을 다시 떠올려봅시다. 아쉬움에 관해 짚는 건설적인 피드백은 객관적인 증거를 제시하며 상대를 몰아세우는 방식이 아닙니다. 빠르게, 그리고 구체적인 상황을 바탕으로 내 관점에서 기대치와 관찰한 바를 설명하고, 그 사이의 간극에 관해 상대방의 이야기를 들어보는 절차입니다.

◆ 사례 1: 회의 자료를 늦게 받았을 때

예를 들어볼게요. 팀원이 회의 자료 초안을 예상보다 늦게 전달해 중요한 회의 준비를 제대로 하지 못한 상황을 가정해 보겠습니다. "너 때문에 회의 망쳤어!"라는 식으로 피드백을 시작해선 제대로 건설적인 피드백을 진행할 수 없습니다. '기대 → 관찰 → 간극'의 프레임워크를 사용하면 아래와 같이 1대1 미팅에서 아쉬운 지점에 관해 이야기를 꺼낼 수 있습니다.

- **기대**: "나는 회의 전날까지 자료 초안을 공유받기를 기대했어요."
  → 리더로서 내가 가졌던 초기 기대치를, 감정 섞인 비난 없이 중립적으로 전달합니다.

- **관찰**: "그런데 이번에는 회의 1시간 전에 자료를 처음 받았습니다."

  → 내가 직접 본 사실, 즉 관찰 내용을 짚어줍니다.
- **간극**: "그래서 회의에서 충분히 논의할 시간이 부족했어요. 이 점에 대해 어떻게 생각하시나요? 초안의 마감 시점을 어떻게 인지하고 있었나요?"

  → 기대와 관찰 사이의 차이를 드러내고, 상대방의 생각을 물어봅니다.

이 시점부터 리더는 상대의 맥락을 파악하기 위한 경청과 호기심, 열린 마음을 갖춰야 합니다. 호기심이 없다면 상대를 나쁜 사람으로 규정하고 공격하기 위해 듣게 될 뿐입니다. 반대로 마음을 열고 대화를 시작하면, 실제로는 업무 데드라인이 명확히 공유되지 않았거나 회의 자료의 중요성이 충분히 전달되지 않았음을 알게 될 수 있습니다. 혹은 급한 개인 사정이나 다른 부서의 시급한 요청 때문에 어쩔 수 없이 자료가 늦어진 경우일 수도 있습니다.

감정을 배제하고 일에 초점을 맞춰, 생각의 차이를 줄이려는 마음가짐으로 대화를 나눌 때 건설적인 피드백이 제대로 공유될 수 있습니다. 이렇게 하면 불편한 대화가 오히려 생산적인 대화로 전환되고, 다음에는 더 나은 방법을 찾을 수 있습니다. 반면 리더가 침묵을 일관하며 속으로 불만을 키운다면 상대방에 관한 신뢰는 점점 줄어들 것이고, 자칫 "왜 이렇게 늦게 했나요?"라며 날을 세웠다가 상대방이 큰 상처를 입어 관계가 어그러질 수 있습니다. 더 이상 리더 혼자 속으로 삾이면서 남을 비난하지 않아도 된다는 걸 잊지 맙시다.

◆ 사례 2: 시니어 리드가 중재하는 역할에 소극적일 때

또 다른 사례를 보겠습니다. 리드 역할을 맡은 팀 내 시니어 멤버가 주니어 간 갈등이나 업무 분담을 적극적으로 중재하지 않는다고 느꼈다면 이렇게 이야기할 수 있습니다.

- **기대**: "지금 프로젝트를 리딩하면서 팀원 간 업무 분담을 빠르게 중재해 주기를 기대했습니다."
- **관찰**: "그런데 실제로는 업무 분담이 명확히 이뤄지지 않았고, 그로 인해 갈등이 발생해 상당 기간 방치된 것으로 보았습니다."
- **간극**: "결국 다른 시니어가 개입해 중재했는데, 그 과정에서 팀 내 혼란이 있었습니다. 어떻게 생각하시나요? 어떤 어려움이 있었는지 듣고 싶습니다."

이 케이스에서 (관찰이 즉시 이뤄지진 않았지만) 시니어의 행동에 관해 부정적인 감정을 쌓아두지 않고 즉시 아쉬운 지점을 대화의 테이블로 가져온 것 자체가 건강한 리더십의 발현입니다.

제가 경험한 비슷한 실제 사례에서 해당 팀원의 설명을 들어 보니, 실제로는 문제를 해결하려 노력했으나 회사에 합류한 지 얼마 되지 않아 충분히 영향력을 발휘하지 못했음을 알게 된 적도 있었습니다. 이 간극을 함께 논의하는 자리에서 해당 팀원은 "다음에는 혼자 시간을 끌지 않고 바로 도움을 요청하겠다"고 이야기했습니다. 저 역시 이 경험을 통해 역할과 책임을 마냥 맡겨두는 데 그치지 않고, 관심을 기울이며 시의적절하게 지원책을 마련할 때 위임에 성공한다는 점을 배웠습니다. 다음에는 상황을 더 적극적으로 확인하며 도와야겠다는 교훈을 얻었습니다.

이처럼 건설적인 피드백은 하면 할수록 더 잘하게 됩니다. 경험이 쌓이면 '피드백을 줄지 말지'와 '어떻게 전달할지'를 판단하는 데 걸리는 시간이 줄어듭니다. 그러니 실패를 무릅쓰고 아쉬운 점을 짚는 피드백에 도전해 연습을 거듭하시길 권장합니다.

◆ 사례 3: 채용 인터뷰에서 드러난 편견

개인적인 경험도 하나 공유해 보겠습니다. 고속 성장하던 실리콘밸리의 한 스타트업에서 일할 때, 팀이 젊은 남성들로만 이뤄져 있었습니다. 초기 스타트업들이 종종 비슷한 배경(학교, 성별, 인종 등)을 가진 사람들로 채워지는 경우가 있는데, 그러다 보면 다른 배경을 가진 후보자가 면접을 보러 왔을 때 눈에 보이지 않던 편견이 작동하기도 합니다.

어느 날 나이가 많은 여성 후보자가 채용 면접을 봤습니다. 면접 후 평가 회의에서 한 팀원이 "Strong No(강한 반대)"를 줬는데, 이유를 들어보니 납득하기 어려웠습니다. 회의 직후 그 팀원과 1대1로 이야기했습니다.

- 기대: "나는 면접 시간 동안 준비된 질문으로 후보자를 평가하는 데 집중해 주기를 기대했습니다."

- **관찰**: "평가 회의에서는 'Strong No'라고 했지만, 실제 답변 근거를 들어보니 그 정도로 부정적인 평가를 줄 만한 내용은 아니었습니다."
- **간극**: "어떻게 생각하나요? 혹시 후보자의 배경이 현재 팀원들과 달라 불편했던 점이 있었나요?"

대화를 통해 그 팀원은 본인에게 무의식적인 편견이 있었다는 점을 인정했습니다. 저는 인재 밀도를 높이려면 기존과 비슷한 배경의 사람들만 뽑아서는 안 된다는 점을 강조했습니다. 여기서 더 나아가, 사람을 평가할 때 첫인상이나 이력서에만 의존하면 잘못된 결정을 내릴 가능성이 높다는 점도 짚었고요. 이는 앞서 채용 파트에서 강조한 바 있습니다.

이런 피드백이 가능했던 이유는 리더로서 그 시점에 이미 10년 이상의 시행착오를 거쳤기 때문입니다. 디브리프 회의 30분 사이에 편견을 드러낸 팀원에게 피드백을 주기로 결정하고, 어떻게 전달할지까지 정리한 후 곧바로 실행했습니다. 사안에 따라 다르겠지만, 피드백을 너무 오래 끌 필요가 없기 때문에 바로 1대1로 대화를 나눈 것입니다. 시간이 지나면 나의 기억도, 상대방의 기억도 희미해지고 "왜 이제 와서 말하느냐"는 반응이 나올 가능성도 커집니다.

■ 피드백이 잘 전달되지 않는다면?

건설적인 피드백과 대화가 익숙하지 않다면, 처음에는 매끄럽게 이야기가 흘러가지 않을 것입니다. 첫술에 배부를 수는 없겠죠. 그래도 미숙함에 좌절하는 것이 아니라, 대화 과정을 복기하며 성장의 기회로 삼길 바랍니다. 피드백은 재능이 아니라 연습으로 향상되는 기술이니까요. 만약 대화가 예상과 다르게 흘러간다면 억지로 피드백을 이어가기보다는 아래 포인트들을 고려해 보세요.

- **의도 명확히 하기**: 피드백을 받는 상대가 공격받고 있다고 오해한다면, "나는 공격하려는 것이 아니라 우리 사이의 간극을 줄이고 싶다"는 의도를 분명하게 다시 강조합니다.
- **잠시 휴식 갖기**: 분위기가 과열된다면 잠시 쉬는 것도 방법입니다. 물 한 잔 마시거나 자리를 비우는 동안, 내가 꺼낸 기대에 공동의 목표가 잘 담겨 있는지 다시 생각해 보고, 자리에 돌아와서 같은 의도를 강조하며 대화를 재개합니다.
- **다른 주제로 흐를 때**: 상대가 주제를 불편해하며 다른 화제를 꺼낸다면 "이 이야기는 나중에 하자"고 메모해 두고, 원래 대화 주제를 이어가는 것이 좋습니다.
- **내 실수 인정하기**: 단어 선택이 적절치 못했거나 감정이 실린 표현을 했다면 즉시 사과해야 합니다. 이는 신뢰를 지키는 중요한 행동입니다.

건설적인 피드백을 주기 전에 다음을 먼저 확인하자.

> ‣ 공개된 자리보다 둘만의 공간이 적합합니다.

> ‣ 피드백은 공동의 목표와 연결돼야 합니다.

‘기대 ➔ 관찰 ➔ 간극’의 구조로 피드백을 말한다.

> ‣ 기대는 감정을 덜어내고 명확하게 전달합니다.

> ‣ 관찰은 해석이 아닌 사실에 기반합니다.

> ‣ 간극에서는 상대의 관점과 맥락을 묻습니다.

대화가 어그러질 때는 기본으로 돌아간다.

> ‣ 의도를 다시 분명히 합니다.

> ‣ 필요하면 잠시 쉬었다가 대화를 재개합니다.

> ‣ 다른 주제로 대화가 벗어나려 한다면 다시 본론
> 으로 돌아옵니다.

> ‣ 내 실수가 있다면 즉시 인정하고 사과합니다.

6장

건설적인 피드백, 그다음 액션은?

앞서 기대/관찰/간극 프레임워크를 사용해 대화를 나누면, 제 경험에 비추어 볼 때 문제 상황의 약 70%쯤 어렵지 않게 해결됩니다. 대부분 우선순위나 데드라인에 관한 커뮤니케이션 문제, 혹은 상대방의 맥락을 리더가 충분히 파악하지 못해 생긴 불일치 때문입니다. 이런 경우라면 대체로 큰 갈등 없이 대화를 마무리할 수 있습니다.

이런 대화를 나눈 후에는 다음에 어떻게 개선할 것인지 명확히 논의해야 합니다. 보통은 양쪽 모두 변화가 필요합니다. 매니저라면 업무의 우선순위, 데드라인, 문맥을 더 명확히 반복해 전달해야 하고, 팀원은 자의적으로 우선순위를 정하거나 데드라인을 임의로 잡지 말고 지속해서 매니저와 소통해야 합니다. 간극에 관한 대화가 잘 이뤄졌다면, 각자 어떤 부분에서 변화할지 명확히 정리하는 게 좋습니다. 필요하다면 후속 미팅을 잡아 다시 상황을 확인하는 것도 방법입니다.

물론 때에 따라서는 간극의 존재만 확인될 뿐, 당장 틈을 줄이기 어려운 상황도 있습니다. 이때부터 대화가 급격히 복잡해집니다. 모든 문제가 바로 해결되지는 않지만, 쌍방이 간극이 존재한다는 사실 자체를 인식하는 건 중요한 신호입니다. 그것만으로도 큰 의미가 있습니다. 예컨대 팀원이 스스로 성과가 뛰어나다고 믿지만 매니저는 그렇지 않다고 판단하는 경우, 이런 상황을 방치하면 평가와 보상 단계에서 팀원은 큰 충격을 받게 됩니다. 반대로 조기에 이에 관한 대화를 열면 당혹감의 크기를 줄이고, 그 시점부터 기대 수준을 재정렬할 수 있습니다. 따라서 건설적인 피드백과 대화가 바로 매끄럽게 풀리지 않는다고 해서 당황할 필요는 없습니다.

■ 견해차가 크다면: 변화 요구하기

간극에 관한 대화를 하다 보면, "이제는 상대가 반드시 변해야 한다"고 느껴질 때가 있습니다. 이 경우에는 더 이상 기대/관찰/간극 구조를 반복할 필요가 없습니다. 대신 간극으로 인해 발생하는 부정적인 문제들을 구체적으로 설명하고, 어떤 변화를 원하는지 명확히 제시해야 합니다.

특히 그 문제가 개인 차원을 넘어 조직 차원의 문제로 확대되고 있다면, 부정적인 결과를 더욱 분명히 전달해야 합니다. 수습 기간의 신규 입사자나 계약직이 정규직으로 전환되는 데 영향을 줄 수 있고, 정규직이라면 평가나 보상에 부정적인 간극이 반영될 수 있습니다. 미국처럼 해고할 수 있는 환경에서는 실제 해고 사유로 이어질 우려도 있습니다.

물론 이런 대화는 결코 즐겁지 않습니다. 하지만 미리 대화해야 나중의 더 큰 충격과 문제를 예방할 수 있습니다. 이 시점에 이르면 상대방의 동의를 얻는 것이 어려울 수도 있으므로, 반드시 내 판단이 완벽히 객관적이거나 증거가 충분한지에 집착할 필요는 없습니다. 불필요한 심리적인 충격을 줄이는 게 핵심입니다.

아쉬운 점을 짚으며 건설적인 대화를 나누다 보면 간혹 일이나 업 자체에 대한 동기가 떨어지는 경우도 있습니다. 개인적으로는 리더로서 가장 힘들었던 순간이었고, (뒤에서 다룰 갈등 해결과 함께) 가장 심리적인 소모가 큰 경험이었습니다. 매니저가 해줄 수 있는 일은 많지 않지만, 최소한 개인적인 상황에 문제가 없는지, 또 도와줄 수 있는 부분이 무엇인지 인간적으로 관심을 기울이며 살펴야 합니다.

"요즘 대화가 많이 줄어든 것 같고 지쳐 보여서 조금 걱정돼요. 무슨 일이 있는 건 아닐까 싶기도 하고… 혹시 지금 하고 있는 일이 너무 반복적이거나 지루하게 느껴지나요? 우리가 이 일의 '의미'나 '앞으로 더 성장할 방법'을 함께 고민해 보면 좋겠습니다."

개인적으로 친분이 있는 사이라면, 커리어에서 이루고 싶은 꿈이나 장기적인 목표에 관해서도 이야기할 수 있습니다. 건설적인 피드백이 단순히 간극을 이야기하는 데서 끝나지 않고, 커리어와 성장에 관한 대화로 확장될 때 시너지가 날 테니까요. 그럴 때 피드백은 관계를 해치지 않고 오히려 더 건강하게 만들며, 구성원이 스스로 어디로 나아가야 하는지에 대한 동기와 방향성을 찾는 데 도움이 됩니다.

■ 건설적인 피드백 실전 사례

앞서 건설적인 피드백을 주는 사례들을 이미 언급했지만 몇 가지 더 예시를 들어보도록 하겠습니다.

◆ 사례 1: 완벽주의에 빠진 시니어 개발자

대학원을 졸업한 뒤 팀에 합류해 5년간 두 차례 승진하며 시니어 개발자가 된 팀원이 있었습니다. 저와는 오랫동안 함께 일하며 분명한 신뢰 관계가 쌓여 있었고, 그는 어떤 일이든 완벽하게 마무리하며 늘 좋은 성과를 내왔습니다. 그러나 시니어가 돼 여러 중요한 프로젝트를 리드하게 되면서, 그의 장점이었던 완벽주의가 오히려 발목을 잡는 상황이 됐습니다.

이처럼 장점이 단점으로 변할 때 주는 건설적인 피드백은 특히 어렵고, 생각보다 많은 마찰을 일으킬 수 있습니다. 그래서 저는 간극에 관한 대화를 한 번으로 끝내지 않고 반복해서 이어갈 계획을 세운 뒤, 1대1 미팅에서 아래와 같이 이야기를 시작했습니다.

- 기대: "다수의 프로젝트를 리드하는 시니어 개발자로 우선순위를 고려해서 중요한 프로젝트를 더 열심히 하는 모습을 기대했습니다."
- 관찰: "하지만 지금 보기에는 모든 프로젝트를 비슷한 강도로 열심히 하는 걸로 보입니다."
- 간극: "리더십을 발휘해서 전체 팀 성과에 더 큰 영향을 줄 수 있는 프로젝트에 우선순위를 두는 모습은 아직 보이지 않아요. 어떻게 생각하는지 의견을

듣고 싶습니다.”

이 팀원은 앞서 언급했던, 과거의 성공 방식이 현재 성장을 가로막는 '성공 방정식의 함정'에 빠진 전형적인 사례였습니다. 맡은 일을 완벽하게 마무리하는 성향 덕분에 시니어 개발자까지 성장했지만, 그 완벽주의가 이제는 오히려 발목을 잡고 있다는 사실을 인식하지 못했던 것입니다. 그래서인지 처음에는 “완벽주의가 왜 문제가 되느냐”는 반응을 보이며 쉽게 이해하지 못했습니다. 다행히도 오랜 신뢰 관계가 있었기에 이 정도 반발하는 데서 그쳤지, 잘 모르는 사이였다면 피드백에 관해 훨씬 더 방어적이고 부정적인 반응이 나왔을 가능성이 큽니다.

몇 차례 대화를 이어가면서 그는 시니어로서 요구되는 새로운 역할을 점차 인지하기 시작했고, 다음과 같은 새로운 장점을 만드는 액션 아이템을 스스로 도출했습니다. 세 가지를 주제로 삼아, 1대1 미팅마다 하나씩 점검하기로 합의했습니다.

1. 우선순위에 맞춰 일을 진행하기
2. 모든 일을 완벽히 하기보다, 약 20%는 완성도를
   추구하되 80%는 제때 완료하는 데 집중하기
3. 개인기에 의존하기보다 위임에 신경 쓰기

이 사례를 통해 제가 얻은 교훈은, 새로운 레벨에 오를 때마다 달라지는 기대치를 명시적으로 설명해 주는 대화가 반드시 있어야 한다는 점이었습니다. 특히나 “완벽주의”

는 진짜로 완성도를 높이려는 노력이 아니라, 자신의 안전지대를 사수하려는 보이지 않는 벽일 수 있음을 깨달았죠. 모든 승진자와 이런 대화를 나누어야 한다는 사실을 뼈저리게 깨달았습니다.

앞서 온보딩 파트에서도 했던 이야기지만, 레벨이 올라갈 때마다 처음 90일을 어떻게 보내는지가 매우 중요합니다. 새로운 단계에 오르면 이전까지의 마인드셋(장점)을 버리고, 그 포지션에 맞는 새로운 마인드셋(장점)을 만들어가야 합니다.

이 과정에서 매니저와 대화를 통해 "지금 내 역할에 대해 어떤 기대가 있는지"를 명확히 확인하는 과정이 필요합니다. 물론 상사가 이런 이야기를 직접 해주는 것이 가장 이상적이지만, 그렇지 않더라도 개인이 스스로 메타인지를 높여 나에게 주어진 기대치를 점검할 수도 있습니다. 나이가 들고 경험이 쌓일수록 이런 메타인지는 더욱 중요해집니다.

◆ **사례 2: 브랜딩 가이드를 지키지 않은 신입 디자이너**

리더십 코칭 때 들어왔던 케이스입니다. 디자인팀 매니저가 새로 합류한 신입 디자이너의 협업 능력에 실망하며 코칭을 요청한 사례가 있었습니다. 화가 난 상태였고, 감정을 덜어낸 채 피드백을 전달할 엄두가 나지 못하던 상황이었습니다.

그래서 앞서 소개한 방법대로 가장 아쉬운 부분을 구체적인 사례로 정리한 뒤, "지금 이야기하지 않으면 이 사람을 더 미워하게 될지(간극이 커질 것 같은지)" 스스로 점검했고, 결국 대화를 시작하기로 결심했습니다. 매니저가 마주한 문제는 신입 디자이너가 팀의 브랜딩 가이드를 따르지 않고 UI 컴포넌트를 임의로 변경한 것이었습니다.

- 기대: "우리 디자인팀은 공통 컴포넌트 라이브러리를 사용하고, 컬러 팔레트도 정해진 규칙에 따라 일관성을 유지하고 있습니다."
- 관찰: "그런데 이번 화면 디자인을 보면, 규칙과 달리 헤더 색상이 다르고 버튼 모양도 독자적으로 바뀌어 일관성이 깨졌습니다."
- 간극: "그 결과 QA 쪽에서 여러 건의 리포트가 접수됐습니다. 왜 그렇게 변경했는지 특별한 이유가 있는지 듣고 싶습니다."

간극에 관한 대화 후 매니저는 신입 디자이너가 온보딩 과정에서 브랜딩 가이드에 대해 듣기는 했지만, 그것을 반드시 따라야 한다는 점은 명확히 이해하지 못하고 있었다는 걸 깨달았습니다. 단순히 디자인을 더 예쁘게 보여주고 싶다는 생각으로 임의로 디자인 요소들을 변경했던 것이었습니다.

대화를 통해 정리된 액션 아이템은 다음과 같았습니다. 주니어 디자이너에게 앞으로 좋은 아이디어가 있다면 팀에 먼저 제안해 전체 라이브러리와 가이드에 반영할 방법을 찾되, 당장은 기존 가이드를 따르기로 피차 합의했습니다.

만약 이 아쉬움에 대해 직접 이야기하지 않고 마음속에

만 담아두었다면 어떤 일이 벌어졌을까요? 신입 디자이너는 본인의 실수를 명확히 인지하지 못한 채 '신뢰할 수 없는 사람'이라는 낙인이 찍혔을 수도 있습니다. 반대로 매니저는 속으로 불만만 키우며 팀원을 험담하고, 불필요한 마음고생과 함께 채용에 대한 자신감마저 잃었을지도 모릅니다.

'기대 ➜ 관찰 ➜ 간극' 형태의 피드백은 생각보다 많은 문제를 해결한다.

▸ 우선순위, 데드라인, 문맥에 대한 커뮤니케이션 문제가 원인인 경우가 많습니다.

▸ 간극이 바로 줄어들지 않아도 쌍방이 간극의 존재를 인식하는 것만으로도 의미가 있습니다.

첫 대화 이후에는 '다음 행동'을 반드시 합의한다.

▸ 매니저와 팀원 모두 변화할 지점을 명확히 정해야 합니다.

▸ 필요하다면 후속 미팅을 통해 상황을 다시 점검합니다.

견해차가 크다면, 변화를 요구하는 단계로 전환한다.

▸ 더 이상 피드백 프레임워크를 반복하지 말고 원하는 변화를 명확히 말합니다.

▸ 개인 문제가 조직 문제로 확장될 때 그로 인한 문제를 분명히 전달합니다.

7장

개인 피드백을 넘어 팀 피드백으로

건설적인 피드백이 개인의 성장을 돕는 중요한 도구라는 점에는 의심의 여지가 없습니다. 그러나 '진짜 성장'은 개인의 스킬 향상만으로 완성되지 않습니다. 팀으로 어떻게 일하는지에 관한 코칭이 함께 이루어질 때, 비로소 팀의 성과와 개인의 성과가 동시에 상승하는 선순환이 만들어집니다.

제가 생각하는 "팀으로 일한다"는 의미는 다음 네 가지 행동을 포함합니다.

- 공동의 목표를 명확히 이해하고
- 매니저와 동료와 꾸준히 소통하며
- 자신의 역할과 책임을 정확히 인지하고
- 팀의 성공을 위해 적극적으로 기여하는 것

리더의 역할은 팀원 개인의 기술 역량을 강화하는 수준에 머물러선 안 됩니다. 팀 전체가 공동의 목표에 정렬되도록 이끄는 것, 그 목표에 기여하기 위해 어떤 행동이 필요한지 함께 논의하며 때로는 불편함을 감수하고서라도 피드백을 주는 것입니다.

이를 위해서는 먼저 리더의 솔선수범이 필수입니다. 리더 스스로 팀을 중심에 두고 일하는 모습을 일상에서 보여줘야 합니다. 구체적으로는 다음과 같은 행동이 포함됩니다.

- 팀이 왜 이 일을 하는지 전체 맥락을 명확히 제공하고
- 공동의 목표를 반복적으로 강조하며
- 팀의 성공을 우선하는 행동을 칭찬하고 성과 평가에 반영하며
- 불편함을 감수하고서라도 '팀 중심의 일하는 방식'과 '태도'에 관해 꾸준히 피드백을 제공하는 것

팀의 역량을 한 단계 끌어올리려면 피드백의 중심도 변화해야 합니다. 개인 역량에 관한 피드백을 넘어서, 팀으로 어떻게 일하고 있는지에 관한 피드백으로 범위를 확장해야 합니다. 예를 들어, 지금 본인이 하는 일이 전체 목표와 정렬됐는지 팀원이 스스로 점검하는가, 진행 상황을 투명하게 공유하며 협업하고 있는가, 문제를 개인 차원에서만 해결하려 하지 않고 팀 관점에서 접근하는가, 긍정적인 태도로 건설적인 아이디어를 제시하는지 등이 이에 해당합니다. 아래 몇 가지 예시를 들어봤습니다.

- **공동 목표 정렬**: "이번 프로젝트의 핵심 목표는 A입니다. 지금 진행 중인 업무가 이 목표와 어떻게 연결되는지 조금 더 명확하게 보여주시면 팀 전체의 이해도와 속도가 더 빨라질 것 같아요."
- **소통 방식 개선**: "업무 진행 상황을 초기 단계에서

조금 더 자주 공유해 주시면 관련된 팀원들이 전체 맥락을 빨리 이해할 수 있어 협업이 훨씬 부드러워질 거예요."

"문제가 생겼을 때 혼자 고민하며 오래 끌기보다, 초기에 관련 팀원 두세 명만 불러 10분 정도 논의했더라면 더 빠르게 해결될 수 있었을 것 같아요."

- **팀 중심 문제 해결**: "기능 구현 속도만 고려하기보다, 팀 간 의존성을 사전에 정리해 주신 부분이 큰 도움 됐습니다. 앞으로도 이런 팀 단위의 조율에 조금 더 신경 써주시면 좋겠습니다."
- **태도와 소프트 스킬***: "회의에서 보여주시는 차분한 말투가 갈등을 줄이는 데 큰 역할을 하고 있어요. 이 강점을 조금 더 의도적으로 사용하신다면 팀 분위기가 더 안정될 것 같습니다."

고성과 팀을 만드는 리더십의 시작은 바로 이런 "팀 기반 피드백"입니다. 리더가 개인기로 "짠" 하고 뛰어난 성과를 보여주는 모습은 단기적으로는 멋져 보일지 몰라도, 장기적으로는 팀의 성장을 오히려 저해합니다. 반대로 리더가 개인기보다 팀의 결과에 집중하고, 팀을 빛나게 하는 데 에너지를 쓴다면 리더의 평판은 좋아지고 영향력은 자연스럽게 커집니다.

---

* 기술적인 하드 스킬과 달리, 커뮤니케이션, 팀워크, 문제 해결, 리더십, 비판적 사고, 적응력 등과 같이 개인의 성격, 태도, 대인관계 및 상호작용 능력을 포괄하는 역량. 업무 성과와 조직 내 협업을 위해 필수적인 '인간적인 기술'을 의미합니다.

결국 뛰어난 리더는 구성원의 성장을 개인적인 성취의 틀 안에 국한하지 않습니다. 구성원이 팀 안에서 더 잘 협력하고, 더 잘 정렬되며, 더 잘 기여할 수 있도록 돕습니다. 이것이 팀의 성과와 개인의 성장이 함께 올라가는 가장 실질적인 리더십입니다.

협업을 방해하는 골칫거리: 일정 지연

처음 해보는 일을 맡거나 여러 팀이 함께 움직여야 하는 프로젝트라면, 일정이 어긋나는 것이 어찌 보면 자연스러운 일입니다. 문제는 '일정이 밀릴 것 같다'는 사실을 너무 늦게 말하는 데서 시작됩니다. 특히 분위기가 경직된 조직이나 자신감이 부족한 팀원일수록 이 이야기를 마지막 순간에 꺼내는 경향이 있습니다.

일정을 잘 관리하는 사람은 다릅니다. 최대한 약속된 마감에 맞추려고 노력하되, 일정 리스크를 초기에, 투명하게 공유합니다. 어디서 막혔는지 설명하고, 필요하면 도움을 요청하며, 그 과정에서 배운 점을 다음 작업에 적용합니다. 또 일정이 꼭 시켜셔야 하는 기능이 있다면 우선순위를 재조정하거나 범위를 줄여 핵심 기능만 먼저 구현하는 방식을 팀과 함께 논의해 나갑니다.

많은 개발자가 빠지는 가장 큰 함정은 '오버 엔지니어링'입니다. 이미 목표의 90%를 빠르게 달성했음에도, 마지막 10%를 완벽하게 처리하는 데 과하게 매달리다가 일정이 미끄러지는 경우죠. 이럴 때 "내가 완벽하게 해결하지 못하면 인정받지 못한다"는 생각 때문에 팀과의 소통을 끊어버리면, 상황은 더 복잡해지고 해결도 늦어집니다. 종종 결론은 아주 단순합니다. '나머지 10%는 당장은 하지 않아도 된다.' 하지만 이 결론을 개인이 혼자 고민할 때는 좀처럼 떠올리지 못합니다.

데이터 과학자도 비슷한 실수를 합니다. 규칙 기반으로 간단히 풀리는 문제를 굳이 머신러닝, 특히 딥러닝으로 해결하려다 시간이 불필요하게 많이 소모되는 경우가 대표적입니다.

이 모든 사례의 공통점은 분명합니다. 문제를 '개인의 역량'로만 해결하려고 외부 소통을 차단한 채 혼자 끙끙대는 순간 일정은 반드시 늦어진다는 것. 진짜 중요한 능력은 문제를 혼자 완벽하게 푸는 능력이 아니라, 문제를 해결하는 전 과정을 투명하게 소통하는 태도입니다.

즉, 완벽함을 향해 혼자 달리는 것보다 중요한 것은 협업을 잘하는 사람이 되는 것입니다. 이때 필요한 것은 기술이 아니라 소프트 스킬이며, 이런 관점에서 주고받는 피드백이야말로 팀이 함께 일하는 방식을 개선하는 데 가장 의미 있는 피드백입니다.

건설적인 피드백은 분명 쉽지 않습니다. 감정을 배제하고,

불편함을 무릅쓰면서, 때로는 상대방이 방어적으로 반응할지도 모르는 대화를 시작해야 하기 때문입니다. 하지만 피드백을 주지 않고 침묵으로 일관한다면, 간극은 점점 커지고 결국 더 큰 갈등으로 이어집니다. 반대로 신뢰를 바탕으로 기대, 관찰, 간극의 프레임워크를 꾸준히 적용한다면 불편한 대화조차 성장의 발판이 될 수 있습니다.

모든 피드백은 누군가를 몰아세우고 심판하기 위한 무기가 아니라, 서로 이해하고 함께 더 나아가기 위한 가장 실질적인 도구라는 걸 기억합시다. 리더십의 본질은 불편함을 회피하지 않고 대화의 장을 열어, 팀과 개인이 동시에 성장할 기회와 환경, 시스템을 만들어내는 것입니다.

팀의 성장은 개인 스킬이 아닌 '팀으로 일하는 협업 방식'으로부터

- ▸ 개인 역량에 관한 피드백을 넘어서 팀 단위의 행동과 협업 방식에 관한 피드백이 성과로 이어집니다.
- ▸ 여기에는 공동 목표 정렬, 의사소통, 역할 인지, 팀 기여라는 네 가지 축이 있습니다.

리더는 개인이 아니라 팀 전체의 방향성 정렬을 책임진다.

- ▸ 팀이 왜 이 일을 하는지 맥락을 제공하고, 공동 목표를 반복해서 이야기합니다.
- ▸ 팀의 성공을 우선하는 행동을 공개적으로 칭찬하고, 반대의 경우 불편함을 감수하고서라도 솔직한 피드백을 제공합니다.

팀 기반 피드백을 줄 때는 '행동 방식'과 '협업 태도'를 구체적으로 짚는다.

- ▸ 업무가 목표와 어떻게 연결되는지 항상 생각하고, 업무 진행 상황을 투명하게 공유하는 문화를 만듭니다.
- ▸ 문제를 개인 역량이 아닌 팀 협업 관점에서 해결하도록 코칭하며, 태도, 의사소통, 협업 방식도 함께 다룹니다.

좋은 피드백은 "상대를 공격하거나 내 화를 푸는" 행위가 아니라, 함께 더 나은 결과와 협업 방식을 찾는 대화입니다. 여기엔 신뢰와 호기심이 전제되고, 구체적인 근거가 호기심을 기반으로 제시돼야 합니다. 다시 한번 불편함을 견디는 자세가 필요하다는 점과 어려운 대화란 타고난 재능이 아닌 실수를 하며 시간을 두고 만들어지는 스킬이란 점을 꼭 잊지 말기 바랍니다. 다음 파트에서는, 이렇게 피드백을 잘 주고받아도 불가피하게 발생할 수 있는 갈등으로 어떤 것들이 있으며, 어떤 관점으로 이를 바라보고 해결할지 구체적인 전략을 다루겠습니다.

"피드백도 스킬이니까요."

우리는 왜 불편한 대화, 피드백을 꺼릴까요? 최근에는 궁금한 게 생길 때마다 챗GPT에 답을 물어보는데요. 우리가 불편한 대화를 어려워하고 피드백하길 난감해하는 이유에 관해 챗GPT는 아래와 같은 요인을 꼽았습니다.

1. 비판적인 피드백은 '나의 능력, 가치에 대한 부정'으로 받아들일 수 있어요. 자존이나 사회적 지위, 소속감이 위협받는다고 느끼면 "차라리 듣지 않는 편이 낫다는 쪽으로 기울 수 있어요.

2. 사람들 앞에서 지적받는 게 망신이라는 두려움이 작용할 수 있어요. 놀랍게도 긍정적인 평가에 대해서도 "과찬은 부담"이라며 두려움을 느끼고 피드백을 회피하는 때도 있고요.

3. 스스로에 대한 확신이 낮아서 나 자신의 성장이나 발전을 위해 피드백을 구해야 할 때도 "부탁하는 게 미안해서", "내가 뭘 알겠어" 하는 마음으로 피드백을 포기해 버려요.

4. "관계가 불편해질 거야"라는 두려움 때문에 불편한 대화를 미루는 사례도 적잖아요. "비판 = 멀어짐"이라는 불안감 때문에 피드백을 더 어려워하는 셈이죠.

5. 조직이나 사회 분위기에 따라 직접 피드백을 꺼

리는, 혹은 피드백 자체를 부정적으로 여기는 문화가 있을 수 있어요. 괜히 체면 깎일까 봐 피드백을 주고받길 기피하게 되죠.

6. 피드백을 어떻게 줘야 할지 몰라서 불편한 대화를 꺼릴 수도 있어요. 피드백을 '말하기 어렵지만 언젠가는 해야 할 불편한 일'로 남겨둔 채 생략하게 됩니다.

저자 또한 위와 같은 이유로 사람들이 불편한 대화를 피하거나 피드백을 어려워한다고 짚습니다. 가령 앞서 파트 2에서 "리더십은 인기를 끌기 위한 게 아니다"라고 짚는 대목에서는 4번이 떠오르고, 심리적 안전감과 '빠른 실패'를 강조할 때는 반대로 5번이 생각납니다. 특히 파트 5에서는 6번 문제에 집중해 언제, 누구에게, 어떻게 적절한 피드백을 줄지 다룹니다. 자연스럽게 대화하듯이, 내가 관찰한 바와 의견을 중심으로 구체적으로, 신뢰를 바탕에 깔고 피드백을 줘야 한다고 설명합니다.

특히나 자칫 비판적으로 들릴 수 있는 '건설적인 피드백' 방법은 파트 5에서 초보 리더가 가장 많이 공감하고 배울 만한 내용이라고 느낍니다. 혹시 리더로서 내가 상대방을 점점 더 미워하게 될 것 같다면, 상대가 말도 안 되는 기대치를 키우고 있다면 더 늦기 전에 아쉬움을 터놓고 이야기 나눠야 한다고 저자는 강조하는데요. 틈이 벌어지기 전에 즉시 대화하면서 이런저런 화두가 아닌 '한 가지 핵심'에 집중해 피드

백해야 내용이 명확하게, 건조하고 건강하게 전해진
다고 말합니다.

　개인적으로는 '기대, 관찰, 간극'이라는 대화 구조
를 통해 자칫 불편할 수 있는 대화를 풀어가라는 조
언이 도움이 됐습니다. 구체적으로 '어떻게'를 짚어
주는 내용이라서 가려운 곳을 긁어주는 듯했죠. 대화
가 공회전하는 것 같을 땐 잠깐 쉬었다가 다시 불편
한 대화로 돌아오는 것, 둘만의 공간에서 생산적인
대화를 하는 분위기를 조성하는 것 등등 저자의 경험
치가 돋보이는 포인트들이 눈에 띄었습니다.

　"완벽한 사람은 없습니다." 저자는 그렇기 때문에
불편한 대화, 피드백이 필요하다고 역설합니다. 과거
의 성공 방정식이 새로운 환경에서 통하지 않을 가능
성이 있는데, 이때 변화에 적응해 한 뼘 더 성장하는
가장 빠른 학습 메커니즘이 '피드백'이라고요. 게다
가 피드백은 꾸준히 연습해 연마할 수 있는 '스킬'이
라고. 얼마나 다행스러운 소식인가요. 누구나 피드백
을 더 잘할 수 있다는 게. 그러니 더는 피드백을 미루
지 말고 시도해 보길 바랍니다. 우리는 여전히 대화
가 필요하니까요!

김지윤

Q. 내가 받았던 피드백, 혹은 내가 줬던 피드백 중에서 기억에 남는 내용이 있다면 적어보세요.

Q. 내가 나에게 지금 피드백을 준다면 어떤 피드백을 왜 주고 싶나요? 구체적으로 피드백을 작성해 보세요.

Q. 지금 내가 피드백을 주고 싶은 사람이 있나요? 누구에게 어떤 피드백을 왜 주고 싶은지 적고, 실제로 어떻게 피드백을 줄지 정리해 보세요.

Q. 기대/관찰/간극의 프레임워크를 활용해 가까운 시일에 피드백을 제공해 보세요. 상대방과의 대화가 어떻게 풀렸는지 기록으로 남기세요.

파트 6

갈등을 해결하는 리더십

"모든 구성원이 만족하는 해법을 찾을 수 있을까요?
가능하다면 어떻게 도출할 수 있을까요?"

"팀원 간 갈등에 제가 직접 개입하다 보니,
이제는 작은 문제만 생겨도 저를 찾습니다.
팀원들이 자율적으로 문제를 해결하도록 유도하려면
어떻게 해야 할까요?"

"조직 내 충돌을 줄이기 위해 'R&R(Role &
Responsibility, 조직 내 역할)'을 세부적으로
정의해왔습니다. 그러다 보니 문제만 생기면 R&R
이야기가 나옵니다. 이런 접근이 올바른 방법일까요?"

앞서 다룬 것처럼, 좋은 피드백은 개인의 성장을 이끄는 도구일 뿐 아니라 팀 내 관계를 건강하게 유지하는 기반입니다. 솔직하고 존중 있는 피드백은 신뢰를 쌓게 하고, 팀이 위기에 직면했을 때 훨씬 더 안정적인 대응력을 갖추게 만듭니다.

그러나 아무리 피드백 문화가 잘 정착돼 있더라도 팀에서 완전히 피할 수 없는 것이 있습니다. 바로 '갈등'입니다. 사람마다 성격과 일하는 방식이 다르고, 때로는 우선순위가 다르기 때문에 갈등은 필연적으로 발생합니다. 중요한 것은 갈등을 없애는 것이 아니라 갈등을 어떻게 바라보고 다루느냐입니다.

건강한 팀은 갈등을 숨기지 않습니다. 오히려 갈등을 드러내고, 잘 해결하며, 때로는 그것을 통해 새로운 인사이트와 해법을 발견합니다. 이 파트에서는 갈등이 왜 생기는지, 어떤 유형의 갈등이 있는지, 그리고 리더는 이를 어떻게 해결할 수 있는지를 구체적인 전략과 사례를 중심으로 살펴보겠습니다. 개인적으로 리더로 일하면서 가장 힘들었던 부분이 바로 충돌 해결이었다는 점을 먼저 말씀드리고 싶습니다.

1장

팀 내 충돌은 왜 생길까?

의견이 항상 일치하는 팀은 없습니다. 조직 내 충돌이 수면 위로 드러나느냐, 아니면 묻히느냐의 차이일 뿐입니다.

저 역시 처음 리더 역할을 맡았을 때는 "좋은 팀은 싸우지 않는 팀"이라고 생각했습니다. 다들 사이좋게 지내며 의견 충돌 없이 일사천리로 흘러가는 모습을 상상했습니다. 그러나 시간이 지나면서 오히려 좋은 팀의 정의는 정반대라는 사실을 깨달았습니다.

잘 되는 팀일수록 회의에서 다양한 의견이 오갑니다. 때로는 날 선 논쟁이 벌어지기도 합니다. 사안의 장단점을 두고 격론이 오가지만, 결국 성과를 냅니다. 상호 신뢰가 존재하는 팀이기 때문에 자기 의견을 편하게 이야기할 수 있는 분위기에서 치열한 논쟁이 좋은 결과로 이어질 수 있습니다.

충돌의 종류와 해결 방법을 짚기 전에 충돌이 왜 생기는지 먼저 이야기해 보겠습니다. 현상의 배경을 정확히 알아야 근본적인 원인을 바로잡을 수 있을 테니까요. 팀 내 갈등을 빚는 대표적인 이유를 4가지 살펴봅시다.

1. 팀원, 조직마다 우선순위와 관점이 다르다

갈등은 꼭 누군가가 '틀려서'가 아니라, 서로 다른 관점과 우선순위를 갖기 때문에 생깁니다. 그래서 피드백과 마찬가지로, 협업에서 가장 먼저 확인해야 할 것은 '공동의 목표가 있는가?'입니다. 목표 지점이 다르다면 협업이 매끄럽게 흘러갈 가능성은 크게 낮아집니다.

예를 들어, 어떤 회사에서 B2B*를 위한 제품 기능 구현을 두고 개발팀과 영업팀이 갈등하는 상황을 보겠습니다.

- **개발팀**: "기능을 추가하려면 먼저 안정성을 확보해야 합니다."
- **영업팀**: "일단 이번 주 안에 기능이 나가야 매출을 살릴 수 있습니다."

개발팀 입장에서는 이미 계획된 다른 일정까지 고려해 안정성을 우선시하는 것이 맞습니다. 반대로 영업팀은 기능을 빨리 출시해야 매출을 확보할 수 있다고 생각합니다. 두 팀 모두 각자 직무 관점에서 '옳은 이야기'를 하고 있는 셈입니다.

이처럼 직무마다 목표와 우선순위가 다르다 보니 갈등과 충돌은 자연스럽게 발생합니다. 대표적인 예가 바로 '의존 관계 갈등(Interdependence Conflict)'입니다. 내가 일을 하려면 상대방의 작업이 선행돼야 하거나, 다른 팀

---

* 'Business to Business'의 약자로, 기업이 다른 기업을 대상으로 제품이나 서비스를 제공하는 형태를 뜻합니다.

의 도움을 받아야 하는 경우입니다.

이런 갈등은 요청 방식, 응답의 적시성 등에 따라 큰 문제 없이 지나갈 수도 있습니다. 따라서 팀 간 혹은 개인 간에 명확한 업무 프로토콜을 정하고, 정기적으로 만나 서로 상황을 공유하는 시간이 필요합니다.

결국 충돌 그 자체가 아니라, 충돌을 어떻게 다루느냐가 관건입니다. 충돌이 생겼을 때 이를 방치하거나 이에 너무 늦게 대응하는 방식이 진짜 문제를 키웁니다.

2. 커뮤니케이션 스타일과 성격 차이

또 다른 충돌 원인은 의사소통 방식이나 성격 차이입니다. 예를 들어 한쪽은 직설적으로 말하고, 다른 한쪽은 돌려 말하는 경우가 있습니다. 혹은 어떤 사람은 회의에서 적극적으로 발언하지만, 다른 사람은 머릿속에서 정리하고 조용히 추진하는 것을 선호하기도 합니다. 이때 서로에 대한 인식이 달라집니다.

- "왜 저 사람은 회의 분위기를 불편하게 만들까?"
- "왜 저 사람은 말이 없지? 관심이 없는 건가?"

이러한 차이 자체는 큰 문제기 아니지만, 신뢰가 부족한 환경에서는 쉽게 감정의 골이 깊어질 수 있습니다. 모두가 '좋은 의도'로 행동했음에도 불구하고, 방식이 달라 오해가 생기는 것이죠. 따라서 리더는 이런 차이를 중재할 수 있는 소통 방법을 익히고 팀원들에게 전파해야 합니다. 기본적으로는 "공동의 목표를 잊지 않고, 호기심을 바탕으로 다른 의견을 듣는 자세"를 잃지 말아야 합니다.

또한 (많지는 않지만) 논쟁에서 이겨야만 직성이 풀리는 사람들도 있습니다. 이런 경우에는 이 지점에 관해 꾸준히 피드백을 주되, 채용 과정이나 평판 조회, 수습 기간에서 이미 드러난 '레드 플래그'(문제가 될 수 있는 위험 신호)는 없었는지 점검해 볼 필요가 있습니다.

꼭 커뮤니케이션 스타일이나 성격 차이뿐 아니라, 개인의 배경/정치적 성향/성별/문화 차이에서도 갈등이 생깁니다. 서로 다른 문화권에서는 같은 표현도 다르게 받아들일 수 있습니다. 예를 들어 어떤 문화권에서는 "안 된다"고 직접 말하는 것을 매우 어렵게 여기지만, 다른 문화권에서는 당연하게 여깁니다. 이에 따라 한쪽은 정중히 거절했다고 믿었는데, 다른 쪽은 완전히 반대로 오해하는 사례가 실제로 발생합니다.

따라서 다른 문화권의 팀 간 협업에는 상호 이해와 조정이 필수적입니다. 상위 매니저는 문화적인 차이로 인해 생길 수 있는 문제 상황을 인식하고, 양쪽 팀 모두 기존 방식을 그대로 고수하기보다는 정중하면서도 간단명료하게 소통하도록 도와야 합니다. 예를 들어 유교 문화권 팀은 본인이 소화하기 힘든 요청을 애매하게 넘어가기보다는 정중히 거절해야 하고, 적극적으로 요청하는 게 일반적인 문화권의 팀은 톤을 누그러뜨려 불필요한 압박을 주지 않도록 주의해야 합니다.

갈등은 종종 누가 특정 프로젝트나 결정에 대한 오너십(권한)을 가졌는지 명확하지 않을 때 생깁니다. 같은 업무를 두 팀이 중복해서 리드하고 싶어 하거나, 반대로 모두 미루는 상황이 대표적입니다. 이런 경우 갈등의 원인은 의견 차이가 아니라 구조적인 모호함에 있습니다. 리더는 역할과 책임을 명확히 정리해 주고, 필요하다면 "누가 최종 의사결정권자인지" 분명히 선언해야 합니다. 예를 들어, 제품 출시를 앞두고 기획팀과 마케팅팀이 모두 제품 메시지 초안을 만들다가 최종 책임이 누구에게 있는지 불분명해서 갈등을 겪을 수도 있습니다. 이런 상황에서 상위 리더는 "제품 메시지에 대한 최종 결정은 마케팅팀이 한다"는 식으로 명확하게 교통정리를 해줘야 합니다.

또 다른 예시로는, 한 B2B 회사에서 기존 서비스의 가격 정책을 바꾸려는 논의가 있었습니다. 그런데 프로덕트, 세일즈, 재무팀이 모두 새로운 가격을 정하는 데 다른 입장을 고수해 합의가 이뤄지지 않고 있습니다. 아래와 같이 의견이 엇갈릴 수 있습니다.

- **제품팀**: "가격 모델은 제품 전략의 핵심이니 우리가 최종 의사결정을 해야 합니다."
- **영업팀**: "고객과 매일 대화하는 건 우리고, 실제 계약 성사 여부를 좌우하니 우리 의견이 더 중요합니다."
- **재무팀**: "가격은 회사 전체 매출과 수익성에 직결되

는 문제라 우리 검토 없이는 위험합니다.”

각 팀은 자기 역할상 다 맞는 말만 하고 있습니다. 하지만 “누가 최종 오너십을 갖는가?”가 명확하지 않으니 회의는 계속 빙빙 돌고, 의사결정은 지연되고, 결국 경쟁사보다 늦게 새로운 가격 정책을 도입하는 상황이 발생합니다. 결국 전담 리더가 먼저 결정되거나 의사결정 프로세스가 투명해져야 이러한 문제를 해소할 수 있습니다. 해법의 예로는, 가격 변경 프로젝트 시작 때부터 CEO가 아예 “최종 결정권은 제품팀에 있고, 세일즈와 파이낸스는 인풋(추가 의견)을 제공한다”는 식으로 명확히 역할과 책임을 정의하는 식으로 충돌을 예방할 수 있습니다.

4. 정보 비대칭과 투명성 부족 때문에

정보가 일부 팀원에게만 공유되고 다른 사람은 모르는 상황이 벌어지면 쉽게 불신이 번집니다. “왜 우리 팀만 모르고 있지?”라는 의문은 곧 “우리를 배제하려는 것 아닌가?”라는 의심으로 커집니다. 실제로는 단순히 공유 절차가 없었을 뿐이지만, 투명성이 부족하면 신뢰가 깨지면서 갈등이 생기는 것이죠. 그러므로 리더는 정기적으로 정보를 공유하는 루틴(예: 스태프 미팅, 슬랙 채널 공유 등)을 통해 이런 문제를 예방해야 합니다. 예컨대, 경영진이 전략적으로 방향을 전환한다는 소식을 일부 팀에만 먼저 알려줘서 다른 팀이 뒤늦게 알았을 때 “우리 팀은 중요하지 않나?”라는 불만이 터져 나오기도 합니다. 이때 리더는 공유가 늦어진 점을 인정하고 사과한 뒤, 앞으로는 모든 관련 팀이 동시에 맥락과 정보를 받을 수 있도록 공식적인 커뮤니케이션 채널과 원칙을 마련해야 합니다.

단순히 "결정됐다"라는 사실만 공유하는 게 아니라, 결정의 근거와 배경이 되는 맥락을 함께 설명하는 것도 중요합니다. 결국 이런 종류의 갈등은 더 많은 정보를 공개하는 데서 끝나지 않고, 공평하고 일관된 방식으로 정보를 공유하겠다는 약속을 조직 차원에서 제도화할 때 해결됩니다. 이렇게 해야만 팀 간 위계나 소외감이 줄어들고, 앞으로 유사한 전략 변화에도 기꺼이 협업하는 분위기를 유지할 수 있습니다.

팀 내 충돌은 대부분 특별한 사건에서 비롯되는 것이 아니라 우선순위 차이, 커뮤니케이션 방식의 불일치, 오너십의 모호함, 정보 비대칭 같은 반복적인 상황에서 발생합니다. 이 네 가지 요인은 겉으로는 단순한 의견 차이처럼 보이지만, 방치되면 신뢰를 무너뜨리고 협업을 가로막습니다. 따라서 리더는 갈등이 표면에 드러났을 때 "누가 옳고 그른가"를 따지는 데 머물지 말고, 그 갈등이 어떤 구조적인 요인에서 비롯됐는지 파악해야 합니다. 문제의 근본 원인을 분류하고 원칙을 세워 충돌 상황을 다루는 것이야말로 팀을 건강하게 지키는 리더의 역할입니다.

<h1 style="text-align:center">이것만은 기억하자!</h1>

팀마다 우선순위와 스타일이 다르다.

- ▸ 개발팀은 안정성을, 영업팀은 매출 속도를 중시하는 등 직무별 관점 차이에서 충돌이 생깁니다.
- ▸ 이는 '의존 관계 갈등'으로 이어질 수 있으며, 정기적으로 명확한 프로토콜을 토대로 상황을 공유해 해결할 수 있습니다.

커뮤니케이션 스타일과 성격 차이가 원인

- ▸ 직설적인 vs. 돌려 말하기, 적극적인 발언 vs. 조용한 정리 등 방식 차이로 오해가 생깁니다.
- ▸ 신뢰 없는 환경에서는 감정적인 골이 깊어지기 쉽습니다. 리더는 차이를 중재하고 호기심 어린 대화를 장려해야 합니다.
- ▸ 문화, 배경 차이도 갈등을 심화시키므로, 정중하면서도 명확한 의사소통이 필수입니다.

오너십이 불명확할 때 충돌이 커진다.

- ▸ 누가 최종 결정권자인지 모호하면 팀 간 갈등이 장기화합니다.
- ▸ 해법은 초반부터 최종 오너십을 명확히 정의하는 것입니다.

정보 비대칭과 투명성 부족이 불신을 만든다.

- ▸ 일부 팀만 중요한 의사결정에 관해 먼저 알게 되

면 다른 팀은 '배제됐다'는 불만을 느낍니다.

▸ 리더는 사과와 함께, 앞으로는 모든 팀이 동시에 맥락까지 포함한 정보를 받도록 원칙을 제도화해야 합니다.

▸ 충돌 해결은 단순히 더 많은 정보를 공개하는 것이 아니라, 공평하고 일관되게 정보를 공유한다는 신뢰와 약속을 만드는 데 있습니다.

2장

갈등의 성격과 주체를 파악하자

모든 갈등에 동일한 해결 방법을 적용할 수는 없습니다. 누군가가 "요즘 팀에 갈등이 많아요" 말할 때, 항상 아래와 같은 질문을 이어서 해보는 것이 좋습니다.

- "아이디어 충돌인가요? 아니면 사람 간 감정 충돌인가요?"
- "충돌의 주체가 누구인가요?"

팀 내 갈등을 해결하려면, 우선 갈등의 '성격'을 먼저 파악해야 합니다. 정확한 진단 없이 수술대에 오를 수 없듯이, 충돌을 일으키는 근본적인 원인을 먼저 규명해야 하죠. 이번 장에서는 구체적으로 어떤 갈등이 어떻게 발생하는지 살펴보겠습니다.

■ 업무 갈등 vs. 관계 갈등

업무 갈등은 생산적인 충돌로, 팀 간에 과업의 방향성, 우선순위, 해결 방안에 대한 견해차를 아우릅니다. 예를 들면 이런 상황입니다.

"이 기능은 이번 스프린트에 넣어야 해요."
vs. "아니요, QA 일정상 리스크가 너무 큽니다."

이런 충돌은 오히려 팀에 좋습니다. 더 나은 해법을 탐색하기 위함이니까요. 물론 전제 조건이 있습니다. 서로 신뢰하는 관계라면 금상첨화이고, 의사결정이 지나치게 지연되지 않아야 업무 갈등이 건강하고 건설적인 결과로 이어집니다.

관계 갈등은 감정적인 충돌입니다. 대개 업무 갈등이 장기화하거나 과거 경험이 누적되면서 발생합니다. 아래와 같은 반응이 터져 나올 수 있습니다.

- "상대방이 제 말을 계속 무시해요."
- "인성에 문제가 있는 것 같아요."

충돌이 이 단계로 넘어가면 더 이상 '무엇이 옳으냐'의 문제가 아니라 사람 자체를 두고 '누가 잘못했느냐'를 따지는 싸움이 됩니다. 그렇게 관계 갈등으로 문제가 번지면 회복에 더 많은 시간과 노력이 들며, 팀 전체 분위기에도 악영향을 줍니다. 따라서 업무 갈등이 관계 갈등으로 번지려는 순간을 놓치지 않고 조기에 개입하는 것이 리더의 핵심 역할입니다.

■ 주체에 따라 달라지는 갈등의 유형

이번에는 갈등의 주체에 따라 갈등을 분류해 보겠습니다. 먼저, 같은 매니저 아래 개인들 사이에서 벌어지는 갈등은 상대적으로 해결하기 쉬운 편입니다. 하지만 이것이 팀 간의 갈등으로 확장되고, 상위 매니저의 개입 없이는 풀리지 않는 상황이 되면 난이도는 훨씬 높아집니다.

조직문화도 각 주체가 갈등을 해결하는 데 영향을 미칩니다. 어떤 회사는 상위 매니저나 경영진이 갈등을 직접 조율해 주지만, "알아서 해결하라"는 분위기를 가진 회사도 있습니다. 후자와 같은 일터에서 빠르게 상황이 해결되길 기대하기 어렵습니다.

제 경험으로도 '충돌 해결'은 리더 역할을 하면서 가장 힘들고 큰 노력이 필요한 과제 중 하나였습니다. 이제부터는 본인이 매니저라는 전제하에, 매니저를 중심으로 갈등의 주체를 어떻게 분류할 수 있는지 살펴보겠습니다.

1. 같은 팀 내 팀원 간 갈등

매니저에게 직접 보고하는 팀원들 사이에서 벌어지는 갈등입니다. 난이도는 비교적 낮지만, 반복되면 팀 분위기를 크게 해칠 수 있습니다. 이 경우 매니저가 소그룹 대화를 통해 빠르게 개입해 의견을 조율하면서 갈등을 해결하는 원칙을 만드는 작업이 필요합니다. 같은 팀 내 갈등이라 하더라도 개인적인 감정이 깊어지면 단순히 업무 지시만으로 상황이 해결되지 않는 경우도 있으니 주의가 필요합니다.

2. 나(매니저)와 팀원 간 갈등

새로운 매니저가 기존 팀을 맡을 때 자주 발생합니다. 예컨대 "전에는 이렇게 안 했는데요?"라는 저항은 일하는 문화가 충돌하고 있다는 강력한 신호입니다. 이때는 새 매니저가 부임하기 전에 이전 매니저, 상위 리더, HR 담당자와 충분히 대화해 잠재적인 이슈와 팀원 성향을 미리 파악하는 것이 좋습니다.

또 다른 경우로, 성과가 좋던 팀원이 승진한 후 기대하는 수준만큼 리더 자리에 적응하지 못해서 생기는 갈등입니다. 주니어 시절에는 개인 역량을 발휘해 조직에 공헌하는 것만으로 충분합니다. 하지만 시니어나 매니저로 올라가면 영향력을 넓히고, 다른 사람을 챙기고, 위임을 통해 '곱하기 효과'를 내는 역할이 요구됩니다. 이 변화를 인지하지 못하면 승진한 본인은 여전히 열심히 하고 있다고 생각하지만, 주변의 평가는 냉담해질 수밖에 없습니다. 따라서 상위 매니저는 역할 변화에 따른 기대 수준을 명시적으로 재정립해야 합니다.

마지막으로, 온보딩 과정에서 업무 결과물에 대한 작은 불만이 대화 없이 쌓였다가 시간이 지나 증폭되는 경우도 흔합니다. 이때 현 상황에 관해 단정하기보다는 호기심을 바탕으로 일찍 대화를 시작하는 리더십이 갈등이 확산하는 걸 막는 지름길입니다.

3. 나 vs. 내 상사

난이도가 높은 갈등입니다. 위계에 따른 권력 불균형이 존재하므로, 부적절한 대응은 개인의 커리어에 치명적인 리스크가 될 수 있습니다.

이 갈등은 대개 "상사가 나를 이해하지 못한다"거나, "현실과 동떨어진 기대를 한다"는 느낌에서 시작됩니다. 업무 우선순위가 계속 바뀌거나, 결정 기준이 명확하지 않거나, 성과에 대한 피드백이 모호할 때 이런 감정은 빠르게 쌓입니다. 특히 상사가 나보다 해당 분야에 관한 이해가 부족하다고 느껴질수록 답답함은 더 커집니다.

이때 흔히 저지르는 실수는, 상사를 '넘어야 할 장애물'로 인식하는 것입니다. 이런 접근은 대부분 상황을 악화합니다. 상사는 함께 일해야 하는 핵심 이해관계자이기 때문입니다. 그래서 이 갈등을 풀기 위해 필요한 전략이 바로 파트 4의 마지막 부분에서 언급했던 '매니지업(Manage Up)'입니다. 상사를 어떻게 관리할지 진지하게 고민하고, 실행 방안을 모색하길 권합니다.

매니지업의 첫 단계는 상사가 무엇을 중요하게 보는지 파악하는 것입니다. 속도인지, 안정성인지, 외부 평판인지, 조직 내 방향성 정렬인지. 어떤 기준으로 평가받는지 이해하지 못하면 아무리 열심히 일해도 엇갈린 평가를 받을 수밖에 없습니다.

두 번째는, 문제를 개인 감정이 아닌 일의 구조로 번역하는 시각입니다. "방향이 자주 바뀐다"고 불평하는 대신, "우선순위가 변경되는 시점과 기준을 미리 공유받을 수 있으면 팀의 실행력이 더 높아질 것 같다"고 말하는 식입니다. 이는 불만을 제기하는 것이 아니라, 상사가 더 나은 결정을 내릴 수 있도록 돕는 제안에 가깝습니다.

세 번째는, 상사가 기대하는 바를 막연히 추측하지 않는 것입니다. "이 정도면 알아주겠지?" 생각했다가 거의 항상 기대감이 어긋납니다. 그보다는 정기적인 대화를 통해 지금 무엇을 잘하고 있고, 무엇을 더 보완하면 좋을지 명확히 확인하는 습관이 필요합니다.

물론 모든 갈등이 대화로 해결되지는 않습니다. 조직 구조상 해결이 어렵거나, 상사의 리더십 스타일이 단기간에 바뀌지 않는 경우도 많습니다. 그럴 때는 이 갈등이 내가 감당할 수 있는 영역인지, 아니면 환경 자체를 다시 선택해야 하는 문제인지 냉정하게 구분해야 합니다.

핵심은, 나와 내 상사 간의 갈등을 개인적인 실패로 받아들이지 않는 것입니다. 이 갈등은 리더로 성장하는 과정에서 거의 누구나 마주하는 통과의례에 가깝습니다. 이를 회피하지 않고 구조적으로 바라보고, 대화와 실행으로 풀어가려는 경험 자체가 다음 단계의 리더십을 준비하는 자산이 됩니다.

4. 우리 팀 vs. 다른 팀

이 유형은 '매트릭스 조직'에서 가장 흔하게 발생합니다. 내가 관장하는 팀과 다른 팀 사이에서 벌어지는 갈등으로, 풀기 어려운 갈등에 속하죠. 앞의 두 케이스(같은 팀 내, 나와 팀원 간)는 매니저인 내가 어느 정도 통제권을 가지고 있지만, 이 유형에는 내 권한만으로 충돌을 해결할 수 없는 상황에 놓입니다. 대개는 각 팀의 목표가 다르기 때문에 갈등이 발생하는데, 여기서부터 난이도가 올라갑니다. 예를 들면 아래와 같습니다.

- **우리 팀**: "고객 경험을 개선하는 것이 중요해요."
- **다른 팀**: "우리는 트래픽을 늘리는 것이 먼저예요."

용어 설명: 매트릭스 조직이란?

매트릭스 조직은 한 직원이 기능(Function) 조직 리더와 목적(Project) 조직 리더 두 명에게 동시에 보고하는 구조를 말합니다.

여기서 기능 조직은 직무와 전문성 중심으로 구성된 조직입니다. 엔지니어링, 데이터, 프로덕트, 디자인과 같은 팀을 포함합니다. 이 조직은 구성원의 전문성 성장, 기술적 기준, 업무 품질을 책임집니다. 목적 조직은 특정 목표 달성을 위해 구성된 조직으로, 제품 개발이나 주요 이니셔티브와 같이 명확한 미션을 중심으로 운영됩니다.

예를 들어, 데이터 분석가가 데이터팀 팀장(기능 조직 리더)의 지휘를 받으면서 동시에 신상품 TF 리더(목적 조직 리더)에게도 경과를 보고하는 식입니다. 매트릭스 조직은 유연성과 속도 면에서 강점이 있으나, 우선순위가 상충할 경우 실무자가 지시의 혼선 속에서 고립될 수 있다는 단점도 있습니다.

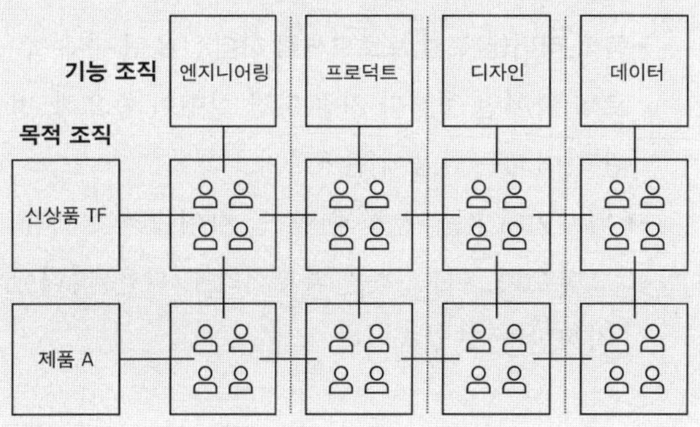

매트릭스 조직에서 발생하는 흔한 갈등을 예시로 살펴
보겠습니다.

예시 1) 데이터 분석가 A의 갈등: 로그 표준화 vs. 신상품 론
칭 지원

- 기능 리더(데이터팀 팀장): "이번 분기엔 로그 수집
  체계를 통합하는 게 우선이야. 분석가들도 이 표준
  화 작업에 투입돼야 해."
- 목적 리더(신상품 TF 리더): "신상품 론칭 D-7이야. A
  는 매일 실적을 분석해서 실시간 의사결정에 쓰고
  있어. 지금 빼면 안 돼."
- → 데이터 분석가 A는 혼자 우선순위를 판단하기 어
  렵고, 두 리더 사이에 끼인 상황이 됩니다.

예시 2) 디자이너 B의 딜레마: 브랜드 일관성 vs. 프로젝트 속
도

- 기능 리더(디자인 총괄): "이번 분기엔 전사 브랜드
  가이드라인을 업데이트했으니 모든 디자인에 반영
  돼야 해."
- 목적 리더(글로벌 프로모션팀 리더): "우린 다음 주 글
  로벌 캠페인 출시라 지금 당장 실행이 중요해. 변경
  된 가이드는 다음에 반영하자."
- → 디자이너 B는 '원칙'과 '속도' 사이에서 선택을 강
  요받으며, 어느 쪽을 따르더라도 다른 리더에게
  지적받을 수 있습니다.

예시 3) 개발자 C의 고민: 인프라 안정화 vs. 서비스 장애 복구

- 기능 리더(백엔드 개발팀 팀장): "팀 차원에서 인프라 안정화 리팩토링을 이번 주 안에 마쳐야 해. 중요한 공통 작업이야."
- 목적 리더(이커머스 서비스 매니저): "이번 주엔 정산 기능 장애를 고쳐야 해. C가 그 부분을 가장 잘 알아."
- → 개발자 C는 두 팀 모두에 핵심 기여자인데, 시간을 양쪽에 동시에 쓸 수 없어 갈등이 발생합니다.

이러한 구조적인 갈등은 실무자 차원의 합의만으로는 해결하기 어렵습니다. 반드시 상위 리더들이 모여 우선순위를 정렬하고 조율하는 미팅이 선행돼야 합니다. 또, 이런 충돌을 줄이려면 팀 간 지표를 공유하고 같은 방향으로 움직이고 있는지 주기적으로 점검해야 합니다. 이는 동료 매니저 간의 정기 미팅을 통해 해소할 수 있습니다.

앞으로 다룰 파트 7에서 더 이야기하겠지만, 1대1 미팅은 꼭 보고 체계(상향/하향)로만 활용되는 것이 아닙니다. 밀접하게 협업하는 피어(동료) 간의 1대1 미팅도 문제 상황을 풀고 충돌을 해결하는 데 중요합니다. 매트릭스 조직에서 갈등을 예방하고 조율하는 핵심 장치가 될 수 있습니다.

업무 갈등은 팀에 도움이 된다.

- ▸ 방향성, 우선순위, 해결책을 두고 의견이 다르다면 (신뢰를 전제로 두고서) 분명 더 나은 해법으로 이어질 수 있습니다.
- ▸ 단, 의사결정이 지연되면 생산성이 떨어지고 관계 갈등으로 번질 수 있습니다.

관계 갈등은 감정의 문제

- ▸ "말을 무시한다", "인성이 문제다" 같은 불만으로 옮겨가면 더 이상 해법 찾기가 아니라 '누가 잘못했는가' 싸움이 됩니다.
- ▸ 한 번 감정적으로 골이 깊어지면 회복하는 데 많은 시간과 에너지가 소요됩니다.

갈등의 주체에 따라 난이도가 달라진다.

- ▸ 같은 팀 내 개인 간 갈등은 비교적 쉽게 풀 수 있지만, 팀 간 갈등은 상위 리더 개입 없이 해결하기 어렵습니다.
- ▸ 나와 팀원, 나와 상사 간의 갈등도 다른 접근이 필요하며, 특히 상사와의 갈등에서는 '매니지업'이 핵심입니다.

매트릭스 조직에 특히 중요한 '리더십 정렬'

- ▸ 구조적으로 충돌의 여지를 품고 있기 때문에 리

더들이 반드시 방향성 정렬에 신경 써야 합니다.

▸ 기능 리더와 프로젝트 리더가 서로 다른 우선순위를 요구하기 때문에, 팀원은 두 지시 사이에 끼게 됩니다.

▸ 상위 리더 간의 조율 미팅과 공통 지표/목표 공유, 피어 매니저 간의 정기 협의를 통해 해법을 찾을 수 있습니다.

3장

갈등 해결, 원칙과 절차를 만들 때

피드백과 마찬가지로 갈등을 해결할 때도 시의성이 핵심입니다. 피드백을 줄 때 "간극이 더 커질 것 같으면 바로 준다"는 원칙이 있었던 것처럼, 갈등도 기본적인 원칙과 프로세스를 마련해 시의적절하게 해결해야죠. 그래야 상위 매니저가 모든 갈등에 개입하지 않아도, 당사자들이 일정 수준의 충돌을 스스로 건강하게 해결할 수 있습니다. 그렇지 않다면 조직의 업무 속도와 생산성이 급격히 느려질 수밖에 없습니다.

■ 의사결정이 지연되는 순간

의사결정이 지연될수록 갈등이 감정적인 문제로 번질 가능성이 커집니다. 예컨대 하나의 안건에 여러 해결책이 있고, 회의를 거듭해도 결론이 나지 않는다면 이는 갈등이 커지고 있다는 신호입니다. 처음에는 A안과 B안을 두고 건강한 견해차를 나누는 것으로 시작했을지라도, 의사결정이 지연돼 논의가 공전하기 시작하면 팀원들이 피로와 불만이 쌓이게 됩니다.

- "결론이 나야 다음 일을 할 수 있는데, 다들 뭐 하는 거지?"
- "이 회의는 왜 계속하는 거야? 결론도 안 나는데."

이런 생각이 퍼지면 결국 팀 내 충돌은 감정적인 대립으로 바뀌고, 갈등을 되돌리기 훨씬 어려워집니다. 따라서 리더는 의사결정의 타이밍을 놓치지 않는 것이 무엇보다 중요합니다.

■ 의사결정을 '진행형'으로 만들기

당장 합의에 이르기 어렵다면 리더는 이렇게 말할 수 있습니다.

> "이번에는 이런 이유로 B안을 택하고, 2주 뒤에 다시 리뷰합시다."

즉, 의사결정을 '진행형'으로 전환해서 또 다른 실행 가능성을 열어두는 것입니다. 이때 중요한 것은 해당 결정이 'One-Way Door'인지, 'Two-Way Door'인지 구분하는 것입니다.

아마존의 의사결정 원칙:
One-Way Door vs. Two-Way Door

아마존은 빠른 의사결정을 조직 성장의 핵심 가치로 삼습니다. 그래서 모든 결정을 동일한 무게로 다루지 않습니다. 그랬다간 실행의 속도가 느려지고 혁신이 정체되니까요. 이런 문제를 피하기 위해 아마존은 의사결정을 'Two-Way Door'와 'One-Way Door'로 구분합니다.

- Two-Way Door
  - ‣ "문을 열고 나갔다가 다시 돌아올 수 있다", "언제라도 결정을 되돌려 원래 상태로 복귀할 수 있다"는 의미입니다.
  - ‣ 되돌릴 수 있는 결정이라면 이후 방향이 잘못됐다는 걸 알아챘을 때 쉽게 방향을 수정할 수 있습니다.
  - ‣ 최대한 빠르게 실행하고 결과를 학습하는 걸 원칙으로 하는 아마존의 "실험과 학습" 문화와 연결됩니다.

- One-Way Door
  - ‣ "문을 열고 나가는 순간 다시 돌아올 수 없는 결정"을 뜻합니다.
  - ‣ 되돌리기 어려운 결정으로, 잘못되면 비용과 리스크가 커집니다.
  - ‣ 충분히 검토하고 신중하게 판단해야 하며, 아마존의 "장기적인 관점(Long-Term Thinking)" 가치와 연결됩니다.

아마존은 "대부분의 결정은 Two-Way Door"라고 전제합니다. 조직의 기민한 실행력과 속도를 무엇보다 우선시하죠. 되돌릴 수 없는 (소수의) 'One-Way Door' 결정에서는 철저히 내용을 분석한 후 리더가 리더는 이처럼 의사결정이 지연되고 갈등이 깊어지려는 상황에서 책임지고 의사결정을 내려야 합니다. 모두 만족하는 해법은 없을 수 있다는 걸 잊지 말아야 하죠. "왜 이 결정을 내렸는지"를 명확히 설명하는 것만으로도 팀원들은 상황을 이해할 수 있습니다. 다소 불완전하더라도 신속하고 명확하게 결단을 내리는 것이, 모호한 타협으로 상황을 방치하는 것보다 조직에 훨씬 유익합니다.

■ 충돌을 해결하는 프로세스

갈등 당사자들이 자체적으로 합의를 이루지 못한다면 상위 매니저가 개입해야 합니다. 이때 1대1 개별 면담이 아니라 삼자대면 형식으로 함께 만나는 것이 중요합니다. 매니저가 개별적으로 당사자들을 만나 중재하려 들면, 당사자들 사이의 직접적인 소통은 단절되고 매니저에게만 의존하는 수동적인 관계가 형성됩니다. 이는 해결 속도를 늦출 뿐 아니라 유사한 갈등을 재발시키는 원인이 됩니다. 다소 불편하더라도 처음부터 삼자대면을 통해 직접 대화하게 하는 것이 바람직합니다.

삼자대면에도 원칙이 필요합니다. 논의가 자연스럽게 해결되지 않을 경우를 대비해 합의 시한을 미리 정해두고, 그 기한 안에 합의가 이루어지지 않으면 매니저(또는 미리 지정된 의사결정권자)가 최종 결정을 내리며 모두가 이를 따른다는 전제가 있어야 하죠.

이상적인 방식은, 먼저 당사자들이 자체적으로 합의를 시도하고도 시일이 넘어가서 삼자대면을 진행하는 것입니다. 조직이 성숙할수록 당사자 간의 자율적인 합의가 잘 이뤄지지만, 그렇지 않은 경우라면 처음부터 삼자대면으로 접근하는 편이 효과적일 수도 있습니다. 충돌을 해결하는 데 과도한 시간을 쓰지 않기 위해서는 원칙을 세워야 한다는 뜻입니다.

또 다른 원칙으로는 동의하지 않지만 결정에 따르는, "Disagree and Commit"을 손꼽을 수 있습니다. 일정 기간 합의가 이루어지지 않으면 상위 결정권자가 상황을 정리하고, 모든 당사자는 그 결정을 따른다는 원칙입니다. 예를 들어 이렇게 말할 수 있습니다.

"우리가 5일 안에 합의하지 못한다면, 상위 매니저가 결정하도록 하겠습니다. 대신 지금까지 어떤 논의가 있었는지 잘 정리해 두죠."

이러한 원칙은 구성원들이 주어진 시한 내에 논의를 매듭짓도록 독려하며, 의사결정 지연으로 인한 감정 소모를 예방합니다. 링크드인은 이 과정을 'Clean Escalation(클린 에스컬레이션)'이라 부릅니다. 일반적으로 합의 기간을 5일 정도로 정하지만, 사안에 따라 기한을 유연하게 조정할 수 있습니다. 대화가 지나치게 늘어지진 않아야 합니다.

갈등을 해결하기 위한 시도 끝에 그 결과는 보통 네 가지 중 하나로 귀결됩니다. 참고로, 만약 합의 불가로 결론이 나면, 미리 정한 상위 결정권자가 삼자대면에서 최종 결정을 내려야 합니다.

- A안 선택 (충돌 당사자 A의 의견)
- B안 선택 (충돌 당사자 B의 의견)
- 새로운 C안 도출 (기존보다 더 나은 대안)
- 합의 불가

모든 갈등이 당사자 간 논의로 해결되지는 않습니다. 특히 조직이 아직 성숙하지 않은 상황에서는 합의가 잘 안 될 가능성이 높습니다. 더구나 팀 간 협업이나 우선순위 충돌처럼 복잡도가 높은 갈등일수록 리더의 개입이 필수적이라는 걸 기억해야 합니다.

■ 삼자대면을 통한 갈등 해결, 어떻게 할까?

원칙을 세워 갈등을 조율하는 것. 구체적으로 어떻게 하는 게 좋을까요? 최종 결정을 도맡는 상위 매니저는 양쪽의 의견을 충분히 듣고, 더 타당한 안을 선택해야 합니다. 이때 결론을 내리는 데 급급하지 말고, "왜 이 결정을 내렸는지"를 명확히 설명하는 게 포인트입니다. 이것만으로도 불만을 크게 줄일 수 있으며, 의사결정의 근거는 향후 비슷한 충돌을 해결하는 기본 원칙으로 축적됩니다. 이런 사례가 쌓이면 조직 내에서 충돌을 다루는 공감대와 기준이 형성됩니다.

특히 상위 결정권자가 삼자대면을 통해 갈등을 해결하

려 할 때 고려해야 할 3가지 관점은 다음과 같습니다.

1. 서로 입장 들어보기

대체로 팀 내 갈등은 상대방의 의도를 오해하면서 시작됩니다. 이때 리더는 "누가 맞는지 따지자"가 아니라, "왜 그렇게 생각했는지, 어떤 과정을 거쳐 그 결론에 도달했는지" 묻는 식으로 접근해야 합니다. 리더가 건넬 수 있는 질문 예시를 하나 들어보면 아래와 같습니다.

"먼저 A가 일정을 연기해야 한다고 주장한 이유를 들어봅시다. 그리고 B가 마감 준수를 강조하는 배경도 정리해보죠. 결국 우리 모두의 목표는 프로젝트 성공이니까요."

이렇게 접근하면 진짜 문제가 무엇인지, 그 정의가 바뀝니다. 감정의 온도는 내려가며, 맥락이나 해석의 차이를 서로 확인할 수 있죠. 잘잘못을 따지는 게 아니라 '이해하기 위해' 삼자대면으로 대화를 풀어가야 하는 이유입니다.

2. 객관적인 기준 세우기

갈등이 격화될수록 사람들은 '내가 옳다'는 확신에 갇히기 쉽습니다. 그래서 더더욱 목소리 크기나 설득력이 아니라, 조직의 비전/목표/데이터와의 정합성을 기준으로 의사결정을 내려야 합니다. 리더가 던질 수 있는 질문을 몇 개 예시로 들어보면 아래와 같습니다.

• "우리 회사의 비전과 더 맞는 의견은 무엇인가요?"

(장기 관점)
- "올해 매출 목표 달성에 더 기여하는 방향은 무엇일까요?" (단기 관점)
- "과거 유사한 사례에서는 어떤 선택이 효과적이었나요?" (선례 활용)
- "사안별로 근거가 될 만한 데이터가 있나요?" (객관적인 검증)

이런 질문으로 대화를 전환하면 감정의 대립이 아닌, 논리와 근거를 중심으로 의견을 비교하는 분위기를 만들 수 있습니다. 팀 전체가 납득할 수 있는 의사결정으로 대화가 이어질 확률도 높아집니다.

3. 실험으로 빠르게 검증하기

두 안이 모두 일리가 있고 우열을 가리기 어렵다면, 적은 비용으로 각 사안을 실험할 방법을 찾을 수 있습니다. 예를 들어 마케팅팀과 제품팀이 '체크아웃 프로세스 단계 수'를 두고 논쟁 중이라면 두 가지 옵션이 가능합니다.

① (여력, 역량이 된다면) A/B 테스트를 실행
② (어렵다면) 1주일씩 두 버전을 시범 운영 후, 사용자 이탈률 및 전환율 지표 비교

이렇게 하면 감정적인 논쟁이 데이터 기반의 검증 작업으로 전환되면서 갈등이 줄어듭니다. 특히나 이 방식이 좋은 이유는 두 가지입니다. 첫째, 무엇을 실행할지 곧 검증

되기 때문에 불필요한 논쟁을 줄이고 결정의 속도를 높일 수 있습니다. 둘째, 실험 자체가 팀의 '학습 문화'를 자극합니다. 대립하는 구도가 아니라 학습하는 과정으로 갈등 상황을 전환하는 유연함을 기를 수 있습니다.

데이터 기반 의사결정 방식의 함정

데이터 기반의 의사결정에는 두 가지 방식이 있습니다.

1. 데이터 주도 의사결정 (Data Driven Decision): 핵심 지표를 정하고 그걸 개선하는 데 집중하는 방식으로, 이미 '무엇을 할지' 분명한 상황에서 지표를 최적화할 때 적합합니다. A/B 테스트가 대표적인 예시입니다.
2. 데이터 참고 의사결정 (Data Informed Decision): 원하는 '방향'이 명확히 있을 때 데이터를 보조적으로 참고하는 의사결정 방식입니다. 이 과정에서 리더의 통찰과 뚝심이 필요합니다. 새로운 영역을 탐험하거나 혁신이 필요한 상황에서 더 적합한 방식이라 할 수 있습니다

데이터는 기본적으로 과거의 기록입니다. 따라서 이를 바탕으로 제품을 개선하는 방식은 '최적화(Optimization)'에 가깝습니다. 데이터 기반의 최적화는 제품을 처음 만들고 성장시킬 때는 큰 의미가

있지만, 성숙기에 들어선 서비스에서는 혁신을 끌어내기 어렵습니다. 그런데도 리더들은 쉬이 지표 지상주의에 빠집니다. 본인 나름의 방향과 결단이 필요한 상황에서도 더 많은 데이터를 요구하며 결정을 미루거나, 수많은 지표 속에서 혼란을 키우곤 하죠.

그러나 중요한 지표는 소수여야 합니다. 의사결정은 밀도 있는 고민 끝에 명확한 선택으로, 뒤이어 실행으로 연결돼야 합니다. 필요하다면 빠르게 방향을 전환하는 흐름을 타야 합니다.

또한 '데이터 참고 의사결정'이 필요한 상황에서 '데이터 주도 의사결정'을 고집하는 방식은 위험합니다. 파괴적 혁신은 단순한 수치 최적화의 결과물이 아니기 때문입니다. 데이터 너머를 꿰뚫는 리더의 통찰과 과감한 결단이 동반될 때 비로소 진정한 혁신이 가능해집니다.

갈등을 해결할 때 요점은 완벽한 합의를 좇기보다는, 조직이 멈추지 않고 앞으로 나아가도록 만드는 것입니다. 의사결정의 시기를 놓치지 않고, 필요할 때는 과감히 실행하며, 상황이 잘못됐다면 다시 상황을 바로잡는 정직함이 리더에게 요구됩니다. 갈등은 피해야 할 장애물이 아니라, 더 나은 방법을 찾고 팀이 과정과 결과에서 배우려는 문화를 강화하는 자산이 될 수 있습니다. 리더가 명확한 원칙과 프로세스를 세워두면, 충돌은 조직을 약화하는 요인이 아니라 성장의 촉매제가 될 수 있습니다.

갈등 해결의 핵심은 시의성

- ▸ 의사결정이 늦춰지면 건설적인 갈등도 감정적인 대립으로 변합니다.
- ▸ 빠르고 명확한 결정이 모호한 합의보다 낫습니다.

결정을 '진행형'으로 만들자.

- ▸ 합의에 이르기 어렵다면 일단 실행할 수 있는 안을 선택하고, 일정 기간 후 다시 검토합니다.
- ▸ Two-Way Door 결정은 빠르게 실행하고, One-Way Door 결정은 신중히 검토해야 합니다.

"Disagree and Commit" 원칙

- ▸ 합의가 되지 않으면 상위 결정권자가 결정하고 모두 그 결정을 따르는 걸 원칙으로 삼아야 합니다.
- ▸ 불만을 줄이려고 설득하다가 오랜 시간을 들이는 것보다는 "왜 이 결정을 내렸는지" 명확히 설명하고 실행을 이어갑니다.

삼자대면을 활용하라.

- ▸ 1대1 개입보다 당사자들과 함께 논의하는 자리가 효과적입니다.
- ▸ 조직 성숙도에 따라 '당사자 합의 → 삼자대면 → 상위 결정'으로 프로세스를 설계합니다.

4장

클린 에스컬레이션과 DRI: 팀의 신뢰를 지키는 프로세스

이제 구체적으로 다른 조직에서 어떻게 갈등과 충돌을 다루는지 알아봅시다. 앞서 언급했던 'Clean Escalation(클린 에스컬레이션)'을 다시 정리하고, 이어서 애플이 사용하는 DRI(Directly Responsible Individual) 원칙을 함께 설명하려 하는데요. 형태는 다르지만, 두 가지 프로세스 모두 빠르고 명확하게 결정을 내릴 수 있도록 프로세스를 제도화한 방식입니다.

■ 링크드인의 클린 에스컬레이션

링크드인에서 처음 만들어진 '클린 에스컬레이션'은 갈등이 감정싸움으로 번지지 않도록, 정해진 시한까지 당사자들이 합의를 시도하고서 그 이후에는 공통의 리더가 최종 결정을 내리도록 하는 절차입니다. 갈등을 회피하지 않고 리더가 책임 있게 상황을 종결짓는 방식이죠. 전제는 "갈등은 나쁜 것이 아니다"라는 조직문화입니다.

클린 에스컬레이션에는 세 가지 핵심이 있습니다.

1. 갈등의 '정의'부터 명확히 하는 것
   - 지금 이 문제가 무엇인지, 왜 해결되지 않는지, 각 안은 어떤 장단점이 있는지 정리해서, 상급 리더가 이 문제를 받아봤을 때 판단을 내릴 수 있을

정도로 대화해야 합니다.

- 예를 들어, "A팀은 일정 준수를 우선시하고 있음", "B팀은 데이터 품질 확보가 먼저라고 주장함", "현재까지 3회의 미팅 진행했으며 이러이러한 논의가 됐으나 합의 실패" 같이 갈등의 구조와 맥락을 논리적으로 정리하면, 이후 상황에 개입하는 리더가 좀 더 객관적으로 판단을 내릴 수 있습니다.

2. '결정권자'를 사전에 정해두는 것

- 갈등이 커질수록, 누가 결정을 내릴지가 중요해집니다. 그래서 A팀과 B팀이 충돌한다면, 그 둘을 아우르는 공통의 상위 매니저가 자동으로 결정권을 갖게 됩니다.

3. 결정에 관해 감정적으로 반응하지 말고, 모두 그 결정을 따르는 것

- 리더십이 작동하려면 결정을 따르는 팔로워십도 필요합니다. 이걸 "동의하지 않지만 따르는 태도(Disagree and Commit)"로 볼 수 있습니다.
- 자신의 의견이 관철되지 않는다는 이유로 조직의 결정을 거부하는 태도는 팀의 실행력을 저해하는 치명적인 결격 사유입니다. 역량 이전에 태도가 팀이 한 방향을 바라보며 실행하는 데 더 큰 영향을 미친다는 걸 잊지 말아야 합니다.

클린 에스컬레이션이 "언제까지 협의하고, 그 이후 누가 결정할 것인가"를 규정하는 절차라면, DRI는 "이 일의 최종 책임자가 누구인가"를 명확히 지정하는 원칙입니다.

DRI는 특정 안건의 최종 결정을 책임지는 개인을 의미하며, 모든 안건마다 반드시 한 명을 지정합니다. 예를 들어 새로운 기능 출시에 관한 논의가 있다면, 최종 책임자가 누구인지 문서에 남기고 이후 진행 상황을 그 사람이 직접 챙깁니다. 이렇게 하면 여러 사람이 관여하더라도 책임이 분산되지 않고, 결정을 미루지 않게 됩니다.

또 다른 예로, 아이폰의 디자인 세부 사항을 논의하는 자리라면 "화면 레이아웃은 이 사람, 카메라 모듈은 저 사람"으로 지정하는 식으로 세부 영역마다 DRI가 따로 정해집니다. 팀 전체가 아이디어를 내더라도 결국 최종 선택과 책임은 해당 DRI가 맡는 구조라, 속도와 명확성이 동시에 확보됩니다.

아마존에서는 DRI 대신 '오너(Owner)'라는 용어를 쓰며, 보통 '1차 책임자(Primary Owner)'와 '2차 책임자(Secondary Owner)'를 함께 둡니다. 이렇게 원칙과 체계를 잡아두면 회의 중에 "그래서 누가 결정을 내려?"라는 질문이 생기지 않습니다.

DRI는 클린 에스컬레이션과 별개의 개념이라기보다는 보완 장치에 가깝습니다. 갈등이 생기면 "DRI가 누구였지?"라는 질문으로 책임자를 명확히 파악할 수 있습니다. 의견이 갈리면 DRI가 정해진 시한 내 결론을 내려야 하고요. 합의에 이르지 못하거나 너무 광범위하게 영향을 끼치는 결정을 내려야 한다면, DRI가 상위 리더에게 클린 에스컬레이션을 요청해 최종 결정을 넘길 수 있습니다. 이처럼 DRI는 클린 에스컬레이션 초기에 임하는 책임자, 의사결정의 주체라고 볼 수 있습니다.

수평적인 의사결정은 가능한가?

종종 실리콘밸리 회사들이 수평적으로 일한다는 환상을 가진 분들이 있습니다. 하지만 수평적으로 일할 때 의사결정의 주체가 명확하지 않다면 잡음이 생깁니다. 개인적으로 경험한바, 실리콘밸리가 일하는 방식은 수평적인 관계를 바탕으로 다양한 의견을 표출하되 책임질 사람이 수직적으로 명확하게 의사결정을 내려서 나머지가 그 결정을 따르는 식입니다. 그러니 수평적인 의사결정이란 환상에 너무 빠지지 않았으면 좋겠습니다.

DRI가 "누가 책임질 것인가"에 관한 답이라면, 클린 에스컬레이션은 "충돌이나 문제를 어떻게 상위 리더에게 올릴 것인가"에 관한 프로세스입니다. 그래서 두 가지를 함께 활용하면 더 효과적입니다. 평상시에는 DRI를 지정해 책임감을 부여하며 빠르게 움직이되, 책임자가 혼자 해결할 수 없는 문제가 생기면 클린 에스컬레이션을 통해 상위 리더에게 문제를 올려 해결하는 식으로 두 가지 절차가 시너지를 낼 수 있습니다. 책임감과 효율성이라는 두 마리 토끼를 잡을 수 있죠.

DRI는 팀원들이 평상시에 책임감 있게 업무를 수행하도록 유도하고, 클린 에스컬레이션은 예외 상황에서 체계적으로 문제를 해결하는 경로를 제공합니다. 다만 이는 일정 수준 이상으로 성숙한 조직에서 잘 작동하는 방식입니다. 작은 조직에서는 일단 삼자대면을 통해 빠르게 결정을 내리고, 상황이 해결되지 않는다면 곧바로 다른 방법을 모색해야 합니다. 그 과정에서 얻은 교훈을 원칙으로 축적해서 다음에도 비슷한 충돌이 발생했을 때 적용하는 것이 더 현실적입니다.

DRI와 비슷한 프로세스로 'DACI(Driver, Approver, Contributors, Informed)'라는 것이 있습니다. 좀 더 복잡하고 큰 조직에 적합한 방법론입니다.

DACI
(Driver, Approver, Contributors, Informed)

DACI 모델은 글로벌 금융 소프트웨어 기업 인튜잇(Intuit)에서 확산한 의사결정 프레임워크로, 프로젝트나 제품 관리에서 자주 사용합니다.

- Driver: 안건을 주도적으로 추진하는 책임자 (DRI와 유사)
- Approver: 최종 승인을 맡은 의사결정권자

- Contributors: 인풋과 전문 지식을 제공하는 참여
  자
- Informed: 결정에 참여하지 않지만 진행 상황을
  공유받는 이해관계자

DACI는 DRI처럼 "책임을 명확히 한다"는 공통점을 가지지만, 복잡한 조직과 대형 프로젝트에서 역할을 세분화한다는 점이 다릅니다.

◆ 사례 1: 글로벌 프로모션 페이지 갈등

한 회사에서 글로벌 프로모션 페이지를 제작하는 과정에 마케팅팀과 디자인팀이 사용자 인터페이스 및 경험에 관한 디자인 기준을 두고 충돌했습니다.

- **마케팅팀**: "이벤트 성과를 위해 시선을 끄는 실험적인 디자인이 필요하다."
- **디자인팀**: "브랜드 가이드와 맞지 않는다."

실무 담당 디자이너는 혼란에 빠지고, 대개 본인이 소속된 기능 조직(예: 디자인을 맡는 팀)의 의견을 따르게 마련입니다. 이는 매트릭스 조직에서 흔히 발생하는 갈등 유형입니다.

이때 DRI 프로세스를 적용한다면, 사전에 정의된 에스컬레이션 절차에 따라 팀 리더가 우선 상황을 조정하고, 갈등이 해결되지 않으면 최고제품책임자(CPO)가 개입합

니다. CPO는 이렇게 상황을 정리할 수 있습니다.

"이번 캠페인 디자인의 최종 책임자는 프로모션 프로젝트의 오너인 마케팅팀의 마크입니다. 디자인팀은 가이드라인 등급(Level 1: 절대 준수, Level 2: 승인하에 조정 가능, Level 3: 캠페인 목적 고려 시 유연 적용)에 따라 현 디자인을 평가하고 대안을 제시하세요. 최종 결정은 마크가 브랜드 장기 영향도를 고려해 내립니다."

갈등 해결 후 이 충돌 케이스는 문서로 기록을 남겨서, '캠페인별 브랜드 유연성 적용 기준'과 '목적 조직 DRI의 권한 범위'로 정리할 수 있습니다. 캠페인 종료 후 브랜드 영향도와 성과를 함께 검토하는 사후 평가까지 진행해서 DRI 의사결정의 품질 또한 개선할 수 있습니다.

◆ 사례 2: 기능 배포 시점에 관한 갈등

제품팀이 특정 기능을 금요일 오후에 배포하려 했지만, 인프라팀은 "금요일 오후 배포는 리스크가 크다"며 반대하는 상황을 가정해 봅시다.

- **제품팀**: "주초에 고객 약속과 마케팅 일정이 있다."
- **인프라팀**: "주말 장애 대응 인력 부족으로 위험하다."

양쪽 팀은 장시간 대치하고, 실무자는 어느 쪽을 따라야 할지 혼란스러워집니다. 이때 DRI와 클린 에스컬레이션을 적용하면, 각 팀장이 상황을 조정하려 시도한 뒤 합의가 되지 않으면 최고기술책임자(CTO)에게 문제를 올립니다. CTO는 이렇게 상황을 정리할 수 있습니다.

> "배포 시점의 최종 DRI는 인프라팀 팀장입니다. 다만 제품팀의 비즈니스 일정도 반영해야 하므로, 48시간 이내에 리스크를 단계적으로 완화할 수 있는 대안을 제시하세요. 만약 기술적으로 안전한 방법이 없다면, 일정 조정에 따른 책임은 제품팀이 집니다."

결국 인프라팀 팀장은 기능을 전면 배포하는 대신 5%의 사용자를 대상으로 단계적인 배포를 하자고 제안하면서 모니터링 지표와 롤백 절차를 마련해 리스크를 최소화합니다. 이후 이 경험은 '요일별 배포 리스크 등급 체계'와 '비즈니스 시급성에 따른 배포 방식 가이드라인'으로 문서화합니다.

◆ 사례 3: 매트릭스 조직의 리소스 충돌

신사업 TF와 기능 조직에 동시에 소속된 데이터 분석가 A가 두 리더의 상반된 지시를 동시에 받는 상황을 떠올려봅시다.

- TF 리더: "투자자 보고서를 바로 만들어야 한다."
- 기능 리더: "분석 자동화 작업이 마감 직전이다."

분석가는 혼란스러워지고, 두 리더가 직접 충돌하기 시작합니다. 이때 클린 에스컬레이션 프로세스를 활용한다면

A는 감정적으로 대응하지 않고, 두 리더에게 이렇게 제안할 수 있습니다.

"두 업무 모두 중요하지만 제가 혼자 우선순위를 정하기 어렵습니다. 각 업무의 데드라인, 비즈니스 임팩트, 대안 방안을 정리해 드리니 상위 리더의 결정을 부탁드립니다. 사안의 시급성을 고려해 오늘 오후 5시까지 결론이 필요합니다."

결국 본부장이 개입해 "이번 주는 투자자 보고서 우선, 다음 주는 자동화 작업 집중"으로 업무 우선순위를 명확히 합니다. 이후 "교차 배정 인력의 우선순위 충돌 시 에스컬레이션 절차"와 "리소스 요청 시 필수 제출 정보"가 문서로 남아, 유사한 문제를 더 체계적으로 다룰 수 있게 됩니다. 이때 모든 상황을 지나치게 세세하게 문서로 남기려 하기보다는, 실질적인 선례를 문서로 남겨두는 방식이 더 효과적입니다. 이런 방식을 통해 조직은 자연스럽게 배울 점을 얻어 점차 충돌을 해결하는 원칙을 다듬어갑니다.

다시금 요약하자면, DRI는 평상시 책임을 명확히 해 팀이 앞으로 나아가게 하고, 클린 에스컬레이션은 책임자가 혼자 해결할 수 없는 문제를 체계적으로 상위에 올려 마무리할 수 있게 합니다. 두 시스템이 함께 작동할 때, 조직은 불필요한 소모전을 멈추고 효율성과 신뢰를 동시에 확보할 수 있습니다.

조직 내에서 사람들이 갈등하는 상황을 완전히 피할 순

없습니다. 이를 어떻게 다루느냐에 따라 충돌이 조직을 무너뜨릴 수도, 성장의 기회를 줄 수도 있죠. 결국 모든 사람이 목소리를 낼 수 있고, 동시에 한 사람이 책임질 수 있는 구조를 만들어야 합니다. 이런 프로세스를 처음부터 완벽하게 만들 순 없겠죠. 조직의 상황에 맞게 점진적으로 프로세스를 잡아가길 바랍니다.

DRI는 책임자를 명확히 하는 원칙

- 모든 안건마다 최종 책임자(1명)를 지정해 "누가 결정할 것인가"를 명확히 합니다.
- 평상시에 책임감 있게 업무를 수행하는 상황을 보장합니다.

클린 에스컬레이션은 갈등을 마무리하는 절차

- 일정 기한까지 당사자 간 합의를 시도하고, 실패하면 상위 리더가 최종 결정을 내립니다.
- "Disagree and Commit" 문화가 전제돼야 합니다.

두 시스템은 상호 보완적이다.

- DRI는 평상시의 실행력을, 클린 에스컬레이션은 예외 상황을 위한 해결력을 제공합니다.
- 두 체계가 함께 작동할 때 조직의 효율성과 책임감이 강화합니다.

작은 조직에는 단순한 방식이 낫다.

- 소규모 조직은 삼자대면으로 빠르게 의사결정을 내리고, 그 경험을 선례로 남겨 점차 원칙을 만들어가는 편이 현실적입니다.

5장
갈등을 다스리는 조직문화 만들기

앞서 제시한 프로세스와 원칙을 활용하면 개별적인 갈등 상황을 신속하게 종결할 수 있습니다. 더 나아가 조직이 커질수록 조직 차원에서 갈등을 예방하려는 노력도 필요합니다. 만약 두 팀 간에 동일한 갈등이 반복된다면, 이는 단순한 개인의 문제가 아니라 구조적인 결함이나 공동의 목표가 부재하다는 것을 보여주는 신호일 수 있습니다.

이때 조직 개편을 통해 팀을 통합하거나 분리하는 등 구조를 바꾸는 시도가 필요할 수도 있습니다. 다만 책임과 권한을 지나치게 세분화하거나, 이를 쪼개는 데 과하게 시간을 쓰면 오히려 조직에 부정적인 영향이 커질 수 있습니다. 어느 정도 역할을 세분화하는 작업은 불가피하지만, 의사소통 구조를 불필요하게 나누는 접근 방식은 조직의 민첩성을 저해하기 때문에 바람직하지 않습니다.

또 하나 고려해야 할 점은, 지나치게 많은 갈등을 일으키는 개인이 있다면 반드시 피드백을 주면서 그 사람으로 인한 부정적인 임팩트를 명확히 짚어야 한다는 것입니다. 특히 직급이 높은 개인일수록 이런 조치가 더 필요합니다. 아무리 역량이 뛰어나도, 의사소통 비용을 높이고 협업을 저해하는 사람은 조직에 도움이 되지 않습니다.

이제 미국 빅테크 기업들의 사례를 바탕으로, 조직문화가 어떻게 갈등을 관리하는 데 활용될 수 있는지 살펴보겠습니다. 물론 이는 단순히 참고할 만한 예시일 뿐, 모든 문제를 해결하는 만능열쇠는 아닙니다. 각 조직은 상황에 맞게 방법을 응용해야 하며, 궁극적으로는 좋은 조직문화를 스스로 만들어가는 데 집중하는 것이 중요합니다.

■ 넷플릭스: 목표를 정렬하면 갈등이 줄어든다

넷플릭스가 2009년 리드 헤이스팅스 CEO와 최고 인재 책임자 패티 맥코드가 중심이 돼 공개했던 〈Netflix Culture〉 슬라이드는 한때 실리콘밸리에서 "가장 많이 공유된 슬라이드"라 불릴 만큼 큰 반향을 일으켰습니다. 현재 원본 슬라이드는 내려갔지만, 내용은 '공식 문화 메모(Culture Memo)'*로 계승, 업데이트돼 넷플릭스의 핵심 운영 원칙을 담고 있습니다. 그 내용 중 하나가 바로 "Highly Aligned, Loosely Coupled"입니다.

이 문구를 의역하면 "리더들이 방향과 목표를 철저히 정렬하면, 실무진은 불필요한 충돌 없이도 기민하고 자율적으로 실행에 집중할 수 있다"는 뜻입니다. 즉, 회사 차원에서 비전과 방향성을 충분히 공유하고 정렬해 두면, 팀 단위에서 세세하게 역할을 정의하지 않더라도 서로 우선순위를 존중하며 자율적으로 협업할 수 있습니다. 여기서 중요 포인트는 "갈등이 생기기 전에" 리더들이 미리 자주 대화하고 기준을 맞춘다는 점입니다.

실제로 협업이 많은 팀의 리더들이 정기적으로 만나 다

---

* https://jobs.netflix.com/culture, https://www.slideshare.net/slideshow/culture-1798664/1798664

양한 주제를 논의하고 신뢰를 쌓으면, 실무자 간의 충돌
은 크게 줄어듭니다. 넷플릭스는 이렇게 "방향은 하나로
맞추되, 실행은 자유롭게 맡기는 구조"를 통해 조직 간 갈
등을 최소화하는 문화를 만들어왔습니다.

너무 잦은 R&R 논의의 폐해

한국 조직에서 자주 들을 수 있는 IT 용어 중 하나가
'R&R'입니다. 본래는 조직이나 개인의 역할을 정의
하는 용어이지만, 국내 기업 환경에서 R&R은 때로
업무의 경계를 명문화함으로써 충돌을 원천 봉쇄하
려는 수단으로 여겨지곤 합니다.

하지만 지나치게 역할을 세분화하면 반드시 문제
가 따릅니다. 축구로 비유하면, 수비수와 공격수라는
역할을 크게 구분해야 합니다. 필드에서 공이 애매한
위치에 있을 때, 수비수와 공격수가 상황에 맞게 융
통성 있게 역할을 나누어 승리하는 데 집중해야 하
죠. 게임 중간에 모여 매번 "이 지점은 누가 책임지는
가?"를 규정하려 들면 충돌을 아예 막으려다가 성장
하지도 못하게 됩니다 구체저으로 이대와 같은 문제
가 발생할 우려가 있습니다.

- 역할을 명문화하는 데 과도한 시간과 에너지가
  소모됩니다.
- 경계선에 있는 역할을 둘러싼 논쟁이 협업을 방

해하고 갈등을 키웁니다.

- 세분된 역할을 맞추려다 불필요하게 팀원 수가 늘어날 위험이 있습니다.

책 본문에서 이야기한, 넷플릭스가 강조한 "Highly Aligned, Loosely Coupled"는 이런 문제의 대안을 보여줍니다. 관리자 단위에서 방향성과 원칙을 끊임없이 대화로 정렬하고, 실무에서는 자율적으로 움직이게 하는 방식입니다. R&R을 세부적으로 쪼개기보다, 리더들이 계속 대화를 통해 조율하는 것이 협업 비용을 줄이는 길입니다. 미국식 조직문화가 항상 더 낫다고 할 수는 없지만, 대화를 통해 서로 바라보는 방향을 일치시키는, 유연한 의사결정 구조는 배울 만한 부분입니다.

■ 아마존: 갈등을 회피하지 않는 조직문화

아마존은 갈등 상황에 대해 독특한 접근 방식을 취합니다. 일반적인 조직이 의견 차이를 최소화하거나 회피하려는 것과 달리, 아마존은 갈등을 조직의 의사결정 과정에서 발생하는 자연스러운 현상으로 받아들이고, 이를 적극적으로 활용하는 문화를 구축했습니다.

그 핵심 원칙이 바로 "Have Backbone; Disagree and Commit"입니다. 이는 아마존의 리더십 원칙 중 하나로 앞서 꾸준히 언급하고 강조했습니다. 이 원칙에 따르면, 구성원들은 자신이 동의하지 않는 의견이나 결정에 대해 정중하지만 분명하게 이의를 제기할 의무가 있습니다. 단순히 팀의 조화를 위해 침묵하거나 형식적으로 동의하는 것이 아니라, 건설적인 토론과 도전을 통해 더 나은 결정을 끌어내야 한다는 뜻입니다.

그러나 이 과정에서 가장 중요한 단계는 "헌신(Commit)"입니다. 충분히 토론하며 의견을 개진한 후 최종 결정이 내려지면, 그 결정이 자기 뜻과 다르더라도 모든 구성원이 그 결정을 지지하고 실행에 전념해야 합니다. 즉, "내 의견은 여전히 다르지만, 조직의 최종 결정을 존중하며 그 성공을 위해 전폭적으로 헌신하겠다"는 성숙한 태도가 전제돼야 합니다.

이 접근 방식의 핵심은 불확실한 상황에서 완벽한 합의를 기다리기보다는, 신속한 실행을 통해 답을 찾아가는 것입니다. 특히 빠르게 변화하는 비즈니스 환경에서는 100% 합의에 도달할 때까지 기다리는 것보다, 합리적인 결정을 신속히 내리고 실행 과정에서 피드백을 받아서 앞으로 나아갈 방향을 조정하는 게 더 효과적입니다. 앞서 관련한 조직문화로 'Two-Way Door vs. One-Way Door' 의사결정을 소개할 때 이야기한 바 있습니다.

이 문화가 성공적으로 작동하려면 구성원의 성숙도가 뒷받침돼야 합니다. 자신의 의견이 받아들어지지 않았다고 해서 일에 소극적으로 임하거나 실행을 방해해서는 안 되며, 오히려 최종적으로 결정된 방향에 최선을 다하고, 결과를 통해 학습하고 방향성을 개선해야 합니다.

아마존의 "Have Backbone; Disagree and Commit"은 단순한 업무 처리 방식이 아니라, 조직 전체가 불확실성을 받아들이고 실험적인 접근법을 통해 지속해서 학습하며 발전하는 운영 철학이라고 할 수 있습니다.

■ 구글: OKR을 통해 갈등을 객관적인 논의로 전환한다

구글은 'OKR(Objectives & Key Results)' 시스템을 통해 조직의 목표와 성과 지표를 명확히 설정하고 관리하는 것으로 잘 알려져 있습니다. 본래 직접적인 갈등 해결 도구는 아니지만, OKR은 의견이 충돌하는 상황에서 중요한 판단 기준을 제공합니다.

(파트 8에서 더 다루겠지만) OKR은 분기마다 3~5개의 구체적인 '목표(Objective)'를 세우고, 목표마다 5개 이하의 측정 가능한 '핵심 결과(Key Results)'를 정의합니다. 이렇게 구조화된 목표 체계 덕분에 팀 간 혹은 개인 간 의견 차이가 발생했을 때, 논의는 자연스럽게 "어떤 선택이 조직의 OKR 달성에 가장 효과적으로 기여하는가?"라는 본질적인 질문으로 수렴됩니다.

이 방식의 강점은 갈등이 감정적이거나 주관적인 논쟁으로 흐르지 않고, 사전에 합의된 목표와 객관적인 지표를 중심으로 진행된다는 점입니다. 예컨대 마케팅팀과 제품팀이 리소스 배분을 두고 충돌할 때, 각 팀의 제안이 분기 OKR에 어떤 영향을 미치는지를 검토함으로써 보다 합리적인 결정을 내릴 수 있습니다.

물론 OKR이 모든 갈등을 자동으로 해결하는 치트키는 아닙니다. 복잡한 갈등 상황에서는 여전히 리더십의 개입과 조율이 필요합니다. 다만 OKR은 논의의 방향성을 제시하고 의사결정의 투명성을 높여주는 보조 장치로서 큰 역할을 합니다.

실제로 구글이 강조하는 것은 개인의 주장이나 직관이 아니라, 데이터와 명확한 목표에 기반한 의사결정입니다. 이런 문화적 접근과 OKR의 구조적 시스템이 결합한다면 갈등 상황에서도 더 생산적이고 객관적인 논의를 하기 수월해집니다.

결국 구글의 사례는 명확한 목표 설정과 성과 관리 체계가 갈등 자체를 사라지게 하지는 못하더라도, 갈등을 합리적으로 다루고 논의의 질을 높이는 데 중요한 기반이 될 수 있음을 보여줍니다.

갈등을 관리하는 조직문화는 단순히 문제가 발생했을 때 개입하는 수준을 넘어섭니다. 사전에 목표를 정렬하고, 갈등을 대화와 학습의 기회로 전환하며, 불필요한 충돌을 줄일 수 있는 시스템을 만듭니다. 넷플릭스의 정렬 문화, 아마존의 "Disagree and Commit", 구글의 OKR은 서로 다른 접근처럼 보이지만 모두 갈등을 숨기지 않고, 합리적이고 생산적인 논의로 바꾸는 장치라는 공통점이 있습니다. 이러한 글로벌 기업의 사례를 맹목적으로 따라 하기보다, 조직의 고유한 맥락과 상황에 맞는 원칙을 수립하고 이를 점진적으로 내재화해 나가는 노력이 필요합니다.

갈등을 예방하는 구조가 필요하다.

- ▸ 반복되는 충돌은 구조적인 문제가 있거나 공동의 목표가 없다는 신호입니다.
- ▸ 필요하다면 조직 개편이나 목표 재정렬을 검토해야 합니다.

개인의 태도가 중요하다.

- ▸ 역량이 뛰어나도 불필요한 갈등을 일으키는 사람은 조직에 해롭습니다.
- ▸ 레벨이 높을수록 피드백을 겸허히 받아들이고, 책임 있게 행동해야 합니다.

넷플릭스: "Highly Aligned, Loosely Coupled"

- ▸ 비전과 목표를 철저히 정렬하면 실행은 자율적으로 할 수 있습니다.
- ▸ 리더 간 정기적인 대화와 신뢰 구축이 갈등을 예방합니다.

아마존: "Have backbone; Disagree and Commit"

- ▸ 갈등을 피하지 않고 적극적으로 드러냅니다.
- ▸ 최종 결정이 내려지면 모두가 전폭적으로 지지하고 실행에 옮깁니다.

구글: OKR

- ▸ 사전에 합의된 목표와 지표가 갈등 상황에서 객 관적인 기준을 제시합니다.
- ▸ 논의를 감정이 아닌 데이터와 목표 중심으로 전 환합니다.

리더십 관점에서 충돌은, 다양한 의견이 건강하게 공존하다가 다음 스텝이 정해지지 않아 시간을 낭비하고 감정 대립으로 번질 위험이 있는 상황을 가리킵니다. 그렇기 때문에 리더는 갈등을 수면 아래에 묻어두기보다, 적절한 타이밍에 끌어올려 원칙과 책임하에 결론을 내릴 수 있어야 합니다.

갈등을 정리할 수 있는 원칙과 프로세스, 결정을 밀어붙일 용기, 그리고 결정이 내려진 후 모두가 따르는 문화. 이 세 가지가 갖춰졌을 때 갈등은 팀을 무너뜨리는 요소가 아니라, 오히려 더 단단하게 만드는 자산이 됩니다.

다음 파트에서는 갈등이나 어려운 대화를 다룰 때 리더가 활용할 수 있는 핵심 도구인 '미팅'에 대해 살펴보겠습니다. 회의는 다수의 사람이 귀중한 시간을 쓰는 자리이기에, 목적과 참석자, 기대하는 결과를 사전에 명확히 하는 것이 필수적입니다. 또한 특수한 형태의 미팅인 1대1 미팅이 의미와 필요성, 그리고 실전에 쓸 만한 운영 방식에 관해서도 이야기하겠습니다.

갈등은 '방향'의 문제

파트 6은 전반적으로 '갈등'에 관해 다루고 있습니다. 절대 피할 수 없는 조직 내 충돌. 문제는 갈등 그 자체가 아니라 이를 적절히 다루지 못해 상황이 감정 대립으로까지 번지는 것이라고 말하고 있죠. 특히나 더 나은 해법을 도출할 수도 있던 업무 갈등이 곪고 곪아 '관계 갈등'으로까지 악화한다는 구절은 (앞서 파트 5에서 언급했듯) 불편한 대화를 적절한 시기에 꼭 해야 한다는 사실로 귀결됩니다. 시간을 끌수록 갈등을 풀기 어려우니 이를 제때 풀고, 예방해야 한다는 의미입니다.

'갈등'이라는 단어는 칡나무를 뜻하는 '갈(葛)' 자와 등나무를 가리키는 '등(藤)' 자를 합친 단어입니다. 보통 일이나 상황이 서로 복잡하게 뒤얽혀 있어서 화합하지 못하는 것을 뜻하죠. 어째서 칡나무와 등나무가 갈등을 상징할까요? 이는 '방향'의 문제 때문입니다. 칡나무는 무조건 오른쪽으로 감아 올라가는데, 등나무는 반드시 왼쪽으로 감고 올라가는데요. 서로 나아가는 방향이 다르기 때문에 이 둘이 엮이게 되면 갈수록 복잡하게 얽히고설키면 갈수록 더 풀기 어렵다고 합니다. *

---

* 이유미, 「갈등(葛藤), 칡덩굴과 등나무의 함께 살기 」, 한국일보, 2020. 12. 29.

조직 내 갈등도 비슷한 얼굴을 하고 있습니다. 서로 더 중요하다고 여기는 우선순위가 달라서, 관점과 방식의 차이로 인해 사소한 충돌이 갈등의 불씨를 붙이곤 하죠. 이걸 그대로 내버려뒀다간 불이 걷잡을 수 없이 번져 팀은 폐허가 될지도 모릅니다. 마치 칡나무와 등나무가 열심히, 그러나 서로 화합하지 못하는 방향으로 뻗어가며 나중에는 뒤엉켜 난국을 펼치는 것과 같아요. 어쩌면 '공동의 목표'를 향해, 한 방향을 바라보며 나아갔다면 같은 결로 쭉쭉 솟아올랐을 것입니다.

그래서 미국 실리콘밸리의 빅테크 기업들은 시스템과 조직문화를 통해 '같은 방향'으로 함께 나아가도록 조직을 집중시킵니다. 링크드인의 클린 에스컬레이션, 애플의 DRI는 각각 합의 기간을 정하거나 일의 최종 책임자를 명시해 갈등을 질질 끌지 않는 프로세스로 작동합니다. 넷플릭스는 "Highly Aligned, Loosely Coupled"라는 구호 하에서 목표를 철저히 정렬하고 실행은 자율적으로 하는 문화를 지향합니다. 같은 방향을 볼 수만 있다면 자유로이 가지를 뻗어나갈 수 있는 셈입니다.

특히 아마존의 "Have Backbone; Disagree and Commit"은 '반대 의견은 분명히, 결정 후에는 전폭적으로 지원하며 실행하기'를 표방합니다. 같은 방향성에 방점을 찍는 문구입니다. 구글의 OKR은 팀이 합의한 목표와 지표를 명시해서 자칫 감정적으로 흐를 수 있는 논쟁이 객관적인 논의로 전환되는 접근법이고요. 이 또한 숫자를 통해 서로 다른 생각을 하는 사람들이 '같은 방향'으로 나아가도록 설득하고 추동하는 장치라 이해할 수 있습니다. 방향만 같다면 갈등은 충분히 예방할 수 있다는 거죠.

저자는 다양하고도 구체적인 방법론을 통해 팀 내 충돌을 충분히 풀 수 있다고 이야기합니다. 조직 내 충돌이라는 불편한 상황으로부터 도망치지 말고, 원칙과 절차를 따라 초기에 갈등을 풀고자 관심을 기울인다면 언제나 길이 있다고요. 비록 칡나무와 등나무는 영원히 서로 나아가는 방향을 달리하겠지만, 적어도 인간에게는 자기 방향을 수정해 한 방향을 바라보는 '수정가능성'이 있습니다. 책에서 소개하는 여러 방안을 발판 삼아 같은 방향을 보는 팀, 단단한 팀을 만들어가길 바랍니다.

김지윤

Q. 본인이 회사, 조직 내에서 겪어본 갈등과 이를 해결한 경험 중 하나를 적어보세요. 그 충돌이 왜 생겼고, 어떤 유형의 갈등이었나요?

Q. 최근 경험했던 업무 갈등, 관계 갈등이 있나요? 본인이 겪은 것, 혹은 보고 들은 것을 유형에 따라 분류해 보세요. 갈등의 주체는 누구였고, 각 주체는 어떻게 충돌에 대응했나요?

Q. 되돌릴 수 있는 결정(Two-Way Door)와 되돌리기 어려운 결정(One-Way Door)에 관한 본인의 경험을 떠올려 보세요. 각 결정을 어떻게 내렸는지 적어보세요.

Q. 파트 6에 나온 클린 에스컬레이션과 DRI를 어떻게 활용할 수 있을까요? 구체적으로 적어보세요.

Q. 우리 회사의 조직문화는 갈등을 예방하며 관리하고 있나요? 넷플릭스, 아마존, 구글의 사례를 비춰 조직문화와 시스템을 점검해 보세요.

'좋은 미팅'의 모든 것

"팀원과의 1대1 미팅은 왜 필요하고,
얼마나 자주 해야 하고, 어떤 이야기를 나누는 것이
적절한가요?"

"팀 내 미팅이 너무 많아 일을 할 수가 없습니다.
불필요한 미팅을 없애고 미팅을 효율적으로 만드는
방법이 있을까요?"

"실리콘밸리에서는 수평적으로 일한다고 하는데,
우리 조직에서는 그게 잘되지 않습니다.
'수평적으로 일한다'는 것은 구체적으로 무엇을 의미하며,
어떻게 해야 가능할까요?"

이번 파트에서는 효율적이고 '좋은 미팅'이란 무엇인가를
살펴보겠습니다. 조직의 규모가 작을 때는 대부분의
문제를 모두 모여 논의할 수 있지만, 조직이 커질수록
이런 방식은 비효율적이라 지속할 수 없습니다. 따라서
목적이 분명하고, 필요한 사람만 참석하며, 명확한 결과를
도출하는 미팅 구조가 필수적입니다.

이를 위해 먼저 효과적인 의사소통의 원칙과 효율적인
미팅의 조건을 이야기하고, 조직 규모가 커질수록
중요한 '스태프 미팅'의 역할과 활용 방법을 설명하려
합니다. 이어서 리더십에서 핵심 도구인 '1대1 미팅'에
대해 집중적으로 다룹니다. 1대1 미팅의 목표와 구조,
진행 팁을 구체적으로 살펴본 뒤, 마지막으로 그 외
다양한 다른 미팅들까지 다루어 전체적인 그림을
정리하겠습니다.

특히 1대1 미팅은 단순한 보고나 체크 용도가 아니라,
팀원과 리더가 신뢰를 쌓고 성장과 갈등을 논의하는
중요한 장치입니다. 어떤 형태가 있고 목적이 무엇이며,
그 자리에서 어떤 대화를 나누어야 하는지 제 경험을
토대로 공유하고자 합니다.

1장
효과적인 의사소통을 위한 변화

앞서 채용, 팀빌딩, 피드백, 충돌 해결 등 리더가 수행해야 할 다양한 역할을 살펴보았습니다. 이번 장에서는 유기적으로 구성된 팀과 인재들이 최상의 시너지를 낼 수 있는 '효율적인 소통 구조'를 구축하는 방법을 살펴보겠습니다.

기업뿐 아니라 일정 규모 이상의 모든 조직에서 '소통'은 가장 중요한 과제이자 동시에 가장 어려운 문제입니다. 조직에서 의사소통이 중요한 이유는 두 가지 관점에서 볼 수 있습니다.

첫째, 큰 그림에서 회사의 비전과 미션을 구성원 모두가 이해할 수 있도록 공유하기 위함입니다. 기존 구성원뿐 아니라 새로 합류하는 사람들도 조직의 방향성을 쉽게 이해할 수 있어야 하며, 이는 효과적인 의사소통 없이 불가능합니다.

둘째, 실무 관점에서 의사소통은 업무 분담부터 의사결정에 이르는 모든 과정을 매끄럽게 연결해 조직의 효율과 실행력을 극대화합니다. 특히 회사가 일정 규모 이상으로 성장하면 의사소통 구조의 중요성은 더 커집니다.

그렇다면 어떻게 의사소통을 효과적으로 이끌어갈 수 있을까요? 조직 내에 몇 가지 변화가 필요합니다.

■ 논의는 수평적으로, 결정은 수직적으로

한국의 많은 스타트업은 '수평적인 커뮤니케이션'을 강조하며, 직급 대신 "~님" 호칭이나 영어 이름을 사용하는 문화를 도입하곤 합니다. 전통적인, 수직적인 문화와 비교하면 긍정적인 변화입니다. 그러나 본질을 놓쳐선 안 됩니다. 형식적으로 수평적인 형태를 넘어, 자유로운 의견 교환이 실질적인 합의와 기민한 의사결정으로 이어지는지 냉정하게 점검해야 합니다. 참여자들이 자기 생각을 솔직하게 표현할 수 있어야 미팅은 단순한 보고가 아닌 대화의 장이 됩니다.

특히나 조직 규모가 커질수록 모든 사안을 완전히 합의하는 식으로 결정하기는 어렵습니다. 신뢰와 심리적 안전감을 바탕으로 누구나 솔직하게 의견을 낼 수 있으면서도, (앞서 파트 6에서 언급했듯이) 책임지는 사람이 최종 결정을 내리고 모두가 그 결정을 따르는 방식이 효과적입니다. 즉, 수평적으로 치열하게 논의하되, 결정은 책임자가 수직적으로 내리는 구조를 확립해야 합니다. 이는 제가 실리콘밸리에서 경험한, 가장 효율적인 소통 방식이기도 합니다.

■ 계층 구조로의 전환: 중간 관리자의 탄생

조직원이 늘어나면 한 명의 리더가 모든 사람을 직접 챙길 수 없습니다. 초기에는 모든 인원이 대표에게 보고하지만, 인원이 늘면 개발, 영업 등 기능별 조직이 생기죠. 그 안에서도, 예를 들어 개발 조직이라면 프론트엔드, 백엔드 등으로 팀이 세분됩니다. 이 과정에서 자연스럽게

'중간 관리자'가 등장합니다.

중간 관리자는 단순한 전달자가 아니라, 상위 리더와 팀원들을 연결해 주는 핵심 역할을 합니다. 이들이 제 역할을 하지 못하면 의사소통 체계가 무너지고, 상위 리더가 모든 결정을 직접 내리는 비효율적 구조로 회귀합니다. AI가 실행을 가속하는 시대에 '어느 지점에서 사람이 판단해야 하는지'를 명확히 정립하는 중간 관리자가 없다면 조직의 생산성을 끌어올리기 어려워집니다.

따라서 일정 규모 이상의 조직에서는 중간 관리자를 어떻게 세우고, 그들에게 어떤 권한과 책임을 줄지 고민하는 것이 효과적인 소통의 출발점입니다. 물론 조직이 커질수록 의사소통 비용이 커지기 때문에 굳이 외형 확장에 매몰되기보다는, 조직의 내실과 소통의 밀도를 높여야 할 시점에 전략적으로 계층 구조를 도입할 것을 권합니다.

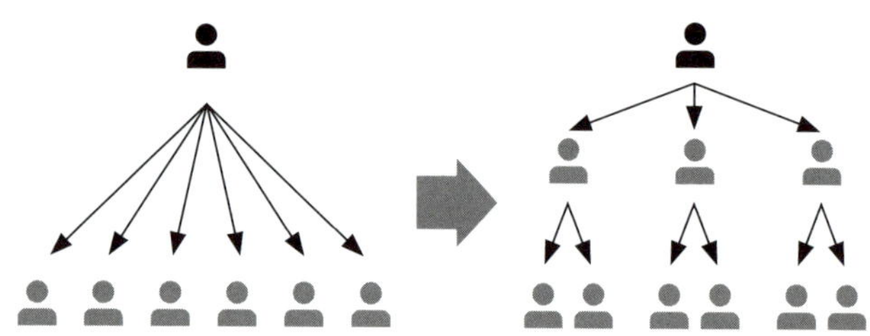

조직의 규모가 커지면서 의사소통 구조가 체계를 잡아갑니다.

■ 계층 구조의 의사소통: 중간 관리자의 역할

그렇다면 계층 구조에서 의사소통은 어떻게 이루어져야 할까요? 핵심은 중간 관리자의 역할입니다. 상위 리더는 먼저 중간 관리자들과 논의해 의사결정을 내리고, 중간 관리자는 그 내용을 팀원들에게 전달합니다. 동시에 팀원들의 의견과 피드백을 수집해 다시 위로 올리는 것이 중간 관리자의 중요한 책임입니다.

모든 결정에 팀원 피드백이 필요한 건 아닙니다. 그러나 조직의 방향이나 핵심 프로젝트처럼 의미 있는 변화에는 팀원들의 시각을 듣는 과정이 필요합니다. 이런 구조가 있어야만 리더의 의도가 정확히 전달되고, 구성원들의 목소리가 방향성에 반영되며, 성장하는 조직에서 원활한 소통이 가능합니다.

중간 관리자가 이 역할을 소홀히 할 때 꼭 문제가 발생합니다. 회사의 결정 사항이 아예 전달되지 않거나, 왜곡돼 전달될 수 있죠. 특히 팀원들의 반발을 의식해 "경영진의 결정이라 나도 어쩔 수 없다"는 식의 방어적인 태도로 조직의 결정을 전달하는 사례가 대표적입니다.

중간 관리자의 책임은 불편함을 무릅쓰고 최소한 중립적으로 의사결정 내용을 전달하고, 팀원들과 논의하며 피드백을 모으는 것입니다. 그렇지 않으면 조직은 한 방향으로 나아가지 못하고, 불필요한 의사소통 비용이 급격히 늘어납니다. 중간 관리자의 역량이 곧 조직의 역량이 되는 셈입니다.

한 가지 덧붙이자면, 회사가 전략적으로 방향을 전환하거나 구조조정을 단행하는 등 큰 결정을 내부에 공유할 때는 중간 관리자를 거치는 것보다 경영진이 전 직원을 모아 직접 발표하고 질의응답을 진행하는 편이 더 효과적일 때가 많습니다. 이는 뒤에서 다룰 전사 미팅, 즉 타운홀 미팅에서 다시 이야기하겠습니다.

의사소통 구조를 수직적으로 운영하라는 말은, 리더나 중간 관리자만 정보를 알고 팀원들은 내용을 모른 채 일하라는 뜻이 아닙니다. 특히 불확실성이 큰 시기에는 투명하게 정보를 공유하는 의사소통 구조가 큰 도움이 됩니다.

2022년 말부터 원고를 쓰는 2026년 초입까지 이어지는 해고와 구직난. 스타트업 생태계가 흔들리는 상황에서 경험이 부족한 주니어 팀원들은 쉽게 불안을 느낍니다. 이들이 심리적으로 안정감을 느끼게 하려면 회사가 처한 상황을 숨기지 않고 꾸준히 공유해야 합니다. 악재를 끝까지 은폐하다가 임계점에서 터뜨리는 방식은 조직의 신뢰를 붕괴시키는 최악의 선택입니다. 물론 끝까지 상황을 수습하고자 노력하다가 어쩔 수 없이 뒤늦게 알릴 수도 있지만, 기본적으로는 구성원이 충격을 받지 않도록 진행 상황을 투명하게 설명하는 것이 훨씬 낫습니다.

즉, 좋은 소식만 알리고 불편한 소식은 숨기는 방식은 건강한 문화가 아니라는 뜻입니다. 오히려 안 좋은 뉴스도 공유해야 조직이 진짜로 신뢰를 쌓을 수 있습니다. 단기적으로는 불편하더라도, 이런 투명성의 장점은 분명합니다. 회사에 깊은 신뢰가 없는 사람들은 작은 나쁜 소식에도 떠나겠지만, 잔류를 택한 구성원들은 상황을 객관적으로 인지하고 위기 극복에 동참할 강력한 동력을 얻게 됩니다.

또한, 성장을 위한 성장을 추구하며 채용 기준을 낮추고, 한 번에 많은 사람을 뽑는 것은 절대 바람직하지 않습니다. 단순히 규모를 키우는 것보다는 태도와 역량을 모두 갖춘 사람을 신중하게 선발하는 것이 훨씬 중요합니다.

인력 확충이 곧 속도 향상으로 이어질 것이라는 기대는 현실에서 빗나가는 경우가 허다합니다. 구성원이 늘어나면 의사소통 비용이 무서운 속도로 늘어나기 때문입니다. 팀원 간의 방향성을 정렬하는 데 드는 시간, 의견 충돌을 조율하는 과정, 의사결정이 지연되는 순간들이 늘어나면서 조직 전체의 속도가 오히려 떨어질 수 있습니다.

따라서 리더가 집중해야 할 것은 무조건 인원을 늘리는 것이 아니라, **최소한의 인력으로 최대의 가치를 만드는 방법**입니다. 예컨대 의사소통 비용을 낮추는 핵심 해법으로, AI와 자동화 기술을 적극 수용해 조직의 체질을 개선할 수도 있습니다. 단순 반복 업무나 자동화할 수 있는 프로세스는 기술로 대체하고, 사람은 더 창의적이고 전략적인 일에 집중하도록 하는 것입니다. 이렇게 해야 인력 수를 불필요하게 늘리지 않고도 성장을 이어갈 수 있습니다.

결국 진짜 중요한 것은 "얼마나 많은 사람이 있느냐"가 아니라, "얼마나 잘 맞는 사람들이 올바른 도구를 활용하며 한 방향으로 나가며 가치를 만들어내느냐"입니다.

조직이 성장할수록 의사소통은 더 복잡해지고 어려워집니다. 단순히 "열린 소통"을 강조하는 것만으로는 부족합니다. 수평적으로 의견을 교환하고 수직적으로 결정을 내리는 균형, 중간 관리자를 통한 체계적인 의사소통, 그리고 불편하더라도 투명하게 정보를 공유하는 태도가 모두 필요합니다. 또한 사람 수를 늘리며 성장을 위한 성장을 경계하며, 최소한의 인력으로 기술을 활용해 효율을 높이는 것이 의사소통 비용을 줄이면서 조직이 건강하게 성장하는 왕도입니다. 효과적인 의사소통은 조직의 성패를 좌우하는 가장 중요한 변화의 축입니다.

이것만은 기억하자!

수평적인 논의, 수직적인 결정

- ▸ 누구나 자유롭게 의견을 내야 하지만, 최종 결정과 책임은 명확히 한 사람에게 있습니다.
- ▸ 모두의 합의가 아니라 신뢰와 책임 기반의 결정 구조가 효율적입니다.

계층 구조로의 전환과 중간 관리자의 역할

- ▸ 조직이 커지면 중간 관리자가 상위 리더와 팀원을 연결하는 핵심 통로가 됩니다.
- ▸ 중간 관리자의 전달 능력과 태도가 곧 조직의 역량을 좌우합니다.

투명한 의사소통

- ▸ 좋은 소식만이 아니라 불편한 소식도 제때 공유해야 심리적으로 안정감이 생깁니다.
- ▸ 숨기다 마지막에 발표하는 것은 불필요한 충격과 불신을 키웁니다.

성장보다 중요한 '의사소통 비용 관리'

- ▸ 성장을 위한 성장을 경계하고, 태도와 역량을 기준으로 최소 인력을 유지해야 합니다.
- ▸ 작은 팀이 빠르게 큰 가치를 만들어낼 수 있는 문화와 환경을 제공해야 합니다. (예: AI 기술 도입, 지적인 정직함을 바탕으로 한 의사결정과 혁신)

2장

"효율적인" 미팅의 조건

조직에서 가장 흔한 의사소통 방식이 '미팅'입니다. 메신저로도 협업할 순 있지만, 의미 있는 결정은 여전히 오프라인이든 온라인이든 얼굴을 맞대고 대화하면서 이뤄집니다. 비즈니스의 핵심 의사결정이 이루어지는 필수불가결한 과정입니다.

자칫 미팅이 잘못 운영되면 가장 비효율적인 활동이 됩니다. 미팅이 너무 잦아서, 혹은 비효율적인 미팅으로 인해 일할 시간이 부족하다고 호소하는 팀원이 늘어나는 식입니다. 조직 내에 피로가 누적될 수 있고요. 그러니 마냥 미팅을 늘리기 전에 어떤 미팅이 필요한지 점검해야 합니다.

조직이 작을 때는 매주 전사 미팅을 해도 크게 문제가 없습니다. 오히려 업무를 공유하는 데 도움이 됩니다. 하지만 인원이 100명을 넘어서면 미팅의 목적, 횟수, 참석 인원을 재검토해야 합니다. 단순히 "기존에 해왔던 방식"이라는 이유로 미팅을 유지해서는 안 됩니다. 투자 대비 효율(ROI)이 담보되지 않은 미팅은 조직의 유한한 자원

---

* 'Return On Investment'의 약자로 투자 대비 수익을 뜻하지만, 조직 운영에서는 시간, 인력, 에너지 같은 자원 대비 결과를 의미합니다. 예컨대 다섯 명이 1시간 미팅에 참석했다면 이미 다섯 시간이 투입된 것이므로, 그만한 성과가 있었는지가 ROI의 기준이 됩니다.

인 시간과 에너지를 잠식하는 명백한 낭비입니다.

■ 미팅, 덧셈이 아닌 뺄셈으로

미팅의 필요성을 점검할 때 가장 먼저 던질 질문은 "이 미팅으로 어떤 의사결정을 할 것인가?"입니다. 미팅은 기본적으로 실무적 난제를 해결하고 구체적인 대안을 도출하는 생산적인 세션이어야 합니다. "월요일이니까 일단 모이자"는 식의 회의는 아무런 결론도 내지 못한 채 시간만 소모합니다. 단순히 정보를 공유하기 위함이라면 문서나 메신저로 소통해도 충분합니다. 단, 정말 중요한 의사결정이나 정보를 공유하는 것이라면 회의를 여는 것이 더 좋습니다.

또 하나 중요한 원칙은 "최소 인원, 최단 시간"입니다. 미팅 기본 시간을 1시간 대신 30분으로 잡고, 필요하다면 15분 단위로 연장하는 방식이 효과적입니다. 참석자는 논의에 꼭 필요한 사람으로 한정하고, 결과를 알아야 하는 사람에게 미팅 노트를 공유하는 편이 효율적입니다.

■ 효율적인 미팅 설계하기

제가 유데미에 재직하던 시절 경험한 사례를 하나 소개하고자 합니다. 당시 회사가 급성장하면서 미팅의 빈도와 피로감이 늘자, 모든 미팅 초대에 "미팅 목적(Purpose), 논의 안건(Agenda), 최종 결정 사항(Outcome)"을 명시하도록 하는 원칙이 도입된 적이 있었습니다. 이를 'PAO 미팅 원칙'이라고 불렀습니다. 간단해 보이지만, 이 세 가지를 미리 정리하는 것만으로도 불필요한 미팅을 걸러내고, 필요한 미팅은 훨씬 효율적으로 운영할 수 있었습니다.

1. 목적(Purpose): 이 미팅은 왜 필요할까?

예를 들어 "새 강의 모객 방안 논의 및 결정"처럼 구체적인 이유가 있어야 합니다. 이미 다 아는 이야기 같아도 맥락을 제공한다는 점에서 이 문항이 중요합니다.

2. 안건(Agenda): 어떤 주제를 다룰까?

위의 예시 상황이라면 아래와 같은 안건을 설정할 수 있습니다.

- 이전 미팅 액션 아이템 확인
- 새 강의 소개
- 강의 모객 목표
- 예상되는 어려움 및 해결 방안 논의
- 마무리 및 다음 스텝 논의

안건별 논의 예상 시간을 미리 정하면 중요하지 않은 주제에 시간을 빼앗기지 않습니다. 고도의 집중이 필요한 난제에는 침묵하면서도 누구나 의견을 내기 쉬운 주제, 예를 들어 "회식을 어디서 할 것인가"에 관해 모두 한마디씩 말을 거들다가 시간을 허비할 수 있습니다. 후자와 같은 안건은 누가 챙길지 정하는 선에서 빠르게 넘어가는 게 좋습니다.

3. 결과물(Outcome): 무엇을 결정하거나 남길까?

"누가 언제까지 무엇을 할 것인가"를 포함한 구체적 실행 계획을 최종적으로 논의합니다. 즉시 결정하지 못한 항목은 액션 아이템으로 남기고 책임자(DRI)를 정해야 합니다. 또한 이다음 미팅은 반드시 지난 액션 아이템 리뷰로 시작해야 합니다.

최종적으로 미팅 노트를 정리해서 참석자뿐만 아니라 결과를 알아야 하는 사람들과 공유하길 추천합니다. 요즘처럼 비동기 협업이 많은 환경에서는 미팅 노트를 슬랙 같은 업무 채널에 공유하는 습관이 특히 유용합니다. 이렇게 하면 소통의 투명성과 업무 책임감이 동시에 높아집니다.

조직이 성장하면서 미팅의 수와 복잡성은 기하급수적으로 늘어납니다. 그렇기 때문에 미팅은 습관이 아니라 반드시 재검토해야 하는 비용 요소입니다. 미팅이 인적 자원, 시간을 매몰시키는 블랙홀이 되지 않도록 철저히 관리해야 합니다. 그러기 위해선 명확한 목적, 필수 인원 최소화와 정해진 시간, 구체적인 결과물 등을 고루 신경 써야 합니다. 좋은 미팅은 시간과 비용을 줄이면서도 의사 결정과 실행을 앞당기는, 조직 성장의 중요한 도구가 될 수 있습니다.

미팅도 ROI가 있어야 한다.

▸ 조직이 커지면 미팅은 비용이 되므로 목적, 횟수, 인원 등을 재검토해야 합니다.

▸ "늘 해왔으니 한다"는 관성은 위험합니다.

의사결정 중심의 세션이어야 한다.

▸ 단순히 정보를 공유하는 일은 문서나 메신저로 충분합니다. 단, 중요한 정보는 미팅을 통해 공유해야 더 효율적으로 전달됩니다.

▸ 미팅은 문제 해결과 의사결정을 위한 장이 돼야 합니다.

최소 인원, 최단 시간

▸ 기본 시간은 30분으로 잡고, 필요하다면 15분 단위로 시간을 연장합니다.

▸ 필요한 인원만 참여시키고, 결과를 알아야 할 사람은 미팅 노트를 공유받습니다.

효율적인 미팅의 3단계

▸ 목적(P): 왜 모였는지 분명히 하며 문맥을 제공합니다.

▸ 안건(A): 논의할 주제를 정하고 예상 시간을 할당합니다.

▸ 결과물(O): 실행 계획과 DRI를 지정하고 다음

미팅에서 점검합니다.

투명한 소통과 정보를 공유하는 문화

- ‣ 미팅 노트를 슬랙 등 채널에 공유해 비동기 협업을 강화합니다.
- ‣ 투명성이 곧 신뢰와 책임감을 높인다는 점을 꼭 기억합시다.

스태프 미팅, 어떻게 활용할까?

앞서 성장하는 조직에서 효과적인 의사소통 원칙과 미팅의 효율적 운영 방안을 살펴보았습니다. 이번 장에서는 그중에서도 상위 리더와 중간 관리자만 참여하는 '스태프 미팅(Staff Meeting)'이 무엇이며 어떤 역할을 하는지 설명합니다.

■ 왜 스태프 미팅이 필요한가

조직이 작을 때는 대표가 모든 팀원을 모아 미팅을 해도 문제가 없습니다. 그러나 인원이 늘어나고 중간 관리자가 생긴 상황에서 여전히 전 직원이 함께 모인다면, 중간 관리자가 존재해야 하는 의미를 잃게 됩니다. 팀원들이 상위 리더의 말만 직접 따르게 되고, 상대적으로 경험이 부족한 중간 관리자가 실질적인 권한을 행사하지 못하고 조직 내에서 고립될 위험이 있습니다.

물론 리더로서 리더가 모든 사안에 개입해 직접 결정하는 방식이 본인에게 일시적인 효능감을 줄 수 있습니다. 하지만 장기적으로는 의사결정의 병목 현상을 초래해 조직의 기민함이 저해되는 등 여러 문제가 일어납니다.

또한 중간 관리자의 중요한 역할 중 하나는 상위 리더와 조직의 방향 및 우선순위를 논의하고, 이를 팀원들에게 전달하고 설득하며 필요한 논의를 이어가는 것입니다.

말 그대로 '중간' 관리자니까요. 그러니 성숙한 리더라면 특히 중요한 결정이나 팀 간 충돌 같은 민감한 문제일수록 중간 관리자와 먼저 논의해야 합니다. 그래야 중간 관리자가 일정 권한을 위임받고 성장할 수 있으며, 결과적으로 이런 성장이 조직 전체의 성숙도로 이어집니다.

■ 스태프 미팅이란 무엇인가

스태프 미팅은 상위 리더와 중간 관리자가 모여 의사소통하는 자리입니다. 단지 정보를 공유하는 게 아니라, 많은 인원이 있는 자리에서 다루기 어려운 다양한 이슈를 깊이 논의하고, 상위 리더가 중간 관리자들에게 전략적으로 권한과 책임을 위임하는 미팅입니다. 이를 통해 한 사람이 모든 결정을 내리는 비효율적인 구조에서 벗어나, 결정과 업무를 분담해 조직이 더 빠르게 움직이고 성장할 수 있습니다.

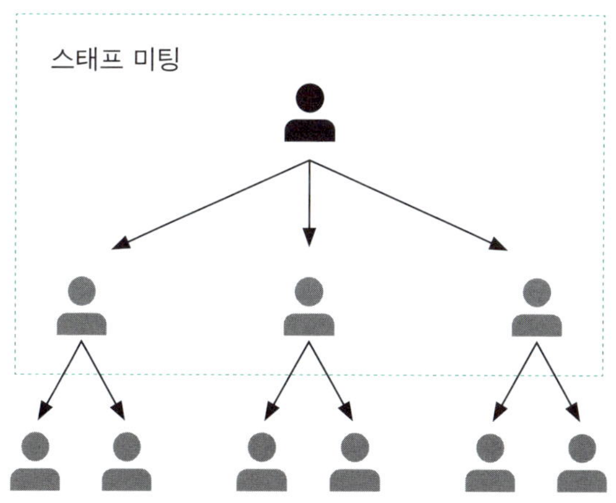

상위 리더와 중간 관리자만 모여 하는 미팅 구조

스태프 미팅을 잘 활용하면 전체 팀의 목표와 팀 간 역할, 책임을 상황에 맞게 유연하게 조정할 수 있습니다. 동시에 중간 관리자들이 주도적으로 상황을 판단하고 의사 결정을 실행할 수 있도록 힘을 실어줄 수 있습니다. 빠르게 변하는 환경에서는 문서로 역할과 책임을 세세히 고정하기보다는, 스태프 미팅 같은 자리를 통해 지속해서 대화하고 조율하는 방식이 훨씬 효과적인 이유입니다.

다만 이 과정에서 중요한 것은, 중간 관리자가 미리 결정된 내용을 자기 팀에 제대로 전달하는 것입니다. 상위 리더는 가끔이라도 중간 관리자가 내용을 정확히 전파, 전달하고 있는지 확인해야 합니다. 내용이 왜곡돼 전달되거나 소통의 공백이 방치되면, 스태프 미팅의 효과가 반감되고 조직 전체가 한 방향으로 움직이지 못할 수 있기 때문입니다.

■ 스태프 미팅 의제, 이렇게 정한다

스태프 미팅도 앞서 이야기한 PAO 원칙과 다르지 않습니다. 명확한 목적이 있어야 하고, 그 목적을 달성할 수 있는 구체적인 안건을 논의하며, 마지막에는 실행할 수 있는 결과물이 정리돼야 합니다.

제가 경험했던 회사의 주간 스태프 미팅도 이런 흐름을 갖고 있었습니다. 먼저 서기를 정해 기록을 남기는데, 이 때 팀 전체에 공유할 내용과 공유하지 않을 민감한 내용까지 정리하면 이후 혼란을 줄이는 데 도움이 됩니다. 서기 역할은 돌아가며 하는 것이 좋고, AI 미팅 요약 툴을 사용한다면 정리 작업이 더 수월해집니다.

1. **액션 아이템 점검**: 먼저 지난 미팅에서 합의했던 액션 아이템을 점검하는 것부터 시작합니다. 이 과정을 통해 논의가 말로만 끝나지 않고 실제 실행이 이어지는지 확인할 수 있습니다.

2. **주요 지표 리뷰**: 회사 전체 지표(KPI*)와 팀 내 중요 지표를 검토하고, 필요하다면 후속 조치를 결정합니다. 문제가 심각하다면 추가로 논의하기 위해 별도 미팅을 바로 만들어 조치합니다.

3. **중요한 뉴스 공유**: 중간 관리자에게 반드시 전달돼야 할, 회사 차원의 뉴스나 결정을 공유합니다. 동시에 이를 팀에 어떻게 알릴지 함께 이야기합니다.

4. **사건/사고 리뷰**: 지난 한 주간 발생한 주요 장애나 리스크를 복기합니다. 심각한 사안은 최종 책임자(DRI)를 지정해 후속 미팅 때 근본적인 원인 분석과 재발 방지 대책을 수립하도록 독려해야 합니다.

5. **사람에 대한 논의**: 스태프 미팅의 핵심 의제입니다. 회의에 참여한 모든 매니저는 사람 간 갈등에 관해 감추지 않고 이성적으로 의견을 나누되, 충돌 자체에 매몰되지 않고 문제 해결에 집중하는 태도를 가져야 합니다. 또한 이 자리에서 논의된 내용은 외부로 공유하지 않는다는 신뢰가 전제돼야 합니다. 주로 다음과 같은 주제를 다룹니다.

   ▶ **채용 상황 공유**: 팀 내 채용 공고가 있다면 각 중

---

* 'Key Performance Indicator'의 약자로, 조직이나 팀의 핵심 성과 지표를 의미합니다. 예를 들어 월 매출, 활성 사용자 수(MAU), 전환율 등이 대표적인 KPI가 될 수 있습니다. 파트 8에서 자세히 다룹니다.

간 매니저가 돌아가며 진행 상황을 공유합니다.

- ▸ **팀원의 성과와 태도 논의**: 팀 내 '일잘러'나 '일못러'에 대해 함께 논의합니다. 예를 들어, 성과가 뛰어난 팀원이 최근 동기부여를 잃었는지, 부정적인 태도를 보이는 팀원이 조직 분위기에 영향을 주고 있는지 등을 솔직히 나눕니다. 이런 이야기는 전체 미팅에서 다루기 어렵지만 스태프 미팅에서는 터놓고 논의할 수 있으며, 이를 통해 상위 매니저나 동료 매니저로부터 조언이나 도움을 받을 수 있습니다.

- ▸ **갈등 해결**: 팀 간 혹은 개인 간 갈등이 있다면 이 자리에서 심도 있게 다룹니다. 개인 간의 사소한 갈등이 팀 간 문제로 확대되지 않도록 예방하기 위함입니다. 이미 충돌이 시작됐다면 구체적인 해결 방안을 모색해야 합니다. 이때 핵심은 공동의 목표를 다시 점검하고 정렬하는 것입니다. 그렇게 해야 실무 현장에서 불필요한 마찰을 줄일 수 있습니다.

6. **팀별 업데이트**: 시간이 남을 경우 중요한 프로젝트의 진행 상황을 공유합니다. 우선순위는 낮지만, 협업에 필요한 정보를 교환하는 목적입니다.

7. **미팅 정리와 액션 아이템 정리**: 오늘 미팅에서 합의된 사항을 다시 정리하고, 항목별 책임자(DRI)를 지정합니다. 다음 미팅의 출발점이 되기 때문에 꼭 필요한 절차입니다.

이런 과정을 통해 스태프 미팅은 여러 가지 중요한 효과를 냅니다. 무엇보다 중간 관리자의 권한이 강화됩니다. 상위 리더가 모든 것을 직접 결정하는 대신, 중간 관리자에게 권한을 위임하고 그들이 스스로 판단할 기회를 주기 때문에 조직 전체가 구조적으로 성장할 수 있죠. 또한 전 직원을 모으지 않고도 깊이 있는 논의와 효율적인 의사결정이 가능해집니다.

특히 갈등 관리 측면에서 스태프 미팅은 큰 의미가 있습니다. 팀 간 협업 과정에서 생기는 갈등이 감정적인 분쟁으로 번지기 전에 여기서 문제가 논의되고 해결책을 찾을 수 있습니다.

다만 이 장점이 작동하려면 중간 관리자들이 최소한 스태프 미팅 안에서는 상황을 감추지 않고 솔직하게 의견을 나눠야 합니다. 동시에 미팅에서 논의된 민감한 내용은 외부로 흘러 나가지 않는다는 신뢰가 필요합니다.

마지막으로, 중간 관리자는 스태프 미팅에서 나온 결정 사항을 팀원들에게 전달할 때, 개인적인 감정을 배제하고 조직의 공식적인 입장을 견지해야 합니다. 필요하다면 추가 논의를 통해 팀원들의 피드백을 수집해야 하고요. 경영진의 결정을 타자화하며 부정적인 톤을 덧붙여선 안 됩니다. 이런 태도가 조직의 단합을 깨뜨리고, 결과적으로 의사소통 비용을 높이는 원인이 됩니다.

<h1 align="center">이것만은 기억하자!</h1>

스태프 미팅의 필요성

- 조직이 커지면 전체 미팅만으로는 한계가 생기고, 중간 관리자가 유명무실해질 위험이 있습니다.
- 스태프 미팅은 상위 리더와 중간 관리자가 중심이 돼 소통하는 구조를 만듭니다.

중간 관리자의 역할 강화

- 상위 리더와 방향 및 우선순위를 논의하고, 이를 팀원들에게 전달, 설득하며 논의를 이어갑니다. 또한 팀원들의 의견을 취합해 상위 리더에게 공유합니다.
- 중간 관리자가 제대로 역할을 할 때 조직의 성숙도와 실행력이 높아집니다.

스태프 미팅의 목적

- 많은 사람이 있는 자리에서 다루기 힘든 이슈를 깊게 논의합니다.
- 권한과 책임을 위임해 한 사람에게 의사결정이 집중되지 않도록 합니다.

스태프 미팅의 의제

- '지난 액션 아이템 점검 → 핵심 지표 리뷰 → 중요 뉴스 공유 → 사고 리뷰 → 사람(팀원) 논의 → 팀별 업데이트 → 새로운 액션 아이템 정리' 순서

로 진행합니다.

‣ 이는 앞서 다룬 PAO 원칙(목적, 안건, 결과물)의 연장선에 있습니다.

스태프 미팅의 효과

‣ 중간 관리자의 권한이 강화되고, 효율적인 의사 결정이 쉬워집니다.

‣ 갈등이 커지기 전에 솔직한 논의를 통해 예방 혹은 해결할 수 있습니다.

‣ 미팅 내용은 전달 사항 이외에는 외부로 공유하지 않는 신뢰가 전제돼야 합니다.

4장
1대1 미팅으로 '진짜 성장' 만들기

성장하는 조직에서 리더십의 도약을 이뤄내려면 전략과 지표 이상의 것이 필요합니다. 그래서 '사람'에 집중해야 합니다. 모든 성과의 기저에는 '사람'이 있으며, 상호 이해와 신뢰가 뒷받침될 때 비로소 조직의 실행 속도가 빨라지기 때문입니다. 이는 단순한 친목 도모가 아니라, 업무 시너지를 극대화하기 위해 서로 동기화하는 과정입니다.

팀원의 동기와 현재 컨디션, 강점과 제약을 파악하고 신뢰를 축적하는 가장 실용적인 도구가 바로 1대1 미팅입니다. 종종 리더들이 "바빠서" 이를 건너뛰곤 하지만, 1대1 미팅은 매니저와 팀원이 방향성을 정렬하고 성장의 임계점을 넘어서는 핵심 장치입니다.

물론 예외도 있습니다. 조직이 매우 성숙하고 경영진이 오랜 기간 함께 일해 암묵지가 단단히 축적된 경우, 최고경영자와 임원단 사이에서 별도의 1대1 없이도 일이 원활히 돌아갈 수 있습니다. 엔비디아의 젠슨 황 CEO가 그런 사례로 자주 언급됩니다. 다만 이는 1993년 창업 이후 20년 이상 함께한 경영진을 둔 특수한 환경입니다. 대부분의 조직과 리더에게 1대1 미팅은 선택이 아니라 필수입니다. 우리는 젠슨 황이 아닙니다.

1대1 미팅은 단순한 업무 점검, 그 이상의 힘을 발휘합니다. 겉으로 드러나지 않던 이슈를 드러내고, 커리어 성장을 설계하며, 조용히 고립돼 있던 팀원에게 "당신을 주의 깊게 보고 있습니다."라는 신호를 보냅니다. 정기적으로 마주 앉아 대화하면 민감한 피드백도 자연스럽게 오갑니다. 공개 석상에서 하기 어려운 말, 메신저로는 맥락이 흐트러지는 이야기, 미루다 타이밍을 놓치기 쉬운 조언이 이 자리에서는 실행으로 연결됩니다.

이 장에서는 1대1 미팅이 왜 필요한지, 어떤 목표와 구조로 운영해야 지속적인 효과를 낼 수 있는지 살펴보겠습니다. 주기와 시간 배분, 대화의 초점, 기록과 팔로업(후속 조치) 방법, 자주 발생하는 함정과 그 대안까지, 현장에서 곧바로 적용하실 수 있는 운영 원칙을 차근차근 정리하겠습니다.

■ 왜 1대1 미팅이 필요한가

1대1 미팅이 필요한 첫 번째 이유는 팀원 개개인의 맥락을 이해하는 시간을 갖기 위함입니다. 팀원이 실제로 어떤 문제에 부딪히고 있는지, 어떤 감정을 느끼고 있는지 여러 사람이 모인 회의에서 잘 드러나지 않습니다. 특히 조직 적응이 필요한 주니어나 내향적 성향의 팀원에게 1대1 미팅은 자신의 고충과 의견을 투명하게 드러낼 수 있는 '심리적 안전망'이 됩니다.

피드백을 주고받기 쉬워진다는 점에서도 1대1 미팅이 필요합니다. 여러 사람이 보는 자리에서 아쉬운 점이나 개선점을 이야기하는 것은 쉽지 않습니다. 하지만 1대1 미팅이 정기적으로 운영된다면, 민감한 이야기도 자연스럽게 꺼낼 수 있습니다. 피드백은 이러한 정기적인, 예측할 수 있는 리듬 위에서 가장 높은 수용도를 보입니다.

또 하나 중요한 이유는 팀원의 성장과 커리어 개발을 체계화할 수 있다는 점입니다. 팀원은 지금 어떤 역량을 강화해야 하는지, 앞으로 어떤 방향으로 성장해야 하는지 명확한 가이드를 원합니다. 1대1 미팅에서는 개인의 강점과 개선점을 구체적으로 논의하고, 단기 스킬 목표에서 장기 커리어 경로까지 함께 설계할 수 있습니다.

리더는 1대1 미팅을 통해 팀원의 성장 속도와 관심사를 파악해 적절한 도전 과제와 학습 기회를 제시할 수 있고, 팀원은 자신의 성장에 대한 구체적인 로드맵을 갖게 됩니다. 결국 1대1 미팅은 단순한 소통 시간이 아니라, 팀과 개인 모두가 더 나은 방향으로 발전할 수 있도록 돕는 중요한 장치입니다.

■ 1대1 미팅, 적절한 주기와 시간은?

실리콘밸리에서는 팀 규모가 아주 크지 않은 한, 주 1회 1대1이 일반적입니다. 저도 기본 주 1회 1대1 미팅을 진행했지만, 성과가 뛰어난 팀원은 주 2회(예: 월/목 또는 화/금) 만나 이야기를 나누며 생산성과 업무 속도를 높였습니다. 미팅 주기는 팀 규모와 업무 밀도에 맞춰 아래와 같이 설계할 수 있습니다.

- 팀원 1~4명: 매주 인당 30~60분을 권장합니다.
- 팀원 5~8명: 격주 30~60분이 적절합니다.
- 팀원 9명 이상: 최소 월 1회는 정기적으로 만나되, 필요시 추가 미팅을 운영합니다.

특히 빠르게 성장 중인 주니어나 핵심 구성원은 주 1회 이상 1대1 미팅을 진행하는 걸 고려해도 좋습니다. (재차 강조하지만) 팀 전체 성과를 높이려면 일을 잘하는 사람과 더 많은 시간을 보내는 편이 효과적이니까요.

시간을 최소 30분을 확보해야 깊은 대화가 가능합니다. 기본 30~60분의 1대1 미팅을 권장하며, 필요하다면 15분 단위로 연장하면 됩니다. 미팅을 연기할 수는 있어도 정기성만큼은 유지하는 것이 중요합니다.

■ 미팅의 초점을 어디에 맞춰야 할까?

책 『The Effective Manager』*에서 제시하는 1대1 미팅의 네 가지 목표를 토대로, 본 책의 맥락에 맞게 정리해 보겠습니다. 핵심은 "사람을 제대로 이해하고, 일의 결과로 연결되도록 돕는 대화"입니다.

- **신뢰 구축(Know Your People)**: 1대1 미팅은 가벼운 담소가 아닌, 팀원의 업무 맥락과 가치관을 입체적으로 파악하기 위해 설계된 '의도적인 시간'입니다. 전공과 업무 강점, 커리어 목표는 물론 가족, 취미 같은 일상적인 맥락을 평소에 미리 알고 표현해 주면, 위기 상황에서 팀원이 먼저 매니저에게 찾아오

---

* 경영 컨설턴트 마크 호스트만이 2016년 쓴 저서 『The Effective Manager』는 성과를 내고, 사람이 성장하며 머물 수 있는 팀을 만들고, 팀의 미래를 준비하는 것으로 좋은 매니저의 역할을 정의합니다. 이를 위해 정기적인 1대1 미팅, 구체적인 피드백, 체계적인 코칭을 핵심 도구로 제시하며, 관리란 재능이 아니라 훈련이 필요한 기술임을 강조합니다.

는 문턱을 낮출 수 있습니다. "당신을 한 사람으로서 존중하고 있다"는 메시지가 신뢰의 기반이 되니까요. 결국 장기적인 지향점을 이해할수록 역할을 배정하고 성장 과제를 부여할 때도 의미 있는 접근을 할 수 있습니다.

- 성과와 피드백 논의(Communicate About Performance): 진행 중인 업무에서 무엇이 잘 되고 무엇이 막히는지 구체적으로 다룰 수 있습니다. 공개된 자리에서는 하기 어려운 아쉬움, 개선점에 관한 피드백을 1대1 미팅에서는 자연스럽게 주고받을 수 있죠. 정기성이 담보될수록 피드백은 덜 방어적으로, 좀 더 실행을 지향하는 식으로 바뀝니다. 가능한 한 구체적인 사례를 기반으로 기대, 관찰, 간극의 순서로 피드백을 전달하고, 마지막에는 다음 행동과 지원책을 명확히 합의합니다.

- 도전 기회 부여(Ask for More): 성과가 뛰어난 구성원에게는 한 단계 높은 난이도의 과제를 제안하는 방법이 도움이 됩니다. 좋은 인재일수록 "내가 정체된 것은 아닌가?" 고민하며 스스로 점검합니다. 1대1 미팅은 그 욕구를 건설적인 도전으로 전환하는 최적의 장치입니다. 단, 도전은 권한/지원/기내 성과가 함께 명확해질 때 동기부여로 이어집니다. "왜 이 과제인지, 성공은 무엇으로 측정할지, 리더가 어떻게 지원할지"까지 합의해 두는 것이 중요합니다.

- 위임 점검(Push Work Down): 리더의 성숙도는 개인의 역량으로 과업을 해결하는 단계를 넘어, 적재적

소에 인재를 배치하고 업무를 맡기는 능력에서 드러납니다. 이때 1대1 미팅은 위임이 얼마나 진척했는지 점검하는 공식 채널이 됩니다. 팀원과 함께 위임 범위(의사결정 권한), 성공 기준(지표와 데드라인), 점검 주기(체크포인트)를 정의하고, 미팅마다 리스크, 다른 팀/사람의 협력이 필요한 부분, 지원 필요 사항을 업데이트해야 합니다. 필요한 경우 장애물을 제거해 주는 것이 매니저의 핵심 역할입니다. (위임의 원칙은 파트 9에서 다시 다룹니다.)

■ 어떻게 1대1 미팅을 진행할까?

팀원별로 1대1 미팅 시간을 정해 캘린더에 고정해 두세요. 바쁠 때 1대1 미팅을 연기할 순 있어도 미팅 취소는 최후의 수단이어야 합니다. 반복적인 미팅 취소는 팀원에게 "당신과의 소통은 나의 우선순위에서 밀려나 있다"는 부정적인 신호를 주는 행위입니다. 빈번하게 미팅을 연기하는 것도 취소만큼 좋지 않은 인상을 남깁니다. 정기적으로 만난다는 것 자체가 신뢰를 축적하는 길입니다. 기본적으로 회의실 또는 온라인 화상 미팅에서 1대1 미팅을 진행합니다. 화상이라면 카메라를 켜고 대면하듯 진행하길 바랍니다. 그래야 표정, 제스처 등 비언어적인 단서를 놓치지 않습니다. 분위기 전환이 필요할 때는 산책 미팅도 좋습니다. 다만 개인적인 대화가 오가는 만큼, 프라이버시가 보장되는 공간을 우선하세요. 구글 문서나 노션 등 공동 문서를 사용해 기록을 남겨야 합니다. 가능한 한 팀원이 주도해 1대1 미팅에서 다루고 싶은 주제를 가져오게 하세요. 이렇게 기록을 축적하면 다음 미팅의 출발점을 잡기 수월해집니다. 매 미팅 말미에 액션 아이템(무엇), 책임자(누가), 기한(언제) 등을 명확히 남기고, 다음 미팅은 "지난번 그 일은 어떻게 됐나요?"로 시작하는 거죠. 이러한 리마인드는 비단 팀원에게만 해당하지 않습니다. 매니저 본인이 맡은 액션도 동일하게 점검하는 것이 좋습니다.

1대1 미팅에서 건설적인 피드백을 제공했다면 구체적인 요청 사항과 지원 방안, 점검 시점을 함께 합의하세요. 다음 미팅에서 실제 변화 여부를 확인하는 과정이 있어야 피드백을 말이 아닌 실행으로 전환할 수 있습니다. 이렇게 기록하고 점검하는 1대1 미팅 경험이 누적되면, 1대1 미팅은 단발성 대화가 아니라 연속성을 가진 성장 루틴으로 자리 잡습니다.

■ 1대1 미팅, 흔한 실수와 대안

그동안 개인적으로 경험하거나 관찰했던, 1대1 미팅에서 자주 생기는 실수와 그에 대한 해결책에 대해 정리해 보고자 합니다. 의외로 리더들이 놓치는 5가지 지점입니다. (구체적인 질문 예시 등은 바로 다음 글에 포함돼 있습니다.)

1. "할 이야기 없으면 취소하자"는 식은 최악입니다

일이 바쁘다 보면 미팅 직전에 "오늘 논의할 주제가 있나요?"라고 묻고, "없다"는 답이 나오면 곧바로 취소하는 경우가 더러 있습니다. 하지만 팀원이 실제로는 이야기할 주제를 준비했더라도 자기검열로 인해

"없다"고 답할 수 있다는 점을 명심해야 합니다. 설령 바쁘더라도, 미팅 안건이 빈약해 보여도 미팅의 정기성 자체가 신뢰를 확보하는 데 중요합니다. 그러니 약속을 유지하고, 최소한 요즘 컨디션에 관해 물어보면서 팀원에게 필요한 지원책을 점검하는 시간을 갖길 바랍니다.

2. 매니저의 독백으로 끝나는 1대1 미팅

매니저에게는 대화를 이끌어야 하는 책임이 있습니다. 닫힌 질문 대신 열린 질문으로 시작하고, 구체적인 내용을 끌어내는 후속 질문을 준비하세요. 또한 이번 1대1이 10분 안에 끝났다면 다음에는 11분을 목표로 대화 시간을 조금씩 늘려 보기 바랍니다. 이때 미리 질문, 토픽 리스트를 마련해 두면 할 말이 없을 때 활용하기 좋습니다. (뒷부분에서 예시를 정리하겠습니다.)

3. 기록이 남지 않는 미팅

기록 없는 1대1 미팅은 실행으로 연결되기 어렵습니다. 매 회차 요약, 의사결정, 액션 아이템(무엇/누가/언제)을 남기고, 다음 미팅은 "지난번 그 일은 어떻게 됐나요?"로 시작하는 것을 추천합니다. 이 간단한 루프만으로도 팀의 실천력이 크게 높아집니다.

4. 팀원의 불안을 방치하는 태도

자신감이 흔들리는 팀원은 "내가 잘하고 있는가?"를

확인받고 싶어 합니다. 근거 없는 낙관을 해선 안 되겠지만, 잘하고 있는 점을 구체적으로 확인해 줘야 합니다. 개선해야 할 부분이 있다면 변화를 요구하면서 지원 방안, 점검 시점을 함께 이야기할 수 있습니다. 팀원의 불안을 계획성과 실행력으로 전환하는 것이 1대1 미팅의 목적입니다.

5. 필터 없는 불만 수용과 '소음 보상'의 함정

팀원의 불만을 경청하는 것은 중요하지만, 불만이 다른 동료에 관한 것이라면 한쪽 주장만으로 상황을 판단하고 있는지 스스로 경계해야 합니다. 필요하다면 제삼자의 관점을 확인하고, 사안이 커질 조짐이 보이면 삼자대면을 통해 사실을 정리해야 합니다.

또한 보상, 승진, 업무 배분 등 민감한 요구는 원칙 기반으로 일관되게 처리해야 합니다. "우는 사람 먼저 달래기" 식의 보상은 묵묵히 기여하는 고성과자들을 소외시키고 조직의 공정성을 무너뜨립니다. 미리 명확한 기준과 프로세스를 세워 스트레스를 줄이고 공정성을 확보하시길 바랍니다.

1대1 미팅은 잡담 시간이 아닙니다. 신뢰를 쌓고, 피드백을 순환시키며, 도전 과제를 설계하고, 위임의 닻을 내리는 실행 루프입니다. 정기성, 기록, 점검하는 습관이 갖춰질 때 1대1은 단발성 대화가 아니라 팀원의 성장을 이루는 루틴이 됩니다. 다음 장에서는 이 루틴을 더 잘 굴리는 질문 방법과 진행 팁을 구체 사례와 함께 다루겠습니다.

이것만은 기억하자!

1대1 미팅의 본질

‣ 사람과 관계를 중심에 두는 실행 도구로, 신뢰/
피드백/성장/위임의 근간을 만듭니다.

미팅 주기와 시간

‣ 팀 규모에 맞게 주기와 시간을 조정하겠지만, 매
주 30분씩 만나는 걸 추천합니다.

‣ 일을 잘하는 사람과 시간을 더 자주 만나는 것이
더 좋은 결과를 냅니다.

1대1 미팅의 네 가지 목표

‣ 신뢰 구축 / 성과 및 피드백 / 도전 기회 / 위임 점
검

1대1 미팅 운영 방식

‣ 캘린더에 미팅 시간을 고정해서 주기적으로 만
납니다.

‣ 프라이버시가 보장되는 공간에서 만나고, 화상
미팅이라면 카메라를 켜고 진행합니다.

‣ 공동 문서로 안건, 기록, 액션 아이템을 관리하고
팀원이 화두를 꺼내도록 유도합니다.

‣ 매번 액션 아이템마다 책임자, 마감일을 기록하
고, 다음 미팅에서 반드시 점검합니다.

- "할 애기 없으면 취소"하지 말고 짧게라도 만나서 정기성을 유지합니다.
- 매니저가 혼자 독백하는 것보다는 질문을 통해 대화의 비중을 팀원에게 집중합니다.
- 논의 내용을 기록하고 체크하면 논의 내용이 실행으로 이어지는 구조를 만듭니다.
- 필터 없이 모든 불만을 다 수용하지 말고, 때로는 사실을 검증하고 원칙을 기반으로 문제를 처리합니다.

1대1 미팅, 실전 팁 총정리

1대1 미팅의 중요성을 알고도, 바쁘다는 이유에 떠밀려 그 시간이 의미 없는 잡담으로 흐르거나 자주 취소되는 '유령 미팅'이 돼 버리는 경우가 적지 않습니다. 1대1 미팅이 공허하게 느껴지기도 하고요. 이런 공허함은 리더와 팀원을 잇는 관계의 결속력이 약해지기 시작했다는 위험 신호입니다. 이 장에서는 그런 함정을 피하고, 팀원과의 대화가 실질적인 성과와 신뢰로 이어지기 위해 어떤 습관과 방식을 갖춰야 하는지 구체적으로 살펴보겠습니다.

■ 미팅 안건은 "함께" 만든다

'무슨 얘기하지?'라며 1대1 미팅을 즉흥적으로 시작하기보다는, 사전에 안건을 공유하는 편이 낫습니다. 안건을 미리 공유할 때 비로소 대화의 깊이가 달라집니다. 미팅 안건은 매니저가 일방적으로 작성하기보다 "요즘 고민이나 다루고 싶은 주제가 있다면 적어달라"고 미리 팀원에게 요청해서 팀원이 주도적으로 참여하도록 여지를 열어두는 것이 좋습니다. 이 과정 자체가 팀의 주인의식을 키우고, 대화를 실행으로 연결하는 첫 단추가 됩니다.

■ 말하는 시간의 균형을 설계한다

의미 있는 1대1 미팅은 각자 말하는 시간이 균형 잡혀 있습니다. 팀원의 발화 비중을 전체 대화의 70% 이상으로 유지하는 것을 기본 원칙으로 삼을 수 있습니다. 매니저는 "최근 가장 고민되는 일은 무엇인가요?", "요즘 일하면서 무엇이 가장 어렵나요?", "제가 도울 수 있는 부분이 있을까요?"처럼 열린 질문으로 대화의 문을 열고, 끝까지 경청합니다.

팀원이 말을 잇기 어려워하거나 논의가 산만해질 때는 매니저가 짧게 정리, 요약해 주는 것도 좋습니다. 예컨대 "정리하자면, 지금 이슈는 A이고, 원하는 방향은 B이며, 제가 도울 부분은 C 맞죠?"처럼 내용을 확인하며 대화의 중심을 잡아 주는 식입니다. 이렇게 논의를 반복해서 요약한다면 피차 이해도를 맞춰가며 논의에 집중하는 데 도움이 됩니다.

■ 어떤 주제를 다룰 수 있을까

그렇다면 1대1 미팅에서 어떤 주제를 다루는 것이 좋을까요? 크게 3가지 화두를 추천합니다.

1. 개인적인 맥락과 커리어 방향성

"요즘 배우고 싶은 것은 무엇인가요?", "커리어 목표에 변화가 있었나요?", "최근 가족, 취미 생활은 어떠신가요?" 같은 질문은 팀원을 입체적으로 이해하는 데 힘이 됩니다. 다만 개인적인 질문은 문화나 성향에 따라 부담이 될 수 있으니 깊이와 속도를 조절하는 감각이 필요합니다. 미국 기업에서는 비교적 일상적인 대화지만, 한국에서는 개인적인 대화를 기피하는 분도 있으니 상대의 신호를 세심히 읽어야 합니다.

2. 협업의 불편 사항과 개선 아이디어

"다른 팀과 협업할 때 무엇이 불편했나요?", "우리 팀/회사 미팅 운영에서 개선할 점이 보이나요?" 같은 질문을 하다 보면 사소해 보이지만 반복되는 불편함이 드러납니다. 이를 포착한다면 조직 차원의 개선안을 마련할 수 있죠. 특히 합류한 지 얼마 안 된 초기 구성원의 눈에는 조직 내 이상한 점이 더 잘 보이므로 적극적으로 그의 의견을 청취하는 것이 좋습니다.

3. 우선순위와 성과 기준의 재정렬

"지금 맡은 일 중 가장 의미 있거나 부담되는 일은 무엇인가요?", "현재 우선순위를 함께 다시 맞춰볼까요?", "업무 A의 성공/실패 기준을 어떻게 정의할까요?" 같은 질문이 방향성 정렬에 도움이 됩니다. 특히 중요한 업무가 끝난 후에 간단하게 과정과 결과를 복기하는 시간을 가져보세요. 무엇이 잘 됐고, 무엇이 아쉬웠으며, 다시 한다면 무엇을 바꿀지 함께 점검해 보길 바랍니다.

◆ 예시: 1대1 미팅의 흐름

미팅은 가벼운 근황으로 시작합니다. "주말엔 어떻게 보내셨나요?", "요즘 컨디션은 어떠세요?" 같은 질문으로 운을 뗍니다. 이어서 오늘의 안건을 확인하고, 가장 중요한 이슈를 중심으로 깊이 있게 논의합니다. 이때 (앞서 다룬) '기대 → 관찰 → 간극' 구조를 활용해 시각차를 탐색하며 피드백을 주고받는 게 좋습니다. 꼭 사실에 바탕을 두고 호기심 어린 시선을 유지하길 권합니다.

팀원이 매니저의 의견을 먼저 물을 때는 "본인은 어떻게 생각하나요?"라고 되묻는 습관이 1대1 미팅의 효과를 높입니다. 팀원이 스스로 생각을 정리하는 과정에서 더 나은 아이디어가 나오고, 자연스럽게 매니저의 발언 비중도 줄어들거든요. 핵심 이슈를 다룬 뒤 시간이 남으면 앞서 "무엇을 다룰 것인가"에서 제시한 세 가지 주제 가운데 한두 가지를 골라 추가로 논의를 이어갈 수 있습니다.

마무리 단계에서는 서로 액션 아이템을 명확히 정리하고 기록합니다. 예를 들어 "그럼 이 부분은 다음 미팅 전까지 시도해 주세요. 저는 관련 내용을 스태프 미팅에서 공유하겠습니다."처럼 명확한 문장으로 약속을 남기세요.

그리고 종료 전에는 반드시 "요즘 도움이 필요한 일이 있으신가요?"라고 한 번 더 확인하길 바랍니다. 별다른 요청이 없다면 짧게나마 개인적인 질문으로 대화의 온도를 다독이며 미팅을 마칩니다. 마지막 도움이 필요한지 묻는 위 질문이 중요한 이유는, 팀원이 마음속에 담아두고 망설이던 이야기를 털어놓을 가능성을 높이기 위함입니다. 때로는 가정사나 동료와의 갈등처럼 쉽사리 꺼내기 어려운 사안이 저 질문을 계기로 표면에 드러나기도 합니다.

■ 1대1 미팅, 루틴이 문화를 바꾼다

이런 1대1 미팅이 루틴으로 정착하면 1대1 미팅은 더는 형식적인 '관리'가 아니라 팀 문화를 건강하게 바꾸는 촉진제가 됩니다. 한 번의 대화로 모든 것이 바뀌지는 않겠지만, 작고도 진지한 대화를 꾸준히 쌓다 보면 어느 순간 팀의 에너지와 집중력이 달라져 있음을 느낄 것입니다. 무엇보다 팀원 각자가 "내 이야기를 들을 준비가 된 매니저가 곁에 있다"고 체감할 수 있다는 점에서 1대1 미팅은 중요합니다. 이 신뢰감이 팀 내 갈등을 줄이고 성과를 끌어올리는 가장 강력한 기반입니다. 이 지점에서, 파트 1에서 다룬 심리적 안전감에 관한 내용을 다시 한번 참고한다면 연결 고리가 더 선명해집니다.

이것만은 기억하자!

1대1 미팅 안건을 함께 만든다.
- ▶ 사전에 안건을 공동 작성해 팀원의 참여를 북돋아야 합니다.
- ▶ 매니저가 단독으로 작성하는 건 지양, 팀원의 고민과 주제를 먼저 받습니다.

말하는 시간의 균형을 맞춘다.
- ▶ 팀원이 대화의 70% 이상을 말하도록 시간을 분배합니다.
- ▶ 열린 질문으로 문을 열고, 반복 및 요약으로 대화

의 초점을 유지합니다.

1대1 미팅에서는 무엇을 다룰 것인가?

- ▸ 개인 맥락과 커리어 방향: 대화의 깊이는 개인의 성향과 레벨에 맞춰 조절합니다.
- ▸ 협업의 불편 및 개선안: 특히 합류 초기 구성원이 관찰한 바를 적극 수용합니다.
- ▸ 우선순위와 성과 기준: 성공, 실패 기준을 논의하고 과정과 결과를 복기합니다.

1대1 미팅 실행 루틴

- ▸ '가벼운 근황 체크 → 안건 확인 → 핵심 이슈 심층 논의' 순으로 시작합니다.
- ▸ '기대 → 관찰 → 간극' 구조로 피드백을 주고받습니다.
- ▸ 팀원이 의견을 물으면 먼저 "어떻게 생각하나요?"로 되묻습니다.
- ▸ 종료 전 액션 아이템(무엇/누가/언제)을 문장으로 기록합니다.
- ▸ 마지막에 반드시 "도움이 필요한 일이 있는지"를 확인합니다.

1대1 미팅의 효과, 잊지 말자!

- ▸ 관계의 온기(신뢰)와 일의 밀도(성과)를 동시에 끌어올립니다.
- ▸ 1대1은 단발성 대화가 아니라 연속성을 갖춘 성장 루틴을 만들 수 있습니다.

6장

다양한 미팅, 이렇게 활용하자

스태프 미팅, 기본적인 1대1 미팅 외에도 조직 내에는 다양한 형태의 미팅이 존재합니다. 각 미팅의 본질과 목적에 부합하도록 운영할 때, 미팅의 효과를 극대화할 수 있습니다. 이번 장에서는 앞에서 다루지 못한, 1대1 미팅의 다양한 변형과 타운홀 미팅, 그리고 조직 운영에서 놓치기 쉬운 기타 핵심 미팅을 정리합니다.

■ 협업의 질을 높이는 1대1 미팅의 변주

1대1 미팅이 반드시 '리포팅 라인(상하 관계)'에서만 이루어져야 하는 것은 아닙니다. 조직 규모가 확장되고 협업 구조가 복잡해질수록, 1대1 미팅의 기능은 단순한 성과 점검을 넘어 부서 간 병목 해소, 방향성 정렬, 그리고 정서적 결속으로 진화해야 합니다. 특히 매트릭스 구조나 여러 팀이 협력하는 환경에서는 수직적인 1대1 미팅만으로는 부족합니다.

1. 협업 팀 간 동료 매니저의 1대1 미팅

여러 팀이 하나의 목표를 위해 일할 때, 실무자끼리의 소통만으로는 우선순위, 리스크 등을 충분히 조율하기 어렵습니다. 이때 각 팀 매니저가 정기적인 1대1 미팅을 통해 프로젝트의 진행 상황을 교차 점검하고,

병목이나 오해, 역할 충돌을 선제적으로 조정해야 합니다. 이런 형태는 팀 전체 회의보다 깊고 솔직한 대화를 열면서 팀 간 신뢰를 빠르게 쌓는 데 효과적입니다. 넷플릭스가 말하는 "Highly Aligned, Loosely Coupled" 문화를 실제로 구현하려면 동료 간 1대1이 필수적입니다.

2. 매트릭스 조직의 1대1 미팅

매트릭스 구조에서는 한 구성원이 소속 조직의 매니저 외에도, 목적 조직의 매니저와 일합니다. 이때 팀원은 직속 매니저와만 정기적으로 소통할 것이 아니라, 실제 업무를 지휘하고 지원하는 목적 조직 매니저와 정기 1대1 미팅을 진행해야 합니다. 그래야 업무 방향성과 성과 기대치를 일치시키고, 업무 중 발생하는 애로사항을 신속히 해소할 수 있습니다. 이는 매트릭스 구조의 복잡성을 현장에서 완화하는 가장 현실적인 방법입니다.

3. 스킵 레벨(Skip-Level) 1대1 미팅

스킵 레벨 1대1은 직속 보고 체계를 건너뛰어 상위 리더와 직접 대화하는 형태입니다. 실리콘밸리에서는 일상적이지만 한국에서는 아직 낯설 수 있겠습니다.

이 미팅의 목적은 상위 리더가 현장의 목소리를 직접 듣고 조직문화를 점검하는 데 있습니다. 팀 분위기, 협업 문화, 관리 방식의 문제 등 팀원이 직속 매니저에게 털어놓기 어려운 주제를 상위 리더가 편견 없이 경청하는 게 포인트죠. 이 과정이 팀원과 직속 매니저의 신뢰를 해치지 않도록, 개입한다는 느낌보다는 사정을 이해하면서 피드백을 수집하는 데 초점을 둬야 합니다. 보통 분기에 한 번 혹은 반년 한 번쯤 진행합니다.

요약하자면, 1대1 미팅은 수직적으로 보고하는 수단을 넘어 협업 경계를 허무는 도구입니다. 목적에 맞게 대상을 정기적으로 만나 깊이 있는 대화를 이어 갈 때, 조직의 단합력과 속도가 동시에 올라갑니다.

■ 조직 전체의 방향성을 맞추는 타운홀 미팅

타운홀 미팅은 리더가 전 구성원과 직접 소통하는 대규모 미팅입니다. 단순 공지나 실적 발표를 넘어, 비전, 방향, 변화의 배경을 투명하게 공유하고 구성원의 질문과 피드백을 받는 자리여야 하죠. 조직이 커질수록 일상적인 소통만으로는 메시지가 말단까지 닿기 어려운 데다가, 전략적으로 중요도가 높은 메시지일수록 리더가 구성원과 직접 눈을 맞추고 진정성을 실어 전달할 때 비로소 조직을 움직이는 파급력이 생기기 때문입니다. 소통의 공백을 메우는 핵심 장치로서 타운홀 미팅은 특히 안 좋은 뉴스를 전달할 때 더 중요합니다. 잘 설계된 타운홀 미팅은 다음과 같은 특징을 갖습니다.

- **명확한 목적과 메시지** : "소통을 위한 소통"이 아니라, 구성원이 반드시 알아야 할 핵심 정보와 관점

(예 : 전략, 지표 트렌드, 조직 변화의 이유, 시장 해석)을 담아야 합니다.

- **양방향 소통** : 충분한 질의응답 시간을 배치하고, 어려운 질문에도 진정성 있는 답변을 합니다. 구성원은 답변 내용뿐 아니라 질문에 대응하는 태도를 통해 리더십을 평가합니다. 필요시 익명 질문도 활용합니다.

- **적절한 주기와 타이밍** : 월 1회 또는 분기 1회가 일반적이나, 중대한 변화나 위기 상황에서는 즉시 추가 타운홀을 여는 편이 조직을 안정하는 데 도움이 됩니다.

- **규모와 근무 형태에 맞춘 운영** : 50명 이하의 소규모 조직은 자유 질의를 중심으로 친밀하게 타운홀 미팅을 운영할 수 있지만, 규모가 더 큰 조직은 사전 질문, 익명 질의응답 시스템, 모더레이터(사회자) 등의 장치를 쓰는 게 효과적입니다. 최근에는 하이브리드(온오프라인 병행) 구성이 점점 더 표준이 되고 있습니다.

적절히 운영된 타운홀 미팅의 결과로 구성원은 "조직이 어디로 가는지, 내 일이 전체에서 어떤 의미인지"를 이해하게 됩니다. 이는 단순한 지시와는 다른 차원의 동기 부여이며, 리더의 투명성과 일관성은 조직 전반의 신뢰도를 높입니다.

앞서 다룬 미팅들 외에도 조직 운영에서 놓쳐서는 안 될 몇 가지 중요한 미팅 형태들이 있습니다. 개인적으로 잘 활용했던 3가지 미팅에 관해 소개합니다.

1. 회고 미팅

스프린트*나 프로젝트 종료 후 "무엇이 잘됐고/잘못됐고/어떻게 개선할까?"를 팀이 함께 돌아보는 미팅입니다. 사람을 비난하는 게 아니라 시스템과 프로세스를 개선하는 데 방점을 둬야 하죠. 같은 문제가 반복되지 않도록 개선 항목을 작게 쪼개 실행하고, 다음 회고에서 진전이 있었는지 확인해야 합니다. "얘기만 하고 끝"이라는 피로감을 막는 유일한 방법은 조금씩이라도 전진하는 것입니다.

2. 브레인스토밍 미팅

창의적인 아이디어를 도출하는 걸 목표로 삼는 전용 미팅입니다. 판단을 잠시 유보하고, 아이디어를 발산하고 수렴해야 하죠. 먼저 아이디어의 양을 충분히 확보하고, 이후 단계에서 아이디어를 평가하고 선정해 구체화합니다. 미팅 진행자는 발언의 안전지대를 만들고, 참가자는 타인의 아이디어 위에 자신의 의견을 쌓는 것("네, 그리고…")을 원칙으로 합니다.

---

* 스프린트는 짧은 실행 주기(보통 2~3주)로 빠르게 서비스 품질을 개선하며 학습하는 업무 단위로, 소프트웨어 개발 시 많이 사용됩니다. 스프린트 종료 후 회고를 통해 다음 사이클을 보완합니다.

실제 장면을 떠올려 보겠습니다. 신제품 발매 캠페인을 논의하는 자리에서, 누군가 "오프라인 론칭 이벤트를 열자!"라고 제안합니다. 이때 이 아이디어의 좋고 나쁨부터 따지는 것이 아니라 이 아이디어를 확장하는 세부 아이디어를 추가할 수 있습니다.

> "네, 그리고 라이브 스트리밍을 병행해 질문을 실시간 투표로 모읍시다."
> → "네, 그리고 참가/시청 데이터를 바탕으로 48시간 내 후속 이메일과 리타게팅 광고를 자동 발송합시다."

이렇게 아이디어를 단계적으로 확장합니다. 이렇게 "네, 그리고" 방식으로 아이디어를 쌓아 올리면 아이디어의 범위가 넓어질 뿐 아니라, 실행 및 아이디어 검증 계획까지 함께 구체화해 아이디어를 발산하는 작업이 수렴하는 과정으로 자연스럽게 전환됩니다.

3. 사고 대응 미팅

서비스 장애나 보안 사고 등 예상치 못한 문제에 즉시 대응하기 위한 미팅입니다. 빠른 의사결정과 명확한 역할 분담이 핵심이죠. 평소 에스컬레이션 절차, 의사결정 권한, 커뮤니케이션 채널을 명확히 해 두어야 합니다. 사후에는 '사건 리뷰(포스트모템,

Postmortem)'*를 통해 재발 방지책을 제도화해야 합
니다.

사고 대응 미팅을 진행할 때는 감정적으로 동요하
기보다는 객관적인 사실을 기반으로 상황과 사안을
판단해야 합니다. 특히 큰 사고가 발생했을 때 리더
의 대응 방식은 조직의 심리적 안전감을 좌우합니다.
비난을 자제하고 차분함을 유지한 채, 다음 단계의
실행 방안을 신속히 끌어내는 게 포인트입니다.

미팅의 형태는 목적에 따라 결정됩니다. 각 미팅의 고유
한 목적을 분명히 하고, 그 목적에 맞는 운영 방식과 리듬
을 꾸준히 유지해야 합니다. 그렇게 할 때 다양한 미팅들
이 '낭비'가 아니라, 조직의 속도와 신뢰를 높이는 투자가
됩니다.

357

이것만은 기억하자!

수직적인 보고 체계를 넘어서는 1대1 미팅

- 협업 팀 간 동료 1대1 미팅: 매니저 간 정기 대화로 업무 의존성, 우선순위, 리스크를 조율합니다.
- 매트릭스 조직 1대1 미팅: 직속 매니저뿐 아니라 목적 조직(제품/프로젝트) 매니저와도 정기적으로 만나 기대치와 방향을 맞춥니다.
- 스킵 레벨 1대1 미팅: 상위 리더가 현장의 목소리를 직접 듣는 자리입니다. 개입보다 이해와 피드백 수집에 초점을 두어 신뢰를 해치지 않도록 운영합니다.

전사 방향을 맞추는 타운홀 미팅

- 단순한 공지 전달이 아니라 비전, 방향, 변화의 배경을 투명하게 공유하고 질문받는 것이 목적입니다.
- 핵심 요소는 명확한 메시지, 충분한 질의응답(익명 포함), 적절한 주기와 타이밍, 규모와 근무 형태에 맞는 운영 방식(하이브리드 가능)입니다.
- 구성원이 "조직이 어디로 가는지, 내 일의 의미는 무엇인지"를 이해해 동기와 신뢰가 높아집니다.

- ▸ 회고 미팅: 비난이 아닌 시스템, 프로세스 개선에 집중합니다. 개선 사항을 작게 쪼개 즉시 해결책을 실행하고 다음 회고에서 진척 상황을 점검합니다.

- ▸ 브레인스토밍 미팅: 판단 유보, 발산에서 수렴으로 회의를 진행하는 게 원칙. "네, 그리고…"로 아이디어를 구체화, 확장하면서 이후에 아이디어를 평가합니다.

- ▸ 사고 대응 미팅: 사실을 기반으로 한 판단으로 빠른 대응을 하는 것이 핵심. 사후에는 포스트모템으로 재발 방지책을 제도화합니다. 리더는 비난을 자제하고 차분함으로 다음 실행을 이끕니다.

조직이 커질수록 성과는 전략뿐 아니라 사람과의 관계를 중심에 둔 소통에서 나옵니다. 모두가 안전하게 의견을 내는 수평적인 논의와, 책임자가 신속히 결론을 내리는 수직적인 결정, 그리고 그 결정을 중간 관리자가 정확히 전파하고 피드백을 회수하는 순환 고리가 기본 뼈대입니다.

이런 요소들을 실행으로 옮기는 장치가 미팅이며, 미팅은 비용이 아니라 의사결정을 앞당기는 투자여야 합니다. 즉, 명확한 목적, 안건, 결과물(PAO), 최소 인원과 최단 시간, DRI 및 기한 설정, 기록 및 점검이 습관이 될 때 조직은 더 빨리 결정하고 실행합니다.

전사가 한 방향을 바라보려면 타운홀 미팅을, 협업과 성장은 스태프 미팅과 1대1 미팅으로, 학습과 안전감 형성은 회고와 브레인스토밍 및 사고 대응(포스트모템) 미팅으로 보완해 단합력과 속도를 동시에 확보합니다.

마지막으로, 무조건 사람 수를 늘리기보다 최소 인력에 AI 기술 기반의 접근으로 생산성을 높이길 지향하고, 늘어나는 의사소통 비용을 상수로 관리하는 태도가 필요합니다. 이것이 신뢰, 투명성, 실행력을 함께 키우는 조직의 소통 운영 체계입니다.

오로지 인간만이 '회의'를 합니다

스태프 미팅, 1대1 미팅, 타운홀 미팅, 회고 미팅, 사고 대응 미팅까지. 파트 7에서는 다양한 종류의 미팅을 이야기했습니다. 모든 미팅은 "왜"에서 시작해 "어떻게"를 거쳐 "무엇을(실행 방안)"로 마무리되는데요. 모두의 방향성을 정렬하는 타운홀이나 스태프 미팅, 그리고 속도를 내기 위한 1대1 미팅을 병행해서 조직은 동력을 얻고 신뢰도를 끌어올릴 수 있다고 합니다. 다만 미팅을 효율적으로 진행하기 위해 최소 인원이 최단 시간으로, PAO(목적, 안건, 결과물)를 도출하는 걸 원칙으로 삼아야 한다고요.

따져보면 이처럼 복합적인 의사결정과 목표 설정, 단합과 방향성 조정을 이어가는 '회의'는 인간 고유의 활동입니다. 미팅을 통해 문제를 정의하고, 서로의 생각을 꺼내놓고, 내일을 상상하며 대안을 토론하는 일련의 행위는 다른 생명체에서 찾아보기 어렵죠. 꿀벌이 춤을 통해 먹이 위치를 공유하고, 침팬지나 돌고래가 의사소통으로 사냥 전략을 조정할 순 있지만 회의를 거쳐 미래를 결정짓는 활동을 하진 않습니다. 단기적인 협력을 넘어 장기적으로 조직을 꾸리고 단합하고자 머리를 맞대는 건 인간적인 능력의 정수라 할 수 있습니다.

회의가 가진 '체계성'을 떠올려 보면 확실히 회의는 인간의 영역입니다. 조직의 방향성을 이해하고,

이를 팀에 정확하게 전달해 피드백을 수집하는 연결고리 역할을 하는 중간 관리자의 역할은 인간이 단순히 군집을 이룰 뿐 아니라 일종의 구조를 갖춰 집단으로 움직인다는 걸 보여줍니다. 명확하게 책임자를 정하는 DRI와 실행 기한을 두고 미팅을 통해 기록, 상황 공유, 후속 점검을 이어가는 일련의 과정도 마찬가지죠. 1대1 미팅을 효과적으로 운영하기 위해 팀원이 말할 기회를 70% 이상 확보하고, 정기성을 유지하는 것 또한 인간적인 능력치입니다.

물론 오로지 인간만이 '회의'를 할 수 있다는 특권은 종종 형식에 갇혀 퇴색하곤 합니다. 타운홀 미팅에서 리더만 장광설을 늘어놓는다면, 회고 미팅이나 사고 대응 미팅에서 개선점이 아니라 책임 유무만 따진다면, "할 이야기 없으면 취소하자"며 1대1 미팅을 형식으로만 취급한다면 미팅은 지루하고 답답한, 무의미한 시간으로 전락하겠죠. 우리가 '왜' 회의하는지를 놓친 채 미팅 그 자체로 '일한 듯한 느낌'만 챙길 때 회의가 가진 인간적인, 강력한 힘은 약해질 수밖에 없습니다.

그러니 왜 회의하는지, 그리고 어떻게 더 '잘' 회의할지 고민하는 것도 리더의 책임이라 볼 수 있겠습니다. 파트 7의 내용들이 도움이 될 것입니다. 예컨대 브레인스토밍 미팅도 "해야 한다"고 권하는 데서 그치지 않고 "판단을 유보하면서 아이디어를 발산하다가 수렴하길 반복하라", "'네, 그리고…' 화법을 통해 아이디어를 구체화하자" 등 디테일한 방법론을 다루고 있으니까요. 1대1 미팅 또한 먼저 신뢰를 구축하고, 성과를 주제로 논의하며 피드백한 후 도전 기회를 주고서 제대로 일이 위임했는지 점검하는 4가지 축으로 설계해야 한다고 자세히 짚고 있습니다.

이러한 코칭 내용을 바탕으로 여러분 조직의 미팅 '성숙도'를 한층 끌어올리길 당부합니다. 오로지 인간만이 하는 '회의', 그 행위를 체계적이고 효과적으로 활용한다는 건 곧 조직이 일하는 방식 자체가 무르익고 있다는 뜻일 테니까요. 1대1 미팅도 동료 간, 팀 간, 스킵 레벨 등 세분화해 진행할 때 협업 마찰을 줄이고 단합을 강화할 수 있는 것처럼요. 그 과정에서 사람들의 생각이 정렬되고, 의지가 모여 변화를 일으키는 순간이 한데 모여 목표를 정하고 문제를 해결하는 조직이 될 것입니다. 회의의 '인간적인' 위력을 경험하길 바랍니다.

김지윤

Q. 지금 우리 조직의 '수평적인 소통'과 '수직적인 소통'은 어떻게 이뤄지고 있나요? 각각 예시를 들고, 개선점이 있는지 적어보세요.

Q. 팀에 안 좋은 소식을 전했던 경험이 있나요? 혹시 그걸 전해 듣는 팀원의 입장이었던 적이 있나요? 경험을 떠올리고, 당시로 돌아간다면 어떻게 상황이나 소통 방식을 개선할지 떠올려 보세요.

Q. 미팅 때 어떤 습관을 갖고 있나요? 미팅을 기록하고 적절하게 공유하고 있는지 점검하세요.

Q. 미팅을 원활하게 하는 나만의 스킬이 있다면 적어보
세요. 혹은 미팅을 원활하게 하는 다른 사람의 액션에 관
해 적어보세요.

Q. 1대1 미팅 시간 중에서 기억에 남는 경험이 있다면 적
어 보고, 좋은 점과 개선점을 함께 정리해 보세요.

Q. 동료 1대1 미팅, 회고 미팅, 브레인스토밍 미팅 등 다
양한 미팅이 있는데요. 이 중에서 어떤 미팅을 해봤고,
당시 "왜/어떻게/무엇을"에 해당하는 내용은 무엇이었
는지 떠올려 보세요.

파트 8

'성과 관리'란 무엇인가?

"핵심 지표가 여러 개이다 보니 팀마다 우선순위가 달라 충돌이 자주 납니다. '몇 개의 지표만 관리할 것인지'는 어떻게 결정하는 게 좋을까요?"

리뷰 때마다 '잘하고 있어요'만 하게 되는데 이렇게 해도 되는 걸까요?"

"정량적인 평가와 정성적인 평가를 어떻게 섞어야 공정한 건가요?"

"덜 눈에 띄는 일이지만 중요한 일을 묵묵히 하는 팀이나 구성원을 어떻게 평가해야 할까요?"

리더십의 본질은 결국 성과로 귀결됩니다. 좋은 비전과 전략, 훌륭한 채용과 온보딩, 원활한 대화와 갈등 해결도 모두 성과로 이어져야 의미 있습니다. 하지만 안타깝게도 성과 관리를 "연말 고과"나 "보상 배분"쯤으로 이해하는 리더가 여전히 많습니다. 결코 그렇지 않습니다. 성과 관리의 진짜 목적은 단순한 평가가 아니라, 개인과 팀의 성장을 조직의 성과와 연결하는 것입니다.

이 장에서는 성과 관리를 어떻게 바라보고, 어떤 도구와 절차로 성과를 관리하며, 실행부터 데이터, 그리고 리더 자신에 이르기까지 성과 관리 사이클을 완성하는 방법을 살펴보겠습니다.

만일 여러분이 작은 회사의 대표나 창업자라면 성과 관리를 체계화하며 평가와 보상을 객관화할 텐데요. 이를 위해 하루빨리 HR팀을 뽑아야 하는 건 아닙니다. 리더의 책임은 우선 HR을 직접 이끄는 것입니다. 우리의 비전에 맞는 인재를 채용하고, 일을 잘하는 사람에게 성과에 맞게 보상을 주는 일은 리더의 노력 없이는 불가능합니다.

그러니 사람 문제가 골치 아프다는 이유로 HR팀을 뽑아 성과 관리를 넘겨야겠다는 판단을 내렸다면 돌이켜 생각해 보길 바랍니다. 제대로 된 위임은 내가 하기 싫은 일을 떠넘기고 신경 끄는 것이 아니라는 점을 꼭 기억했으면 합니다.

1장
성과 관리의 본질

성과 관리의 목적은 단순히 결과물을 평가하는 데 그치지 않습니다. 성과 관리는 팀과 개인이 더 나아지도록 돕는 성장 시스템입니다. 리더는 구성원에게 점수를 매기는 판정관이 아니라, 팀이 자생적으로 발전할 수 있는 토양을 만드는 정원사와 같아야 합니다.

성과 관리에는 두 가지 단계가 있습니다. 하나는 주간/분기 단위로 진행하는 일상적인 관리, 다른 하나는 반기/연말에 이루어지는 제도적인 관리입니다. 일상적인 관리가 즉각적인 피드백과 점검을 통해 점진적인 개선을 유도한다면, 제도적인 관리는 보상 및 승진 시스템과 맞물려 조직의 장기적인 지향점을 제시합니다. 두 단계가 균형을 이루어야 성과 관리가 조직에 제대로 뿌리내릴 수 있습니다.

개인의 성장은 반드시 조직의 목표와 가치 창출로 이어져야 합니다. 개인이 아무리 배워도 그 배움이 팀과 회사 성과에 기여하지 않는다면 의미가 반감됩니다. 리더는 개인의 성장을 존중하면서도, 그 성장이 조직의 성과아 맞닿도록 구조를 고민하고 설계해야 합니다.

성과 관리는 리더십을 향한 신뢰와 직결됩니다. 공정하고 일관된 기준으로 성과를 다루는 리더는 신뢰를 얻습니다. 반대로, 임의로 혹은 감정적으로 판단하는 리더는 빠르게 신뢰를 잃습니다. 결국 성과 관리 방식은 리더가 사람을 존중하는 태도를 드러내는 잣대가 됩니다.

성과 관리의 목적이 조직의 성장과 개인의 성장이라면, 이를 구체적으로 관리하는 도구와 방법이 뒤따라야 합니다. 처음에는 단지 "잘하고 있는가"를 확인하는 수준에서 시작해도 됩니다. 시간이 지나면서 지표를 세우고 계산을 정교하게 해 나가면 됩니다. 다음 장에서는 그 도구로 몇 가지 프레임워크를 살펴보겠습니다.

지금 우리 회사에 필요한 지표 가려내기

"측정할 수 없는 것은 개선할 수도 없다.(If you can't measure it, you can't improve it.)"라는 말이 있습니다. 경영 관리 분야의 구루 피터 드러커가 한 유명한 말입니다. 성과를 관리할 때 꼭 유념할 만한 격언이죠.

앞서 지표가 많기만 하면 위험하다고 이야기했지만, 그렇다고 지표 없이 일을 해도 된다는 뜻은 아닙니다. 데이터에 관련된 일은 물론 어떤 종류의 일을 하건, 진행 상황을 파악하고 성공 여부를 측정하기 위한 지표는 필수적입니다. 회사를 비롯한 조직에서 데이터를 수집하는 주요 이유 중 하나도 결국 데이터를 기반으로 하는 지표를 만들고, 그 지표를 바탕으로 상황을 이해하고 의사결정을 내리기 위함입니다.

그렇다면 리소스만 낭비하는, 쓸데없는 지표와 조직의 성패를 가르는 핵심 지표를 어떻게 구분할 수 있을까요? 이에 대해 본격적으로 이야기하기 전에,

우선 각 지표의 정확한 정의를 내리고 구성원 간에 공유해야 한다는 말부터 전하고 싶습니다. 그러지 않으면 사람마다 조금씩 다르게, 나름대로 지표에 관한 정의를 내리기 때문에 지표를 해석하고 활용할 때 큰 혼란을 겪게 됩니다. 일종의 '지표 사전'을 만들어 공통의 참고자료로 사용하는 것도 방법입니다.

가장 기본적인 지침은 회사의 성장 단계에 따라 다른 형태의 지표가 필요하다는 사실을 인식하고, 우리 회사가 초창기/성장기/성숙기인지 판단해 각 단계에 맞는 지표를 만들어내야 한다는 것입니다. '바로 그 시점에' 중요한 부분을 잡아내는, 의미 있는 지표가 무엇인지 고민해야 한다는 뜻입니다.

이때 자기만족에 그칠 뿐 실질적 도움이 안 되는 지표에 집착하는 태도를 버려야 합니다. 『린 스타트업(The Lean Startup)』*의 저자인 에릭 리스는 보기에는 화려하지만, 실질적인 통찰을 주지 못하는 지표를 '허영 지표(Vanity Metrics)'라 불렀습니다. 그 대표적인 예로 '사용자 등록 수(User Sign-up)'를 들었죠. 참여도가 높거나 돈을 내는 사용자 수를 보는 것이 단순히 서비스에 등록만 한 사용자 수를 보는 것보다 훨씬 의미 있기 때문입니다.

---

* 미국의 기업가 에릭 리스의 저서 『린 스타트업』(이창수 송우일 옮김, 인사이트, 2012)은 불확실한 환경에서 중요한 것은 완벽한 계획이 아니라 빠른 학습이라고 말합니다. 아이디어를 '최소 기능 제품(MVP, Minimum Viable Product)'으로 검증하고, '만들기 → 측정 → 학습' 사이클을 반복하며 가설을 수정해야 한다는 방법론을 제시했죠. 성공의 핵심은 속도가 아니라, 틀릴 수 있음을 전제로 한 실험 설계 능력임을 강조하는 책입니다.

경기가 좋을 때는 허영 지표만으로도 투자받고 성장하는 것이 가능했을지 모르지만, 이제 그런 시기는 지났다는 것을 기억합시다.

그렇다면 현시점 우리 회사에 진짜로 의미 있는 지표를 어떻게 가려낼 수 있을까요? 에릭 리스가 제안한 3A 테스트가 첫걸음이 될 수 있습니다. 3A란 "Actionable, Accessible, Auditable"을 뜻합니다. 의미 있는 지표를 가려내는 세 가지 기준은 다음과 같습니다.

- Actionable: 지표의 변화가 구체적인 의사결정과 행동으로 이어져야 합니다.
- Accessible: 모든 구성원이 언제든 쉽게 지표를 찾아볼 수 있고, 직관적으로 이해할 수 있어야 합니다.
- Auditable: 데이터의 정의가 명확해 계산할 수 있는, 객관적으로 검증할 수 있는 지표여야 합니다. 또한 실제 유저가 느끼는 현실을 잘 반영해야 합니다.

의미 있는 지표를 만들고 측정하는 작업은 중요합니다. 그러나 (재차 강조하지만) 지표 만들기 자체가 목적이 돼서는 곤란합니다. 지표를 활용해 고객들이 만족하는 제품을 만드는 것이 지표의 목표임을 잊지 마세요. 바로 지금, 우리 제품과 서비스를 향상하는 데 필요한 지표가 무엇일지 진지하게 고민해 봅시다.

성과 관리의 핵심은 평가가 아니라 성장

- 리더는 점수를 매기는 사람이 아니라, 팀이 스스로 발전할 수 있는 환경을 만드는 사람입니다.
- 일상적인 관리와 제도적인 관리, 두 단계가 균형을 이룰 때 성과 관리 시스템이 조직에 뿌리내립니다.
- 개인의 성장은 반드시 조직의 목표와 연결돼야 하며, 공정하고 일관된 기준으로 성과를 다루는 리더가 신뢰를 얻습니다.

2장

성과를 만드는 목표와 지표 설정하기

성과 관리의 실질적인 동력은 명확한 목표 설정과 이를 정밀하게 추적할 수 있는 지표에서 나옵니다. 목표가 부재한 성과 관리는 공허한 구호에 그치며, 지표 없는 실행은 개선의 이정표를 잃기 쉽습니다. 이번 장에서는 현장에서 자주 쓰이는 목표 설정 및 추적 프레임워크에 대해 알아보겠습니다.

정량적인 목표가 부재할 때 구성원들은 흔히 '바쁨'이나 '노력' 그 자체를 '성과'로 오인하는 함정에 빠집니다. 하루 종일 회의와 메신저에 매몰된 뒤, 마치 유의미한 과업을 완수한 듯한 착각에 빠지는 것이 대표적인 예입니다. 목표가 숫자로 정의되지 않았다면 그런 시간이 실제 성과인지 구분하기 어렵습니다. 그래서 성과 관리는 가능하면 정량 지표를 기반으로 목표를 세우는 것에서 출발합니다.

'KPI(Key Performance Indicator)'는 조직의 항상성을 유지하기 위한 핵심적인 '건강 지표'로 기능합니다. 예를 들어 서비스 가동률 99.9%는 회사가 정상적으로 움직이고 있음을 보여주는 체력 지표입니다. 동시에 KPI는 '달성 목표(Target Metric)'의 의미로도 활용됩니다. 예를 들어 "이번 분기 신규 고객 100명 확보" 같은 목표를 KPI로 세우고, 달성 여부를 추적할 수 있습니다. 즉, KPI는 상황에 따라 조직과 비즈니스의 상태를 확인하는 지표이자 정량 목표로 활용할 수 있습니다.

(앞서 소개했던) OKR은 한 단계 더 나아가 도전적인 변화를 끌어내는 체계입니다. ‘Objective’는 우리가 향해야 할 방향을 보여주고, ‘Key Result’는 그 방향으로 가고 있는지 측정할 수 있는 데이터를 제시합니다. KPI가 현상을 유지하고 관리하는 수비형 도구라면, OKR은 팀의 한계를 돌파하게 하는 공격형 도구입니다.

좋은 목표와 나쁜 목표의 차이는 명확합니다. 좋은 목표는 의미와 방향을 제시합니다. 반대로 수치만 나열된 목표는 일할 동기를 주지 못합니다. 수치는 ‘Key Result’에 포함돼야 합니다. 예를 들어 “고객 경험을 향상한다”는 목표가 의미 있는 ‘Objective’이고, “순고객추천지수(NPS)를 60에서 80으로 높인다”는 내용은 목표를 뒷받침하는 ‘Key Result’입니다.

목표 관리 방식이 처음부터 복잡해야 할 이유는 없습니다. 규모가 작은 조직이라면 주간 미팅에서 체크리스트로 “이 목표가 달성됐는가?” 확인하는 수준으로 성과 관리를 시작할 수 있습니다. 이후 필요하다면 KPI 기반의 정량 목표 관리, 더 나아가 OKR처럼 구조가 잡힌 체계를 도입하는 것이 좋습니다.

단, OKR이 꼭 만능은 아닙니다. 지나치게 형식에 매달리면 불필요한 행정 절차와 회의만 증폭돼 오히려 조직의 실행력을 저해할 위험이 있습니다. OKR을 성과 평가와 직접적으로 연계하기까지 한다면 팀원들은 위험을 감수하지 않고 안전한 목표만 세우게 됩니다.

무엇보다 OKR은 조직의 성숙도에 따라 효과가 달라집니다. 아직 운영 시스템이 안정적이지 않은 초기 조직에 OKR을 강제로 적용하면 오히려 혼란을 키울 수 있습니다. OKR이 제대로 돌아가려면 'Key Results'의 정량적인 숫자가 자동으로 계산되는 데이터 시스템이 구축돼 있어야 합니다. 데이터 자동화가 뒷받침되지 않은 상태에서 OKR을 도입하는 것은 미팅마다 지표를 수동으로 산출하는 데 막대한 리소스를 낭비하는 결과를 초래합니다.

또한, 꼭 하나의 프레임워크만 사용해야 하는 것은 아닙니다. 숫자가 명확하게 나오는 영업팀 같은 조직에서는 KPI 형태로 목표를 관리하고, 서비스를 계속 발전시켜야 하는 제품팀에서는 OKR을 쓰는 형태로 팀의 특징이나 상황에 맞춰 하이브리드로 목표를 설정하고 지표를 관리하는 게 더 좋은 방법입니다.

KPI, OKR 외에도 다양한 대안도 있습니다. 'SMART 프레임워크'는 목표를 구체성(Specific), 측정 가능(Measurable), 달성 가능(Achievable), 관련도(Relevant), 기한(Time-bound)이라는 다섯 기준으로 세우는 방식입니다. 단순하지만 즉시 활용할 수 있어 소규모 팀에 적합합니다. 'MBO(Management by Objectives)'는 개인과 팀 목표를 회사 전략과 연결하는 방식으로, OKR보다 단순하면서도 보상과 연계하기 쉽다는 장점이 있습니다. 사실상 OKR의 전신이라 볼 수 있습니다. 개인적으로 야후 다닐 때 MBO를 전사 목표 프레임워크로 사용했던 기억이 납니다.

"하지 않을 일"을 명시하는 것도 목표 설정의 일부

고성과 조직의 비결은 '무엇을 할 것인가'만큼이나 '무엇을 포기할 것인가'를 선명하게 정의하는 결단력에 있습니다. 목표는 늘 선택의 문제이고, 선택에는 반드시 '포기'가 따르니까요. 예컨대 "아무도 보지 않는 지표"를 제거하기로 한다면 거기에 들어갔던 에너지와 시간을 아낄 수 있습니다. 고객 가치와 아무런 연관성이 없는 내부 프로젝트를 더 이상 진행하지 않는 결정을 내릴 수도 있죠.

이런 선택은 실행 속도를 높이고, 팀의 집중력을 지켜주는 필수적인 의사결정입니다. 반대로 하지 않을 일을 명확히 적어두지 않는다면 관성으로 인해 팀은 중요하지 않은 업무를 계속하게 됩니다. 무엇을 하지 않을지 리더가 명확히 이야기하고 우선순위를 강하게 적용해야 하는 이유입니다. 달성해야 할 목표만 나열하는 것은 반쪽짜리 전략에 불과합니다. '하지 않을 일'을 단호하게 걷어낼 때 비로소 목표는 강력한 방향성과 추진력을 얻습니다.

KPI는 조직의 맥박이고, SMART 목표와 MBO는 실용적인 출발점이며, OKR은 도전을 위한 나침반입니다. 팀의 성숙도에 따라 적절한 도구를 선택하고 발전시켜야 합니다. 다음 장에서는 이렇게 세운 목표와 지표를 실제로 어떻게 리뷰하고 피드백으로 이어갈 것인지 살펴보겠습니다.

명확한 목표와 지표가 있어야 성과 관리가 가능하다.

‣ KPI는 현재 상태를 관리하는 지표이며, OKR은 도전적인 변화를 이끄는 체계입니다.

‣ SMART는 구체성, 측정 가능, 달성 가능, 관련도, 기한의 다섯 기준으로 목표를 세우는 실용적인 방법입니다.

‣ 팀의 성숙도에 따라 KPI, SMART, OKR을 적절히 조합하는 것이 중요합니다.

‣ 도구보다 더 중요한 것은, 목표가 팀의 의미와 방향을 담고 있는가입니다.

‣ 목표 설정은 해야 할 일을 고르는 데서 끝나지 않습니다. 리더가 하지 않을 일을 분명히 할 때 팀의 집중력은 비로소 강화합니다.

3장

성과 리뷰와 피드백 사이클 만들기

목표를 세우고 지표를 운영하는 것만으로는 충분하지 않습니다. 그 목표를 실제로 달성하고 있는지, 무엇을 개선해야 하는지 점검하는 과정이 필요합니다. 이것이 바로 리뷰와 피드백 사이클입니다.

리뷰는 단순한 '과거에 대한 심판'이 아닌 '미래를 위한 학습'의 과정이며, 조직의 잠재력을 끌어올리는 전략적인 대화의 장이 돼야 합니다. 리뷰에는 두 가지 단계가 있습니다. 하나는 미팅 직후나 업무 중에 주고받는 즉각적인 피드백, 다른 하나는 분기/반기 단위로 진행하는 정기 리뷰입니다. 즉각적인 피드백은 빠른 수정과 개선을 끌어내고, 정기 리뷰는 성과를 돌아보며 방향을 재정렬하는 과정입니다. 상시 피드백과 정기 리뷰라는 두 트랙이 유기적으로 맞물릴 때, 성과 관리 시스템은 비로소 생명력을 얻습니다.

보통 정기 리뷰는 셀프 리뷰, 피어 리뷰, 매니저 리뷰, 상향 리뷰로 구성됩니다.

- **셀프 리뷰**: 자기 성찰의 시간입니다. 팀원 스스로 잘한 일과 아쉬운 일을 돌아보며 자신의 성과를 어떻게 인식하고 있는지 확인할 수 있습니다.
- **피어 리뷰**: 성과에 관해 동료의 시각을 얻을 수 있습

니다. 특히 협업, 커뮤니케이션, 팀워크를 객관적으로 볼 수 기회입니다.

- **매니저 리뷰**: 리더의 관점에서 방향성을 제시합니다. 지속해야 할 강점과 개선해야 할 부분을 균형 있게 전달하되, 지나치게 긍정적인 표현으로만 포장하지 않도록 주의해야 합니다.
- **상향 리뷰**: 리더에 대한 피드백입니다. 구성원이 리더의 의사결정 체계를 가감 없이 복기할 기회를 가질 때, 리더가 자신의 사각지대를 직면하고 리더십의 밀도를 높일 수 있습니다.

다양한 평가 방식과 관계없이, 모든 리뷰에는 다음과 같은 원칙을 구성원들에게 반드시 강조해야 합니다.

- **리뷰의 목적은 성장**: 개인의 성장은 곧 조직과 회사의 성장으로 이어집니다. 나와 동료의 성장을 돕는다는 관점에서 리뷰를 작성해야 합니다.
- **선의에 기반한 피드백**: 선의와 호기심을 가지고 피드백을 적어주세요. 기술적인 부분이건, 행동과 태도에 관한 부분이건, 동료에게 도움이 될 수 있는 내용이라면 어떤 관점도 좋습니다. 피드백은 상대가 스스로 깨닫지 못했던 점을 개선할 좋은 기회가 됩니다.
- **구체적인 사례**: 추측이나 추상적인 표현 대신 실제 있었던 사례를 구체적으로 적어주세요. 추상적인 표현은 해석의 왜곡을 낳고, 피드백의 수용도를 급

격히 떨어뜨립니다. 가능하다면 개선점을 제안하는 피드백도 함께 적어주세요.

조직마다 성장의 단계에 따라 조금씩 다르지만, 만약 개인을 대상으로 정기 리뷰가 이뤄진다면 보편적으로는 다음과 같이 개인을 종합적으로 평가합니다.

- **셀프 리뷰**: 본인이 지난 주기 동안 이뤄낸 성과, 아쉬운 점, 앞으로 키우고 싶은 역량을 스스로 주도적으로 정리합니다.
- **피어 리뷰**: 동료들이 협업 경험을 바탕으로, 지속해야 할 강점과 성장을 위한 개선점을 건설적으로 피드백합니다. 보통 익명으로 진행하지만, 일부 조직에서는 실명제로 운영하기도 합니다. 매니저라고 해도 협업하는 동료 매니저가 있다면 동일하게 피어 리뷰 대상이 됩니다. 리뷰 인원은 조직 규모에 따라 달라지지만, 보통 3명이 적당합니다. 같은 팀 동료뿐 아니라 협업이 많은 외부 팀 동료도 포함하는 것이 바람직합니다. 기본적으로 리뷰 대상자는 스스로 동료를 선택하되, 매니저가 최종적으로 조정해 너무 가까운 사람만 고르는 것을 막아야 합니다. 또한 지정된 피어 리뷰 대상자가 "협업 경험이 충분하지 않아 의미 있는 피드백을 줄 수 없다"고 판단한다면 리뷰를 거절할 수 있는 장치도 필요합니다.
- **매니저 리뷰**: 리더가 팀원의 성과를 종합적으로 평

가하고, 앞으로의 성장 방향을 구체적으로 제시합
니다. 흔히 '하향 리뷰'라고도 불립니다. 이 리뷰는
불편함과 친해지며, 최대한 솔직하게 작성해야 의
미 있습니다. 긍정적인 이야기만 가득한 리뷰를 받
고선 실제 보상이나 인사 결과가 전혀 다르게 흘러
간다면, 팀원은 실망과 불신을 느낄 수밖에 없습니
다. 따라서 매니저 리뷰를 줄 때 '피드백 → 보상 →
후속 조치'가 최대한 일관되게 이어져야 합니다. 리
뷰에서는 찬사를 보낸 뒤 보상 결과에서 실망을 안
겨주는 소통의 불일치는 초보 매니저들이 가장 자
주 하는 실수입니다.

- **상향 리뷰**: 팀원들이 리더의 리더십 스타일과 관리
  및 서포트 방식에 대해 피드백을 제공하는 방식입
  니다. 보통 익명으로 진행합니다. 일하는 데 필요한
  문맥 제공과 같은 커뮤니케이션, 시기적절한 의사
  결정, 팀 목표에 관한 성과 관리, 팀원 개발을 위한
  노력 등에서 리더가 발전할 수 있도록 피드백을 전
  합니다.

구글의 'Daily Snippets'
: 리뷰를 준비하는 가장 일상적인 방법

구글에서는 과거 일부 팀에서 'Daily Snippets'라는
간단한 루틴을 운영했습니다. 매일 퇴근 전에, 각자
오늘 한 일, 의사결정 포인트, 막혔던 지점을 짧은 문

장으로 정리해 팀이나 매니저와 공유하는 관행입니다. 길고 정제된 보고서가 아니라, 몇 줄 메모에 가깝습니다.

이 습관의 핵심 가치는 두 가지입니다. 첫째, 메모를 남기면서 본인이 어떤 일에 시간을 쓰고 있는지 스스로 인식할 수 있다는 점입니다. 일하다 보면 성과와 노력이 쉽게 휘발되는데, 짧게라도 관련 기록을 남기면 자신의 기여를 객관적으로 돌아볼 수 있습니다. 둘째, 주기적인 리뷰를 위한 '재료'를 미리 쌓아두는 효과가 있습니다. 셀프 리뷰나 매니저 리뷰 시점이 다가왔을 때 희미한 기억에 의존해 성과를 떠올리는 대신, 이미 축적된 기록을 바탕으로 훨씬 구체적인 대화를 나눌 수 있습니다.

'Daily Snippets'는 평가를 위한 도구라기보다는, 일을 정리하고 맥락을 공유하는 장치에 가깝습니다. 팀원 입장에서는 자기 일을 과장하지 않고도 드러낼 수 있고, 매니저 입장에서는 결과뿐 아니라 일의 과정과 판단의 흐름을 이해할 수 있습니다. 결국 이런 작은 기록 습관이 쌓여, 셀프 리뷰나 피어 리뷰, 매니저 리뷰 모두를 더 정직하고 생산적으로 만드는 기반이 됩니다.

네 가지 리뷰가 균형을 이룰 때 리뷰는 단순한 절차를 넘어, 조직의 신뢰를 강화하는 힘이 됩니다. 물론 (뒤에서 더 이야기하겠지만) 처음부터 4가지 리뷰를 모두 진행해야 하는 건 아닙니다. 처음에는 하향으로 이뤄지는 매니저 리뷰로 시작해서 셀프 리뷰를 추가한 다음 피어 리뷰를 추가하는 등 개인 성과 평가를 간단하게 시작해 점차 개선해 나가는 것이 처음부터 완벽히 임하려는 것보다 효율적입니다. (개인 성과 관리 이야기는 다음 장에서 더 구체적으로 다룹니다.)

목표를 세우는 것이 '무엇을 할 것인가?'를 정하는 과정이라면, 리뷰와 피드백은 '지금 어디에 있는가?'를 점검하고, '어떻게 더 나아갈 것인가?'를 함께 확인하는 과정입니다. 다음 장에서는 특히 많은 리더가 어려워하는 영역인 개인 성과 평가를 어떻게 할지 살펴보겠습니다.

리뷰와 피드백은 평가가 아니라 학습의 과정

- 즉각적인 피드백은 빠른 개선을, 정기 리뷰는 방향 재정렬을 가능하게 합니다.
- 셀프, 피어, 매니저, 상향 리뷰가 함께 작동할 때 신뢰와 성장의 문화가 만들어집니다.
- 리더 또한 피드백의 대상이 돼야 하며, 이를 통해 자신의 사각지대를 줄일 수 있습니다.
- 리뷰의 목적은 잘못을 찾는 것이 아니라, 함께 더 나아지는 방법을 배우는 것입니다.

성과 평가는 성장의 과정

- 점수를 매기기보다 배움과 개선의 기회를 찾는 절차입니다.
- 피드백은 선의와 구체성에서 시작되며, 추상적인 평가보다 구체적인 사례가 신뢰를 만듭니다.
- 다양한 시각이 공정한 평가를 만듭니다. 셀프/피어/매니저/상향 리뷰가 함께 작동할 때 입체적인 평가가 됩니다.
- 리더는 일관성으로 신뢰를 쌓을 수 있습니다. 평가로 끝나는 것이 아니라 평가가 보상, 후속 조치로 일관되게 이어질 때 의미 있습니다.

4장
개인 성과 평가, 이렇게 해보자

상시적인 성과 리뷰와 피드백이 '학습을 위한 일상적인 프로세스'라면, 개인 성과 평가는 조직의 기준에 따라 정기적으로 시행되는 '제도적인 관리 장치'입니다. 보통 반기 혹은 연말에 한 번 이루어지며, 개인의 성과를 종합적으로 돌아보고 보상, 승진, 성장 계획과 연결하는 중요한 절차입니다.

개인 성과 평가는 객관성과 주관성을 함께 담아야 합니다. 매출이나 프로젝트 달성률 같은 정량 지표와 협업, 리더십, 문제해결 능력 같은 정성 지표가 균형을 이뤄야 하죠. 또한 단순히 점수를 매기는 데서 그치지 않고, 개인의 성장 계획으로 이어져야 합니다.

개인적으로 선호하는 형태의 개인 성과 평가 템플릿은 아래와 같습니다. 이 예시는 셀프 리뷰와 매니저 리뷰에 해당하며 반기마다 리뷰가 진행되는 경우입니다.

질문	셀프 리뷰	매니저 리뷰
지난 하반기 동안 수행한 업무에 대해 요약해 보세요. 가능하다면 결과물을 정량적, 정성적으로 표현해 보세요.		

하반기에 이룬 업무 중 특히 강조하고 싶은 것은 무엇인가요?		
하반기를 돌이켜 볼 때 아쉬웠던 부분 하나는 무엇인가요?		
다른 하고 싶은 말은? 업무를 할 때 하반기에 필요한 도움이나 상반기 회고를 통해 느낀 점 등을 적어주세요.		
매니저 최종 정리		

다음은 개인 성과를 리뷰할 때 제가 사용했던 피어 평가 템플릿입니다. 조직에서 강조하는 문화에 따라 거기에 맞게 수정해서 사용하는 것을 추천합니다.

질문	리뷰
어떤 일을 함께했나요? (이건 참고용으로 보통 공유하지 않기도 합니다.)	
해당 개인과 일을 하며 좋았던 점과 감사했던 점은 무엇인가요?	
해당 개인이 다음 6개월 동안 개선해야 할 점을 하나만 고른다면 무엇인가요?	
(매니저 작성) 피어 리뷰를 읽어보고 리더로서 팀원에게 해주고 싶은 말이 있다면 작성해주세요.	

아래는 팀원이 본인의 매니저를 평가하는 상향 평가 템플릿입니다. 일반적으로 이 내용을 매니저의 매니저가 확인합니다.

질문	리뷰
내 리더와 일하면서 가장 좋았고 감사했던 것은 무엇이었나요?	
내 리더에게 아쉬운 점을 하나만 고른다면 무엇이라고 생각하나요?	
팀 문화나 분위기에 대해 하고 싶은 이야기가 있나요?	
내 리더에게 해주고 싶은 다른 이야기가 있나요? (업무 이야기도 좋고, 업무 이야기가 아니더라도 좋습니다. 위의 항목에서 쓰지 못했던 이야기를 자유롭게 작성해 주세요.)	

다음 표는 데이터팀 소속 분석가를 대상으로 셀프 리뷰와 매니저 리뷰를 하는 예시입니다.

질문	셀프 리뷰	매니저 리뷰
지난 하반기 동안 수행한 업무에 대해 요약해 보세요. 가능하다면 결과물을 정량적, 정성적으로 표현해 보세요.	- 유료 서비스화를 진행할 예정인 고객용 대시보드를 완료했습니다. 현재 내부 기준으로 3개 팀, 약 10명 내외의 사용자가 주기적으로 활용하고 있으며, 유료 전환을 전제로 한 기능 셋과 구조 설계까지 마무리했습니다. 다만 SSO 연동의 경우 엔지니어링 팀의 리소스 부족으로 완료하지 못했고, 관련 요구사항 정의와 연동 방식 정리까지 진행된 상태입니다. - 생산성 증대를 위한 3가지 내부 슬랙 챗봇 프로토타입을 개발했습니다. 1. CS팀이 고객 응대 시 고객 정보를 쉽게 읽어오기에 사용할 수 있는 슬랙 챗봇. 파일럿 운영을 통해 평균 응대 시간이 20% 감소함을 확인 2. 운영팀이 배송할 물건에 프린트할 QR 코드 생성을 위한 슬랙 챗봇. 시험 운영을 통해 코드 생성 시간이 80% 감소함을 확인 3. 내부 지식 베이스 검색을 위한 슬랙 챗봇. 파일럿 운영으로까지 이어지지 못함. - 경보 신뢰도 예측 모델을 개발했습니다. 하지만 false-negative 데이터가 없는 관계로 신뢰도를 계산에 어려움을 겪고 있으며 이 부분이 하반기에 줄여야 할 '갭(간극)'입니다. - 리서치 인턴 멘토링을 성공적으로 마무리했습니다.	셀프 리뷰에 언급된 내용 외에도 해당 팀원은 팀의 최고 시니어 멤버로 매니저가 없는 동안 팀 미팅을 리드하고 회사 전체 미팅에서 팀을 대표했으며, 팀의 주니어 멤버들을 잘 성장시켜 주었습니다. 내년 상반기에는 이번에 만든 결과물을 론칭하는 데 집중할 방법을 같이 찾아봤으면 합니다.
하반기에 이룬 업무 중 특히 강조하고 싶은 것은 무엇인가요?	다양한 모델링 업무와 챗봇 개발을 하면서 만든 인프라가 앞으로 일을 더 효율적으로 만들 것으로 예상돼서 가장 내세우고 싶은 업무입니다. 또한 챗봇과 고객용 대시보드를 만들면서 다양한 내부 팀들과 했던 협업도 우리 업을 이해하는 데, 그리고 팀워크를 키우는 데 도움이 됐다는 점을 강조하고 싶습니다.	하반기에 구축한 인프라를 기반으로 내년에는 더 효율적으로 모델링 업무가 진행되리라 점에 동의합니다.

하반기를 돌이켜 볼 때 아쉬웠던 부분 하나는 무엇인가요?	일부 모델의 성능이 기대했던 것만큼 좋지 않았는데, 앞서 모델링 방법에 관한 리서치에 시간을 덜 쓰고 빨리 작업을 했더라면 하는 아쉬움이 있습니다. 그랬다면 더 중요한 이슈들을 더 빨리 발견하고 해결 방법을 찾는 데 시간을 더 쓸 수 있었으리라 믿습니다. 3개의 챗봇 중 하나를 개발하는 데 먼저 집중해서 론칭까지 마치는 경험을 했다면 더 의미 있었을 듯합니다.	완벽주의 성향으로 인해 우선순위가 떨어지거나 끝이 없는 '오픈태스크'에 시간을 많이 썼습니다. 너무 잘하려는 충동을 이겨내야 합니다. 또한 모든 작업에 자세한 문서가 필요한 것은 아닙니다. 완료하는 것만으로 충분한 일과 더 완벽히 해내야 하는 일을 잘 구분하면서 매니저와 의논하는 습관을 갖는 것이 중요합니다. 이를 인지하고 있기에 점차 나아질 것으로 기대하고 있습니다.
다른 하고 싶은 말은? 업무할 때 하반기에 필요한 도움이나 상반기 회고를 통해 느낀 점 등을 적어주세요.	인턴을 멘토링하면서 나 자신의 강점과 약점을 더 명확하게 알았습니다. 장점은 남을 도와주고 성장시키는 것을 좋아한다는 점이고, 단점은 때로는 물고기를 잡는 방법을 알려주는 것이 아니라 물고기를 잡아준다는 점이었습니다. 앞으로 다른 주니어와 일할 때 잘 기억해서 고쳐 보려고 합니다.	다른 사람을 성장시키려는 마음과 내 시간 사이에 밸런스를 잘 맞춰야겠다는 깨달음을 솔직하게 적어주어 감사드립니다. 회사나 팀의 방향성이 더 명확하고 엔지니어링 리소스가 더 많았다면 훨씬 더 많이 이바지할 수 있었을 것으로 믿습니다. 그 부분이 매니저로서 아쉽고, 내년에는 더 분명한 방향성을 만들도록 노력하겠습니다.
매니저 최종 정리	해당 팀원은 팀의 중요한 인재입니다. 인턴을 포함한 주니어 멤버들의 성장뿐만 아니라 다른 팀의 협업 업무(대시보드 관련 협업)에도 지원을 아끼지 않았고, 인프라 구축을 통해 내년부터 모델링의 효율성을 높이게 됐습니다. 해당 팀원이 잠재력을 더 발휘하려면 개인은 "완벽함"이라는 본인의 안전지대 밖으로 나가는 노력을 해야 하고, 저는 회사와 팀의 방향을 더 명확히 해 팀원의 업무가 더 큰 성과로 이어질 수 있게 하겠습니다.	

위 예시는 개인 평가가 단지 점수를 부여하는 걸 넘어 구체적인 업무 성과와 역량, 협업 경험, 리더십까지 다각도로 다뤄야 한다는 점을 잘 보여줍니다. 아래는 주니어 데이터 분석가를 대상으로 한 피어 리뷰 예시입니다.

질문	리뷰
어떤 일을 함께했나요? (매니저 참고용 질문)	전사 KPI 대시보드를 만드는 일을 같이 수행했습니다.
해당 개인과 일을 하며 좋았던 점과 감사했던 점은 무엇인가요?	항상 긍정적이며, 다른 사람의 의견을 적극적으로 수용하고 누군가 도움이 필요할 때 도움이 되려 노력하는 팀 플레이어라는 점이 좋았습니다. 또한 무조건 남의 의견을 수용하기보다는 자신의 의견을 조리 있게 이야기하는 부분이 특히 좋았습니다. 앞으로도 계속 협업할 기회가 더 많기를 기대해 봅니다.
해당 개인이 다음 6개월 동안 개선해야 할 점을 하나만 고른다면 무엇인가요?	미팅에서 질문을 더 많이 하는 모습을 보고 싶습니다. 좋은 의견과 포인트를 갖고 있음에도 불구하고 주저하는 모습이 보입니다. 좀 더 자신감을 가진다면 충분히 협업 미팅에서 통찰력 넘치는 질문들을 들을 수 있을 듯합니다.
(매니저 작성) 피어 리뷰를 읽어보고 리더로서 팀원에게 해주고 싶은 말이 있다면 작성해 주세요.	피어 리뷰 내용에 공감합니다. 자신간을 가지고 미팅에서 적어도 한번은 질문한다는 자세로, 자기 검열하지 않고 질문을 습관화했으면 합니다.

아래는 개인 성과를 평가할 때 작성하는 상향 리뷰의 예시입니다.

질문	리뷰
내 리더와 일하면서 가장 좋았고 감사했던 것은 무엇이었나요?	커뮤니케이션 스타일이 효과적입니다. 회사와 사업부 내에서 무슨 일이 벌어지고 있는지, 그리고 지금 우리가 팀이 해야 할 일들을 잘 설명해 줍니다. 팀원들의 질문이나 애로사항도 잘 들어줍니다. 결과적으로 팀이 하나로 뭉쳐 원활하게 일할 수 있는 환경을 만들어 줍니다
내 리더에게 아쉬운 점을 하나만 고른다면 무엇이라고 생각하나요?	내 리더는 많은 장점을 갖고 있지만, 팀원들의 노력과 성과를 대외적으로 더 자주 인정받을 기회를 만들었으면 합니다. 이를 통해 팀의 사기도 높이고, 동기 부여도 더 커질 수 있으리라 믿습니다. 꼭 내 리더뿐만 아니라 회사 전체적으로 고려해 볼만한 지점이라 생각합니다.
팀 문화나 분위기에 대해 하고 싶은 이야기가 있나요?	전체적으로 밝고 긍정적이고, 일하기 힘든 사람이 없는 좋은 환경입니다. 다만 인력 부족으로 인한 번아웃이 조금 걱정됩니다.
내 리더에게 해주고 싶은 다른 이야기가 있나요? (업무 이야기도 좋고, 업무 이야기가 아니더라도 좋습니다. 위 항목에서 쓰지 못했던 이야기를 자유롭게 작성해 주세요.)	전반적으로 지금의 방향과 리더십에 만족하고 있습니다. 다만 팀과 개인의 지속 가능성을 위해 업무 우선순위 조정이나 리소스에 대한 논의가 정기적으로 이루어지면 더 좋겠습니다. 앞으로도 지금처럼 투명한 커뮤니케이션과 팀을 위한 결정을 기대하겠습니다.

이처럼 데이터팀 분석가의 리뷰 사례를 보면, 성과 평가는 다음 네 가지를 동시에 달성해야 한다는 걸 알 수 있습니다.

- **구체성**: 수치와 성과가 명확할수록 좋습니다.
- **맥락**: 단순 결과뿐 아니라 과정에서 드러난 태도와 협업도 반영합니다.
- **균형**: 정량 지표와 정성 피드백을 함께 반영합니다.
- **성장 연결**: 개선점을 다음 목표와 학습 계획으로 이어갑니다.

개인 성과 평가는 점수를 매기는 절차가 아니라, 구체적인 기록과 다각적인 피드백을 통해 개인의 성장과 조직의 성과를 연결하는 과정입니다. 그러니 성과 평가 후 뒷말이 나오는 걸 막기 위해 평가의 공정성에만 매몰됐다가 모든 가치를 무리하게 계량화하는 시도는 경계해야 합니다. 특히 태도와 협업에 관한 평가는 수치화하기 힘든 부분입니다. 그러니 구체적인 관찰 사례를 바탕으로 긍정적인 피드백과 건설적인 피드백을 병행해야 합니다.

개인 성과 평가는 구체적인 기록과 다각적인 피드백을 통해 개인의 성장과 조직의 성과를 연결하는 일

- 구체성: 수치와 성과가 명확할수록 좋습니다.
- 맥락: 단순 결과뿐 아니라 과정에서 드러난 태도와 협업도 반영합니다.
- 균형: 정량 지표와 정성 피드백을 함께 반영합니다.
- 성장 연결: 개선점을 다음 목표와 학습 계획으로 이어갑니다.

5장
평가와 보상의 연결: 공정함이 만드는 신뢰

성과 관리는 단순한 피드백의 교환을 넘어, 실질적인 보상 체계와 결합할 때 비로소 완성됩니다. 그 연결 고리가 명확할 때 비로소 평가 제도가 신뢰를 얻죠. 또한 평가와 보상을 연계하는 과정이 투명할수록 구성원은 결과에 납득하고, 스스로 성장 방향을 구체적으로 설계할 수 있습니다.

즉, 성과 리뷰는 결국 "성과를 어떻게 인정하고 보상할 것인가"의 문제로 귀결됩니다. 뛰어난 성과를 낸 구성원에게는 기본 인상률보다 높은 연봉 인상과 추가 보상 기회를 부여하고, 기대에 미치지 못한 구성원에게는 개선의 시간을 주되 보상은 제한적으로 유지해야 합니다. 이때 보상의 절대 금액보다 일관된 기준과 정해진 절차를 지키는 것이 중요합니다.

일반적으로 기업들은 연 1~2회의 평가 주기를 기준으로, '셀프 리뷰 ➜ 피어 리뷰 ➜ 매니저 평가 ➜ 평가 기준 정렬 미팅'을 거쳐 최종 등급과 보상이 확정됩니다. 이후 각 구성원에게 결과를 전달하는 피드백 세션이 진행되며, 보상 결과에 대한 공식적인 소명 절차를 거쳐 연봉 재조정이 이루어지기도 합니다. 이렇게 성과를 평가하고 보상하는 과정은 단순 통보가 아니라 다음 사이클의 성장 계획을 함께 세우는 자리여야 합니다.

이처럼 평가와 보상이 명확한 원칙과 절차 속에 연결될

때, 구성원은 제도를 '심판'이 아닌 '성장 메커니즘'으로 받아들이게 됩니다. 조직은 성과를 공정하게 인정하고, 보상을 통해 다시 한번 몰입을 끌어내는 선순환을 만들 수 있다는 점을 기억합시다. 단, 공정함에 매몰된 나머지 모두를 납득시킬 수 있는 객관적인 정량 지표에 매달리다가 협업 태도와 같은 소프트 스킬이 평가에서 누락될 위험이 있습니다. 그러니 정성적인 평가도 꼭 성과 관리의 한 축으로 삼아야 합니다.

스택 랭킹(Stack Ranking)과 평가 기준 정렬(Calibration)

제가 야후에 다닐 때, 매니지먼트 트랙으로 간 다음부터 매해 11월 말이 되면 그때부터 이듬해 1월 초에 있을 팀원 연간 평가를 앞두고 엄청난 스트레스를 받았습니다. 내 팀원들을 절대평가로 대하는 것이 아니라 레벨 별로 잘하는 순서를 줄 세운(상대평가) 다음에 다른 동료 매니저들과 만나서 전체적으로 한 번 더 줄을 세우는 과정을 거쳐야만 했기 때문입니다.

여기서 이야기하는 "레벨에 따라 팀원들을 고과 기준으로 최고 성과자부터 최저 성과자로 정렬하는 방식의 평가"를 '스택 랭킹'이라고 부릅니다. 보통 이 방식으로 최하위 평가를 받은 사람들에겐 연봉 인상분이 없고, 회사에 따라서는 해고 대상자가 되면서 'PIP(Performance Improvement Plan)'이라는 성과 개선 프로그램에 들어가는 경우도 많습니다.

다음으로 '평가 기준 정렬(Calibration)' 미팅은 앞서 동료 매니저와 만나 전체적으로 줄을 세우는 작업을 하는 미팅을 말합니다. 보통 동료 매니저들 외에도 공통의 상위 매니저와 조직 담당 'HRBP(HR Business Partner)'*가 다 같이 모여 각 팀의 고과에 따라 정렬했던 인원을 레벨 별로 하나의 순서로 통합하는 과정을 말합니다.

이 미팅에서는 동료 매니저들과 상위 매니저가 함께 다양한 관점에서 개인에 대한 평을 공유하기 때문에 협업 태도나 의사소통 능력도 기술적인 능력만큼 중요해집니다. 즉, 내가 팀 내 특정 개인을 아무리 좋게 평가해도 다른 매니저들이 동의하지 않는다면 좋은 평가를 줄 수 없습니다. 그래서 평소에 동료 매니저들과 주기적인 1대1 미팅을 통해 팀원들에 대한 평을 공유하며 피드백을 주고받는 것이 좋습니다.

이 평가 조율 과정은 몇 시간씩 여러 번의 회의를 통해 열띤 토론을 동반합니다. 가장 스트레스 받는 순간 중 하나입니다. 보통 일주일 내내 모여서 이야기하고, 어떤 날은 하루 일정을 다 막아놓고 논의하기도 하며, 어떤 날은 밤늦게까지 토의가 이어지기도 합니다. 평가해야 하는 인원이 많을 땐 모든 사람을

---

* 인사(HR) 부서 중에서도 파트너로서 특정 조직이나 사업부를 지원하는 역할을 맡은 인사 담당자. 단순한 행정 지원이 아니라, 현업 리더와 함께 인력 전략, 성과 관리, 조직문화 개선 등을 논의하며 비즈니스 관점에서 인사 전략을 실행하는 역할을 합니다.

놓고 의견을 공유하기 힘들기 때문에 보통 고성과자 (승진 대상자)와 저성과자를 두고 대부분의 토의 시간을 보냅니다. 이 과정은 처음에도 힘들었거니와 시간이 지난다고 딱히 더 편해지지는 않았습니다.

직군이 없는 상태로 조직 규모가 점차 커지고 있다면 레벨을 도입하는 레벨링이 선행돼야 합니다. (다음 파트에서 더 이야기합니다.) 그다음에 평가 기준 정렬 미팅을 도입해서 성과 평가가 다면적으로 이뤄지도록 신경 써야겠습니다.

연봉 협상 vs. 연봉 조정

"연봉 협상"과 "연봉 조정"는 비슷한 용어 같지만, 실리콘밸리와 한국 사이에 뉘앙스가 너무 다른 개념으로 쓰입니다.

• 연봉 협상

적어도 실리콘밸리에서 연봉 협상은 보통 내가 구직을 시작해서 면접을 거친 후 채용 제안을 받았을 때 서로 조건 맞추는 걸 의미합니다. 이땐 분명히 후보자도 목소리를 낼 수 있습니다. 구인하는 회사의 관점에서 오퍼를 하나 내려면 앞서 상당히 많은 이력서를 리뷰하고 면접을 진행한 후 후보자를 선택했을 확률이 높기에 이 사람을 놓치지 않으려고 웬만하면 조건을 맞추려 할 가능성이 높습니다. 후보자는 여러 오퍼 중에서 더 좋은 조건을 걸고 협상을 해볼 수 있고요.

그러니 일단 상향 조정 가능성을 타진하는 것 자체는 유효한 협상 전략이 될 수 있습니다. 더 못 받으면 그만이고, 구직자가 손해 볼 여지는 적으니까요. 다만, 꼭 연봉만 놓고 이야기하기보다는 보너스, 인센티브 등을 의논할 수 있겠습니다. 스톡옵션을 주는 곳이라면 그걸 더 달라고 역제안을 할 수 있습니다. 즉, 연봉 말고도 내 소득을 결정짓는 여러 가지 요소를 협상 테이블에 올릴 수 있습니다. 이를 'TC(Total Compensation, 전체 보상)'라고 부릅니다. 파트 3의 6장에서 잠깐 언급했던 것처럼 TC는 연봉과 보너스와 스톡옵션(혹은 주식 보상, RSU*)의 총합을 말합니다.

● 연봉 조정

일단 내가 한 회사에 합류하고 나면 보통 1년에 한 번 연봉(혹은 전체 보상)을 조정하게 됩니다. 이를 실리콘밸리에서는 '연봉 조정(Salary Adjustment)' 혹은 '연봉 리뷰(Salary Review)'라고 부릅니다.

연봉 조정 과정에서 개인이 협상을 통해 연봉을 높이기는 쉽지 않습니다. 제가 실리콘밸리에서 오래 매

---

* 'Restricted Stock Units'의 약자로, 일정 조건을 충족하면 실제 주식이 무상으로 지급되는 보상 방식입니다. 미리 정해진 가격으로 주식을 구매할 수 있는 권리를 부여하는 스톡옵션과는 다른 제도죠. 스톡옵션은 이걸 행사할 때 가격보다 주가가 상승해야만 실질적인 가치가 발생하지만, RSU는 베스팅 조건만 충족하면 주가 수준과 관계없이 일정한 가치를 갖습니다. 이 때문에 RSU는 구성원 입장에서 보상의 예측 가능성이 높아 이를 선호하기도 합니다.

니저 생활을 하며 수백 번의 연봉 조정을 했지만, 더 달라고 조정 요청이 들어온 경우는 2번밖에 없었습니다. 앞서 피드백을 통해 (연봉에 관한) 기대치를 이미 맞춰뒀기 때문입니다.

일반적으로 한국 회사에서 연봉 조정을 요청한 사례는 실리콘밸리보다는 훨씬 많은 것으로 보입니다. 가장 큰 이유로는, 한국에서는 처음 입사할 때나 입사 후 매년 연봉을 조정할 때 일반적으로 연봉 "협상"이라고 부르다 보니 왠지 협상을 안 하면 손해 본다는 인상을 받아서인 듯합니다. 또한 평소에 피드백을 통해 개인의 성과에 관해 대화가 이뤄져야 하는데, 그동안 별 이야기가 없다가 1년에 1번 갑작스레 성과를 짚어서 거기에 맞춰 보상이 바뀌다 보니 서로 다른 것을 기대하다가 실망하기 때문에 조정 요청이 이어지는 게 아닌가 싶기도 합니다.

그러면 가장 효과적인 '연봉 조정 기술'은 무엇일까? 팀원 관점에서는 연봉을 더 달라고 요구하지 않아도 리더가 먼저 보상을 제안할 수밖에 없는 '대체 불가능한 가치'를 증명하는 것이 핵심입니다. 매니저와 계속 소통하면서 본인이 맡은 일을 잘 해내고, 긍정적인 태도를 유지해서 굳이 내가 요구하지 않아도 충분히 연봉이 올라가는 여건을 만들어야죠.

매니저 관점에서는 기대 수준을 명확히 밝히면서 불편한 대화와 친해져야겠습니다. 이렇게 피드백을 적절히 제공해야 나중에 연봉 이야기가 나왔을 때 팀원이 놀라지 않습니다. 양측 모두 연봉 조정 이전에 최선을 다해야지, 막판에 잘 이야기하는 것만으로는 불충분하다는 뜻입니다. 팀원과 매니저 모두 유념할 지점입니다.

■ 보상과 연계되는 평가 등급 체계 유형

조직의 성숙도나 도메인에 따라 성과 등급 체계는 다르지만, 대부분은 아래 세 가지 모델 중 하나를 사용하거나 조합해 운영합니다.

- 3단계 모델(Three-Level Model)
- 5단계 모델(Five-Level Model)
- 9박스 모델(9-Box Model)

◆ 3단계 모델(Three-Level Model)

먼저 3단계 모델은 빠른 의사결정과 단순한 구조를 중시하는 조직에서 주로 사용됩니다.

등급	설명
우수(Exceeds)	탁월한 성과를 내며, 리더 후보군에 속합니다
보통(Meets)	목표를 안정적으로 달성합니다.
미흡(Below)	성과가 부족해 개선이 필요합니다.

이 체계는 세 단계로 구분하기 때문에 평가 과정이 간결하고, 등급에 따라 보상이나 인사 대처를 신속하게 연동할

수 있습니다. 예를 들어 '기대 초과(Exceeds)' 등급을 받은 구성원은 곧바로 큰 연봉 인상 혹은 보너스나 승진 심사로 연결되고, '기대 미달(Below)' 등급은 다음 피드백 사이클에 어떻게 성과를 개선할지 계획을 수립하게 됩니다.

하지만 이 방식은 단순한 만큼 세밀한 피드백을 제공하기 어렵다는 한계도 있습니다. 특히 '기대 충족(Meets)' 등급 안에서도 다양한 수준의 성과가 존재하지만, 3단계 체계에서는 그 차이를 구체적으로 표현하기 어렵습니다. 또한 평가자가 심리적인 부담을 피해 관대한 점수를 주거나 대부분의 구성원에게 'Meets' 점수를 몰아주는 '중앙 집중 경향(Central Tendency)'이 나타나기 쉽습니다. 결과적으로 성과가 서로 다른 인재들이 같은 등급에 묶여버려, 보상과 성장 기회를 세밀하게 차등하기 어렵게 됩니다. 따라서 이 모델을 활용하려면 정성적인 피드백(등급 이면의 맥락을 충분히 설명하는 대화)이 반드시 병행돼야 합니다.

◆ 5단계 모델(Five-Level Model)

5단계 모델은 주로 대기업이나 공공기관처럼 조직 내 인원이 많고 직무가 다양한 조직에서 널리 사용됩니다. 보통 아래와 같이 성과 평가가 이뤄집니다

등급	설명
탁월(Exceptional)	기대를 훨씬 초과하는 성과를 내며, 조직 성과에 직접적인 영향을 미칩니다.
우수(Exceeds Expectations)	목표를 초과해서 달성하고, 문제해결 능력이 탁월합니다.

보통(Meets Expectations)	주어진 목표를 안정적으로 달성하며, 대부분의 구성원이 여기에 속합니다.
개선 필요(Needs Improvement)	목표 달성률이 낮거나 역량 부족으로 개선이 필요합니다.
미흡(Unsatisfactory)	지속적인 성과 부진 상태로, 개선 계획 또는 역할 조정이 필요합니다. 실리콘밸리 회사 중에는 여기에 속한 직원들은 해고 대상이 되기도 합니다. 아마존과 메타가 대표적인 회사들입니다.

구성원의 직무 범위가 넓고 조직 계층이 복잡할수록, 5단계 모델처럼 세밀하게 등급을 구분해 공정하게, 서로 다르게 보상을 주는 게 유리합니다. 예를 들어, 수백 명의 팀원이 있는 조직에서 단 세 단계만으로 성과를 구분하면, 성과가 뛰어난 사람과 그렇지 않은 사람을 명확히 구별하기 어렵습니다. 5단계 모델은 평가 척도를 세분화함으로써 리더에게 더욱 정교한 판단 기준을 제공합니다.

다만, 이 방식은 '등급 인플레이션(Grade Inflation)'이라는 부작용을 낳을 위험도 있습니다. 평가자가 갈등을 피하려는 심리나 인사상 부담으로 인해 대부분의 구성원을 '기대 충족(Meets Expectations)' 이상으로 평가하게 되는 현상입니다. 이러면 등급 간의 차이가 약해지고, 실제 보상을 차등하는 의미가 흐려질 수 있습니다. 즉, 3단계 체계가 모두 중간 등급을 택하는 중앙집중 편향에 취약하다면, 5단계 체계는 과하게 좋은 점수를 주려는 관대화 편향에 취약한 셈입니다.

따라서 어떤 모델을 택하든 평가 기준 정렬 미팅 같은 교차 검토 절차를 통해 등급 비율을 관리하고, 등급별 기준을 명확히 정의해두는 것이 중요합니다. 이 과정을 통해 각 등급의 의미가 조직 전반에서 일관되게 유지될 수 있습니다.

등급 체계의 세분화:
실리콘밸리 빅테크가 평가 단계를 늘리는 이유

최근에는 실리콘밸리 주요 기업들이 5단계를 넘어 7단계, 10단계 이상 세분화한 평가 체계를 도입하는 추세입니다. 빅테크 기업들이 등급을 세분화하는 이유는 명확합니다.

- **변별력 확보**: 수천에서 수만 명의 인력을 3단계나 5단계로만 구분하면 실질적인 차이가 드러나지 않습니다. 세분화한 체계는 보상, 승진, 리텐션(유지율) 관리에 유리합니다.
- **보상 설계 정밀화**: 등급을 더 촘촘히 나누면, 등급마다 RSU(주식 보상), 연봉 인상률, 프로모션 가능성을 세밀하게 연결할 수 있습니다.
- **법적, 조직적 투명성**: 평가 근거를 더 구체적으로 남길 수 있어, 인사 결정의 공정성 및 방어 가능성이 높아집니다.
- **스킬 기반 인사 연계**: 등급별로 요구되는 역량을 명확히 정의해두면 교육, 승진, 내부 이동 기준이 명확해집니다.

즉, 단계가 많다고 해서 평가가 복잡해지는 것이 아니라, 조직이 커질수록 보상, 성장, 리스크 관리를 위한 미세 조정이 가능해지는 구조로 진화하고 있는 것입니다. 다만 단계가 늘어날수록 운영의 일관성을 유지하기 어렵고, 평가자 교육과 관련 데이터 보정이 필수라는 점은 모든 기업이 공통으로 겪는 과제입니다.

◆ 9-박스 모델(9-Box Model)

'성과'와 '잠재력'이라는 두 축으로 구성원을 분류하는 방식입니다. 단기 성과뿐 아니라 미래 성장 가능성까지 평가할 수 있어, 단기 보상과 장기 인재 전략을 함께 관리할 때 유용합니다.

성과 잠재력	낮음	보통	높음
높음 (High Potential)	성장 잠재력이 있는 구성원. 리더 후보로 육성 가능.	차세대 리더 후보. 집중 코칭 대상	핵심 인재. 고성과·고잠재력
보통 (Medium Potential)	안정적으로 수행하는 구성원. 현 역할 유지 적합.	일관된 성과자. 핵심 인력 유지.	단기 승진 가능성, 프로젝트 리더 가능.
낮음 (Low Potential)	성과와 잠재력 모두 낮음. 역할 재검토 필요.	평균 이하 수행자. 개선 계획 필요.	단기 성과는 좋지만, 지속 가능성 낮음

이 모델에서 오른쪽 위(성과와 잠재력이 모두 높은 구역)는 핵심 인재(High-High)로 분류돼 승진, 리더십 트레이닝, 스톡옵션 등 장기 보상의 주요 대상이 됩니다. 반대로 왼쪽 아래(둘 다 낮음)는 역할 재조정이나 개선 계획이 필요한 그룹으로 관리됩니다. 가운데 영역은 조직의 기반을 유지하는 '안정적 성과자' 그룹으로, 핵심 업무의 지속성과 팀 내 균형을 담당합니다. 이 방식은 직관적으로 이해하기 쉽기 때문에 성장하는 작은 조직에서 처음 선택해볼 수 있는 모델이 아닌가 싶습니다.

■ 등급별 보상 배분과 개인별 보상 의사결정

평가 등급이 확정되면, 이제 그 결과가 실제 보상에 어떻게 반영되는지가 중요합니다. 조직은 보통 등급별 보상 풀을 먼저 설정하고, 이후 개인별 조정 요소를 반영해 최종 보상을 확정합니다. 5레벨로 평가하는 구조를 중심으로 보상 방식 예시를 들어 보겠습니다.

등급	등급 비율	평균 인상률	설명
탁월	5~10%	7~10%	핵심 인재, 리텐션 대상
우수	15~20%	5~7%	기대 이상 성과자
보통	50~60%	3~4%	기준 인상률
개선 필요	15~20%	0~2%	개선 계획 필요
미흡	5~10%	0%	인상 없음

등급이 같더라도 모든 구성원이 동일한 인상률을 받지는 않습니다. 조직은 다음과 같은 세 가지 보조 요소를 함께 고려합니다.

- **시장 대비 급여 위치**: 비슷한 규모에 비슷한 일을 하는 회사들의 직장인 연봉 수준을 알 수 있다면, 시장 평균보다 급여가 낮을 때 같은 등급이라도 인상률을 더 높여 격차를 해소합니다. 반대로 이미 시장 상위 수준이라면 인상률을 조금 낮게 조정해 균형을 유지합니다.
- **역할의 중요도**: 전략적인 프로젝트나 핵심 기술, 리더 포지션처럼 조직의 지속성에 직접적인 영향을 주는 역할일수록 동일 등급이라도 추가 조정이 가능합니다.
- **내부 형평성(Internal Equity)**: 동일 레벨 내 급여 분포나 직전 인상 이력, 팀 간 편차를 함께 검토해 조정합니다.

이 과정을 통해 조직은 등급의 공정성과 개인의 맥락을 함께 반영할 수 있습니다. 즉, 숫자가 아니라 논리와 설득의 프로세스로서의 보상이 완성됩니다.

드러나지 않게 팀을 움직이는 사람들

성과 관리는 종종 "눈에 보이는 숫자"에 과도하게 집중합니다. 그래서 많은 조직에서 놓치는 부분들이 있습니다. 눈에 띄는 성과를 내는 유형은 아니지만, 팀이 멈추지 않도록 기반을 묵묵히 지키는 사람들입니다.

저는 이분들을 '불씨를 꺼뜨리지 않는 사람들'이라고 부릅니다. 이런 유형의 인재는 새벽에 장애를 잡고, 팀이 몰랐던 리스크를 조기에 발견해 해결하고, 누구도 하기 싫어하는 반복 업무를 정리하며, 신규 팀원이 들어오면 자연스럽게 문맥을 설명해 적응하도록 돕습니다. 겉으로는 화려하지 않지만, 이들의 기여가 사라지는 순간 팀의 속도와 안정감은 급격히 떨어집니다.

문제는 이런 기여가 전통적인 성과 평가 테이블에서 숫자로 잘 드러나지 않는다는 점입니다. 그래서 초보 리더일수록 이 유형을 간과하기 쉽고, "성과가 평범하다"고 오해하곤 합니다. 하지만 조직의 영속성을 위해서는 이러한 '숨은 조력자'를 기민하게 포착해 정당하게 평가하고 보상해야 합니다.

그렇다면 인재를 어떻게 평가해야 할까요? 먼저, 안정성과 리스크 관리에 대한 기여를 구체적으로 기록해야 합니다. 사고가 나지 않았다는 사실 자체가 이미 기여의 결과입니다. "사고가 없었다 → 그래서 그 기여가 없다"는 결과 중심적인 사고방식에서 벗어나, "사고를 미리 방지하는 행동이 무엇인가?" 발굴하고 기록해야 합니다.

또한 팀의 성공을 위하는, 보이지 않는 조율과 협업 행동을 반영해야 합니다. 팀 간 이슈를 미리 정리해 PM이나 동료들의 시간을 절약한 행동, 협업 과정에서 불필요한 갈등을 줄인 소프트 스킬, 당장 눈에 띄지 않는 문서화나 자동화 등의 개선 작업 등입니다. 이런 기여는 팀 전체 생산성을 끌어올립니다.

신입 온보딩 등 가시적이지 않지만 팀에 기여하는 리더십도 평가해야 합니다. "누가 새 팀원이 가장 많이 찾아갔는가?", "누가 반복적으로 문맥을 설명해 주었는가?" 이런 행동은 팀 문화의 건강성을 결정하는 중요한 요소입니다.

조직이 어려울 때 이 유형의 진가가 드러난다는 점을 기억해야 합니다. 불확실성이 크거나 속도가 중요한 시기에는 화려한 성과보다 안정성과 일관성이 더 중요한 순간이 옵니다. 이럴 때 '불을 꺼지지 않게 하는 구성원'이 팀의 버팀목이 됩니다.

리더로 일하면서 이런 분들이 팀 전체의 신뢰를 만들고, 사람들이 마음 놓고 뛰어갈 수 있는 "안전한 기반"을 만든다는 사실을 여러 번 확인했습니다. 평가 시즌에 이런 분들의 기여를 놓치지 않고 인정하는 것이 리더가 팀에 보내는 가장 중요한 메시지 중 하나입니다. 모든 성과를 정량적으로 수치화하는 노력도 중요하지만, 조직의 가치를 따르는 구성원을 (주관적이더라도) 정성적으로 평가하는 책임감도 아주 중요합니다.

빛나지 않는다고 해서 중요하지 않은 것은 아닙니다. 팀의 불이 꺼지지 않게 지키는 사람들을 공정하게 평가하고 보상하는 것, 그것이 성숙한 조직의 성과 관리입니다.

■ 보상은 결국 리더의 메시지로 직결된다

보상은 단순한 숫자의 나열이 아니라, 리더가 구성원에게 전달하는 메시지에 가깝습니다. 사람들은 연봉 인상률이나 보너스 액수보다, 그 숫자에 담긴 의미를 읽습니다.

“회사가 나를 어떻게 평가했는가?”

“내 노력과 성과가 존중받고 있는가?”

“이 조직에서 성장할 수 있을까?”

조직 구성원들은 이 질문에 대한 답을 리더의 말이 아닌 행동에서 찾습니다.

리더는 또한 맥락 기반의 메시지를 잘 전달해야 합니다. 같은 인상률이라도 전달 방식이 달라지면 구성원이 느끼는 감정은 전혀 달라집니다. 그 한마디는 숫자 이상의 의미를 전달합니다.

“올해 쉽지 않은 상황 속에서도 함께해 주신 노력과 성과에 진심으로 감사드립니다. 그 기여가 보상에 최대한 반영되도록 했습니다. 진심으로 감사합니다.”

즉, 보상은 표에 남는 기록을 넘어, **조직의 가치를 전달하는 대화의 순간입니다.** 공정하게 평가받았다고 느낀 구성원은 이후에도 높은 업무 몰입도를 유지하며, 조직이 어려운 시기에도 신뢰를 잃지 않습니다. 반대로 설명이 뒷받침되지 않은 평가와 보상은 냉소를 낳고, "결국 위 사람 눈치만 보면 되는구나" 혹은 "열심히 일을 해도 소용없구나"라는 잘못된 메시지를 학습하는 악순환을 만듭니다. 그러니 리더에게 성과 평가와 보상은 동기를 설계하는 "준비된" 언어여야 합니다. 평가와 보상의 핵심이 예측 가능성이라는 걸 기억합시다. 평가 결과가 구성원에게 납득하기 어려운 '의구심'으로 남는다면, 이는 전적으로 리더의 소통 실패입니다. 이런 상황을 예방하기 위해 리더는 책임을 다해 공정하게 평가하고, 명확히 설명하며, 따뜻하게 전달해야 합니다. 앞서 충분한 피드백을 통해 나중에 성과 평가와 보상을 두고 실망하며 놀라는 상황을 최대한 막을 수 있습니다.

이것만은 기억하자!

평가와 보상의 연결은 신뢰의 핵심

- 성과 리뷰는 "성과를 어떻게 인정하고 보상할 것인가"로 완성됩니다.
- '평가 기준 정렬 미팅'을 통해 여러 매니저의 시각을 교차하며 평가가 편향될 우려를 줄입니다.
- 기술 역량뿐 아니라 협업 태도와 커뮤니케이션도 중요한 평가 요소입니다.
- 평가 등급은 3단계, 5단계, 9박스 등 조직에 맞는 모델을 선택하면 됩니다. 일단 시작하고 개선해 나가는 것이 더 중요합니다.

보상은 결국 리더의 메시지로 직결된다.

- 평가와 보상은 '심판 시스템'이 아니라 '성장 엔진'이어야 합니다.
- 등급은 숫자가 아니라 "무엇을 기대하는가"라는 메시지입니다.
- 보상은 표에 남는 기록을 넘어 조직의 가치를 전달하는 대화의 순간입니다.

6장

성과 차이를 다루는 리더십

성과 평가와 보상이 본연의 취지를 달성하려면, 리더는 전달의 내용만큼이나 방식에 대해 치열하게 고민해야 합니다. 그런 맥락에서 성과가 서로 다른 팀원을 각기 다르게 마주하는 리더십이 필요합니다. 큰 난제 중 하나죠. 같은 팀 안에서도 성과는 다르게 나타나는 법. 모두 평균 수준으로 움직이면 마음 편하겠지만, 현실은 그렇지 않습니다. 그렇다고 성과 차이를 외면하거나 피드백을 뭉개버린다면 팀 전체의 동력이 떨어지고, 평가의 공정성도 흔들립니다.

■ 저성과자 다루기

저성과자를 방치할수록 팀 전체의 사기가 꺾이고, 동료들의 불만이 쌓입니다. 그러나 그저 질책한다고 해서 상황이 개선되진 않습니다. 리더는 (앞서 피드백을 다루는 파트에서도 설명했듯이) 저성과자를 대할 때 구조적인 대화 방식을 써야 합니다.

- 기대(Expectation): 모호한 기준이 아닌, 합의된 성과 지표를 분명히 재확인합니다.
- 관찰(Observation): 실제로 리더가 관찰한, 상대방의 행동이나 결과를 구체적으로 전달합니다.

- 간극(Gap): 기대치와 실무 결과 사이의 거리를 명확하게 짚어줍니다.
- 개선 계획(Commitment): 구체적인 개선 로드맵과 당사자의 실행 의지를 확인합니다.

이 과정은 파트 5에서 다룬 "불편함을 회피하지 않고 정직하게 말하기"의 연장선이며, 파트 6에서 강조한 "사실과 신뢰를 기반으로 문제를 다루기"의 응용이라고 볼 수 있습니다. 즉, 성과 차이를 다루는 대화는 이미 앞에서 살펴본 리더의 대화 원칙을 성과 관리 맥락에 적용하는 것입니다.

■ 고성과자 다루기

고성과자는 '믿고 맡긴다'는 명목하에 리더가 방치할 때 가장 먼저 이탈을 결심하는 인재군입니다. 이들에게는 도전, 인정, 성장 기회가 필요합니다.

- 도전(Challenge): 더 큰 과제와 책임을 맡길 수 있어야 합니다.
- 인정(Recognition): 성과를 공식적으로 인정하고 가시성을 높여야 합니다.
- 성장(Growth): 새로운 역량을 개발할 기회를 제공해야 합니다.

단순히 "잘했다"는 말로는 부족합니다. 이들은 현재의 보상을 넘어, 자신이 이 조직에서 어디까지 도약할 수 있는

가에 대한 '성장의 가시성'을 확인하고 싶어 합니다. 그러니 성과 평가 및 보상에서 그들의 업무 몰입도를 높일 만한 피드백을 리더가 제공해야 합니다.

■ 보상 철학: 나눠주기 vs. 몰아주기

성과 차이를 다룰 때 가장 민감한 영역은 아무래도 보상의 차이입니다. 여기서 리더가 범하기 쉬운 오류는 "나눠먹기식" 보상입니다. 팀 전체의 성과라는 이유로 보상을 균등하게 나누면 겉보기에는 평등해 보일지 몰라도, 결국 고성과자는 동기를 잃고 조직을 떠나게 됩니다.

성과에 비례해 보상을 몰아 줄 때 역설적으로 조직의 공정성을 지킬 수 있습니다. 성과가 분명히 드러난 사람에게 보상이 집중돼야, 그 보상이 메시지로 다가오죠. "성과를 내면 인정받는다"는 확실한 신호를 줘야 합니다. 부진한 구성원에게는 회복의 기회를 제공하되, 보상 체계만큼은 성과 기여도에 따라 엄격하고 단호하게 차등 적용해야 합니다.

결국 성과 차이를 대하는 과정에서 리더는 두 가지를 명심해야 합니다. 불편한 대화를 피하지 않고, 문제를 명확히 다루는 것. 그리고 성과가 낮더라도 사람 자체에 대한 존중을 잃지 않는 것. 저성과자와의 대화는 낙인이 아니라 개선의 출발점이어야 하고, 고성과자와의 대화는 단순 칭찬이 아니라 미래 기회에 대한 약속이어야 합니다. 그래야 성과 평가와 보상이 조직을 성장시키는 데 제대로 연동될 수 있습니다.

성과 차이는 '다르게 대하는 리더십'으로 해결된다.

- ▸ 구성원별로 다른 피드백 방식이 필요합니다.
- ▸ 보상은 균등 분배보다 '성과 기반 몰아주기'로 다룰 때 공정합니다.

저성과자는 구조가 갖춰진 대화로 그의 성과를 평가한다.

- ▸ '기대 ➜ 관찰 ➜ 간극 ➜ 개선 계획'의 순서로, 사실 기반으로 이야기합니다.
- ▸ 목적은 질책이 아니라 개선의 출발점을 만드는 것입니다.

고성과자는 도전, 인정, 성장 피드백을 제공해야 한다.

- ▸ 방치하면 가장 먼저 이탈하는 인재이기 때문입니다.
- ▸ 단순 칭찬보다 "이 조직에서 더 성장할 수 있다"는 확신이 필요합니다.

7장
실행력을 높이는 성과 관리

아무리 목표와 지표가 정교하고, 성과 평가와 피드백이 잘 설계돼 있어도 실행력이 뒷받침되지 않으면 성과 관리 시스템 전체가 힘을 잃습니다. 결국 성과 관리의 진정한 성패는 성과를 평가하고 보상이 주어진 후 실행을 통해 실제로 더 나은 결과를 만들었는가에 달려 있습니다.

■ "완벽함보다 제때" 추진하는 리더십

당연히 리더가 완벽하게 정보를 갖추고 의사결정을 내릴 순 없습니다. 시장은 불확실하고, 데이터는 늘 부족하니까요. 그러니 의사결정을 유보하거나 완벽한 계획을 수립하는 데 매몰돼 골든타임을 놓쳐서는 안 됩니다.

성과 관리 또한 마찬가지입니다. 정보를 불완전하게 갖고 있더라도 최선의 결정을 내리고 책임지는 태도가 필요합니다. 80%의 확신을 바탕으로 즉시 실행하는 기민함이, 100%의 완벽을 기다리며 기회를 망치는 것보다 훨씬 가치 있습니다. 성과 관리에서 타이밍을 놓치면 모든 노력이 물거품이 됩니다.

■ 성과를 향한 실행력을 높이는 원칙들

사실 조직의 실행력을 높이는 데 필요한 도구와 태도들은 이미 앞 장에서 다루었습니다.

- DRI: 앞서 소개했듯, 최종 책임자를 명시하는 방식은 실행 단계에서 더욱 빛을 발합니다. 누가 최종 책임자인지가 분명하면 실행 속도가 붙습니다.

- 클린 에스컬레이션: 갈등 해결 파트에서 다룬 이 원칙은, 실행 과정에서 마주할 수 있는 병목을 숨기지 않고 상위 리더에게 즉시 공유함으로써 문제를 빠르게 해결하는 방식입니다. 상황을 숨기지 않고 즉시 문제를 공유할해 실행력을 높일 수 있습니다.

- DACI 모델: 의사결정 구조를 명확히 하는 DACI(Driver, Approver, Contributors, Informed)는 실행 과정의 혼선을 줄입니다. 실행 단계에서 "누가 결정권자인가, 누가 실행자인가?" 분명해야 실행 속도가 유지됩니다.

- 심리적 안전감과 지적인 정직함: 이미 앞에서 이야기했듯이, 실행 단계에서도 팀원들이 문제를 숨기지 않고 즉시 드러낼 수 있어야 합니다. 성과를 내고자 실행을 이어갈 때 생기는 문제들을 가감 없이 공유하는 문화가 없다면 성과 관리는 문서상의 기록으로만 남을 뿐, 실제로는 조직이 동력을 잃고 멈춰 버립니다.

즉, 앞에서 배운 원칙들은 실행력을 높이는 데 직접 응용할 수 있는 도구와 태도입니다. 성과 관리가 이후 현실에서 제대로 작동하려면 이 원칙들이 반드시 살아 움직여야 합니다.

■ 작은 성공을 축적하는 팀 문화

큰 프로젝트도 작은 성공의 연속으로 이루어집니다. 실행할 때 작은 성취를 빠르게 쌓아 올리는 것이 중요한 이유입니다. 작은 성취들이 팀의 효능감을 고취하며, 이는 더 큰 도전에 직면할 수 있는 심리적 자산이 됩니다. 그러니 성과 관리는 거창한 보고서가 아니라, 매일 작은 실행을 통해 생생하게 와닿아야 합니다.

리더는 실행 단계에서 팀의 속도를 늦추는 구조적인 장애물을 제거하고 병목을 해결해 줘야 합니다. 의사결정을 미루지 않고, 책임을 분명히 하고, 작은 성공을 축적하는 환경을 조성하는 것이 리더의 본분입니다. 실행력이 뒷받침될 때, 성과 관리 시스템은 비로소 제 역할을 합니다.

성과 관리는 결국 행동으로 이어져야 한다는 단순한 진리를 잊지 말아야 합니다. 실행으로 연결되지 않는 성과 관리 제도는 종이에 적힌 규칙에 불과합니다. 다음 장에서는 실행을 뒷받침하는 또 다른 핵심 요소인 데이터 기반 성과 관리를 다루겠습니다.

성과 관리는 결국 실행으로 완성된다.

- ‣ 성과 관리는 평가하고 끝나는 것이 아니라 다음 성과를 만드는 행동으로 이어져야 합니다.
- ‣ 80% 확신으로 오늘 실행하는 것이 100% 확신을 기다리며 미루는 것보다 낫습니다.
- ‣ 작은 성공을 빠르게 축적하는 문화가 중요합니다.

실행력을 높이는 핵심 도구들

- ‣ DRI: 책임자가 분명할 때 실행 속도가 붙습니다.
- ‣ 클린 에스컬레이션: 문제를 즉시 끌어올려 업무가 지체되는 변수를 줄입니다.
- ‣ DACI: 의사결정과 실행 구조가 명확할 때 혼선이 줄어듭니다.
- ‣ 심리적 안전감: 문제를 숨기지 않는 문화가 실행력을 지탱합니다.

<h1 style="text-align:center">8장</h1>

데이터로 성과를 관리하려면

성과 관리는 객관적인 데이터라는 토대 위에 세워질 때 비로소 구성원의 확고한 신뢰를 얻습니다. 느낌이나 직관만으로 성과를 판단하면 공정성이 흔들리고, 팀원들의 신뢰도 무너집니다. 물론 숫자만으로 성과를 평가하면 데이터 이면의 '인간적인 맥락'을 놓치게 됩니다. 따라서 데이터 기반 성과 관리의 핵심은 '정량과 정성의 균형'입니다.

■ 숫자만 볼 것인가, 전체를 볼 것인가

데이터는 객관성을 주지만, 숫자만으로 성과를 해석하는 것은 위험합니다. 예를 들어 영업팀의 단기적인 매출 지표만 보면 성과가 좋아 보일 수 있습니다. 하지만 그 과정에서 팀워크가 무너졌거나 고객 신뢰를 잃었다면 장기적으로는 성과가 악화합니다. 무엇보다도 성과를 오직 수치로만 환산한다면, 구성원들은 목표 달성을 위해 지표를 왜곡하거나 근시안적인 판단을 내리는 함정에 빠지게 됩니다, 이는 (앞서 언급한) 지적인 정직함의 원칙에도 어긋납니다.

그래서 좋은 성과 관리에는 정량 지표와 정성 지표가 함께 있어야 합니다.

• **정량 지표**: 매출, 고객 수, 제품 출시 속도, NPS 등

- **정성 지표**: 동료 평가, 협업 태도, 고객 피드백, 리더십 발휘 정도 등

정량 지표만 있으면 성과가 왜곡되고, 정성 지표만 있으면 주관성이 과해집니다. 두 가지를 함께 고려할 때 성과 평가의 공정성과 설득력이 생깁니다. 이는 4장에서 다뤘던 개인 성과 평가의 구조(셀프, 피어, 매니저, 상향 리뷰)에 정량과 정성 지표를 모두 담으려 했던 이유와 맞닿아 있습니다.

또한 데이터 기반 성과 관리는 투명성을 담보해야 합니다. 성과 지표와 진행 현황의 일부만 공유하면, 팀원들은 정보 비대칭으로 인해 성과 평가에 불신을 갖게 됩니다.

- **대시보드**: 팀과 회사의 주요 지표를 누구나 볼 수 있도록 공개
- **정기 리뷰 메모**: 숫자만 나열하지 않고, 데이터에 담긴 맥락을 짧게 설명
- **진행 상태 표시**: 주요 목표의 프로젝트 진행 상황을 아래 예시와 같이 직관적으로 표현

진행 상태	시각적 코드	의미 및 행동 지침
정상 진행 (On Track)	녹색	현재 계획대로 목표를 초과 달성하거나 안정적으로 달성할 것으로 예상됨. 현재의 성공 요인을 파악하되 잠재적인 위험에 대해 논의.

| 위험 징후
(At Risk) | 노란색 | 목표 달성이 위협받고 있으며, 특별한 조치가 없다면 실패할 수 있음. 즉각적인 문제 분석과 자원 재배치, 또는 계획 수정을 위한 논의가 필요. |
| 심각한 지연
(Off Track) | 빨간색 | 목표 달성이 현저히 지연되거나 불가능해 보임. 근본적인 원인 분석을 통해 목표 자체를 재설정하거나, 해당 목표에 대한 포기/전략적 철수를 결정. |

숫자만 아니라 전체를 보는 성과 관리, 그리고 데이터를 투명하게 공유하는 문화는 단순히 정보를 공개하는 행위를 넘어 조직의 심리적 안전감을 지탱하는 강력한 기제가 됩니다. 그 토대 위에서 팀원들은 스스로 책임감을 느끼며 성과를 내기 위해 도전하고 실행할 수 있습니다.

이것만은 기억하자!

데이터 기반 성과 관리에서 '정량 + 정성'의 균형이 핵심이다.

- ▶ 숫자만 강조하면 근시안적인 행동을 반복하면서 팀워크, 고객 신뢰가 무너지고 장기 성과까지 악화합니다. 태도와 협업 같은 정성적인 지표를 포괄해야 하는 이유입니다.
- ▶ 투명하게 데이터를 공유하며 평가할 때 신뢰가 형성됩니다.

9장

리더도 성과 관리의 대상이다

리더는 대개 성과 관리의 주체로만 인식되곤 합니다. 하지만 리더 본인 역시 성과 관리의 대상임을 잊어서는 안 됩니다. 리더가 팀원들에게 요구하는 바를 스스로 행동으로 보여주지 못한다면, 그 리더십은 곧 신뢰를 잃습니다. 성과 관리의 마지막 축이 리더의 자아 성찰과 자기 관리여야 하는 이유입니다.

리더의 성과는 **팀을 얼마나 성장시키고 있는가**로 측정됩니다. 팀의 탁월한 성과, 구성원의 역량 강화, 그리고 유기적인 협업 문화의 안착은 그 자체로 리더의 역량을 증명하는 가장 확실한 지표입니다. 따라서 리더는 "내가 팀원에게 기대하는 기준을 나에게도 적용하고 있는가?", "그리해 조직의 목표를 달성하고 팀의 성장을 이끌고 있는가?"라는 질문을 끊임없이 던져야 합니다.

이렇게 팀의 성장을 견인하려면 리더 자신의 에너지가 고갈되지 않아야 합니다. 번아웃을 방어하고 '지속 가능한 리더십'을 유지하는 것은 리더의 선택이 아닌 책무입니다. 이를 위해 다음 세 가지를 꾸준히 점검해야 합니다. 자기 관리 없이 팀 관리만 하는 리더는 오래 가지 못한다는 걸 기억합시다.

- **시간 관리**: 운영 현안에 매몰되지 않고 전략적인 과

업에 집중할 수 있는 시간을 확보해 균형감을 잃지
말아야 합니다.

- 에너지 관리: 업무 몰입만큼이나 체계적인 휴식과
재충전의 루틴을 설계해 준수해야 합니다.
- 멘탈 관리: 신뢰할 수 있는 동료나 코치와 정기적으
로 대화를 나누며 리더 본인의 심리적 회복탄력성
을 키워야 합니다.

리더의 셀프 점검: 이런 질문을 던져보면 어떨까?

나 자신을 돌아보는 일은 절대 쉽지 않습니다. 그러
니 정기적으로 아래와 같은 3가지 질문을 나 자신에
게 던지며 스스로 관리하는 게 어떨까요? 단순하면
서도 강력한 질문을 통해 리더십의 사각지대를 발견
하고 메타인지를 회복할 수 있습니다.

- 나는 '성과'와 '성장'의 균형을 잡고 있는가?
- → 지금 나는 결과를 만들어내는 동시에, 다음 성
과를 개선하는 학습과 성장을 챙기고 있는가?
- 내 시간을 '전략'에 분배하고 있는가?
- → 시급한 일에만 매달려 임기응변만 반복하며, 미
래지향적인 업무를 놓치고 있지는 않은가?
- 내가 팀의 병목이 되고 있지는 않은가?
- → 내가 모든 의사결정을 붙잡고 있는가? 내가 권한
을 위임하지 못해서 팀이 멈춰 있지는 않은가?

리더 자신을 포함한 개인의 성장은 결국 조직의 성장으로 이어집니다. 개인이 발전하지 않으면 팀도 발전할 수 없고, 팀이 발전하지 않으면 조직은 정체됩니다. 성과 관리 사이클이 '개인의 발전 → 팀의 시너지 → 조직의 도약'으로 확장될 때 비로소 완성된다는 의미입니다. 리더는 그 연결 고리를 만들어내는 핵심 주체임을 잊지 말아야 합니다. 개인들이 어떻게 팀으로 일하며 조직의 성장까지 견인하는지에 관해서는 뒤 파트 9에서 더 자세히 다루겠습니다.

이것만은 기억하자!

리더도 성과 관리의 대상
- ▸ 리더의 성과는 개인 성취보다도 팀이 얼마나 성장하고 협업하는가로 드러납니다.
- ▸ 팀원에게 요구하는 기준을 스스로 지키고 있는지 지속해서 점검해야 합니다.

번아웃을 피하기 위한 자기 관리가 필수
- ▸ 시간, 에너지, 멘탈 관리 없이는 리더십이 유지되지 않습니다.

개인의 성장이 팀과 조직의 성장으로 이어진다.
- ▸ 성과 관리의 사이클은 '개인 → 팀 → 조직'으로 확장될 때 완성됩니다.

성과 관리는 점수를 매기는 절차가 아닙니다. 개인의 성장을 조직의 가치 창출과 연결하는 과정이며, 리더와 팀이 신뢰를 바탕으로 더 나은 결과를 만들어 가는 여정입니다. 목표와 지표 설정에서 출발해 리뷰와 평가, 성과 관리, 실행, 데이터 활용, 그리고 리더 자신까지. 성과 관리의 사이클은 끊임없이 순환하며 조직을 앞으로 나아가게 만듭니다. 결국 이 사이클은 개인의 성장이 결국 조직의 성장을 끌어낸다는, 단순하지만 강력한 진리를 다시 확인시켜 줄 것입니다.

완료주의와 '완료감'을 구분할 것

스타트업 업계에는 '완료주의'라는 단어가 있습니다. 100% 준비되길 기다리는 완벽주의에 빠지지 말고, 빠른 실행과 실패를 통해 더 나은 성과를 내는 완료주의를 지향해야 한다는 맥락에서 자주 등장하는 화두죠. 저 또한 깊이 공감하는 바인데요. 흥미롭게도 완료주의에는 숨은 함정이 있습니다. 자칫 완료하는 그 자체에 빠져들어 성과를 만들지 못할 수도 있다는 점입니다. 저는 이런 상황을 '완료감'이라고 구분 지어 부르곤 합니다.

(비슷한 뉘앙스로) 철학자 에이브러햄 캐플런은 1964년 이런 말을 남겼습니다. "만약 어린아이에게 망치를 주면 망치로 두드릴 수 있는 모든 걸 찾아다닐 것이다." 때로는 우리에게 주어진 도구가 우리 사고방식의 틀이 된다는 뜻이죠. 그래서 도구를 쓸 때는 '목적'을 잊어버리면 안 됩니다. 우리가 왜 그 도구를 손에 들었는지 까먹었다간 그 도구로 할 수 있는 일, 당장 눈에 보여 처리할 수 있는 일에 매몰될 우려가 있으니까요.

성과에 대해 평가하는 것, 성과에 따라 보상을 주는 것 또한 마찬가지입니다. 평가와 보상은 결국 성과를 내기 위한 수단인데, 때로 우리는 평가와 보상 그 자체에 매달려 목적을 놓칩니다. 저자 또한 성과 관리는 '평가' 그 자체보다도 개인, 팀, 조직의 성장을 연결하는 시스템이어야 한다고 강조합니다. 팀의 목표를 설정하고, 성과를 리뷰해 피드백을 주고받고, 데이터를 들여다보는 것 또한 결과적으로 다 함께 성장하기 위함이라고요.

완료감의 함정을 가장 잘 보여주는 예시가 바로 '허영 지표' 아닐까 싶습니다. 목표를 이루기 위한 핵심 지표를 정의할 때 자칫 가입자 규모처럼 눈에 보이는 숫자에 마음이 쏠릴 수 있는데요. 이것만으로 사업이 성장했다, 성과가 났다고 보긴 어려운 게 사실입니다. 그보다는 참여도가 높은 사용자 수, 서비스에 돈을 낸 사용자 수를 봐야 의미 있겠죠. 이런 허영 지표의 유혹에서 벗어나려면 '우리가 왜 그 지표를 도구로 삼았는지' 되새겨야겠습니다.

개인에 관한 성과 평가 또한 혹시 한쪽으로 치우치지 않았나 유의해야 합니다. 성과와 연관된 수치들만 다루기보다는 협업 사례, 태도, 리더십 등 정성적인 성취도 기록으로 남겨 팀원 개인의 성과를 종합적으로 살펴야 한다는 의미죠. 결국 성과를 평가하며 관리하는 목적은 점수를 매겨 줄을 세우려는 게 아니라 성장하기 위함이니까요. 한눈에 명료한 숫자에 천착하기보다는 '그래서 성과를 제대로 내고 있는가'라는 질문에 답을 다는 게 리더의 역할입니다.

개인적으로는 "보상을 '나눠주기'보다는 성과를 기반으로 몰아줘야 한다"는 저자의 통찰이 기억에 남았습니다. 보상은 결국 성과를 더 높이기 위한 유인책이니, 성과를 더 잘 내는 사람에게 보상을 몰아주며 '다르게 관리'해야 한다는 건데요. 보상이라는 도구가 제대로 작동하도록 '왜'를 잊지 않으면서 보상의 원칙, 보상 절차, 보상에 관한 부연 설명을 충분히 공유할 때 팀은 리더의 결정을 신뢰하고, 평가가 아닌 성과를 위해 매진할 수 있다고 합니다.

오늘 리더로서 우리는 완료주의를 향했나요, 아니면 완료감에 만족했나요? 결국 성과 관리는 리더의 '망치'입니다. 그리고 이 망치에는 '함께 성장한다'는 목적이 있습니다. 하지만 목적을 제쳐둔 채 망치를 두드리는 데 급급했다간 성과 관리는 유명무실해질 것입니다. 팀은 '가짜 성장'에 집착하다가 와해할지도 몰라요. 그러니 망치를 두드렸다는 '완료감'을 경계해야 합니다. 우리가 인생의 귀한 시간을 들여 함께 일하는 이유를 꼭 기억하며 '성과 관리'라는 도구를 사용하길 바랍니다.

김지윤

Q. 그동안 내가 받았던 성과 평가를 되돌아봅시다. 목표와 지표를 제대로 설정했는지, 성과를 리뷰하고 제대로 피드백했는지, 성과와 보상이 제대로 연동됐는지, 그 과정에서 실행력을 높이고 데이터를 활용했는지 적어보세요.

Q. 지금 내가 속한 조직의 목표와 지표, 성과 리뷰와 피드백 방식을 어떻게 개선할 수 있을까요? 아이디어를 제안해 보세요.

Q. 정량 평가와 정성 평가를 균형 있게 다루고 있나요? 혹시 성과 평가가 한쪽으로 치우치진 않았는지 점검해 보세요.

Q. 평가와 보상에 관해 조직 내에서 이야기 나눈 경험이 있나요? 이야기 나눴지만 보상 체계가 바뀌진 않았던 적도 있는지 경험을 복기해 보세요.

Q. 시간 관리, 에너지 관리, 멘탈 관리 중 리더로서 내가 요즘 놓치고 있는 지점은 무엇인가요? 리더의 자가 점검 도구를 나에게 적용해 보세요.

변화하는 조직, 성장하는 리더

"리더가 성장해야 조직이 성장할 것 같은 생각이 듭니다.
리더의 성장이란 어떤 모습일까요?"

"매니저로서 책임이 커지면서 잘 모르는 분야를 맡아야
합니다. 어떻게 해야 할지 전혀 감이 안 옵니다.
어떻게 해야 할까요?"

"태도가 참 좋고 심성도 좋지만,
역량이 부족해서 손이 많이 가는 팀원이 있습니다.
어떻게 발전시킬 수 있을까요?"

"직접 일을 처리하면 빠르기도 하고 원하는 대로 결과를
만들 수 있어서 좋지만, 제가 병목이 되는 것이 느껴집니다.
팀원에게 일을 넘기는 좋은 방법이나 관점은
어떤 것일까요?"

"조직이 커지면서 개인의 노력이 아닌 조직의 힘으로
굴러가야 할 것 같다는 생각이 듭니다.
어디서부터 시작해야 할까요?"

조직은 멈추는 순간부터 뒤처집니다. 그래서 환경이
변하면 조직의 방향과 구조도 유연하게 바뀌어야 하고,
그 변화를 이끄는 리더 자신도 함께 성장해야 합니다.
물론 성장에는 시간이 필요하죠. 크고 작은 실수와 실패도
따라옵니다. 그러니 더더욱 평정심과 꾸준함이 리더십의
바탕이 됩니다.

이 파트에서는 변화의 과정에서 리더가 흔히 겪는
심리적 부담과 번아웃까지 포함해, 리더가 자신과 조직을
동시에 단련하는 방법을 다룹니다. 실패를 탓하기보다
학습의 재료로 삼고, 개인의 한계를 시스템과 문화로
보완하는 길을 함께 살펴보겠습니다.

1장
리더 개인의 성장이 중요한 이유

유데미를 떠난 뒤 2년간 다양한 회사와 데이터 인프라 구축, 지표 설계 관련 컨설팅을 하며 다수의 창업자 대표와 일했습니다. 논의의 시작점은 대체로 기술적인 난제에 관한 것이었지만, 오래 협업할수록 고민의 주제는 사람(HR)으로 귀결됐습니다. 조직이 겪는 성장통의 이면에는 결국 '사람'이라는 핵심 변수가 자리하고 있었습니다.

특히 리더 한 사람의 태도와 역량, 배움의 속도가 팀의 밀도와 속도를 결정하기도 합니다. 창업 초기에는 공격적으로 실행하는 리더가 유리하지만, 조직의 규모가 커지면 조직 설계와 운영, 채용과 온보딩 및 육성이 리더의 핵심 역량으로 바뀝니다. 상장 및 대규모 펀딩 국면에는 또 다른 전문성이 필요하고요.

결국 회사의, 팀의 각 성장 단계마다 요구되는 역량이 달라지면서 성장통을 동반합니다. 이 장에서는 이러한 성장통을 개인의 성장 관점에서 살펴보며, 특히 창업자에 해당하는 리더와 초기 멤버에게 필요한 관점의 전환과 실행 원칙을 정리합니다.

■ 전환기의 태도: 솔직한 피드백과 서포트

회사가 성장하면서 변화하는 과정을 기존 리더가 따라오지 못하는 경우가 있습니다. 특히 창업 초기 멤버가 성장 속도를 못 따라오는 사례가 적잖은데요. 당사자도 "이제 회사와 내가 맞지 않는구나"를 어렴풋이 느끼고 있을 가능성이 큽니다.

이때 솔직한 피드백을 먼저 건네야 합니다. 하지만 함께 고생하며 생긴 전우애나 미안함 때문에 피드백을 미루는 모습을 자주 목격합니다. 한국만의 문제가 아니라, 소통이 더 직접적이라는 미국에서도 초기 창업 멤버에게 솔직히 말하지 못하는 케이스를 자주 보았습니다. 이렇게 침묵이 길어지면 초기 멤버는 조직의 비전이 아닌 '리더 개인'에 대한 맹목적인 충성으로 생존 전략을 수정하게 됩니다. "그동안 고생 많이 한 거 아시죠? 이제는 대표님 말씀대로만 할게요." 같은 반응이 그 신호입니다.

리더로서 어떤 변화가 필요한지 구체적으로 이야기하면, 모두는 아니어도 일부는 분명 성장합니다. 그러니 충분히 피드백을 전한 뒤, 변화가 없다면 역할을 조정하는 방향으로 논의하길 추천합니다. 그래도 맞는 자리가 없다면 몇 달 치 급여를 더 주면서 다음 커리어를 준비하도록 지원하는 게 낫습니다. 스타트업이라면 스톡옵션 베스팅 단축으로 지분 행사 시점을 앞당겨주는 게 바람직합니다. 평소 선의에 기반한 정직한 피드백을 충분히 줬다면, 이별의 순간에도 감정적인 소모를 줄이고 공정한 합의에 도달할 수 있습니다.

■ 리더는 '버릴 줄 아는' 성장을 해야 한다

창업자라 해도 예외는 없습니다. 창업자가 CEO 자리에 있더라도 회사의 성장 속도를 따라가지 못하면 교체될 수 있습니다. 제가 유데미에서 일하던 4년 동안 CEO가 두 차례 교체됐고, 그중 한 명은 창업자였습니다.

경영진의 교체에 따라 대개 하위 리더십 구조도 전면적으로 재편됩니다. 2014년 여름 유데미에 처음 합류했을 때는 초기 멤버들이 주요 리더십 자리를 맡고 있었지만, 4년 뒤 제가 회사를 떠날 무렵에는 대부분 조직에 남아있지 않았습니다. 2021년 유데미가 나스닥에 상장하는 시점에는 단 한 명을 제외하고 모두 회사 밖에 있었습니다.

요지는 단순합니다. 조직의 성장 단계에 따라 요구되는 리더십의 '형태'가 변하며, 리더는 그 변화에 기꺼이 자신을 맞추거나 자리를 내어줄 수 있어야 합니다. 필요하다면 더 경험이 많은 인재를 영입해 자리를 내어주고, 그 과정에서 스스로 배우며 자신의 성장 곡선을 다시 그려야 합니다. 마셜 골드스미스의 책 제목처럼(『What Got You Here Won't Get You There』[*]) 어제의 강점이 내일의 약점이 될 수도 있다는 사실을 유념합시다.

리더십 전환기에 놓인 리더들에게 저는 "배우기(Learn)

---

[*] 리더십 및 HR 분야 석학인 마셜 골드스미스의 책 『일 잘하는 당신이 성공을 못하는 20가지 비밀』(이내화 류혜원 옮김, 리더스북, 2008)의 요지는 과거의 성공 습관이 다음 단계에선 장벽이 될 수 있다는 것입니다. 성공한 리더가 빠지기 쉬운 20가지 나쁜 습관(이기려 들기, 가치 판단 덧붙이기, 변명, 영리함 과시 등)을 짚고, '정확한 자기 인식(360도 피드백) → 구체적 행동 변화 → 관계 개선'의 루프로 고치라고 말합니다. 레벨이 올라갈수록 필요한 것은 기술보다 대인 역량과 감정의 성숙도입니다.

못지않게 버리기(Unlearn)도 중요하다"고 조언합니다. 결국 변화를 받아들이려는 의지, 이를 행동으로 옮기는 실행력이 관건입니다. 조직 차원에서는 사람을 존중하는 방식으로 공정하게 리더십 전환을 계획하고, 리더 자신도 계속 성장하는 모습을 팀원들에게 보이며 팀원들의 성장을 자극하고 격려해야겠습니다.

미국 이사회의 권한

한국과 달리 미국 이사회는 대표 교체라는 큰 결정을 많이 합니다. 오픈AI의 CEO였던 샘 올트먼이 이사회에 의해 해고됐다가 다시 복귀하는 해프닝이 있었던 것처럼 미국 기업의 이사회는 창업자 대표가 지분이 많다고 해도 투표를 통해 대표 교체를 하곤 하죠. 실제로 제가 실리콘밸리에서 다녔던 7개의 스타트업 중 5개의 회사는 창업자 대표가 이사회에 의해 해임되는 일들이 있었습니다. 그만큼 회사에 지금 필요한 리더십을 중시한다는 걸 알 수 있습니다.

이사회는 회사의 방향을 바꾸는 중요한 결정도 내립니다. 예컨대 제가 다녔던 유데미는 2015년 이사회에서 B2C(일반 소비자 대상, Business to Consumer) 중심 전략에서 B2B 병행 전략으로 전환하기로 했습니다. 쉽지 않은 결정이었지만, 이후 B2B 매출이 급성장하며 2021년 나스닥 상장으로 이어지는 결정적인 발판이 됐습니다.

리더의 성장은 개인의 성장에 머무르지 않고, '나보다 뛰어난 사람을 기꺼이 받아들이는 태도'를 조직의 문화로 확장할 때 완성됩니다. 그러니 리더가 "나보다 뛰어난 사람을 뽑아 성공하게 한다"는 태도를 조직 차원의 핵심 가치로 자리매김해야 합니다. 그래야 새로운 인재 영입이 성장통을 넘어 성장의 동력이 됩니다. 제 개인적인 결정을 포함한 두 가지 예시를 들어보겠습니다.

제가 2019년에 컨설팅했던 한 회사는 시리즈 A(약 400만 달러, 한화 약 56억 원) 투자를 유치한 후 투자사의 판단으로 COO(최고운영책임자)를 영입했습니다. 나중에 COO가 CEO를 맡으면서 기존 창업자는 엔지니어링 책임자로 자리를 옮겼고요. 창업자에게는 뼈아픈 선택이겠지만, 결국 조직의 성공이 가져올 과실의 최대 수혜자는 지분을 보유한 창업자 자신이기에 이런 결정이 가능했을 것입니다. 이렇게 대표이자 창업자가 회사를 위하는 모범을 보일 때, 다른 구성원에게도 동일한 태도를 유도할 수 있습니다.

저 역시 2018년, 유데미에서 4년간 근무한 뒤 퇴사를 결정하며 비슷한 선택을 내렸습니다. 매일 100km가 넘는 통근의 부담도 있었지만, 더 큰 이유는 (당시 제가 이끌던) 데이터 조직이 성숙 단계에 접어들며 이제는 저보다 더 적합한 리더가 필요하다고 판단했기 때문입니다.

주변에서는 "고생해서 여기까지 팀을 키워 놨는데 왜 떠나느냐"며 제 결정을 의아해했지만, 제 생각은 달랐습니다. 제가 이룬 성과가 회사의 더 큰 성장으로 이어지려면 새로운 리더가 들어와 팀을 한 단계 더 끌어올려야 한다고 봤죠. 이런 변화는 자리를 빼앗기는 일이 아니라, 제가 가진 회사 스톡옵션의 가치를 더 키워 주는 일이기도 했습니다.

요약하자면, 저는 스톡옵션의 가치와 그에 따른 부를 다음 단계로 성장시켜 줄 사람에게 리더십 역할을 넘기고, 스스로 새로운 기회를 찾아 나섰습니다. 그렇게 2021년 유데미가 나스닥에 상장했을 때, 당시 제 선택이 틀리지 않았음을 확인할 수 있었고요.

이때 (온보딩 파트에서 강조했듯이) 시니어와 리더급 인재에게 온보딩 기간은 조직에 자연스럽게 스며들어 역량을 발휘할 수 있는지를 결정하는 핵심 시기라는 걸 기억합시다. "알아서 잘하겠지"라는 막연한 기대는 결정적인 첫 90일을 허비하는 큰 실수로 이어질 수 있습니다. 따라서 방향성을 충분히 공유하고, 맥락을 설명하며, 주요 구성원들과의 만남을 적극적으로 마련해 줘야 합니다. 능력을 펼칠 수 있는 환경을 제공하되, 잘못된 관점이나 행동이 보일 경우에는 신속히 피드백을 줘야 온보딩 성공 확률이 높아집니다.

어떤 조직이나 첫 리더와 초기 멤버만으로 다음 성장 단계에 필요한 요구사항을 모두 충족시키기는 어렵습니다. 새로운 인재를 영입해야죠. 물론 성장통이 뒤따르기도 합니다. 신규 멤버와 기존 멤버의 마찰, 방향성 불일치, 소통 부족으로 신규 인재가 역량을 발휘하지 못하는 일이 반복되기 때문입니다.

이런 시행착오를 줄이려면 개인의 위치나 안위보다 전

체 몫을 키우는 태도를 조직문화로 못 박아야 합니다. 회사의 핵심 가치로 바람직한 행동을 구체화하고, 채용과 평가, 보상에서 일관되게 기준을 적용해 보세요. 앞서 온보딩에서 계속 강조했던 "나보다 뛰어난 사람을 뽑아 성공하게 만든다"는 관점이 그 출발점이 될 수 있습니다.

회사의 핵심 가치란?: 아마존 사례

핵심 가치란, 조직이 어떤 선택을 할 때 기준이 되는 가장 본질적인 신념과 행동 원칙입니다. 단순히 벽에 걸린 슬로건이 아니라, 채용과 평가, 승진을 포함한 의사결정의 모든 과정에서 실제로 작동해야 '핵심 가치'라 할 수 있습니다.

아마존은 이 핵심 가치를 16가지 '리더십 원칙(Leadership Principles)'으로 구체화했습니다. 이 중의 하나인 "용기 있게 의견 제시 후 최종 결정에 따르기(Have Backbone; Disagree and Commit)"는 앞서 설명한 바 있습니다.

1. 고객 집착(Customer Obsession): 모든 판단의 기준은 '고객에게 도움이 되는가?'입니다. 단기 이익보다 고객 경험을 우선합니다.

2. 주인의식(Ownership): 맡은 업무를 넘어 회사 전체의 성과를 내 일처럼 생각하고 책임집니다.

3. 발명과 단순화(Invent and Simplify): 새로운 해법

을 찾되, 누구나 이해하고 실행하기 쉽게 단순화합니다.

4. **옳음을 자주 입증하기(Are Right, A Lot)**: 직관과 데이터를 균형 있게 활용해, 신뢰할 수 있는 결정을 자주 내립니다.

5. **끊임없는 학습과 호기심(Learn and Be Curi-ous)**: 늘 배우고 질문하며, 변화를 두려워하지 않습니다.

6. **최고를 채용하고 육성(Hire and Develop the Best)**: 더 뛰어난 인재를 뽑고, 성장할 수 있는 환경을 제공합니다.

7. **최고 수준을 고집(Insist on the Highest Stand-ards)**: 품질과 성과에서 타협하지 않고, 기대치를 끌어올립니다.

8. **크게 생각하기(Think Big)**: 단기 개선에 머물지 않고, 미래를 바꾸는 큰 그림을 그립니다.

9. **실행 편향(Bias for Action)**: 불확실성 속에서도 빠른 실행을 우선합니다. "완벽한 계획보다 신속한 행동"입니다.

10. **절약(Frugality)**: 제약을 창의성의 원천으로 삼습니다. 많은 자원보다 효율적인 자원 활용을 중시합니다.

11. **신뢰 얻기(Earn Trust)**: 정직과 투명한 태도로 신뢰를 쌓습니다.

12. **깊이 파고들기(Dive Deep)**: 현장의 세부까지 이해하려는 태도를 유지합니다.

13. 반대할 용기, 결정에 대한 헌신(Have Back-bone;
    Disagree and Commit): 동의하지 않더라도 의
    견을 분명히 말하고, 결정이 나면 끝까지 실행
    에 헌신합니다.

14. 결과 창출(Deliver Results): 장기적인 안목을 가
    지되, 반드시 실질적인 결과를 냅니다.

15. 지구 최고의 고용주가 되기 위해 노력(Strive to
    be Earth's Best Employer): 성공이 클수록 더
    나은 일터를 만드는 데 책임을 집니다.

16. 성공과 영향력의 확대는 더 큰 책임을 요구
    (Success and Scale Bring Broad Responsibility):
    성과와 영향력이 커질수록, 더 많은 사람과 시
    스템에 미치는 영향을 고려하며 책임 있게 판단
    합니다.

결국 리더의 성장은 나 혼자 더 잘하는 것에서 끝나지 않습니다. 배우면서도 버릴 줄 아는 태도를 통해 개인 역량을 성장시키는 한편, 주변 사람들의 역량을 키우면서 팀의 인재 밀도를 끌어올리는 결정까지 아우릅니다. 코칭, 피드백, 위임 등을 통해 팀원을 성장시키고, 필요하다면 더 뛰어난 인재를 영입하거나 아름다운 이별을 통해 팀의 수준을 한 단계 업그레이드하는 선택을 해야 합니다. 초점은 "내가 얼마나 잘하느냐"에서 "우리 팀이 얼마나 잘하게 만드느냐"로 이동합니다. 이 전환을 꾸준히 실행할 때, 개인의 성장은 조직의 성과로 증명됩니다.

성장통의 중심에는 '사람'이 있다.

- ‣ 조직의 속도는 개인의 태도, 역량, 배움의 속도에 좌우됩니다. 특히 리더라는 개인의 성장이 중요합니다.
- ‣ 성장 단계가 바뀌면 요구되는 역량도 바뀝니다.

전환기의 태도: 솔직한 피드백과 서포트

- ‣ 변화하지 않는 리더십을 방치하면 '조직'이 아닌 '사람'에 대한 충성으로 흐릅니다.
- ‣ '구체적인 피드백 ➔ 기회와 지원 ➔ 역할 재배치' 순으로 접근하고, 끝까지 맞지 않으면 주식 베스팅 단축이나 금전 지원 등으로 아름다운 이별을 설계합니다.

리더 본인의 성장과 유연성

- ‣ 회사에 필요하다면 더 경험 많은 인재에 자리를 내어주는 유연성이 필요합니다.
- ‣ 핵심은 '배우기(Learn) + 버리기(Unlearn) + 변화 의지'. 어제의 강점이 내일의 약점이 될 수 있습니다.

나보다 똑똑한 사람을 성공하게 하는 문화

- ‣ 핵심 가치로 바람직한 태도를 명문화하고 채용 및 평가에 일관되게 반영합니다.

▸ 시니어 및 리더급 인재 영입 시 첫 90일 온보딩에 집중: 방향 정렬, 관계 구축, 충돌 최소화로 110% 역량 발휘를 돕습니다. "알아서 하겠지"라는 기대는 실패 확률을 높입니다.

성장의 정의 확장하기

▸ 성장은 '내 역량을 키우는 일 + 팀의 인재 밀도를 높이는 결정(코칭, 위임, 채용, 역할 재배치 등)'을 모두 포함합니다.

▸ 개인의 성장은 조직 성장의 선행지표입니다. 탄탄한 온보딩과 꾸준한 피드백이 성장통을 학습 곡선으로 바꿉니다.

2장

개인의 성장을 방해하는 상처 치유하기

버릴 줄 아는 리더십, 유연한 리더십은 단지 시간이 지난다고 저절로 생기지 않습니다. 나이가 들고 경력이 쌓인다고 해서 저절로 지혜가 성숙해지는 것은 아니라는 이치와 같습니다. 도리어 경험이 쌓이는 만큼 실패와 상처도 함께 쌓이고, 이를 제대로 치유하지 않으면 버릴 줄 모르는 리더십, 완고한 리더십이 될 우려가 있습니다. 특정 상황을 회피하거나 과하게 반응하는, 방어적인 감정 패턴이 굳어지곤 합니다.

물론 상처는 성장의 거름이 될 수 있습니다. 하지만 생각보다 많은 사람들이 상처를 지나치게 내면에 담아서 피해자 서사에 머물거나 움츠러들어 객관성을 잃습니다. 본인의 개인적인 실패 경험을 불변의 '진리'로 규정해, 새로운 관점과 객관적인 데이터에 귀를 닫아버리기도 합니다. 이럴수록 배움의 폭, 비움의 여지는 줄어들어 진정한 성장은 요원해집니다.

■ 리더가 겪은 상처가 흉터로 남는다면

실제 현장에서 보았던 사례들 가운데, 초보 리더가 자주 마주치는 '상처'의 전형을 몇 가지 들어보겠습니다.

◆ 한 번의 실패를 영원한 실패로 규정짓기

한 리더에게는 과거 스타트업에서 클라우드 비용 관리에 실패해 해임된 쓰라린 경험이 있었습니다. 그 뒤로는 클라우드 관련 이야기가 나오면 무조건 "절대 쓰면 안 된다"고 단정하며 다른 의견을 들으려 하지 않았죠.

사실 클라우드 자체는 문제가 아니었습니다. 시스템을 모니터링하는, 비용을 통제하는 프로세스가 부재해서 실패가 불가피했던 거죠. 그러니 "클라우드는 위험하다"가 아니라 "사용자가 늘수록 비용 분석과 관리 기준을 세워 주기적으로 점검해야 한다"고 관점을 전환해야 합니다. 하지만 상처를 제대로 다루지 못하면 이렇게 원인과 해석이 뒤바뀌고, 결과적으로 배움의 기회를 놓칩니다.

◆ 문제를 개선하지 않고 회피해 버리기

한 회사는 빠르게 성장하던 시기에 시니어 외부 임원을 급히 영입했습니다. 문제는 새 임원의 역할과 권한, 의사 결정 범위가 명확하지 않았다는 점입니다. 온보딩도 "알아서 분위기를 보라"는 수준에 머물렀고, 내부 이해관계자 소개나 초기 신뢰를 쌓을 계획도 없었습니다. 그 결과, 신규 임원은 90일 이내에 이탈했죠. 그 뒤로 기존 경영진은 "역시 외부 사람은 우리 문화를 모른다"는 결론을 굳히며 외부 영입 자체를 꺼리게 됐습니다.

하지만 문제의 본질은 '외부 수혈' 그 자체가 아니라, 불명확한 역할 정의와 온보딩 프로세스의 부재에 있었습니다. 원래는 입사 전부터 신규 입사자의 방향성과 역할, 성공 지표에 대해 많이 논의해야 했어요. 입사 후 30일,

60일, 90일 차 계획을 세워 초기 신뢰와 성공을 설계해야 했고요. 외부 영입을 포기하기보다는 프로세스를 복기하면서 고쳐 재도전하면 됐죠. 그런데도 실패와 상처로 인해 리더십의 유연성이 떨어진 케이스입니다.

◆ 잘못된 해법으로 상처를 방치하는 것

한 리더는 "자율과 책임"을 내세우며 팀에 업무를 전면 위임하겠다고 선언했습니다. 문제는 이를 뒷받침할 안전장치가 전혀 없었다는 점입니다. 역할과 결정 권한이 모호한 상태에서 복수의 프로젝트가 동시에 진행됐고, 결국 중요한 서비스 출시 시점에 품질 사고가 발생했습니다.

이후 리더는 모든 결재를 다시 본인이 쥐고 마이크로 매니징을 하기 시작했습니다. 팀은 리더가 결정해 주기를 대기하며 업무 속도가 급감했고, 자율성은 불신의 증거처럼 취급됐죠. 이 리더십은 분명 다음과 같은 '왜곡장'에 갇혀있는 게 분명했습니다. "위임은 위험하다. 내가 직접 봐야 한다."

실패의 원인은 위임 자체가 아니라 안전장치의 부재였습니다. 해법은 위임을 접는 것이 아니라, 구조를 갖춘 위임으로 전환하는 것이고요. 하지만 상처를 제대로 돌보지 않으면 엉뚱한 해법에 매달려 또 다른 실패를 지속하며 상처를 키울지도 모릅니다. 체계적인 위임 구조를 설계하는 방법은 4장 〈개인 리더가 아닌 시스템이 이끄는 성장〉에서 알아보겠습니다.

리더십의 근간에 새겨진 생채기를 치유하는 첫걸음은, 자신에게 상처가 있음을 겸허히 인지하고 수용하는 것입니다. 특정 상황에서 갑자기 불안해지거나 감정적으로 변모한다면, 그 감정이 과거의 어떤 기억과 연결돼 있는지 차분히 돌아봐야 합니다.

그다음 단계에선 상처를 재해석하고 행동을 다르게 바꾸는 것입니다. 객관적인 사실과 주관적인 감정을 분리해 사건의 원인을 재정의하고, 필요하다면 동료 리더들과 자신의 경험을 투명하게 공유해 보세요. 작은 실험과 피드백을 반복하면서 이전과 다른 선택과 행동을 반복하다 보면, 당시엔 고통이었던 기억이 시간이 지나 심리적 자산이자 통찰로 바뀌는 순간을 맞게 됩니다.

이때 (상처의 종류마다 다르지만) 재해석과 행동의 공통 원칙은 분명합니다. 남 탓과 비난만으로는 아무것도 해결되지 않습니다. 일시적으로 주변의 동조를 얻는 듯 보여도, 부정적인 이야기만 되풀이하면 어느새 사람들은 서서히 거리를 둡니다. 그러니 당장 상처가 쌓인 내 모습이 드라마틱하게 바뀌지 않는 듯해도 꾸준함과 평정심을 간직하길 바랍니다. 아쉬운 경험을 어떻게 바라보느냐에 따라 앞으로의 내 모습과 방향이 결정됩니다.

리더에게 치유되지 않은 상처는 상황에 대한 편향된 해석과 회피 행동으로 발현됩니다. 이는 조직의 속도를 현저히 떨어뜨립니다. 그러니 리더는 내 가슴의 소리를 잘 듣고 인지, 인정하면서 상황을 재해석한 다음, 생각과 행동을 고치는 연습을 거듭해야 합니다. 실패의 경험을 '사실'로 고정해 눈을 감기보다는, 내일을 새로 쓰는 용기가 필요합니다. 세상에 완벽한 사람은 없지만 꾸준히 발전하는 사람은 있다는 것, 후자가 승리한다는 점을 기억해야겠습니다.

이것만은 기억하자!

상처는 성장의 최대 방해물

- ▸ 치유하지 않으면 회피 및 과잉 반응, 피해자 서사가 굳어집니다.
- ▸ 개인적으로 왜곡된 경험을 '사실'로 일반화하면 배움의 폭이 급격히 좁아집니다.

원인과 해석을 분리하라.

- ▸ 사건의 본질과 감정을 구분해 봐야 합니다.
- ▸ 데이터와 타인의 관점을 받아들여 해석을 업데이트합니다.

치유의 절차를 루틴으로

- ▸ 상처를 인지, 인정하고 상황을 재해석한 후 내 행동과 관점을 바꿔 보세요.
- ▸ 테스트를 반복해 상처를 조직 운영 기준이나 배움의 자산으로 전환합니다.

3장

리더의 시간, 이렇게 써야 한다

모두의 시간은 24시간으로 똑같습니다. 리더 역시 예외는 아닙니다. 모든 현안에 에너지를 분산한다면 한정된 자원은 조기에 고갈되고, 성과의 밀도는 낮아지며, 결국 리더 본인의 번아웃으로 귀결됩니다. 그래서 리더에게는 무엇보다 선택과 집중이 중요합니다. 특히 '팀 운영'과 '팀원 관리'에서 어떤 일과 누구에게, 언제, 얼마나 시간을 쓸지 판단하는 리더십이 향후 성과를 가릅니다.

■ 일잘러 vs. 일못러: 매니저의 초점은?

(파트 2에서도 이야기했던 교훈 중의 하나였던) 팀에 일잘러와 일못러가 모두 있다면 리더는 누구와 시간을 더 많이 보내는 게 좋을까요? 처음 매니저가 되면 "일잘러는 알아서 하니, 일못러와 더 많은 시간을 보내자"고 생각하기 쉽습니다. 저 역시 그랬어요. 그러나 곧 시간을 많이 쓰는 것이 업무에 도움이 되는 것은 아니라는 걸 깨달았습니다.

구체적으로 일잘러와 일못러, 각 팀원에게 매니저의 시간을 어떻게 써야 할까요? 먼저, 일못러에게는 업무를 대행해 주는 '임시방편'이 아니라, 성과 부진의 근본적인 원인을 규명하는 '진단'이 선행돼야 합니다. 이에 관한 피드백과 함께 리더의 기대치를 명시하면서 성과가 거기에 맞게 따라오는지 주기적으로 점검해야 하죠. 아래와 같은 순서에 맞춰 대화를 트고 시간을 쓸 수 있겠습니다.

- **진단**: 무엇이 (업무를) 막고 있습니까? (스킬 부족, 업무 이해 미흡, 우선순위 혼선, 동기 저하 등)
- **피드백**: 구체적으로, 반복할 수 있는 행동 양식을 언어로 전달합니다.
- **기대치**: "어떤 기준까지, 언제까지"를 명확히 말합니다.
- **점검**: 주기적으로 확인하되, 일을 대신 하지 않습니다.

리더가 일못러를 계속 "도와주기만" 하면 일이 매니저에게 귀속되면서 정작 당사자의 성장은 멈춥니다. 그러니 "이제부터는 스스로 해내야 한다"는 명확한 경계를 제시하시길 바랍니다.

한편 일잘러에게는 "알아서 하겠지" 넘겨짚지 말고, 회사와 팀의 방향과 맥락을 충분히 공유하면서 동기를 끌어올리는 도전 과제를 줘야 합니다. (보통 '스트레치 과제'를 준다고 표현합니다.) 때로는 리소스를 재분배하거나 의사 결정 속도를 높이는 식으로 업무를 가로막는 장벽을 제거해 주기도 해야 하고요. 일잘러도 분명 인정과 관심, 지원이 필요합니다.

설령 팀원이 혼자 일을 잘한다고 해도, 문맥과 우선순위는 언제나 매니저가 제공하고 같이 논의하는 영역입니다. 그러니 리더의 유한한 시간은 저성과자의 보완보다

고성과자의 한계를 돌파하는 데 우선 배분돼야 합니다. 고성과자와의 접점 빈도를 높일 때 팀 전체의 성과 총량은 극대화합니다.

■ 1대1 미팅으로 팀원과의 신뢰 쌓기

"일잘러에 집중하라"는 말은 다른 팀원을 방치하라는 뜻이 아닙니다. 오히려 일잘러에 집중하면서도 전체 팀을 챙길 수 있는 구조를 만들어야죠. 앞서 강조했듯, 좋은 팀을 운영하려면 신뢰가 전제돼야 하니까요. 이를 위해서는 정기적인 1대1 미팅 시간을 꾸준히 활용하는 게 좋습니다.

디지털 헬스케어 스타트업에 재직하던 시절, 대학 마지막 학기에 인턴으로 합류한 한 학생이 있었습니다. 제가 창업 초창기에 투자한 회사의 CTO 소개로 멘토링을 하며 알게 된 사람이었는데, 질문을 곧잘 던지고 태도도 매우 적극적이어서 인상 깊게 지켜보고 있었습니다. 그 인연이 채용 면접으로 이어졌고, 우연히 피겨 스케이팅 선수 경력이 있다는 사실을 알게 됐죠. 당시에는 그저 특이한 이력 정도로만 받아들였습니다.

인턴으로 입사한 이후, 주간 1대1 미팅에서 개인적인 이야기를 나누다 보니 해당 직원은 단순한 선수 출신이 아니라 미국 주니어 국가대표까지 지냈던 인물이었습니다. 운동을 그만두고 개발자의 길을 선택하기까지 얼마나 어려운 결정을 했는지도 그때 처음 들을 수 있었습니다.

이런 이야기는 회의 자리나 공개된 공간에서는 나오기 어렵습니다. 정기적인 1대1 미팅이라는 안전한 맥락이 있었기에, 그는 자신의 선택과 고민을 차분히 털어놓을 수 있었습니다. 만약 이런 과정 없이 제가 팀원의 가치를 단편적인 이력과 성과 지표로만 판단했다면 그가 지닌 강인한 회복탄력성과 인내라는 '빙산 아래의 역량'을 결코 발견하지 못했을 것입니다.

이후 저는 이 팀원에게 업무 난이도나 책임을 배분할 때, 단기적인 결과만이 아니라 이런 특성을 더 의식적으로 고려하게 됐습니다. 이 경험은 제게 1대1 미팅이 단순한 업무 점검 시간이 아니라, 사람을 이해하고 신뢰를 쌓으며 더 나은 판단을 가능하게 만드는 가장 실용적인 리더십 도구라는 점을 분명히 보여주었습니다.

■ 후계자 양성, 더 늦기 전에 하자

(파트 2에서도 강조했듯이) 리더가 시간을 유연하게 쓰려면, 본인이 자리를 비웠을 때 팀이 멈추지 않도록 후임(대리 리더, 후계자)을 키워야 합니다. 팀 규모가 약 5명을 넘기기 시작하면, 바로 대리 리더 후보를 발굴해 두는 걸 권합니다.

방법은 단순합니다. 현재 팀원 중 한 사람을 정해 휴가, 외부 미팅 시 팀을 대표하게 하고, 필요할 땐 전사 혹은 팀 간 미팅에서 팀 업데이트를 공유하도록 맡기는 것입니다. 실전에서 작게라도 권한과 무대를 반복적으로 제공하면 판단력, 커뮤니케이션, 조율 능력이 가장 빠르게 자랄 수 있습니다.

단, 한 가지 원칙이 있습니다. 공개적으로 "내 후임"이라고 선언하지 마세요. 그 사람이 얼마나 성장할지, 더 적합한 인재가 곧 합류할지 바로 알 수 없고, 실제로 내가 이동하거나 퇴사하면 후임 결정 권한은 내 손을 떠납니다. 확정되지 않은 미래에 대한 약속은 부메랑이 돼 돌아와 조직의 신뢰를 파괴할 뿐이라는 걸, 저 역시 값비싼 수업료를 내고 배웠습니다. 그러니 기회와 무대를 제공하되, 최종적인 권한 부여는 조직의 공식적인 프로세스를 따르는 것이 리더와 후보자 모두를 보호하는 길입니다.

이렇게 준비해 두면 내가 조직 내에서 역할을 넓히거나, 회사 밖에서 더 큰 기회를 택하더라도 팀은 공백 없이 돌아가고, 대리 리더에게는 도약의 발판이 생깁니다. 말 그대로 '윈-윈'입니다.

실무 팁으로는, 평가나 고과 기간마다 팀에서 후임이 될 가능성이 있는 사람을 1~2명 마음속으로 선정해 그들이 리더로서 준비된 부분과 보완이 필요한 부분을 문서로 남겨 보십시오. 그에 맞춰 코칭 계획과 스트레치 과제를 설계하면, 누가 언제 어떤 역할을 맡을 수 있는지 선명해집니다. 애플 같은 실리콘밸리의 여러 회사는 이를 '승계 계획(Succession Planning)'의 일부로 운영합니다.

결론적으로, 좋은 리더는 자신이 없어도 굴러가는 팀을 만듭니다. 후임 양성은 '언젠가'가 아니라 지금 당장 시작해야 하는 리더의 본업입니다.

■ 리더의 정신 건강: 꾸준함을 지키는 마음가짐

리더로 오래 성장하려면 전략과 기술만으로는 충분하지 않습니다. 그 바탕에는 '건강한 정신'이 있어야 합니다. 팀을 이끌다 보면 예측 못 한 갈등과 이해관계가 얽히고, 정답 없는 의사결정을 반복하게 됩니다. 이때 스스로 돌보지 못하면 번아웃에 빠지기 쉽고, 불안한 에너지가 팀으로 전이되기 쉽습니다. 그래서 리더의 정신 건강은 개인의 사치가 아니라 리더십의 지속 가능성을 위한 필수 조건입니다.

가장 단순하면서 효과적으로 정신 건강을 챙기는 방법은 '몸을 움직이는 일'입니다. 꾸준히 운동하면서 짧게라도 햇볕을 쬐면 기분과 에너지가 달라집니다. 운동은 긴장을 풀어 줄 뿐 아니라 "오늘도 나를 돌봤다"는 긍정적인 자기 이미지를 만들어 줍니다. 이렇게 컨디션이 안정되면 리더는 일관되고 침착한 태도를 유지할 수 있습니다. 이는 팀 전체에 심리적 안정감을 제공합니다.

개인적으로도 효과적이었던 또 하나의 방법은 바쁠수록, 혹은 스트레스받을수록 의도적으로 느리게 행동하고 의사결정 전에 여유를 가지려 했던 것이었습니다. 예를 들어, 잠시 멈추고 호흡을 가다듬는 것만으로도 감정에 휘둘리지 않고 더 차분하고 선명하게 상황을 바라볼 수 있었습니다. 나사(NASA)나 긴박한 의료 현장처럼 작은 실수도 치명적인 분야에서는 위기일수록 '잠시 멈춤'을 제도화해서 오류를 줄인다고 하는데요.[*] 바쁠수록 의도적으로 호흡을 늦추는 '전략적인 감속'은 단순한 습관을 넘어, 리더가 인지적 오류를 줄이고 최선의 판단을 끌어내는 과학적인 전략입니다.

인간관계에서 정신 건강을 지키려면 판단을 유보하고

---

[*] Klein, G., 「Sources of power: How people make decisions.」, MIT Press, 1999

호기심을 가져야 합니다. "저 사람은 왜 저렇게 생각하는 걸까?"라는 질문으로 시작하면 대화의 문이 열립니다. 반대로 '저 사람은 틀렸다'고 단정하는 순간 마음은 굳고, 감정 소모만 커집니다. 섣부른 판단을 유보하는 태도가 리더 자신을 지키는 장치이기도 합니다.

다음으로 리더가 정신 건강을 챙길 때 중요한 지점은 기대치를 명확하게 관리하는 것입니다. 리더는 종종 "알아서 해주겠지"라는 기대, 인간관계를 부드럽게 유지하려는 마음에 말을 흐립니다. 그러나 모호한 요청은 오해와 갈등의 원인입니다. 맥락과 함께 무엇을, 언제까지, 어떤 기준으로 원하는지 분명히 말하세요. 동시에 (재차 강조하지만) "우리는 공동의 목표를 향해 가고 있는가?"를 늘 점검해야 합니다. 목표가 어긋난 상태에서 기대만 키우면 필연적으로 실망하게 됩니다.

또 하나, '좋은 사람 콤플렉스'에서 벗어나야 합니다. 모든 팀원이 나를 좋아할 필요도, 모든 일을 내가 다 챙길 필요도 없습니다. 리더의 본분은 구성원의 감정을 관리하는 '비위 맞추기'가 아니라, 조직을 목표 지점까지 견인하는 '방향 제시'에 있기 때문입니다. 때로는 불편한 말을 해야 하니 모두에게 좋은 사람으로 남는 것은 불가능합니다. 이 부담을 내려놓는 순간 인간관계는 오히려 더 솔직해지고 자연스러워집니다. 정신 건강에도 이롭습니다.

마지막으로, 주변에 내 고민을 터놓고 이야기할 사람들을 두세요. 멘토, 조언을 구할 수 있는 업계 동료, 선후배 등 다양한 인간관계를 통해 고민을 나누세요. 혹은 조직 내에서 신뢰할 수 있는 동료나 팀원, 내 매니저도 여기에 해당합니다. 모든 것을 혼자 짊어지고 가려는 태도는 번 아웃으로 이어질 가능성이 큽니다.

결론적으로, 리더의 내구성은 작은 실천을 축적하는 데서 나옵니다. 운동 같은 기본 관리, 판단 유보와 호기심, 명확한 기대, '좋은 사람' 압박 내려놓기 등 이런 습관들이 쌓여야 꾸준할 수 있습니다. 완벽해지려 하지 말고, 한계를 인정하세요. 정신 건강을 지키는 일은 리더십을 오래, 그리고 안정적으로 유지하게 하는 복리입니다. 매일 작은 이자가 쌓일수록, 당신의 리더십은 더 멀리 간다는 걸 잊지 마세요.

리더의 시간은 곧 조직의 레버리지(도약의 발판)입니다. 그러니 모든 일에 고르게 힘을 쓰기보다, 성과를 키우는 지점에 과감히 집중해야 합니다. 일못러에겐 근본적인 원인을 진단하고 피드백과 함께 기대치를 명확히 전한 다음 주기적으로 점검하면서 팀원 스스로 일어서는 시간을 만드세요. 일잘러에겐 맥락을 공유하면서 더 큰 도전 과제를 줘서 더 높게 뛰어오르는 시간을 투자하세요. 여기에 정기적인 1대1 미팅으로 조직 내 신뢰를 축적하고, 후임을 미리 키워 시간의 자유도를 높이며, 정신 건강을 관리해 꾸준함을 유지한다면 리더의 하루 24시간은 훨씬 가치를 더할 것입니다. 핵심은 단순합니다. 시간을 쓰는 곳이 곧 리더십의 방향입니다.

이것만은 기억하자!

시간은 가장 소중한 자산

- 모든 일에 균등한 시간 분배는 리더의 번아웃과 조직 저성과로 이어집니다.
- 성과를 키우는 지점에 선택과 집중이 필요합니다. 할 일만 생각하지 말고 안 할 일도 같이 생각합시다.

일잘러 vs. 일못러, 어디에 시간을 쓸까?

- 일못러, 저성과자: '진단 ➔ 피드백 ➔ 기대치 ➔ 점검'의 사이클을 통해 일을 대신 해 주지 말고 스스로 서게 돕습니다.
- 일잘러, 고성과자: 맥락 제공, 스트레치 업무 부여와 접점 빈도를 높여 더 높게 뛸 수 있도록 합니다.

신뢰를 만드는 1대1 미팅

- 정기성, 진정성, 기록이 기본입니다.
- 업무 외 개인의 성장 서사를 이해할수록 협업 속도와 품질이 올라갑니다.

후임 양성은 지금부터

- 팀이 커지면 대리 리더를 발굴해 실전 기회를 줍니다.
- 공개 지명은 피하고, 역할과 무대를 키워 성장의

기회를 제공하면서 적절한 피드백을 줍니다.

꾸준함을 가능케 하는 마음가짐

- ▸ 운동, 햇볕 쬐기 등 기본적인 관리로 심리적 안정을 확보합니다.
- ▸ 판단 유보와 호기심, 명확한 기대 관리, '좋은 사람' 압박 내려놓기가 리더십의 내구성을 만듭니다.

4장
개인 리더가 아닌 시스템이 이끄는 성장

지금까지는 조직의 성장을 리더 개인의 성장 관점에서 보았습니다. 이제는 그 개인들이 모여 이룬 조직 전체의 작동 방식을 어떻게 바꿔야 성장통을 견디고 다음 단계로 넘어갈 수 있는지, 앞서 다룬 원칙들을 조직 운영의 언어로 다시 정리하겠습니다.

사업이 커지면 자연스럽게 채용이 늘어납니다. 소수정예의 속도전을 중시하던 초기 단계를 지나, 체계적인 운영 시스템으로 전환되는 과정에서 필연적인 진통이 시작됩니다. 인원이 적을 때는 "빨리"가 정답이었습니다. 그러나 인원이 늘어난 뒤에는 사람을 얼마나 효율적으로 배치하고 협업하도록 만드느냐가 곧 경쟁력입니다.

예를 들어, 기존 30명 조직에 매달 5명씩 합류한다면 6개월 만에 두 배 이상이 됩니다. 표면적으로는 일이 분산될 것 같지만, 현실에서는 원래 바쁘던 사람만 더 바빠지고 결과물은 인원이 증가한 만큼 따라오지 않는 경우가 흔합니다. 이유는 단순합니다.

선임들은 관성(혹은 자리를 보전하려는 불안감) 때문에 일을 쥐고 놓지 않거나, 새 구성원을 가르치기보다 본인이 직접 처리하는 편을 택합니다. 그래서 더 바빠지고 때로는 번아웃에 빠집니다. 반대로 새로 온 사람은 시스템을 모르는 상태에서 본인이 성과를 내 기여할 수 있는 진입로를 찾지 못하고, 일부 능력자를 제외하면 체감할 만한 성과를 만들지 못합니다. 이렇게 인원 증가와 함께 의사소통 비용이 급증하면서 고참에겐 번아웃, 신입에겐 불만이 쌓입니다.

핵심 원인은 조직의 규모가 커졌는데도 작업 방식이 여전히 '개인 주도'에 머물러 있기 때문입니다. 인원이 늘면 팀을 나누고 계층(레이어)을 만들어 조직화를 진행하며, 구성원의 레벨과 역할을 구분(레벨링, Leveling)해야 합니다. 동시에 고참이 하던 일을 조직적으로 분배하고, 신입의 경험과 역량을 시스템 속에 연결해야 합니다. 이 과정에서는 기존 시스템의 부분 또는 전면적인 재정립이 필요할 수 있습니다. 목표는 3가지입니다.

1. 선임의 번아웃 방지
2. 신입에게 공헌할 기회 제공
3. 조직 차원의 성과 극대화

이를 위해 다음과 같이 단계적으로 운영 구조를 전환해 봐야 합니다.

- **우선순위를 정한다**: 무엇을 하지 않을지도 함께 결정합니다. "뺄셈"의 미학을 항상 고민해야 합니다.
- **프로세스를 만든다**: '사람에게 의존하는 방식'을 '시스템을 통해 일하는 방식'으로 바꿉니다.
- **일을 위임한다**: (일종의 안전장치로) 기준과 한계가 정해진 위임을 통해 업무 속도와 품질을 동시에 지

킵니다.

- **조직 구조를 실험한다**: 규모가 작은 가설로 시작해 빠르게 결과를 검증하고 방향을 조정합니다.
- **레벨링을 한다**: 수평 구조에서 팀을 나누어 레이어를 만들고, 팀원들의 레벨도 나누기 시작해야 합니다. 이에 대해서는 다음 장에서 별도로 설명합니다.

■ 우선순위를 정한다

우선순위를 정한다는 것은 단순히 무엇을 할지 고르는 일에 그치지 않습니다. "무엇을 하지 않을지"도 분명히 정해야 합니다. 하지 않을 일을 정하지 않으면 관성에 끌려 하던 일을 계속하면서 우선순위로 정한 일까지 떠안게 됩니다. 결국 일은 늘어나지만, 집중력은 흐려집니다.

또한, 우선순위를 정하는 것은 출발점일 뿐입니다. 설정한 우선순위에 끝까지 집중해 완수할 때, 비로소 '선택'이라는 행위가 의미를 얻습니다. 애플의 창업자 스티브 잡스는 애플을 다시 일으켜 세우는 과정에서 수십 개의 프로젝트를 과감히 중단했습니다. 그는 "집중이란 수많은 좋은 아이디어에 '아니요'라고 말하는 것(Innovation is saying 'NO' to 1,000 things)"이라고 말했습니다. 덕분에 아이맥, 아이팟, 아이폰 같은 혁신 제품에 모두 자원을 쏟아부을 수 있었고, 애플은 다시 혁신 기업으로 자리매김할 수 있었습니다.

일론 머스크* 역시 마찬가지입니다. 수많은 아이디어의 홍수 속에서 핵심 목표에 어긋나는 제안을 단호하게 거절(Saying NO)함으로써 혁신을 유지합니다. 그가 설립한 테슬라는 한때 스마트홈, 스마트폰 같은 사업 확장을 검토했지만, 결국 '지속 가능한 에너지와 교통 혁신'이라는 핵심 목표에 집중했습니다. 머스크는 자신이 하고 싶은 일을 줄이고, 임팩트가 큰 과제에 몰두함으로써 오늘의 성과를 만들어냈습니다.

무엇을 하지 않을지 정하는 용기, 그것이 진정한 리더십입니다. 선택과 집중의 힘은 바로 여기에 있습니다. 일을 잘한다는 것은 새로운 일을 만들어내는 것만이 아니라 때로는 일을 줄이는 것이기도 합니다. "덧셈"만 하려 하지 말고, 과감한 "뺄셈"이 더 중요한 순간이 있다는 사실을 잊지 말아야 합니다.

스티브 잡스
"Innovation is saying 'NO' to 1,000 things."

1,000가지 아이디어를 거절하는 것. 이런 의사결정을 했던, 애플의 창업자 스티브 잡스의 철학은 단순합니다. 그는 "단순함은 궁극의 정교함"이라 말하며, 제품과 경영 전반에서 불필요한 요소를 과감히 제거했습니다.

제품 디자인에서도 이 철학은 그대로 드러납니다. 1997년 스티브 잡스가 애플에 복귀한 이후, 애플은 제품에서 불필요한 요소를 과감히 제거하는 방향으로 진화했습니다. 아이팟은 복잡한 버튼을 줄이고 휠 중심의 인터페이스로 단순화했고, 맥북 에어에서는 CD·DVD 드라이브를 제거했습니다. 아이폰에서는 물리 키보드를 없애고 터치스크린만 남기기로 했습니다.

경영에서도 마찬가지였습니다. 수십 개에 달하던 제품군을 과감히 줄여, 소비자용/프로용, 데스크탑/노트북이라는 '2×2 매트릭스 조직'으로 단순화했습니다. 이런 선택과 집중 덕분에 애플은 한정된 자원을 핵심 제품에 몰아줄 수 있었습니다.

그의 개인 철학에서도 같은 맥락을 찾을 수 있습니다. 2005년 스탠퍼드 연설에서 잡스는 "죽음을 의식하면 불필요한 집착을 버리고 진짜 중요한 것만 남길 수 있다"고 강조했습니다. 불필요한 것을 지우고 본질에 집중하는 것이야말로 그의 삶과 경영의 일관된 원칙이었습니다.

■ 프로세스를 만든다

우선순위를 정했다면 이제 리더 개인이 아닌 시스템이 일하는 구조를 만들어야 합니다. 특히 문제가 발생했을 때를 대비하는 프로세스가 없다면 지금 당장 만들고 점검해야 하죠. 예를 들어 온라인 서비스를 운영하는 IT 회사라면, 서비스 사고가 발생했을 때 누가 어떻게 대응할지 절차를 명확히 정해야 합니다. 이를 흔히 '온콜(On-call) 프로세스'라 부릅니다. 더불어, 문제의 심각도에 따라 사고를 수습한 후 (앞서 파트 7에서 언급했던) 사고 대응 미팅을 통해 재발 방지책을 마련해야 합니다.

온콜 프로세스에서 처음에는 시니어 멤버만 문제 상황에 대응하는 역할을 맡을 수 있습니다. 하지만 크고 작은 사고를 겪으면서 원인을 공유하고 해결책을 마련하다 보면, 새로운 멤버들도 점차 여기에 참여해 직접 해결 방안을 구현할 수 있게 됩니다. 이렇게 사고 경험을 학습의 기회로 삼을 때, 조직은 점점 더 단단해집니다.

채용, 온보딩, 갈등 해결, 미팅 운영 역시 조직이 성숙해가면서 점진적으로 구조를 개선해야 할 영역입니다. 이렇게 구조를 만드는 작업을 개인이 각자 알아서 하는 차원에 두지 않고, 조직 전반에 일관된 프로세스로 자리 잡아야겠습니다. 그렇게 해야 리더 개인의 역량에 기대는 것이 아니라 조직 전체의 시스템 역량이 강화됩니다.

'프로세스'라는 말은 때로 경직되고 비효율적이라는 인상을 줍니다. 하지만 개인 주도에서 조직 주도로 전환하려면 프로세스는 필수적입니다. 처음부터 복잡한 절차를 만들어야 하는 건 아닙니다. 각자 문제의식을 느끼며 상황에 맞게, 시의적절하게 시스템을 만들면서 필요할 때 구조를 발전시켜 나가는 것이 핵심입니다.

■ 일을 위임한다

위임이 문화로 자리 잡을 때 조직의 역량은 비로소 커집니다. 리더가 모든 일을 직접 처리하는 방식은 단기적으로는 빠를지 몰라도, 장기적으로는 리더와 팀 모두의 성장을 가로막습니다. 개인의 성과가 아니라 팀 전체가 함께 성장하는 구조를 만드는 것, 그 출발점이 바로 위임입니다.

예컨대 (시급하게 처리해야 할 문제가 아니라면) 온보딩 기간 중 새로운 팀원에게 그 수준에 맞게 일을 맡기고, 진행 상황을 보며 돕지만 대신 업무를 처리해 주지 않는 식으로 위임을 경험할 수 있습니다. 리더 본인이 불안한 나머지, 바삐 움직이기 위해 실무를 놓지 못하는 경우가 더러 있는데요. 어떤 일을 시작하기 전에 잠시 멈춰 이렇게 자문해야 합니다.

"이 일이 우리의 우선순위에 맞는가? 꼭 필요하다면 내가 직접 해야 하는가? 아니라면 누구에게 맡길 수 있는가?"

위임은 리더의 성장 과정에서 피할 수 없는 관문입니다. 수많은 초기 리더가 범하는 실수는 과거 성공 방정식을 그대로 유지하느라 권한을 위임하지 못하는 것이죠. 물론 IC(개인 기여자) 시절에는 전문성을 앞세워 직접 문제를 해결하는 것이 성과로 이어졌지만, 리더가 된 뒤에도 같은 방식을 고수하면 곧 한계에 부딪힐 것입니다. 그러니 스스로 되물어 보세요.

"내가 여전히 옛날 방식으로 일하고 있지는 않은가? 개인기를 부리고 있지는 않은가? 팀원의 일을 대신하고 있지는 않은가?"

위임은 성과를 배가시키는 '곱셈'의 기술입니다. 좋은 리더는 더하기보다 먼저 '빼기'를 고민하고, 다음으로 '곱하기'를 고려합니다. 이때 곱셈에 성공하고 싶다면 단지 다른 사람에게 일을 한꺼번에 던져주기보다는, 리더가 의식적으로 단계를 밟아가며 작은 권한부터 위임하기 시작해야 합니다. 물론 팀원의 능력을 신뢰해서 더 과감하게 책임을 맡길 수도 있습니다. 다만 위임하기 전에 그 일이 정말 필요한지, 그만한 ROI(투입한 비용 대비 성과)가 있는지 점검하세요. 필요하지 않은 업무라면 차라리 과감히 없애는 편이 낫습니다.

다음과 같은 6단계의 위임이 있습니다. 문맥 없이 한 번에 팀원에게 애매하게 일을 던지는 것보다는 단계적으로 위임의 범위를 확장하면서 충분히 위임의 맥락을 제공하는 걸 추천합니다.

- 레벨 1: 내가 계획을 세우고 실행만 팀원에게 맡깁니다. 실행도 처음에는 일부만 맡기고 점차 범위를 넓힙니다.
- 레벨 2: 팀원과 함께 계획을 세우되, 실행은 전적으

로 팀원에게 맡깁니다.

- 레벨 3: 팀원이 계획을 세워오면 내가 리뷰하고, 팀원이 주기적으로 업데이트합니다.
- 레벨 4: 팀원이 스스로 계획하고 실행하며, 나는 주기적인 업데이트만 받습니다.
- 레벨 5: 문제가 생길 때만 보고받는 단계로, 사실상 위임이 완성된 상태입니다.
- 레벨 6: 시니어 팀원에게도 '위임의 전파'를 요구해 조직 전반에 위임 문화를 안착시키는 단계입니다. 이는 『존 맥스웰의 리더십 수업(5 Levels of Leadership)』*에서도 강조하는 부분입니다.

실무를 할 팀원이 있음에도 불구하고 리더가 직접 수많은 업무를 해결하고 있다면 두 가지 문제가 있다고 해석할 수 있습니다. 첫째, 리더가 팀원을 충분히 신뢰하지 못한다는 뜻. 둘째, 팀원에게 성장의 기회를 주지 않는다는 뜻. 특히 레벨 1~2에 머무는 리더는 늘 바쁘게 뛰어다니면서도 팀원의 역량을 키우지 못하고 있습니다. 반면 레벨 4~5에 이르면 리더는 방향성과 핵심 의사결정에 집중할 수 있고, 팀원은 자기 일을 주도적으로 수행하며 성장합니다. 레벨 6에 이르면 위임은 개인의 기술을 넘어 조직의

---

* 저서 『존 맥스웰의 리더십 수업』(이형욱 옮김, 넥서스BIZ, 2020)에서 세계적인 리더십 전문가 존 맥스웰(John C. Maxwell)이 제시한 리더십 성장의 다섯 단계를 체계적으로 설명합니다. 리더십을 타고나는 것이 아니라, 단계적으로 배우고 성장시켜야 하는 능력이라는 점을 강조합니다. 4번째 레벨은 다른 사람을 성장시키는 데 집중하는 단계로 "위임"이 중요해지는 단계이며 위임을 문화로 만들어야 한다고 강조합니다.

문화로 정착합니다.

결국 위임은 리더가 팀원을 믿고 성장시키는 연습입니다. 처음부터 완벽하게 해내지 못해도 괜찮습니다. 중요한 것은 자신의 행동을 점검하고, 맥락을 제공해 위임 단계를 조금씩 끌어올리는 것입니다. 위임은 단순한 업무 분배가 아니라 리더십의 본질, 즉 팀을 통해 더 큰 성과를 내는 능력을 배우는 과정이라는 걸 기억합시다.

■ 조직 구조를 바꾸는 실험을 한다

창업 초기 소규모 팀은 수평적으로 팀을 운영할 수 있습니다. 모두가 개발도 하고 마케팅도 하며, 필요하다면 손을 보태는 식으로 충분히 성과를 낼 수 있었습니다. 하지만 조직이 커지면 이야기가 달라집니다. 점점 더 많은 사람이 같은 일을 중복해서 하거나, 반대로 아무도 책임지지 않는 영역이 생깁니다. 업무 속도는 느려지고, 문제는 발생하는데 누구도 선뜻 책임을 지지 않는 상황이 반복됩니다. 이 시점에 조직 구조 재편이 필요합니다.

조직 구조를 바꾼다는 것은 사람을 더 뽑는 문제가 아닙니다. 팀을 나누고, 각 팀의 역할에 맞춰 사람을 배치하며, 개인별 레벨을 정하는 작업입니다. 제너럴리스트가 모든 일을 다 하던 단계에서 벗어나, 필요에 따라 경험 있는 전문가(스페셜리스트)를 영입해야 할 시점이 옵니다. 예컨대 개발팀이라면 프론트엔드와 백엔드를 나누고, 마케팅팀이라면 브랜드 담당과 퍼포먼스 담당을 분리하는 식입니다. 이렇게 전문성을 살려야 성과도 높아지고, 구성원 개개인의 성장도 가능해집니다.

물론 이 과정이 전문성만을 고집하는 방향으로 흘러서는 곤란합니다. 역할이 명확해질수록 "그건 내 일이 아니다"라며 경계가 생기기 쉽기 때문입니다. 하지만 조직이 성과를 내려면, 필요할 때 자신의 역할을 넘어 팀 전체의 목표를 먼저 생각하고, 내 업무와 남의 업무를 엄격히 나누지 않는 자세도 필요합니다. 전문성을 기반으로 하되, 협업을 위해 기꺼이 경계를 넘나드는 태도, 바로 그 지점에서 팀은 단순한 기능 조직을 넘어 진짜 조직으로 작동하기 시작합니다.

이 과정에서 반드시 리더십을 명시해야 합니다. 누가 무엇을 리드할지 명시적으로 정하지 않으면, 위기 상황에서 혼란만 커집니다. 따라서 맡은 일을 잘 해낸 사람에게는 중간관리자의 역할을 맡기고, 본격적으로 팀빌딩 업무까지 위임해야 합니다. 리더의 성장은 곧 조직의 성장이니까요. (개인의 레벨을 어떻게 지정할 것인지는 다음 장에서 조금 더 자세히 다루겠습니다.)

조직 구조를 바꾸는 방식에도 여러 접근이 있습니다. 기능 중심으로 마케팅/세일즈/엔지니어링 등으로 조직을 나눌 수도 있고, 제품 중심으로 고객군이나 제품 라인에 따라 팀을 구성할 수도 있습니다. 때로는 두 방식을 교차한 매트릭스 구조가 필요하기도 합니다. 하나의 정답이 존재하는 게 아닙니다. 현재 우리 조직의 규모와 도전 과제에 맞는 구조를 선택하고, 실험하며 시스템을 개선해가야 합니다.

마지막으로, 조직 구조를 변화시키는 일은 단순히 도표상의 변화가 아니라 문화의 변화와 맞물려야 합니다. 역할과 책임을 큰 맥락에서 명확히 정리하되 계속해서 대화와 협업을 통해 방향성을 맞춰서 불필요한 갈등을 줄여야, 구성원들이 자신이 맡은 일에 집중할 수 있습니다. 문화적인 뒷받침 없이 구조만 개편했다간 명함 위의 직함만 늘릴 뿐, 조직의 실질적인 생산성은 저하됩니다. 결국 구조는 문화를 담는 그릇입니다. 구조를 바꾸는 목적도 개인과 조직이 더 큰 성과를 내도록 돕는 데 있습니다.

위기의 역설: 조직의 위기가 주는 순기능

일상적인 업무에 치이다 보면 조직을 바꾸는 실행을 이어가기 쉽지 않습니다. 그래서일까요. 역설적으로 대형 사고나 위기를 겪을 때 변화가 일어납니다.

예컨대 유데미는 2015년 블랙프라이데이와 사이버먼데이 이틀 연속으로 반나절 이상 강의 판매가 중단되는 사고를 겪었습니다. 당시에는 회사가 무너질 것처럼 보였지만, 실제로 조직은 생각보다 단단해 쉽게 무너지지 않았습니다. 심리적 안전감이 있는 조직이었기 때문에 책임을 특정 팀이나 개인에게 떠넘기지 않고, 재발 방지 대책 마련과 고객 대응에 집중했습니다.

다행히 구매 실패 로그가 모두 남아서 고객들에게 할인 쿠폰을 발송하며 손실을 보전하려 했습니다. 동시에 이번 사건을 계기로 오랫동안 미뤄왔던 기술 부채를 해소해야 한다는 전사적인 공감대를 형성할 수 있었고요. 위기가 오히려 조직을 단단하게 만들 수 있다는 사실을 처음으로 체감한 경험이었습니다.

이렇게 위기를 기회로 바꾸려면 상황을 투명하게 공유하고, 책임을 따져 묻는 대신 이를 계기로 시스템과 프로세스를 강화해야 합니다. 그렇게 할 때 전화위복을 경험할 수 있습니다.

또한 위기 상황에서는 함께 이 위기를 극복하며 낙관적으로 상황을 개선하려는 태도를 가진 팀원을 선명하게 알 수 있습니다. 경험상 내부자는 상황을 훨씬 부정적으로 보는 경향이 커지는데, 그렇다 보니 이런 상황에서 불만만 쏟아내거나 퇴사하는 팀원과 그렇지 않은 팀원이 확연히 갈립니다. 결국 태도가 위기를 조직의 성장 자산으로 바꾸는 열쇠이자, 개인 주도에서 조직 주도로 구조를 전환하는 과정의 토대라는 걸 짐작할 수 있습니다.

우선순위를 정한다.

- ▸ 조직이 커질수록 무엇을 할지가 아니라 무엇을 하지 않을지 정하는 용기가 필요합니다.
- ▸ 덧셈보다 뺄셈을 통해 우선순위에 집중해야 성과를 낼 수 있습니다.

프로세스를 만든다.

- ▸ 사람이 알아서 하는 방식에서 벗어나 시스템이 뒷받침하는 방식으로 전환해야 합니다.
- ▸ 프로세스는 피해야 할 비효율의 대명사가 아닙니다. 처음부터 복잡하게 만들 필요는 없으며, 상황에 맞게 시작해 점차 발전시키는 것이 중요합니다.

일을 위임한다.

- ▸ 위임은 리더의 성장을 넘어 조직문화로 정착해야 합니다.
- ▸ 리더가 모든 일을 직접 하는 것은 단기적으로는 편할 수 있지만 장기적으로는 한계를 드러내는 방식입니다.
- ▸ 단계를 밟아가며 팀원을 신뢰하고 성장 기회를 줘야 합니다. 위임은 단순한 업무 분배가 아니라 팀을 통해 더 큰 성과를 내는 리더십의 본질입니다.

조직 구조를 실험한다.

- 규모가 커지면 팀을 나누고 역할과 레벨을 정하는 구조 변화가 필요합니다.
- 제너럴리스트 중심에서 스페셜리스트를 더해 전문성을 살리는 단계로 조직을 전환해야 합니다. 동시에 각 팀원의 전문성이 고립되지 않도록, 협업할 수 있는 균형점을 함께 설계하는 것이 중요합니다.
- 구조는 문화를 담는 그릇이므로, 단순히 도표상의 변화가 아니라 조직문화가 함께 발전해야 합니다.

위기의 역설

- 대형 사고나 위기는 조직 변화를 가속합니다. 투명한 상황 공유, 문제 개선에 집중할 때 전화위복의 기회가 옵니다. 이걸 가능케 하는 "심리적 안전감"과 "지적인 정직함"의 중요성을 꼭 기억합시다.
- 내부자의 시각은 쉽게 부정적으로 기울기 때문에, 역량보다 태도가 더 중요합니다. 낙관적이고 올바른 태도가 위기를 조직의 성장 자산으로 바꿔냅니다.

<h1 style="text-align:center">5장
레벨링, 조직 성장의 필수 조건</h1>

이번 장에서는 앞서 언급한 '레벨링(Leveling)'을 구체적으로 다루고자 합니다. 레벨링은 팀 내 역할과 성장 단계를 체계적으로 구분하는 제도입니다. 모두 같은 직함으로 묶이는 대신 단계별로 기준을 두어 커리어 성장 경로를 명확히 하고, 'IC(개인 기여자, Individual Contributor)'와 매니저 트랙을 병렬로 설계해 관리자가 아니어도 조직 내에서 영향력을 발휘할 수 있는 경로를 제시합니다. 팀의 인원이 늘어나고 회사가 성장하는 단계라면 반드시 고민해야 하는 주제입니다.

■ 레벨링이 필요한 이유

레벨링은 팀원과 커리어 패스를 논의하고, 건설적인 피드백을 제공하며, 승진과 보상의 공평성을 확보하는 핵심 도구입니다.

레벨링이 필요한 이유는 크게 두 가지입니다. 먼저, 팀원의 현재 레벨을 알아야 다음 단계로 가기 위해 무엇이 필요한지 구체적으로 이야기할 수 있습니다. 명확한 지향점이 생기면 팀원은 회사 안에서 자신의 커리어 방향을 보다 분명히 잡을 수 있고요.

특히 주니어에게는 이러한 지향점이 매우 중요합니다. 경력 초기에는 "내가 잘하고 있는가?"라는 의문이 많을 수밖에 없으니까요. 이때 레벨을 명확히 정의해 주면 지금 어떤 위치에 있고, 다음 단계가 무엇인지 객관적으로 알 수 있습니다. 무엇보다 커리어 초반에는 마치 게임 포켓몬 고처럼 한 단계씩 명확하게 레벨이 올라가는 경험 자체가 강력한 성장 동기가 되기도 합니다.

시니어에게는 단순한 숙련도를 넘어선 새로운 차원의 성공 기준이 필요합니다. 레벨링은 그들에게 그 기준을 명확히 보여주어, 안주하지 않고 '영향력의 전파'라는 새로운 도전에 참여하도록 촉구합니다.

레벨링이 필요한 또 다른 이유로는 승진과 보상의 공평성을 꼽을 수 있습니다. 레벨을 딱 정해야 각 단계에 기대되는 업무의 복잡도와 책임을 명확히 규정할 수 있습니다. 이를 바탕으로 연봉 범위와 스톡옵션 규모를 설정하면 같은 레벨에 있는 사람끼리 공정하게 비교할 수 있습니다.

반대로 레벨 체계가 없다면 보상은 전 직장에서의 연봉 수준이나 개인의 협상력에 의해 결정되는 경우가 많습니다. 초기에는 이게 큰 문제가 없어 보일 수 있지만, 시간이 지나면 팀원들이 연봉 수준을 공유하면서 내부 불만이 커지고, 심지어 팀원의 실제 공헌과 연봉 사이에 아무 상관관계가 없는 상황이 벌어지기도 합니다.

■ 레벨링, 어떻게 설계할까?

그렇다면 구체적으로 어떻게 레벨링을 설계해야 할까요? 대부분 조직은 본격적인 레벨링을 도입하기 전까지 팀원을 암묵적으로 주니어, 미드("중니어"), 시니어 정도로만 구분합니다. 그러나 이는 문서로 만들어진 체계가 아니라 대략적인 인식일 뿐입니다. 따라서 레벨링을 설계할 때는 IC 트랙과 매니저 트랙을 먼저 구분하고, 트랙별 세부 레벨을 정의한 뒤 현 팀원에게 적절한 레벨을 부여하는 작업을 먼저 해야 합니다. 이렇게 해야 신규 채용 시에도 명확한 기준을 세울 수 있습니다.

팀원이 일정 레벨 이상에 도달하면 IC 트랙과 매니저 트랙 중 하나를 선택하도록 합니다. 동일 레벨 간에는 보상에 차이가 없도록 설계하는 것이 좋죠. 그렇지 않으면 보상이 더 높은 트랙으로 쏠림 현상이 생길 수 있습니다.

다만 모든 IC에게는 반드시 업무를 보고하는 매니저가 있어야 합니다. 보통 매니저의 레벨은 자신에게 보고하는 IC와 같거나 그보다 높은 것이 일반적입니다. 즉, CEO를 제외한 모든 구성원에게는 자신의 성과를 책임지고 의사 결정을 함께해줄 상급 매니저가 존재해야 합니다.

◆ 레벨링 예시

곧 소개할 표는 제가 근무했던 회사 중 한 곳의 소프트웨어 엔지니어링 조직 레벨링 구조를 예시로 정리한 것입니다. 실리콘밸리 IT 기업을 기준으로 한다는 점을 감안하고 보시기 바랍니다.

AI 시대에는 이러한 레벨 체계가 지금보다 단순해질 가능성이 큽니다. AI가 반복적이고 단순한 업무를 빠르게 대체하면서, 과거에는 숙련도 차이에 따라 구분되던 여러 단계가 점점 의미를 잃어가기 때문입니다. 또한 AI는 주니어와 시니어 사이의 격차를 일정 부분 메워주어, 기술적인 숙련도보다는 문제를 정의하고 해결하는 능력, 리더십과 협업 역량이 더 중요한 기준이 됩니다.

결과적으로 향후 레벨 체계는 다층적인 기술 숙련도를 세밀하게 구분하기보다는, 소수의 핵심 단계로 단순화한 구조를 가질 가능성이 높습니다.

레벨	매니저 트랙	IC 트랙
6	VP(Vice President)	아키텍트
5	디렉터	수석 엔지니어
4	매니저	스태프 엔지니어
3		시니어 엔지니어
2		엔지니어
1		주니어 엔지니어

위 표에서 볼 수 있듯, 매니저 트랙에는 VP(임원), 디렉터, 매니저 등의 레벨을 설정할 수 있습니다. 이들의 차이는 다음과 같이 정의할 수 있습니다.

- 매니저: 전술(Tactical)적인 실행을 책임지며, 필요할 때는 직접 업무에 참여해 기여합니다. 그래서 가장 바쁘게 움직일 수밖에 없는 역할입니다.
- 디렉터: 보다 전략(Strategy)적인 실행을 맡습니다. 주로 여러 매니저를 관리하며, 더 큰 범위에서 방향을 설정하고 조직을 이끕니다.
- VP: 자신이 맡은 조직을 넘어 비즈니스 전반을 아

우르는 전략과 실행을 책임집니다. 다른 조직과의 협업까지 포함해 전체적인 시야로 조직을 이끄는 역할입니다.

한편, IC 트랙은 몇 개의 레벨을 둘지 먼저 정해야 세부 사항을 정할 수 있습니다. 아주 간단하게는 주니어, 미드, 시니어의 3레벨로 시작할 수도 있고, 위 표의 예시처럼 6레벨 구조로 설계할 수도 있습니다. 처음에는 너무 복잡하게 시작하지 않는 것을 추천합니다.

■ 레벨마다 기대치를 설정합니다

레벨 체계를 잡을 땐 IC 트랙과 매니저 트랙 모두에서 레벨별 기대 수준을 명확히 정의해야 합니다. 이를 위해 각 레벨에서 요구되는 역량과 책임을 몇 가지 카테고리로 나누어 설명하는 것이 일반적입니다. 이렇게 해야 평가 기준과 승진 기준이 분명해지고, 레벨이 올라갈수록 각 카테고리에서 다른 기대치를 명확하게 정의할 수 있습니다. 이렇게 구체적인 예시를 제시하면 팀원들이 이해하는 데 큰 도움이 됩니다.

제가 근무했던 회사에서는 다음과 같은 네 가지 카테고리를 사용해 레벨별 기대치를 설명했습니다.

1. 업무의 복잡도와 범위(Complexity and Scope)
2. 지식과 경험(Knowledge and Experience)
3. 업무의 사업적 성과(Business Impact)
4. 리더십과 영향력(Leadership and Influence)

참고로, 오늘날처럼 AI 활용이 필수적인 환경에서는, AI를 기피하거나 꺼리는 사람들이 자극받아 스스로 성장할 수 있도록 "5. AI 이해 및 활용 능력(AI Proficiency)"을 평가 카테고리에 추가하는 것도 바람직합니다.

예를 들어 주니어 개발자와 시니어 개발자를 대상으로 위 5개 카테고리별 기대치를 적어 보면 다음과 같습니다. 참고자료이니, 지금 본인이 있는 환경에 맞게 수정해서 사용하는 걸 추천합니다.

카테고리	주니어 개발자	시니어 개발자
업무의 복잡도와 범위 (Complexity and Scope)	업무 복잡성은 제한적이며, 주로 하나의 시스템이나 제품 내에서 독립적인 기능을 담당한다. 정해진 규범과 절차에 따라 행동을 결정하며, 기본적인 문제는 스스로 해결하고 더 복잡한 경우에는 도움받는다.	단일 프로젝트의 성공적 전달을 주도하거나, 여러 프로젝트의 전달에 기여해 온 일관된 성과를 보인다. 데이터와 비즈니스 니즈를 분석해 기술적 해결책을 제안하고 필요에 따라 결정한다. 기존 서비스나 프로세스를 개선할 수 있는 방법을 찾아 제안한다.
지식과 경험 (Knowledge and Experience)	소프트웨어와 시스템 테스트 구현 방법을 아직은 배우는 단계로 사내 개발 모범 사례, 원칙, 프로세스를 익혀 생산적으로 활용한다.	사내 핵심 기술과 프로그래밍 언어를 포함해 특정 도메인에 대해 높은 숙련도를 보유한다. 본인이 맡은 영역에서 모범 사례와 프로세스를 적용한 경험이 있다. 이러한 관행을 다른 사람들에게 교육하는 데 참여한다.

업무의 사업적 성과 (Business Impact)	시니어나 매니저의 감독하에 시간, 기능, 품질 기대치를 충족하도록 스스로 업무를 진행한다.	고객의 요구를 선제적으로 파악하고 관리한다. 팀의 산출물이 충족되도록 스스로 업무를 관리한다. 자신의 전문성을 활용해 품질 높은 결과물을 낸다.
리더십과 영향력 (Leadership and Influence)	팀원들과 협업해 업무를 완수한다. 필요할 때는 주도적으로 도움이나 지도를 요청한다. 주로 자신이 속한 팀이나 기능 영역에 기여한다.	팀 내 프로젝트 우선순위를 조율하고 활동, 산출물, 일정을 관리한다. 상당한 수준의 독립적인 판단과 재량을 행사한다. 자기 팀뿐만 아니라 다른 팀과의 협업에도 이바지한다.
AI 이해 및 활용 능력 (AI Proficiency)	정해진 AI 도구와 기능을 활용해 반복 업무나 단순 작업을 효율화한다. 팀에서 제공하는 AI 활용 지침과 모범 사례를 따르며, 산출물의 품질을 기본적으로 점검한다. AI가 제안한 코드나 아이디어를 참고하되, 필요할 경우 도움이나 검토를 요청한다.	AI 기술의 특성과 한계를 이해하고, 팀의 업무 흐름에 맞게 효과적으로 적용한다. AI 결과물을 비판적으로 분석, 보완해 더 나은 성과를 낼 수 있도록 개선한다. 팀원들에게 AI 활용법을 교육하고 코칭하며, 조직 차원의 활용 전략 수립에 기여한다. AI 활용 과정에서 발생할 수 있는 윤리적, 법적 이슈를 인지하고 리스크를 관리한다.

한국에서는 보통 매니저 트랙을 대우하고 매니저에 대한 기대치가 비교적 잘 형성돼 있습니다. 그렇기 때문에 IC 트랙 역시 매니저 트랙과 동등하게 보상과 인정을 받

으며 그에 대한 기대치를 명확히 설정해야 합니다. 또한 구조상 두 트랙을 자유롭게 오갈 수 있어야 사람들이 매니저 트랙을 시도하는 데 부담을 덜 느끼면서도 IC 트랙이 빛을 발할 수 있습니다.

IC 트랙에서도 보통 레벨이 올라갈수록 영향력이 핵심 평가 요소로 적용됩니다. IC 레벨에서 영향력이란 단순히 개인기를 부려 혼자 성과를 내는 것이 아닙니다. 면접관으로 활동하고, 신규 입사자의 사수 역할을 맡으며, 규모 있는 프로젝트를 기술적으로 리드하는 것까지 포함합니다. 더 나아가 직간접적으로 팀 빌딩 활동에 참여하고, 조직 전체의 성과를 끌어올리는 데 기여하는 것이 진정한 영향력입니다.

그래서 IC 트랙의 높은 레벨(아키텍트, 스태프 엔지니어 등)에는 '실제 사람이 그 위치에 존재하는지'가 중요합니다. 이름만 있는 레벨은 그 역할이 무엇인지 모호하지만, 실제 관련 인물이 있다면 그의 판단과 행동 자체가 모범이 돼 IC 트랙의 기준이 됩니다. 적합한 인재를 그 레벨에 배치할수록, 레벨링은 형식이 아니라 조직에 실제 영향을 미치는 장치로 작동하게 된다는 뜻입니다.

요약하자면 높은 레벨의 IC는 기술적인 성취를 넘어 주변 동료의 성장을 돕고, 조직의 문화와 시스템을 강화하는 역할을 해야 합니다. 그래서 매니저 트랙만큼 중요한 위치입니다. 이 지점에서 레벨이 단순히 맡은 업무의 난이도를 뜻하는 것이 아니라 조직 전체에 미치는 파급력을 의미한다는 걸 알 수 있습니다.

레벨은 연차와 다릅니다

레벨 간 격차는 레벨이 올라갈수록 커집니다. 포켓몬 게임에서 레벨이 높아질수록 그다음 레벨로 가는 데 더 많은 경험치가 필요해지는 것과 같은 원리입니다.

이때 레벨은 학년이 아니라는 사실을 기억해야 합니다. 시간이 흐른다고 자동으로 레벨이 올라가진 않습니다. 경력이 30년이어도 주니어에 머무를 수도 있고, 반대로 5년 차라도 충분한 성과를 냈다면 (더 레벨이 높은) 아키텍트가 될 수 있습니다. 결국 중요한 것은 연차가 아니라 공헌입니다.

한국에서는 나이와 연차를 중시하고 선행학습을 강조하는 문화가 강하다 보니, 본의 아니게 학교의 "학년" 개념을 커리어에도 투영하는 경우가 많습니다. 그러나 커리어는 정해진 속도가 아니라 각자의 속도와 방향에 따라 달라집니다. 따라서 연차보다는 본인이 낸 성과와 기여도를 기준으로 레벨을 정의하는 것이 옳습니다.

■ 조직에 레벨링을 도입할 때: 시행착오와 교훈

조직에 레벨링을 도입할 때 분명 시행착오가 따릅니다. 리더가 겪을 만한 상황을 아래와 같이 소개합니다.

◆ 레벨링, 조직에 언제 도입해야 할까?

'조직 구성원이 몇 명 이상이어야 한다' 같은 절대적인 기준은 없습니다. 다만 인원이 늘어나고 채용 속도가 빨라지면서 평가 기준이 모호해져 보상에 대한 불만이 표면에 드러나기 시작할 때 반드시 도입해야 한다고 볼 수 있습니다.

◆ 기존에 없던 레벨을 정하려면 어떻게 해야 할까?

레벨을 공정하게 정하려면 절차가 필요합니다. 각 매니저가 먼저 자기 팀원의 레벨을 정한 뒤, 동료 매니저들과 상위 매니저가 함께 모여 전체적으로 조율해야 합니다. 그렇지 않으면 매니저의 성향에 따라 어떤 팀원은 후하게, 어떤 팀원은 박하게 평가받는 불균형이 생깁니다. 결국 동료 매니저들의 피드백을 통해 평가를 교정해야 공정한 결과가 나옵니다. 이 과정에서 논쟁과 갈등이 생기기 쉽지만, 조직이 성장하는 데 필요한 과정이므로 피할 필요는 없습니다.

◆ 레벨을 적용했을 때 이견이 생기지 않을까?

자기 객관화의 간극으로 인해 팀원이 기대하는 레벨과 조직의 평가 사이에는 늘 온도 차가 존재합니다. 이 때문에 기대보다 낮은 레벨을 받으면 퇴사하거나 동기부여가 떨어지지 않을까 하는 우려가 생기기 마련이죠.

제가 두 회사에서 레벨링을 도입한 경험에 비추어 보면, 초반에 잡음이 있었음에도 그 이유만으로 회사를 떠난 사람은 극히 드물었습니다. 다만, 원래 불만이 많던 사람들이 이 이슈를 계기로 그만둔 경우는 있었습니다. 즉, 기대보다 낮은 레벨을 받았다는 이유만으로 퇴사하는 경우는 거의 없었으며, 오히려 이 과정을 통해 서로 기대치를 조율하는 긍정적인 효과가 있었습니다.

◆ 레벨링을 설계하고서 그 기준을 공개해야 할까?

레벨링을 설계할 때는 사내에서 이 정보를 어떻게 공유할지도 함께 고민해야 합니다. 당연히 공개하는 것이 맞다고 생각할 수 있지만, 실제로는 개인의 레벨이 시스템에 공표되지 않고 본인과 매니저만 아는 회사도 많습니다. 물론 개인적으로는 투명하게 공개하는 편이 낫다고 봅니다. 어차피 링크드인이나 팀원 간의 개인적인 대화를 통해 정보는 결국 퍼져나가기 때문입니다.

마지막으로 강조하고 싶은 점은, 레벨링은 결코 외형적인 타이틀을 부여하거나 불필요한 계층을 늘리는 수단이 아니라는 점입니다. 레벨링의 목적은 몸집이 커지는 조직을 더 건강하게 성장시키는 데 있습니다. 따라서 조직 규모를 작게 유지할 수 있다면, 굳이 복잡한 레벨링을 도입할 필요는 없습니다. 그러나 팀이 일정 규모를 넘어서는 순간, 레벨링은 성장하는 조직에 필요한 장치가 됩니다. 항상 높은 인재 밀도를 바탕으로 최소 규모의 조직을 유지할 수 있다면 레벨링을 포함한 많은 문제를 애초에 마주하지 않아도 된다는 점을 함께 고려하세요.

레벨링, 커리어 패스의 기준점

- 레벨링은 팀원의 현재 위치와 다음 단계로 가기 위한 필요조건을 명확히 보여줍니다.
- 주니어에게는 "내가 잘하고 있는가?"라는 질문에 답을 주고, 한 단계씩 성장하는 경험 자체가 동기를 부여합니다.
- 시니어에게는 책임과 권한이 커지며 영향력이 중요하다는 점을 명확히 알려줍니다.

승진과 보상의 공정성

- 레벨 체계는 각 단계의 책임과 기대치를 분명히 해 보상의 기준이 됩니다.
- 협상력이나 과거 연봉이 아니라, 실제 기여와 성과에 맞는 보상이 가능해집니다.

IC(개인 기여자)와 매니저 트랙

- IC 트랙과 매니저 트랙은 동등하게 인정과 보상을 받아야 합니다.
- 두 트랙 간 이동이 자유로워야 사람들이 매니저 역할을 시도하는 데 부담을 덜 느낍니다.
- 높은 레벨의 IC는 영향력을 통해 조직 전체에 기여해야 합니다.

레벨은 연차가 아니다.

- 레벨은 시간이 지나면 자동으로 올라가는 학년이 아닙니다.
- 30년 차라도 주니어에 머물 수 있고, 5년 차라도 충분한 성과를 냈다면 더 높은 레벨에 갈 수 있습니다. 중요한 것은 연차가 아니라 공헌입니다.

레벨링의 투명성과 공정성

- 레벨 정보를 공개하는 편이 낫습니다. 어차피 비공식적으로 내용이 퍼져나가기 때문입니다.
- 처음 레벨을 적용 과정에서는 매니저 간 교차 검증을 통해 공정성을 확보해야 합니다. 초반에는 잡음이 있을 수 있지만, 장기적으로는 기대치를 조율하는 긍정적인 효과가 있습니다.

조직 내 레벨 도입 시점

- 조직이 커지며 채용 속도가 빨라지거나, 보상에 대한 불만이 나오기 시작하면 레벨링이 필요합니다.
- 작은 규모의 높은 인재 밀도를 가진 팀을 유지할 수 있다면 레벨링은 굳이 필요하지 않지만, 일정 규모를 넘어서면 반드시 갖추어야 할 장치입니다.

6장

성장하는 리더십:
끊임없는 학습과 외부 소통

앞서 개인의 성장, 조직의 성장, 리더의 정신 건강까지 다양한 측면을 살펴보았습니다. 이 모든 여정을 관통하는 가장 중요한 동력은 무엇일까요? 바로 **끊임없이 학습하면서 외부 세계와 호흡하는** 마인드셋입니다.

조직의 크기가 커지고 복잡해질수록 리더는 더 이상 모든 걸 직접 알거나 해결할 수 없습니다. 이때 필요한 것이 바로 배움의 태도입니다. 급변하는 기술 트렌드와 시장 환경, 그리고 달라진 인재상에 민첩하게 반응하지 못하면 리더는 순식간에 '과거의 성공 방식'이라는 감옥에 갇히고 맙니다. 그러니 책을 읽고, 강연을 듣고, 동료 리더들과 대화하며 새로운 지식과 관점을 끊임없이 흡수해야 합니다. 나보다 한 걸음 앞서 나간 리더들을 동경의 대상인 롤모델로만 두지 말고, 실질적인 조언을 구할 수 있는 멘토로 삼아 적극적으로 질문을 던지는 것도 좋은 방법입니다.

투자를 유치한 스타트업 대표에겐 투자자가 '비위를 맞추어야 하는 상사'가 아니라 '한 배를 탄 파트너'에 가깝습니다. 좋은 소식만 전하려 하지 말고 나쁜 소식을 적극적으로 공유하고 같이 의논해 보는 식으로 투자자에게 도움을 요청할 수 있습니다. 이러한 노력은 단순히 새로운 지식이나 시각을 배우는 것에 머물지 않고, "내가 계속 성장하고 있다"는 성취감과 동기 부여로 이어지며, 리더십에 활력을 불어넣습니다.

외부와의 교류는 리더가 고립된 시야에서 벗어나게 도와줍니다. 조직 안에만 머물다 보면 내부의 문제점이나 잠재력을 객관적으로 보기 어렵습니다. 그래서 다른 기업의 리더, 컨설턴트, 학계 전문가 등 다양한 분야의 전문가 및 동료 리더들과 교류하며 조직 내부에 매몰된 시야를 정화하고, 우리 조직의 현주소를 냉정하게 객관화할 기회를 확보해야 합니다. 특히 스타트업 커뮤니티나 산업별 포럼에 참여해 멘토링과 정보 교환을 이어갈 때 리더 개인의 성장뿐 아니라 조직의 문제 해결에도 큰 도움을 받을 수 있습니다.

물론 리더십 여정에는 실패가 따릅니다. 그럼에도 실패를 감정적인 상처로 남기지 않고 "무엇을 배웠는가?"에 집중하며 행동을 그에 맞게 바꾸는 태도가 리더십을 키웁니다. 때로는 기존의 방식을 고수하지 않고 과감히 버리는 행동(Unlearn)이 필요할 때도 있습니다. 실패는 유무형의 비용을 수반하지만, 역설적으로 그만큼 가장 강력한 학습 도구로 기능합니다.

리더가 된, 혹은 리더십을 앞둔 당신. 낡은 습관과 사고 방식을 내려놓고 새로운 배움의 장에 들어서길 바랍니다. 리더는 자신의 실패를 솔직히 인정하고, 그 과정에서 얻은 교훈을 조직과 투명하게 공유하는 '문화의 설계자'입니다. 이를 통해 배우고자 하는 문화가 자리 잡습니다. "실패는 성공의 어머니"라는 격언은 리더에게는 "실패는 성장의 자양분이다", "실패는 나침반이다"*라는 메시지로 새겨져야 합니다.

이 책의 마지막 장을 덮으며 딱 한 가지, 결국 리더의 역할은 문제를 직접 해결하는 것을 넘어 팀과 조직이 스스로 문제를 풀고 성장할 수 있는 환경을 조성하는 것이라고 강조합니다. 이를 위해 배움에 앞장서고, 외부와 적극적으로 소통하며, 시행착오를 두려워하지 않는 모범을 보이길 권합니다. 이 과정 자체가 리더의 가장 큰 성장통이자, 동시에 가장 큰 보상이 될 것입니다.

이것만은 기억하자!

끊임없이 학습하는 태도

- ▸ 조직이 커질수록 리더는 점점 더 모르는 분야 속에서 의사결정을 해야 합니다.
- ▸ 새로운 기술, 시장, 인재상에 대한 학습 없이는 과거의 성공 방식에 갇히기 쉽습니다. 배움은 의무가 아니라 성취감과 동기 부여의 원천입니다.

외부와 교류하며 성장한다.

- ▸ 조직 내부에만 머물면 문제점과 가능성을 객관적으로 보기 어렵습니다.

---

* 『실패는 나침반이다』는 필자가 2024년 2월 출간한 개인 커리어 여정에 관한 책의 이름이기도 합니다.

- 다른 기업의 리더, 관련 분야 전문가 등 다른 사람과의 교류를 통해 새로운 아이디어를 얻고, 조직의 위치를 객관적으로 평가할 수 있습니다.
- 나보다 앞서간 리더를 멘토로 삼아 힘든 순간 조언을 구해봅시다.

실패로부터 배우기

- 상처에 머무르지 않고 '무엇을 배웠는가?'에 집중하는 태도가 필요합니다. 실패는 비용이 들지만 가장 강력한 학습 도구입니다.
- 때로는 기존의 성공 방식을 고수하지 않고 과감히 버리는 시도를 해야 합니다. 낡은 습관과 사고방식을 내려놓아야 새로운 배움을 기대할 수 있습니다.

다시금 강조하는, 리더의 역할

- 실패는 리더에게 성장의 자양분이자 나침반입니다.
- 리더는 자신의 실패를 솔직히 인정하고 교훈을 투명하게 공유해야 합니다. 이를 통해 조직에 배우려 하는 문화가 자리 잡습니다. 솔선수범이란 키워드를 꼭 기억합시다.

AI 시대에도 리더십은 사람의 일

2022년 말 챗GPT의 등장* 이후, 우리가 일하는 방식은 눈에 띄게 변했습니다. 그럼에도 제가 여러 조직에서 경험한 중요한 교훈 하나는 여전히 유효합니다. 어떤 결과를 만들어낼지, 무엇을 자동화할지, 어떤 일을 남겨둘지, 누구와 어떻게 협업할지 같은 결정은 결국 사람이 내리고 책임집니다. 기술이 발전할수록 역설적으로 리더십의 가치는 더 또렷해집니다.

리더는 중장기적으로는 기술이 아닌 비즈니스 중심의 변환을 중시하며, 단기적으로는 소수의 혁신가와 함께 작게나마 성공 사례를 만들어야 합니다. 그래서 이 부록에서는 AI 시대에 리더가 무엇을 어디부터 손대야 하는지 5가지 축으로 정리했습니다.

1. 전환의 출발점인 '사람 문제'를 다루는 방법
2. 일의 흐름을 재구성하고 협업 구조 설계하기
3. 사람과 AI 모두에 통하는 소프트 스킬의 기본기

---

* 오픈AI가 2022년 11월 공개한 대화형 인공지능으로, GPT-3.5 모델을 기반으로 한 초기 버전입니다. 출시 두 달 만에 월간 사용자 수 1억 명을 돌파하며 아이폰 출시나 인터넷 보급에 비견될 만큼 큰 전환점으로 평가됩니다. 이후 GPT-4(2023년 3월) 등으로 진화하며 업무와 학습 방식 전반에 혁신적인 변화를 이끌었습니다.

4. 작게 시작해 크게 성공을 확산하는 행동 지침

5. 두려움 대신 호기심으로 밀고 가는 마인드셋 전환

기술 트렌드는 빠르게 바뀌지만, 이 다섯 가지는 앞으로도 우리 팀이 흔들리지 않도록 붙잡아 줄 기준점이 될 것입니다.

기술 확산의 다섯 부류: AI 도입, 먼저 뛰는 소수와 뒤따르는 다수

에버렛 로저스의 확산 이론(Diffusion of Innovations)에 따르면, 새로운 기술은 이를 수용하는 성향에 따라 다섯 개의 집단을 거치며 확산합니다. 핵심은 얼리어댑터에서 초기 대중으로 넘어가는 과정에 존재하는 간극, 즉 '캐즘(Chasm)'을 조직이 어떻게 건너느냐에 있습니다. 아래에 정리한 특성을 기준으로, 고객이든 팀원이든 어디서부터 어떻게 변화시킬지 설계한다면 비즈니스 전환 속도는 분명히 달라집니다.

• 혁신가(Innovators, 2.5%)

이들은 호기심이 강하고 리스크를 감수하는 데 익숙한 사람들입니다. 알파나 베타 버전의 서비스라도 기꺼이 먼저 사용합니다. 리더는 이들로 실험 선도팀을 구성해 1~2개월 단위의 짧은 실험을 진행하고, 실제 업무 환경에서 작은 성공 사례를 빠르게 만들어낼

수 있습니다. 동시에 실패 사례도 즉시 공유함으로
써, 이후 기술이 조직 전반으로 확산할 때의 성공 확
률을 높일 수 있습니다.

• 얼리어답터(Early Adopters, 13.5%)

얼리어답터는 조직 내에서 영향력이 큰 집단입니
다. 이들은 "이걸 우리 업무에 적용할 수 있을까?"라
는 질문에 가장 먼저 반응합니다. 실험을 선도하는
팀이 만들어낸 결과를 단순한 실험 성과에 그치지 않
고, 실제 업무에서 쓰일 수 있는 언어와 방식으로 번
역해 실무에 도입하는 역할을 담당합니다.

리더는 이들에게 실험 선도팀의 파일럿 결과를 사
내 사례로 정리하도록 맡기고, 내부 참고자료와 성공
기준을 차근차근 축적해 나갈 수 있습니다.

• 초기 대중(Early Majority, 34%)

초기 대중은 '안정 승차 그룹'입니다. 이들은 기술
이 충분히 검증된 뒤에야 움직이며, 새로운 도구를
직접 탐색하기보다 동료가 실제로 활용하는 방식을
그대로 재현하며 대세에 합류합니다.

이들을 향한 리더의 행동 포인트는 명확합니다. AI
사용 템플릿과 교육 과정을 준비해, "누구나 그대로
따라 할 수 있는 방법"으로 기술을 제공하는 것입니
다. 얼리어답터에서 초기 대중으로 넘어가는 이 구간
이 바로 반드시 넘어야 할 '캐즘'입니다. 이 단계에서
는 그럴듯한 데모보다, 표준화된 운영 방식과 반복할

수 있는 실행 모델이 팀 내 간극을 훨씬 빠르게 좁혀
줍니다.

- 후기 대중(Late Majority, 34%)

후기 대중은 '막차 그룹'입니다. 이들은 변화를 조
심스럽게 받아들이며, 충분한 규정과 절차가 마련된
뒤에야 움직입니다. 새로운 기술 자체보다 "이미 표
준이 됐는가"를 기준으로 판단합니다.

이 단계에서 리더의 역할은 여유 있게 선택지를 주
는 것이 아니라, 방향을 명확히 하는 것입니다. 회사
규정과 공식 프로세스에 기술 활용을 명시적으로 반
영하고, 이를 통해 얻은 효과를 전사적으로 공유함으
로써 조직 전체가 같은 흐름에 올라타도록 만들어야
합니다.

- 지체자(Laggards, 16%)

지체자는 익숙한 방식을 끝까지 선호하는 집단입
니다. 이들은 변화가 본인에게 분명한 이득으로 돌아
오거나, 기존 행동 양식을 더 이상 유지할 수 없다는
점이 명확해질 때야 움직입니다.

이 단계에서 리더의 행동 포인트는 '강제'와 '유예'
를 함께 설계하는 것입니다. 먼저 회의 요약이나 문
서 초안 작성처럼 부담이 적은 업무부터 기술 활용을
요구하되, 일정 기간은 기존 방식도 병행할 수 있도
록 허용합니다. 반면 변화가 필요한 업무에 대해서는
전환 데드라인을 명확히 제시하고, 그에 맞춰 교육,

가이드, 도구 등 필요한 지원을 함께 제공해야 합니다.

■ 사람 문제: AI 전환, 도구보다 '사람'이 먼저다

AI를 사내에 도입할 때 맨 처음 부딪히는 벽은 기술 장벽이 아니라 사람의 마음입니다. "뒤처질까 두렵다", "우리에겐 아직 이르다", "ROI가 불분명하다" 같은 감정과 의심이 의사결정을 지연시키죠. 이때 리더의 역할은 이 불안의 근원을 외면하지 않고, "왜, 무엇을 위해, 지금"의 맥락을 명확히 공유해서 팀이 납득할 수 있도록 설명하는 것입니다.

백문이 불여일견. 작은 성공 경험을 통해 신뢰를 쌓고 팀을 설득하길 권장합니다. 앞서 언급한 혁신가들을 팀으로 모아서 파일럿 프로젝트를 시작해 (기술을 도입한) 성과를 눈으로 확인시키고, 그다음에 기술을 조직 내에 확산하며 고도화하는 단계로 넘어갈 수 있습니다.

단계적으로 접근해야 팀원들의 불안을 학습의 계기로 치환할 수 있습니다. '전면적인 자동화'가 아니라, 사람의 비판적인 사고와 최종 승인이 개입할 수 있는 구조(HITL, Human-in-the-loop*)를 설계하면 리스크는 줄어들고 기술 수용성은 올라갑니다. 결국 AI 전환은 단순한 IT 인프라 확충이 아닙니다. 이는 조직의 체질을 개선하는 '변화

---

* 인공지능이 전적으로 자동으로 작동하는 것이 아니라, 사람이 중간에 개입해 판단, 검수, 승인 등을 수행하는 방식. 흔히 "휴먼 인 더 루프" 또는 "사람 개입형 설계"라고 번역합니다.

관리(Change Management)'의 영역이며, 그 성패는 기술이 아닌 '사람'에게 달려 있습니다.

조직 외부의 변화를 냉정히 보길 바랍니다. 교육 현장과 사회 초년생이 겪는 일자리 격변, 미국 빅테크 기업의 구조 조정, 컨설팅 업계의 역할 변화, 벤처 투자(VC) 시장의 양극화 같은 흐름은 인공지능이 먼 미래가 아니라 지금의 현실임을 상기시킵니다. 이럴수록 리더는 "우리 팀이 지금 어디쯤 서 있는가?" 자문해야 합니다. 조직이 기술을 활용하는 성숙도와 전사 로드맵, 인재 양성 계획까지 스스로 점검해 봐야겠습니다. 리더 본인부터 AI를 업무에 사용하는 솔선수범을 보입시다.

■ 사람을 이끄는 리더가
먼저 재설계해야 할 것: 일과 조직 구조

인공지능 시대에도 리더십은 여전히 사람의 일입니다. 다만 리더가 책임져야 할 범위는 달라졌습니다. 이제 리더는 사람뿐 아니라, 사람이 맡을 일과 맡지 않을 일을 함께 설계해야 하는 위치에 서 있습니다.

AI는 실행 과정을 가속합니다. 문서 작성, 요약, 분석, 코드 작성까지 많은 일이 자동화됐습니다. 평균적인 결과물이 빠르게 만들어지죠. 그러나 일이 줄어들기보다는 오히려 새로운 선택지와 업무가 늘어났고, 그만큼 무언가 판단해야 하는 부담은 더 커지고 있습니다. 게다가 AI가 평균적인 답을 빠르게 생성하면서 조직의 성과가 평균으로 수렴하려는 압력을 받습니다.

이러한 변화의 핵심은 기술이 아니라, 일하는 방식과

일의 단위가 바뀌고 있다는 점입니다. 과거에는 직무가 일의 기본 단위였습니다. 그러나 지금의 업무는 직무가 아니라 작업, 결정, 판단 단위로 쪼개지고 있습니다. 같은 직무라도 어떤 부분은 AI가 더 잘하고, 어떤 지점은 사람이 맥락을 이해하고 책임 있는 판단을 내려야 합니다. 모두 AI를 활용하는 시대에 남들이 만들어낸 성과를 뛰어넘으려면 가장 중요한 판단의 중심에 '사람'이 다시 서야 한다는 의미입니다.

이 지점에서 리더가 가장 많이 고민해야 할 주제 중 하나가 **조직 구조 설계**입니다. 일이 이렇게 잘게 나뉘면, 기존의 팀/직무 중심 구조가 그대로 작동하지 않기 때문입니다. 누가 어떤 판단을 맡는지, 어떤 결정이 어디에서 이뤄지는지, 그리고 그 결정들이 어떻게 연결되는지를 구조로 풀어내지 않으면 조직은 쉽게 혼란에 빠집니다. AI가 일을 빠르게 처리할수록, 구조가 정리되지 않은 조직에서는 의사결정의 병목과 책임 공백 이슈가 더 자주 발생합니다.

만약 리더가 결과물이 도출되는 과정에 깊이 관여하지 않고 최종 승인에만 머문다면, AI 시대에 조직에서 가장 먼저 존재감을 잃을 것입니다. 그래서 위임이라는 명목으로 일을 통째로 넘기는 것이 아니라, 사람이 판단해야 할 지점을 파악해 의도적으로 남길 줄 알아야 하죠. 일을 어떻게 세분화하고, 어떻게 연결하며, 어디에 책임을 남길지 고민하며 운영 방식을 가다듬어야 합니다. 이는 곧 조직 구조를 다시 설계하는 일과 직결됩니다.

또 하나 리더가 반드시 함께 고민해야 할 주제는 '정보를 공유하는 방식'입니다. AI 시대에 조직에서는 '리더만 알고 있는 정보'가 성과를 가로막는 가장 큰 걸림돌이 되기 쉽습니다. 전략, 배경, 의사결정의 맥락이 공유되지 않은 상태에서 구성원과 AI 도구는 단편적인 지시만으로 움직이게 되고, 그 결과는 필연적으로 평균치에 머뭅니다. 무엇을 공개하고, 무엇을 판단의 근거로 공유할지, 어디까지 투명하게 드러낼 것인지를 설계하는 것 역시 리더의 역할입니다. 정보는 권력이 아니라, 성과를 만드는 재료여야 합니다.

더군다나 이렇게 일이 쪼개지면, 일을 수행하는 주체도 다양해집니다. 정규직 구성원뿐 아니라 AI 도구, 외부 전문가가 함께 성과를 만들어냅니다. 그러니 리더는 사람 수를 관리하는 것이 아니라, 성과를 내는 조합을 설계하는 역할을 맡습니다. AI 시대의 리더가 사람을 이해하는 동시에, 일이 흐르는 구조를 이해해야 하는 이유입니다.

이런 맥락에서 AI 시대에는 '현장 개입형 리더십'이 다시 중요해집니다. 리더가 직접 실무에 깊숙이 참여해 구성원과 함께 문제를 해결하고, 의사결정이 필요한 지점에 시의적절하게 관여하는 리더십이 필요해졌습니다. 이는 세세하게 팀원을 통제하려 드는 '마이크로 매니지먼트'와 본질적으로 다릅니다. 결과를 뒤늦게 승인하는 사람이 아니라, 문제를 정의하고 가설을 세우는 초기 단계에 함께 참여하는 리더십을 강조하는 흐름에 가깝습니다.

방향 설정, 문맥 제공, 피드백은 AI에도 통한다

AI와 협업하는 법은 사람과 협업하는 법과 다르지 않습니다. 방향과 맥락을 제공하고, 기대치를 명확히 하고, 결과에 피드백을 주는 기본기가 그대로 통합니다. 그래서 리더십의 차별점은 여전히 "우리가 어떤 문제를 어떤 흐름으로 풀어 어떤 가치를 만들었는가"에 있습니다.

그러니 두 가지를 동시에 챙기는 걸 추천합니다. 먼저 팀 안에서 신뢰를 전제로 실험을 허용하고, 빠르게 시도하고 피드백을 주고받는 문화를 강화해야 합니다. 그래야 AI를 활용한 경험이 단발성 시도가 아니라 조직의 학습 결과로 남습니다. 동시에 고객과 사회에 대한 책임을 팀 내에 분명히 강조해야 합니다. AI를 내부에서 더 많이 활용할수록 데이터 보안과 사용 기준이 곧 기업의 신용을 좌우하는 문제가 되기 때문입니다.

결국 소통 역량은 앞으로 더 중요해집니다. 건강한 갈등을 장려하되, 관계 갈등으로 번지기 전에 '기대 → 관찰 → 간극'의 언어로 피드백을 늦지 않게 나누는 습관이 필요합니다. 심리적 안전감은 "늘 편안함"이 아니라 질문이 쉬운 환경, 학습이 있는 실패를 용인하는 규범입니다. 리더가 먼저 모르는 것을 인정하고, 스스로 의견을 반박해 보고, 공을 팀에 돌리고 책임을 지는 태도와 같은 소프트 스킬이 AI 시대엔 오히려 더 큰 차이를 만듭니다.

앞서 AI 도입을 파일럿으로 작게 시작하라고 이야기했는데, 그 이후 어떻게 실행을 이어갈지 확장 방법을 정리해 보고자 합니다.

- **작게 시작(파일럿 1~2개월)**: 한 팀의 한 업무 중 한 프로세스(특히 백오피스* 반복 작업)에서 시작합니다. 기존 방식과의 정량적인 생산성 비교, 파일럿을 직접 책임지는 주체 지정(1~2명), 명확한 ROI를 파일럿의 성공 기준으로 둡니다. 성과는 숫자로 보여 줘야 팀이 따라옵니다. 보통 혁신가 그룹에 의해 진행됩니다.

- **확산(3~6개월)**: 파일럿의 성공 사례를 내부에 공유하면서 비슷한 업무로 점차 AI 도입을 확장합니다. 직원을 교육하고, 프로세스를 표준화해 "사람 몇 명의 스킬"을 "조직의 능력"으로 바꿉니다. 여기서 리더의 핵심 업무는 성공을 전파하고 병목 구간을 제거하는 것입니다. 여기부터 얼리어답터들이 AI 확산을 주도합니다.

- **고도화(6개월+)**: 자사 데이터에 맞춰 AI 툴을 커스

---

* 고객과 직접 접점이 있는 프론트 오피스(Front Office)와 달리, 회사 내부 운영을 지원하는 영역. 인사(HR), 재무/회계, 총무, IT 관리 등이 대표적이며, 반복적이며 규칙 기반의 업무가 많아 AI를 도입하기 좋은 분야로 꼽힙니다. 예컨대 재무팀의 영수증 및 세금계산서 자동 처리, HR팀의 채용 일정 조율, 총무나 IT팀의 FAQ 챗봇 운영 등이 대표적인 활용 사례입니다. 이를 통해 업무 속도와 정확성을 높이고 직원들이 더 전략적인 일에 집중할 수 있도록 돕습니다.

터마이즈하고, 여러 도구를 연동해 조직 내 자동화
의 폭을 넓히고, 고객 접점과 수익 모델까지 연결
해 AI 도입을 통한 실질적인 가치를 만들어냅니다.
이 단계에서야 자동화에 쓸 만한 도구 후보를 고릅
니다. 항상 사람이 개입할 수 있는 구조(Human-in-
the-loop)를 고려하는 것이 원칙입니다.

처음부터 완벽한 시스템을 추구하는 것, 구체적인 목표
없이 기술 도입을 위한 기술 도입을 하는 것, 직원 교육 없
이 도구만 도입하는 것, 도입 과정에서 데이터 보안과 개
인정보를 소홀히 다루는 것을 특히 유의하길 바랍니다.
이 네 가지는 AI를 조직 내에 도입하지 못하고, 실패할 가
능성을 비약적으로 올립니다.

◆ 어떤 프로세스에 AI를 도입할 수 있을까?

AI를 도입하려고 원래 쓰던 플랫폼을 거창하게 교체해야
하는 건 아닙니다. 도리어 팀이 당장 체감하는 건 "이번 분
기에 내 시간이 줄었는가?", "서비스 품질이 나아졌는가?"
죠. 그래서 AI를 활용해서 작지만 분명한 개선점부터 만
들고, 그 성공을 내부 표준으로 굳히는 게 중요합니다.

다음 장에서 소개할 전술들은 복잡하거나 무언가에 크
게 의존할 필요 없이, 지금 우리가 쓰는 도구와 데이터만
으로도 바로 적용할 수 있는 내용들입니다. 핵심은 'AI 툴
을 설치하는 것'이 아니라 업무 흐름을 다시 설계하는 데
있습니다. 아래 예시 프로젝트들을 몇 개 들어보았습니다.

1) 총무/재무/HR FAQ 챗봇

- 뭘 하는 건가요?: 내부에서 자주 나오는 질문(연차 규정, 경비 정산, 증명서 발급, 장비 신청 등)에 대한 1차 응답을 챗봇이 대신합니다.
- 왜 지금 해야 하나?: 문의 대응 시간과 반복 업무가 확 줄고, 담당자는 예외 사항 처리, 정책 개선 같은 중요한 일에 집중합니다.
- 첫 주에 뭘 하죠?: 지난 6~12개월의 문의 메일 및 메신저 메시지들을 모아서 상위 30문항을 뽑고, 회사 규정, 양식 링크와 함께 Q&A를 작성합니다.
- 한 달 내 목표: 사내 슬랙이나 메신저에 챗봇을 붙여 영업일 기준 응답 시간 50% 단축, 문의의 60%를 1차에서 해결합니다.
- 주의: 인사나 급여 등 민감 정보는 권한 체크가 필수입니다. 챗봇이 틀린 답을 줄 수 있으니 사람을 통해 답변 확인 경로("담당자에게 연결하기")를 항상 둡니다. 이게 바로 앞서 이야기한 HITL입니다.

2) 구글 스프레드시트 기반 자동화

- 뭘 하는 건가요?: 반복 입력, 형식 통일, 주간 리포트 집계 같은 일을 시트 함수나 간단한 '앱스 스크립트(Apps Script)'*로 자동화합니다.
- 왜 지금 해야 하나?: 복잡한 시스템 구축 없이, 당장

---

* 구글 시트, 지메일 등 구글 도구를 간단한 자바스크립트 코드로 자동화할 수 있는 스크립트 환경입니다. 별도 서버나 복잡한 개발 없이 반복 작업을 빠르게 줄일 수 있습니다.

쓰는 시트에서 바로 생산성이 나아지는 효과가 납니다.

- 첫 주에 뭘 하죠?: 매주 손으로 하던 업무 3가지(열 이름 정리, 중복 제거, 주간 통계 집계 등)를 고릅니다. 각 작업을 함수 및 스크립트로 바꿉니다.
- 한 달 내 목표: 반복 작업 시간을 주당 5시간 이상 절감합니다. 자동화된 시트를 공용 템플릿으로 배포합니다.
- 주의: (조금 기술적인 이야기지만) 임시방편으로 만든 매크로로 자동화를 시작하면 유지 보수가 지옥입니다. 또한 주석, 버전, 소유자를 꼭 기록하세요.

3) "바이브 코딩(Vibe Coding)"*으로 빠른 프로토타이핑

- 뭘 하는 건가요?: AI 코딩 도구와 개발 환경을 활용해 2~3시간짜리 실험으로 초안(스크립트, 데모, 미니툴)을 만들어 보는 방식입니다.
- 왜 지금 해야 하나?: '기획 → 개발 → 테스트'의 긴 다리를 건너기 전에, "정말 되는지" 감을 빨리 잡아 쓸데없는 프로젝트 착수를 줄입니다.
- 첫 주에 뭘 하죠?: 팀별로 '걸리는 문제' 하나씩 전

---

* 테슬라 오토파일럿 책임자였던 안드레 카파시가 2025년 2월 처음 제안한 개념으로, 사람이 세세한 코드 로직을 모두 이해하지 않고도 AI와 자연어 대화를 통해 맥락과 방향만 제시하며 서비스를 개발하는 방식을 뜻합니다. 다시 말해, 일일이 코드에 매달리기보다 흐름을 잡고 AI와 협업하는 접근법입니다.

하고, '목표 1줄+입출력 예시'만 적은 뒤 바로 만들어 봅니다. 결과는 동영상이나 데모 시연을 통해 공유합니다. 필요하다면 사내/사외 전문가를 통해 바이브 코딩에 관한 교육을 실시합니다.

- 한 달 내 목표: 6~10개의 미니 프로토타입을 만들고, 예를 들어 2개만 운영 후보로 올립니다. 이때 성공할 후보를 잘 선택하는 것이 관건입니다. 보기 좋은 결과물이 아닌 가치를 만들어 내는 결과물을 선택해야 합니다.
- 주의: "데모가 되면 제품도 된다"는 착각은 경계해야 합니다. 성능, 보안, 운영 비용은 제품 운영 전에 따로 검증합니다.

4) 내부 교육 및 해커톤(짧고 굵게)

- 뭘 하는 건가요?: 점심을 먹으며 배우는 60~90분짜리 런치앤런(Lunch & Learn) 세션과, 반나절~하루짜리 미니 해커톤으로 팀에 불씨를 붙입니다.
- 왜 지금 해야 하나?: 외부 교육보다 우리 데이터, 업무에 맞춘 사례로 바로 실행력을 옮길 수 있습니다.
- 첫 주에 뭘 하죠?: 참가자들이 AI 도구를 실제로 써 볼 수 있다는 감각을 갖도록 만드는 것이 목표입니다. 이를 위해 실무자가 직접 사용하는 세 가지 도구를 골라, '현업 시연 ➔ 따라 하기 ➔ 바로 써보기' 순서로 세션을 진행합니다.
- 한 달 내 목표: 참가자 50% 이상이 본인 업무에 최소 1개 자동화 적용하고, 우수 예시는 전사 공유합

니다.

- 주의: 이론 강의 위주로 흐르면 즉시 AI를 적용하기 어렵습니다. 실습 자료와 Q&A 채널을 만들어, 세션 이후에도 팀원들이 이를 바로 활용할 수 있게 하세요.

5) 주간 경험 공유 세션(Week-in-Review)

- 뭘 하는 건가요?: 매주 만나, 한 팀씩 돌아가며 "이번 주 AI로 뭐가 좋아졌나, 뭐가 안 됐나" 짧게 공유합니다.
- 왜 지금 해야 하나?: 성공과 실패가 조직의 집단 지식이 됩니다. 다른 팀이 같은 삽질을 반복하지 않게 합니다.
- 첫 주에 뭘 하죠?: 5슬라이드 템플릿(문제, 시도, 결과, 교훈, 다음 액션)을 배포합니다. 발표는 5분, 질문 5분, 기록 5분으로 진행할 수 있습니다.
- 한 달 내 목표: 전사에서 유효한 사례 8~12건쯤 축적하며, 다음 분기에 표준화 후보를 선정합니다.
- 주의: "성공담만" 발표하면 금방 관심이 시들해집니다. 실패를 공유하고 재시도 계획을 기본 포맷에 넣으세요. 실패를 공유하는 것만큼 팀에 심리적 안전감을 빠르게 만드는 장치도 드물 것입니다.

프로젝트를 진행하기 전에 얼마나 준비가 됐는지 체크리스트를 운영하는 것도 좋습니다. 문제 정의, 예산 범위(월 단위), 담당자 지정, 데이터 준비 여부, 성공 실패 결정 지표

등 5가지가 필요합니다. 일단 담당자가 지정되고, 이 5가지 중 절반 이상이 정해졌다면 AI 도입을 시작해도 좋습니다. 완벽한 계획보다 명확한 첫걸음이 조직을 움직입니다.

요약하면, '파일럿 → 확산 → 고도화'의 3단계와 사람 개입 원칙을 놓치지 않는 것이 조직을 안전하고 빠르게 AI에 능숙한 팀으로 전환하는 핵심입니다. 이 구조야말로 "작게 성공하고 크게 배운다"는 학습 곡선에 맞습니다.

■ 마인드셋 전환:
두려움 대신 호기심, 단기 효율보다 장기 가치

AI는 더 이상 선택의 문제가 아닙니다. 이를 놓치면, 대기업처럼 규모가 큰 조직일수록 과거의 성공 공식을 붙잡은 채 변화를 미루다가, 시장 변화 속도에 뒤처질 위험이 커집니다.

스타트업이라면 그 특성을 살려서 의사결정을 빠르게 내리고, 작은 실험을 두려워하지 않으며, 복잡한 승인 절차 없이 곧장 AI 도입을 실행해 보길 권합니다. 유연한 조직 구조와 학습 중심의 문화를 유지할 수 있다면 작은 시도에서도 바로 비즈니스 가치를 증명해 낼 수 있습니다.

조직의 크기와 관계없이 필요한 것은 '호기심의 리더십'입니다. 리더가 먼저 새로운 도구를 직접 사용해 보고, 그 경험을 작은 성공으로 연결해 가능성을 보여줘야 조직 전체의 변화를 끌어낼 수 있습니다. 작은 실험을 장려하고 그 성공을 조직의 자산으로 축적할 때 팀 전체가 변화를 더 자연스럽게 받아들이고요. 리더 스스로 아래와 같은 질문을 던지며 AI 전환의 현시점을 점검해 보는 것도 괜찮은 출발점입니다. 이 질문들은 AI가 "도입 과제"가 아니라 "가치 창출 과제"임을 우리 스스로 잊지 않게 해 줍니다.

- 최근 3개월 내, 내가 직접 써본 AI 도구와 배운 점은 무엇인가?
- 우리 조직의 AI는 파일럿을 넘어 프로세스가 됐는가?
- 데이터, 보안, 개인정보에 대한 원칙과 거버넌스는 갖춰졌는가?
- "AI로 어떤 고객 가치를 만들 것인가"에 대한 전사 로드맵이 존재하는가?

AI는 일터의 풍경을 빠르게 바꾸고 있습니다. 하지만 여전히 사람의 몫은 남아 있습니다. 특히나 사람을 모으고, 방향을 제시하고, 신뢰를 만들고, 작은 성공을 설계하는 일은 변함없이 리더의 역할입니다. 그런 리더십 아래에서 AI는 사람을 대체하기보다, 사람의 역할을 재배치합니다. 이런 변화의 흐름 속에서 리더십의 본질은 바뀌지 않았습니다. 리더가 설계해야 할 대상이 확장됐을 따름입니다.

그러니 이제 리더는 사람을 이끄는 데서 멈추지 않고, 사람이 가장 가치 있는 판단을 할 수 있도록 일하는 방식을 다시 설계해야 합니다. 예전보다 더 의도적으로, 무엇을 AI에게 맡기고 무엇을 사람의 몫으로 남길지 선택해야 하는 위치에 섰습니다. 기술 트렌드가 바뀌어도 리더십은 사람의 일. 그리고 그 시작은 언제나 거창한 계획이 아니라, 오늘의 작은 선택과 작은 실험입니다.

성장통의 근간에는 결국 '사람'에 있습니다. 회사 단계가 바뀔수록 리더의 역할과 태도도 함께 달라져야 합니다. 개인적 상처를 치유하지 못하면 왜곡된 해석과 회피 행동으로 이어져 조직의 속도를 늦추지만, 이를 인지하고 재해석하며 행동을 바꾸면 오히려 자산이 됩니다. 리더의 시간은 곧 조직의 레버리지입니다. 어디에, 누구와 시간을 쓰는지가 성과를 좌우하며, 신뢰를 쌓는 1대1, 후임 양성, 정신 건강 관리가 장기적 리더십을 가능하게 합니다.

우선순위를 정하고, 프로세스를 만들고, 위임을 통해 속도와 품질을 동시에 지켜야 합니다. 또한 조직 구조를 실험하고, 레벨링을 도입해 공정성과 투명성을 확보해야 합니다. 특히 IC와 매니저 트랙은 동등하게 인정과 보상을 받아야 하며, 상위 레벨로 갈수록 개인 성취보다 영향력이 핵심 기준이 됩니다. 레벨은 연차가 아니라 공헌으로 결정되며, 연차와 나이에 얽매이지 않는 문화가 필요합니다. 조직이 커질수록 리더는 점점 더 모르는 영역에 들어가게 됩니다. 새로운 기술과 시장, 인재상에 대한 학습 없이는 과거의 성공 방식에 갇히고 맙니다. 외부 리더와 전문가, 커뮤니티와의 교류는 시야를 넓히고 조직의 현주소를 객관적으로 보게 합니다. 실패를 성장의 자양분으로 삼을 때, 리더는 끊임없이 자신을 갱신하며 조직의 지속 가능한 성장을 이끌 수 있습니다.

이 책을 통틀어 리더십에 가장 중요한 한 가지를 꼽자면 '비우기' 아닐까 싶습니다. 조직이 성장통을 겪는 과정에서 리더는 회사의 단계에 맞춰 자신의 역할을 바꿀 줄 알아야 하고, 경험이 더 많은 인재에게 자신의 자리를 내주거나 미리 후계자를 양성해 '내려놓음'을 연습해야 합니다. 저자가 강조하는 '배움(Unlearn)' 또한 원래 내가 알던 것, 익숙했던 것, 잘하던 것을 비워내고 새로운 것, 필요한 것, 더 중요한 것으로 내 안을 채워야 한다는 교훈을 주고 있습니다.

이는 리더의 '상처'에도 동일하게 적용됩니다. 리더에게는 그동안 자기 안에 누적된 상처를 직시하고 덜어낼 줄 아는 용기가 필요합니다. 혹시나 지금 내가 리더로서 마땅치 않은 반응이나 행동을 이어가고 있다면 잠시 멈춰 내면을 바라보고, 자신의 관점과 행동을 전환해야 하는데요. 과거 내게 상흔을 남긴 경험을 '사실'로 부여잡고 있기보다는 그 시행착오로부터 배운 후 그 경험을 순순히 보내주는 것도 성숙한 리더십의 모습이라 볼 수 있겠습니다.

내가 아니라 팀이, 시스템이 일하도록 하는 것도 리더십의 영역입니다. 일을 위임하고, 조금씩 조직구조를 다듬어서 "내가 없어도 잘 돌아가는" 최적의 체계를 찾아야 합니다. 특히나 성장하는 조직에서 리더 개인이 주도하는 성과에는 한계가 있습니다. 그러니 우선순위를 정하고, 프로세스를 만들어 팀원과 조직이 나 없이도 성장할 수 있는 여건을 마련해야죠. 무엇을 하지 않을지에 관한 우선순위까지 고민하면서 "버릴 줄 아는" 리더십이 이에 해당합니다.

리더십의 모습은 흡사 애벌레가 번데기 상태를 거쳐 나비가 되는 것과 같습니다. 놀랍게도 애벌레는 번데기가 됐을 때 스스로 산성 물질을 분비해 자기 몸을 녹입니다. 이 과정에서 근육, 소화기관 등 애벌레로 갖고 있던 조직 대부분이 분해돼 액체가 되는데요. 이 액체는 나비로 성장하는 성체 세포의 영양분 역할을 합니다. 완전히 자신을 없애뜨리고 '새로운 나'로 변신하는 셈이죠. 그만큼 리더로서 꾸준히 변화하고 성장하는 일은 쉽지 않습니다.

그래도 희소식이 남아있습니다. 어쨌든 애벌레 시절의 몸과 마음과 경험이 자양분이 돼 나비가 다시 태어나는 밑거름이 됩니다. 애벌레 시절이 있기 때문에 나비로 성장할 수 있어요. 그러니 애벌레 시절은 분명 유의미합니다. 저자가 "실패는 나침반"이라고 강조하는 이유 또한 일맥상통합니다. 리더에게 실패는 실패로 그치지 않습니다. 실패를 통해 비웠기에 '성장'으로 채울 수 있습니다. 과거의 실패, 뼈아픈 시행착오는 결국 성장하는 리더의 전제 조건입니다.

끊임없이 변화하는 시대, 그에 발맞춰 변해야 하는 조직에서 리더는 안팎으로 배워야 하는 숙명을 타고납니다. 1분 1초 허투루 쓸 수 없죠. 리더의 시간은 팀의 성과를 증폭하는 가장 강력한 변수니까요. 그러니 오늘의 실패는 축하할 일입니다. 한 번도 실패한 적 없는 리더십보다 끊임없이 부딪쳐 본 리더십이 기어코 애벌레에서 나비를 길러낼 테니까요. 오늘의 실패를 통해 무엇을 비울지 알았다면 '성공적인 실패' 아닐까요? 성실히 비운 끝에 훨훨 날아오를 그날을 기대합니다.

김지윤

Q. 지금 떠오르는 나의 상처 두 가지를 적고 2주짜리 행동 계획을 세우고, 피드백 파트너를 정해보세요.

Q. 일못러, 일잘러에게 적절하게 시간을 쓰고 있나요? 리더로서 내가 시간을 어떻게 쓰고 있는지 회고해 보세요.

Q. 우리 조직은 개인이 성장을 주도하고 있나요, 아니면 시스템이 힘을 발휘하고 있나요? 조직의 성장 동력과 구조를 되짚어보세요.

Q. 사내에 레벨 체계가 도입돼 있나요? 아니라면, 어떻게 레벨링을 할 수 있을까요?

Q. AI 시대의 5가지 축 중에서 가장 공감이 갔던 대목은
무엇이었나요? 그 이유도 적어보세요.

Q. 리더로서 최근에 했던 (불편하지만 꼭 필요한) 시도는
무엇이었나요? 그걸 통해 무엇을 배웠는지 적어보세요.

시간이 지나도 변하지 않는 리더십 원칙

커리어의 첫발을 내딛던 30여 년 전으로 돌아갈 수 있다면, 저는 제게 가장 먼저 이렇게 말할 것입니다.

"너는 언젠가 리더가 될 거고, 그 역할은 네가 생각하는 것만큼 특별한 사람에게만 주어지는 일이 아니다."

그때의 저는 리더십이라는 단어 자체를 어른들의 세계, 능력 있는 사람들만이 다루는 먼 이야기쯤으로 여겼습니다. 리더가 된다는 건 엄청난 책임과 스트레스가 따르는 일이고, 나는 그런 사람이 아니라고 선을 긋느라 바빴죠.

하지만 돌이켜보면, 리더십은 어느 순간 갑자기 나에게 '부여'되는 것이 아니라 오랜 시간에 걸쳐 조금씩 체득되는 삶의 기술이었습니다. 그때 이 사실을 알았다면, 리더 역할을 제안받는 순간들을 두려움이 아니라 기회로 바라보았을지도 모릅니다.

그래서 지금의 저는 30년 전의 제게, 그리고 이 책을 읽는 당신에게도 같은 조언을 건네고 싶습니다.

"리더십을 미리 멀리하지도 말고, 너무 특별하게만 여기지도 말 것. 그건 결국 누구나 배우고, 누구나 겪어야 할 삶의 한 연습 과정이다."

돌이켜보면 다른 사람들도 리더의 책임이나 역할에 깊은 관심을 두기보다는, 그저 "힘들겠다", "나와는 상관없는 일이다"라고 여기곤 합니다. 심지어 리더십은 특별한 누군가에게만 필요하고, 나는 애초에 그 능력이 없다고 단정하기도 하지요.

하지만 실제로 해보기 전에는 아무도 모릅니다. 긴 인생에서 우리는 언젠가 반드시 '리더의 역할은 무엇일까?'라는 질문을 마주하게 되고, 그 순간 리더십은 피할 수 없는 과제가 됩니다. 그때 리더가 될지 말지 선택하는 것이 아니라, 시간이 흐르며 자연스럽게 리더십의 순간을 맞이하는 셈이죠. 그렇기에 그 순간을 미리 두려워하기보다, 언젠가 마주할 성장의 기회로 받아들이는 마음이 필요합니다.

그리고 중요한 진실이 하나 있습니다. 처음부터 잘하는 리더는 없습니다. 넘어져 보지 않고 자전거를 탈 수 없듯, 리더십도 시행착오를 거치며 배우는 과정입니다. 그래서 저는 커리어 여정에서 리더 역할을 권유받았다면 그것이 바로 당신의 성장 신호라고 믿습니다. 해보고 후회하는 편이, 시도조차 하지 않고 남는 아쉬움보다 훨씬 낫다고 권하고 싶습니다.

리더가 되기로 마음먹었다면 적어도 1년은 '내 선택이 맞았나?'라는 고민에 휘둘리기보다 지금 눈앞의 경험에 집중해 보세요. 그 대신, 주기적으로 자신의 리더십을 회고하고 조금씩 개선하려는 태도를 유지한다면 시간이 쌓일수록 분명히 달라집니다. 리더십도 기술처럼 연마할 수 있는 능력이기 때문에, 거기서 비롯된 기회들은 더 크게 당신에게 돌아올 것입니다. 개인기가 뛰어난 사람보다, '곱하기'와 '빼기'를 통해 조직의 역량을 키우는 리더가 결국 더 멀리 갑니다.

리더십은 정답을 제시하는 사람이 되는 것이 아니라, 끊임없이 질문하고 배우고 변화를 이끄는 사람이 되는 과정입니다. 특히 모든 성장은 '사람 문제'에서 비롯되기에, 우리는 갈등을 해결하며, 개인의 성장을 돕고, 신뢰할 수 있는 문화를 만들어가는 과정에서 더 성숙해집니다. 조직이 커질수록 효율적인 구조를 설계하고, 업무를 위임하며, 명확한 기준을 세우는 능력도 리더가 갖춰야 할 중요한 축이 됩니다. 무엇보다 본인의 정신 건강을 돌보는 태도는 꾸준함이라는 가장 강력한 자산으로 이어집니다.

그리고 이 원칙들은 인공지능 시대에도 변하지 않을 것입니다. 기술과 데이터 역량이 중요해지고 있지만, 결국 AI와 협업하는 방식도 사람과 일할 때의 기본기와 닮았습니다. 방향과 맥락을 제시하고, 기대를 명확히 설명하며, 적절한 피드백을 주는 일. 이 모든 것은 사람에게나 AI에게나 동일하게 필요한 리더십입니다. 그래서 이 책에서 다룬 원칙들은 앞으로도 변함없는 나침반이 될 것입니다.

마지막으로, 리더십은 단기간의 폭발적 동기부여로 완성되지 않습니다. 오히려 놀랄 준비를 하고, 일희일비하지 않는 평정심으로 꾸준히 나아가는 사람에게 완전히 체화됩니다. 리더십의 여정을 오래 가져가겠다고 마음먹는 순간, 그 길은 당신의 성장을 보장하는 가장 확실한 길이 됩니다.

돌이켜보면, 지난 리더십 여정에서 가장 힘들게 했던 것도 결국 사람이고, 끝까지 버틸 수 있게 도와준 것도 사람입니다. 부족한 저를 성장시켜 준 동료들과 새로운 기회를 열어준 리더들께 먼저 감사드립니다.

제가 흔들릴 때마다 중심을 잡아주고 묵묵히 지지해 준 아내와, 각자의 길을 건강하게 걸어가고 있는 두 아이에게도 큰 고마움을 전합니다. 이 책을 이 모든 분께 마음을 담아 전합니다.

앞으로 수많은 시도와 만남 속에서 당신은 다양한 사람을 마주할 것입니다. 그때마다 호기심을 잃지 않기를 바랍니다. 결국 호기심은 학습의 출발점이며, 시간이 지나도 변하지 않는 리더십의 가장 깊은 원동력이니까요.

한기용 드림

리더십 연습

: 실리콘밸리 25년차 리더의 리더십 실천 노트

초판 1쇄 인쇄　　2026년 3월 19일
초판 1쇄 발행　　2026년 3월 25일

지은이 한기용, 김지윤

발행처	**발행인**	**등록**
이오스튜디오	김태용	2024년 1월 8일
		제2024-000010호

| **주소** | **이메일** |
| 서울 강남구 압구정로28길 9-2 2층 | partner@eoeoeo.net |

| **책임편집** | **운영** | **디자인** |
| 김지윤 | 안서현 | abb 스튜디오 |

Copyright © 한기용, 김지윤 2026

ISBN. 979-11-986622-8-6 (03320)